中国近代人物日记丛书

林一厂 著　李吉奎 整理

林一厂日记

下

中华书局

中华民国卅四年(1945)

一月一日　　晨小雨,旋阴。午表四十二度(无炉火)。

晨早起练拳,食粥后到会,参加纪念周及新年庆祝团拜茶会毕,十时馀,至总纂办公处,复阅昨日《中央报》。返寓,写送周仲初从军诗一首。李振宽来寓午膳,谈及会中杨嘉猷科长睦云章干事俱有子考获海军学校学生,但二人均不赞成,各将子关闭在家,不令入学,殊为可异。下午柳聘农来坐,谈及从前在文岛充教员事。又据云文岛华侨学生回国读书,毕业大学者有八人云云。四时馀到办公处,阅本日《中央报》。返寓,知明少华到寓拜年,以天晚未回拜。俄安处长又来。今年拜年风忽盛,或喜兆耶!

一月二日　　阴。午表四十三度(炉旁)。

上午九时半到总纂办公处,顺途先到明少华家回拜。见其家悬刘心源书联拓本篆文。联语曰:傍榭不除官圃树,隔墙自露讼庭花。往在潮州公陆行内,见刘先生用鸡毫写六朝体小直幅红笺,为温慕柳师作,德舆兄以镜框悬挂之,今久不见矣。乃忽睹此,篆文旁小注两行亦六朝体。枨触前尘,慕柳师暨德舆、静侯兄弟均逝世,惟奋立未知是否在南洋抑在家。公陆行似早已易主。潮城沦陷后,更不知如何景况矣。为查哲明写从军纪念册一句,文曰:出鞘宝剑见锋芒。旁注曰:哲明同志革命世家,在党史会年馀,始识之。顷以志愿从军,以此册嘱题,匆匆未能成诗,仅得此句。陈凯、谢士宁与照弟由渝城来,嘱先回寓,余即返谈。陈凯已就正和银行林森路。稽核员职，士宁谋事未成。照弟与凯曾见黎守杰，知元龙弟汇款已于廿九日由省行交到黎手。余即写致守杰信，嘱将原款暂存正和银行。函由凯面交，并百举印鉴一个，嘱存妥后函知，并将印鉴送还。陈凯实名恺。为母姨谢（兰）陈氏之孙，余应呼之为表侄，但又为吾姊之侄孙，彼随淦祥甥称余为舅公。余致守杰函因亦称他为表侄孙，实误也。照弟与凯曾往小温泉晤十弟云。饭后照弟返农林部，凯、士宁返城。余饮酒微醉，睡至四时半始醒。往安处长家回拜。在门外遇柳聘农，询见本日报，无特别消息。

一月三日　　　晴。午表四十七度（炉边）。

上午九时到总纂办公处，摘录《福建〈辛亥〉光复史料》二段。在前日记本十二月卅一日之后馀纸。补阅昨日《大公报》。下午二时到办公处，旋往会，开欢送从军同志茶话会。余被推演说，为起立说几句打气话。场中演说者多人，至四时馀接开聚餐会。党史会公宴同志也。茶话会为区党部所办。接黎守杰快信，言元龙弟款已到代收，询如何处理。余以昨日已有信去，谅可照行，未即复。

一月四日　　　晨雨。午略朗。下午阴。五时表四十四度（火旁）。

晨早起，拟往会送从军同志，出山洞，乃因雨不能行。上午九时，杨氏抱抗曾往小店子，欲看闹热。会中多人送行，且放爆竹助兴。旋返寓，言行至甘泉洞即办公处后面。人家门首，雨一阵，人已摇旗过小店子矣。余所作送古映黎诗亦未写交也。在寓阅《李烈钧自传》十页。下午三时到办公处，接元龙弟廿七日信。邱海珊先生十二月卅日自土桥梅家花园钟宅来信，言自七月一日离全州，在宜山住两月，又徙独山。十一月卅日枪声中，与其子怀步行五百里，阅十一日至贵阳。行李被农场工人挑逃，一身所穿，旧棉衣外，已无馀物。其妻与其子怡及第三媳妇、小孙等四人留独山乡居，生死未卜。现在土桥钟宅，欲往西安其子恂处就养。但无川资。拟集会款，分甲乙丙丁四等。甲四千元、乙三千元、丙二千元、丁一千元。嘱余与李翼中代募，并托余特恳楚伧援助。补阅昨(三日)《中央报》。桂境军讯，我军一日攻抵河池火车站。阅本日《大公报》，我军二日攻克宜山西北之思恩县，三时下午四时克复畹町，继克九谷(畹町南)。英太平洋舰队抵澳洲。夜写复黎守杰信。

一月五日　　　晨大雾霏霏如小雨。路湿滑，不能出门。九十时间略开。午雾复合，檐溜出。晚略开。

上午在寓阅《李烈钧自传》十页及杨赓笙所作传。下午闷甚未作事。夜写复元龙弟信。

一月六日　　　晴。午表四十二度(炉旁)。下午五时表四十四度。

上午九时到总纂办公处，阅昨(五)日《中央》、《大公》报。写复邱海珊信一。下午三时到办公处，阅本日《中央报》、《大公报》。河池寇兵仍为我军围攻中，战况无变化。接陈恺四日来信、守杰五日来信各　。元龙款已存妥，一慰。权超侄汇款本下午亦收到。夜写致亮儿信一。是下午接农行通知书，亮儿汇款二万来助家用。

一月七日　　　星期　阴雨。

上午九时往柳聘农家回拜。返时遇雨。午在邹永成家食中饭，会内职员从军者熊文章同席。询于五日至璧山入营。因尚未开始训练，故请假回家一行。闻胡忠信亦请假在其家。邹君家前日宰猪，今日请客。余与熊文章外，有丁六阶夫妇、张子英之妻、前国民学校校长邓朝珍及吴受禄、刘去非等。食后闷睡至晚。

一月八日　　　阴。雾重。下午五时表卅八度弱(炉旁)。

上午因路湿滑未出门。在寓写复守杰、陈恺、元龙信各一。又致照弟信一。附元龙十二月廿七日函。下午三时到总纂办公处，接权超侄四日来信一。补阅昨日《中央报》。又阅本日报。夜为熊文章、胡忠信、古映藜题诗。

一月九日　　　　晴，阴。午表卅八度（炉旁）。下午五时表卅七度。

上午九时半到总纂办公处。昨夜题古、胡、熊三人纪念册诗各一首，均随便塞责，今再为古映藜加题一首如下：旌旗招展雾中明，鼓掌喧同爆竹声；记取东梁山半路，袍裳万辈送君情。此四日古君与各同志出发时情景，据杨氏所述也。往会，询李治中言，兆先食米已于昨日送振济学校。又托安处将农行来单加盖会印。返处写复权超侄信一。下午三时到办公处，复十弟、肇凤信各一。阅本日《大公报》。美军在吕宋登陆。

一月十日　　　　雨。

上午在寓写复启鹏信一。阅《福建辛亥光复史料》十二页。摘录总理电一则。似未入总理全书者。录在十二月卅一日之日记册。下午续阅八页。将昨写二信今上午一信并交买菜工人带交乾穿洞工友投邮。接电局送电报，似肇凤发致原乡之电，因电线受阻不通而退回者，姑留候查。

一月十一日　　　　雨。

上午在寓阅《福建辛亥光复史料》十六页。摘录总理民元四月由沪入闽记事一则。录在十二月卅一日之日记册后。下午阅《福建辛亥光复史料》十四页。

一月十二日　　　　阴。午表卅六度。下午五时表卅八度（俱炉旁）。

上午九时半到总纂办公处，补阅前昨两日（十、十一）《中央》、《大公》报。美军已于九日上午九时半在吕宋岛登陆，占领仁牙因湾沿岸数城市。麦克阿瑟将军随军登陆。查电码书，前日所接之电，应读作"山洞辑园林百举转林肇云无中近况如何速复"。谅系梅县来电。肇凤前曾致电其母，此或即其母所复之电也。云无中三字，电码错误，或为家无事耳。发电日期为26，当为十二月廿六日也。致肇凤函。附电报一封。下午三时到办公处，接陈恺十日来信。附剪报一角，有亚子诗。阅《福建辛亥光复史料》八页。又四页。阅本日《中央报》，广西前线某地十日电，困据河池敌，仍在我围攻中，战局无何变化。吕宋登陆之美军深入廿英里。

　　一月十三日　　阴，转晴，日出亦薄。午表四十度（炉旁）。下午五时表如上。

　　上午九时半到总纂办公处，阅《福建辛亥光复史料》廿四页。全部已完，内多可采入总谱者。俟摘录。下午三时半到办公处，摘录《福建辛亥光复史料》之第二章福建光复前革命运动之各社团。(一)益闻社。纪元前十年壬寅，南京水师学堂郑权(仲劲)，尝著《瓜分惨祸预言记》、《福建之存亡》等书，自南京归福州，在仓前山古榕书院，与王蔼庐、李树藩等，组益闻社，设阅报所，暗倡革命，为闽中各社团之嚆矢。癸卯春，于社团内创办益闻学堂。(二)侯官高等小学堂。与益闻社同时，有黄展云(鲁贻)、黄翼云(同坡)在福州文儒堂，创办侯官高等小学堂，后迁越山，以方声涛(韵松)等为教员，灌输革命，后黄花岗烈士陈与燊、陈更新、林觉民(意洞)等，即此时学生。(三)桥南公益社。益闻社之后，林雨时、王鸿滋等创桥南公益社，附设阅报社、体育会、去毒局等，并创建言报，在社编发。至辛亥九月十九光复时，为同盟会总机关。民元四月，总理由南京解大总统职莅闽至社，大书"独立厅"三字，以是为福建革命之策源地也。(四)共和山堂。纪元前十二年庚子，林斯琛(温如)、邹燕庭首倡联络会党，密谋革命。当时福建会党有四山堂。在省会者曰复明山堂，福州各军队属之。在长门者曰威华山堂。在延平者曰复汉山堂。在兴化者曰辅汉山堂。林君与诸堂首领，深相结纳。癸卯春，各山堂公推君与邹燕庭另开山堂，由四堂一致赞助，以收罗工商学各界，侯官学堂全体首加入之，其他学堂及工商加入者日众。又在藤山分设文明社,以为秘密机关。(五)学生联合会。甲辰春,林斯琛又与郑权、郑祖荫(兰荪)等发起学生联合会,凡武备、师范、大学、高等、两等各学堂学生,凡千馀人,在小岭之益闻学堂,开成立会。侯官学生黄光弼为总代表,大学堂学生林月樨副之,排队游行,至文明社,与各会党头目相见,以示学界一致联络会党,同倡革命。事为藩司周莲所闻,发令捕治。林斯琛、郑权、刘元栋等走厦门,严骥(汉民)等走上海。文明社被解散。(六)汉族独立会。乙巳春,郑权等又在古榕书院设汉族独立会,会员皆各社团急进份子。郑权、郑祖荫为正副会长,邹燕庭、林斯琛为训练员,陈与燊任司法审判,林觉民、陈更新任运动陆军员,刘元栋、黄光弼、严骥、冯郁庄、黄展云、林衡可、旋亮生等各任要务。凡入会者,须经两层手续。先入山堂,久之试其确为忠实,乃得入汉族独立会。嗣郑权赴厦门办报,郑祖荫代为会长。丁未黄岗之役,汉族独立会派施明(亮生)往助。郑权亦至汕头,晤许雪秋陈芸生,赴香港,晤陈少白、冯自由,订由浙人某君,从汕头运械往闽,发动响应。乃浙人某君失约,大举不成,众多责难。独立会几为解散。阅本日《大公报》。是日下午一时馀,杨氏与亮媳偕往山洞农行,领亮儿汇款。余在寓看小儿女及孙儿三孩,至三时馀始交阿婶接看。当时颇觉烦闷,乃知带小孩之难也。及余五时散值返寓,杨氏亮媳亦已抵寓矣。

一月十四日　　星期　晴。日薄。下午五时表四十度(无火)。

上午往乾穿洞及会散步。下午欲写信,未果。四时馀又往乾穿洞,询报纸未到,在姜伯彰房内阅昨日《中央报》。载于右任在新闻学会讲演会,十二日下行开会。演词一篇,即借回寓。夜摘录如左:

在我初办《神州日报》时,中国新闻界的内容,实在贫乏得很。设备一切,都是简陋,无办法时,同邵力子先生,往日本去调查,归时得杨笃生先生主持编辑。后来在《民呼》、《民吁》报的时候,真是困苦不忍回忆。到后来《民立报》时代,人才是算盛极一时,有宋教仁、马君武、邵力子、叶楚伧、李孟符、杨千里、徐血儿、汪允中、吕志伊、范鸿仙、张季鸾诸先生。《民立报》的国外电信，欧洲、日本、美国都有专派记者。当时上海英文《泰晤士报》，还每月订购我们的海外电信稿。驻英国的记者，就是章行严先生。辛亥革命时，章先生首先打一电报，报说英国舆论，主张对中国内政不加干涉。当时在国内革命进展上，有极大的影响。

是晨因洗脚修趾爪，未打拳。

一月十五日　　晴。日色颇现，惟仍有雾。午表四十四度。下午五时表四十三度。

上午八时径往会，欲参加纪念周，乃未及大门，已散会，入补签名后，与龙秘书谈刘尊权在渝城跌伤情形及张子英入营，因额满被开除。滥额者以年龄及体格为去取，子英固逾龄也。返总纂办公处，接权超十日来信。附致启鹏信及农历通书一本。补阅昨（十五）日《中央报》。写致启鹏侄信一，附权超所致信一纸。复陈恺函一、亮儿函一。下午三时到办公处，接十弟十二日函、照弟十二日函、肇凤十三日函各一。续摘录《福建光复前之社团》。

（七）旅沪福建学生会。癸卯春，何梅士、郑萨端发起旅沪福建学生会，藉以联络海内外福建学生与全国志士，互通声气。林森（子超）、潘祖彝（训初）、江屏藩（道沂）、陈子范（执生）、史家麟、林述庆、魏子浩、郑权、蔡毅（人奇）、唐伯勋（子和），为其中坚。丙午之秋，设福建学生会支会于福州。林斯琛（温如）、吕湛（洞观）、郑祖荫（兰荪）、刘元栋（钟群）、庄琳（涛松）、孙东擎、刘静宜、赵文榜为其中坚。凡省吏于外交事件发生、将丧失利权、玷辱国体时，皆由斯会出面力争，盖表面为挽回福建权利而集合，实则革命同志集会及办事机关，其对付外交之函札，于文明社被解散时，与各种秘密函件，同付一炬。至庚戌年秋季，旅沪福建学生会职员名单，会长潘祖彝，副郑权，书记员王起、孙世华，调查员林森（九江海关）、魏怀（法国留学）、陈子范（芜湖海关）、史定麟（上海新关）、赵文朗（号又新，重庆海关）、毛仲芳（号汉新，北京海军部）、潘祖彝(上海海关造册处)、陈葆馨(号量居,上海新关)、王骧(号斯湘,福州海关)、倪诚(号则忠,云南海关)、陈华(号芝荣,上海新关)等。(八)福建同盟会。丙午春,汉族独立会代会长郑祖荫奉到东京孙总理发下中国同盟会福建支会会长之委任状,由王荫堂秘密带到,系旅东诸同志介绍,由刘揆一、方声涛副署,并有各种文件。郑祖荫收到后,于丙午夏,即在福州成立同盟会支会,以林斯琛为主盟人,将汉族独立会会员全体加入,各书誓词,而汉族独立会即取消。时会长郑权在厦门办《福建日报》,则由黄乃裳为主盟人加入。

中国同盟会福建支部章程

第一章　总则

第一条　本支部依中国同盟会总章第四条之规定,设于福州,定名为中国同盟会福建支部。(未完)

一月十六日　　　晴。日色甚亮。午表四十四度弱(炉旁)。下午五时表四十五度。

上午十时到总纂办公处。杨氏与亮媳禠负震孙往山洞卫生事务所检查体格。余在寓略看守始出门。续录《同盟会福建支部章程》。

第二条　本支部宗旨及政纲,依中国同盟会总章第二条、第三条之规定。

第三条　本支部会员资格,依中国同盟会总章第五条之规定,以本支部会员二人以上之介绍,经评议员会议议决加入之。

第四条　本支部得在福建各府州县设立分部,定名为中国同盟会福建某府某县分部。分部章程,由各地方自定之;但不得与中国同盟会及本支部章程冲突。

第二章　职员及职权

第五条　本支部置如左之职员:支部长一人,参事二人,干事四十人,评议员卅人。

第六条　支部长为本支部之代表,总理一切会务。

第七条　参事襄助支部长,办理一切会务。

第八条　本支部置四科如左：干事四十人分掌科务。

(甲)总务科。置主任干事一人,干事十人。综理本支部文牍、会计、庶务。

(乙)交际科。置主任干事二人,干事十人。关于会员之介绍、联络、招待等务皆属之。

(丙)政事科。置主任干事一人,干事七人。研究关于政治上重大问题发表政见。

(丁)文事科。置主任干事一人,干事八人。关于调查、宣讲、出版等务皆属之。

第九条　评议员评议重要事务。

第十条　各科办事细则及评议员议事细则,另定。

第三章　选举及任期

第十一条　职员之任期以一年为限,连举者连任。

第十二条　职员有缺席时,得临时选任或荐任之。

第四章　出会及制裁

第十三条　会员愿出会者,应提出理由书于支部长,得其承认。

第十四条　会员未经出会,不得入他政党。

第十五条　会员有违犯规程及有不正行为或滞纳常年捐一年以上者,应由评议议决,呈请支部长宣告除名。

第十六条　会员因会事受损害者,得依本支部评议会之议决,享特别保护及抚恤。

第五章　会期

第十七条　本支部开会,分为全体大会、干事会、评议会、全体职员会四种。

(一)全体大会。每年一次,合本支部会员及各分部会员之在本支部所在地者公开之。

(二)干事会。每月一次,由本支部各科干事组成。

　　　　（三）评议会。每月一次，由支部评议员组成之。

　　　　（四）全体职员会。每三月一次，合本支部干事及评议员组

　　　　　　成之。

　　第十八条　本支部遇有重大事件，得召集临时会。

　　第十九条　全体大会、全体职员会、临时会，均以支部长之名召集之。

　第六章　经费

　　第廿条　本支部之经费，得如左之收入。

　　　　（一）入会捐一元，于入会时纳之。

　　　　（二）常年捐二元，每年分一、六两月纳之。

　　　　（三）特别捐二元以上。

　　第廿一条　各分部所收入会捐，均须寄交本支部。

　　第廿二条　本支部如有二百元以上之公积金，须寄存银行生息。

　第七章　附则

　　第廿三条　本章程自发布之日生其效力，如有不便施行之处，得由会员三分之二以上之提议，经全体职员会之议决，修改之。（完）

　　　续摘《福建辛亥光复前之社团》。

　　（九）林子超先生回省之欢迎会。民元前五年（清光绪三十三年）丁未秋，林森由沪返闽，各同志假仓前山一家春菜馆开欢迎会。黄乃裳致词谓，林君在沪所入甚微，而所建事业，如组织学生会，聚东西洋省内外福建学生界名人于一堂，共同研究政治社会文化事业，为改革中国之准备，其旨趣实堪为世人所崇拜，其关怀公益、嘉惠后进，实当今中国之第一人。国尔忘家，公尔忘私，尤属难能可贵，等语。

　　　下午三时到办公处。续摘《福建辛亥光复前之史料》。

　　（十）科学研究馆与警醒社。福州志士施明（亮生），在日本学制炸药。回闽集众在水部门外河塍林衡可住宅，设立科学研究馆，储各种化学原料及各种仪器，从事制造炸弹。嗣移于龙潭角种竹山房配制。嗣又移于东岳风神庙。盖化合药品时不免发生臭味，虑为人识破，故常常迁移。制成之弹，有一

时未用,埋于后山者。英华书院则有警醒社之组织,由祁暄、周靖、刘乃宇、黄家成等主持。目的在联络南洋华侨加入革命工作,曾发《警醒》《民心》二报,以资鼓吹。(十一)连江光复会。吴适(任之)倡设光复会于连江,以郑家祺、曾检三、林祥熊、林复良等为中坚。辛亥广东三月二十九日之役,该会中人前往参加,就义为黄花岗烈士者九人之多。(十二)军警特别同盟会。辛亥六月,党员以实行革命非军警联络一气不可。于是有军警特别同盟会之组织。彭寿松任会长。其子侄彭厚安(荫祥)、彭其平(济溶)及同志多人,分任要职。辛亥光复时,斯会在城内布置战备及预颁布告等事。丁未夏,陈不浮烈士愤清政不纲,外力压迫,蹈海而死。闽同志为开追悼会于下渡十锦祠。彭寿松莅会演说痛哭,在场断去辫发,誓推倒满清政府。于是,刘通(伯瀛)为介绍加入同盟会。陈不浮名天听,其父自新,以进士官于湘中,甲辰逝世。天听奔丧赴湘,旋以幕籍奉派往日本留学法政。丁未春毕业,将归就南京警察局聘。四月十九日,乘"博爱丸"归。二十日,同舟高丽人具谈中国受日本之制,与高丽同病相怜,君闻而愤极,痛哭彻夜。廿一日舟发神户,拉一日人叱之曰:"吾中国受尔国压制久矣,吾势力卑小,不能有所抵制,亦不忍坐视,今尔能杀我则已,若不能,请与我同死!"日人骇,绝袄而逃,君大叫,奋身一跃入海而死。其地名播摩滩云。

接肇凤十日信,言前日电报内"云无中"三字,云系其友之名,非其母。惟中字系忱字之误。因他先发一电致其友名云者:"云余安抵渝寄居堂叔祖家近况如何念极速复山洞辑园林百举转。"兹即云复电文也。

一月十七日　　晴。日色仍晶亮。午表四十七度。下午五时表四十四度(炉火撤去)。

上午九时到总纂办公处,旋往会,见张主委,述增修总谱长编工作情形。去年不能按照预计完成之故三点:(一)兼复核新征史料及史稿,太多妨碍时间。(二)助理干事林汝照辞职后,无人清稿及代查考档案。(三)冬间天气严寒、雨雪交加,往往不能赴办公处而在寓，乏炉火，工作因亦减少。并将日前刘主任秘书批送孙纂修，而孙又交余复核之《中国国民党通俗党史》一巨册尤难工作情形，中宣部来文与刘批呈阅，为兼复核史稿最近之证。请求二点：（一）将增修年谱长编之责改归编辑处，余此后只任复核新征史料与史稿。（二）仍由余任增修年谱长编兼复核新征史料一部分，复核史料之事亦勿独令余一人。张委员谓，编辑处无人可办，惟对孙总纂分配史料史稿复核工作，当往办公处向孙面说。余即先返处。未几，张委员亦到。余与孙同说此事，结果，请张委员手谕，将此件交许处长先核一过，加以签注，再送总纂办公处复核，张委员援笔条谕，连原件交冯绍苏送许。此事即了结，一快。补阅昨日《中央》、《大公》报。广西战讯，盘踞恭城富川之敌，经我军不断反攻，敌向湖南方面窜溃，我当将该两城完全克复。桂南（按即右江方面，寇初向桂柳西上，是左江方面不能犯，乃犯右江矣。）敌侵永淳不逞，分股窜至横县城，我地方团队转守城西南郊，继续阻遏。下午三时到办公处，传阅从军同志刘梦云、古映藜、查哲明、熊文章四人自铜梁来函。一月十一日。略云，五日九时自中央党部乘车出发，午后一时抵达壁山。六日在壁勾留。七日晨徒步向铜梁出发，是晚宿营虎峰场。八日午后抵铜梁，编在青年军二〇一师六〇三团三营九连。现驻营南门正谊中学。此地风光甚佳，城市虽不繁盛，而民风纯朴，物价尚廉。同志们集体生活，彼此和睦。在给养方面，每人每日米二十五两，肉一两三钱，盐四钱，油三钱，菜蔬约半斤。最缺者惟精神食粮，不但数日无书看，即报纸亦不得见等语。摘录《福建辛亥光复史料》如左：

（十三）黄花岗闽人死义之多。辛亥初春，李恢（仲谋）、林觉民（意洞）先后回闽，招集同志赴粤发难。先由刘元栋、冯郁庄、林斯琛（温如）、严骥（汉民)等同志二十馀人,于三月十九日附轮首途。刘六符、吴适(任之)则率连江光复会猛士数十人,于三月廿一日秘密出发。及三月廿九事败,闽烈士就义者共十九人,盖皆誓以血肉磅礴神州,为同胞倡此吾闽之革命先锋也。

阅本日《中央》、《大公》报。

一月十八日　　阴。午表四十一度。夜有急雨声。

上午九时半到总纂办公处。接亮儿十三日来信。附致亮媳信一。即复亮函一。午往刘家槽丁六阶家祝寿。丁君今年七十岁。寿筵四席,颇欢嘉〔喜〕尽兴。下午四时馀至办公处。阅本日《中央》、《大公》报。接照弟十五日信。

一月十九日　　阴。午表四十五度。下午转晴日出。五时表四十四度。

上午八时亮媳出山洞,搭车晋城。因昨亮儿信嘱她速返筑,尚有前月同来渝之魏、沈二家眷属,均欲返筑,特往约期也。九时半到总纂办公处。写致十弟、照弟信各一。照弟信内附十弟来信。午杨氏偕抗儿赴乾穿洞后靖家寿宴。余饭后暂在家看守。写复权超侄函一。四时半到办公处,阅本日《大公报》。

一月廿日　　晴。日薄。午表四十七度。是日为旧腊初七日大寒节。

上午十时到总纂办公处。接邱海珊十七日信。土桥重庆整车厂余工程师伯祺寄宿舍(又名雪兰楼余宅)。代收贵州榕江县立中学钟启华致照弟信一。写致玉新侄女函一。午后亮媳返寓,交阅省行接翟建勋电谓亮儿患疴症。

一月廿一日　　星期　阴。

晨往安处长家,商打电致筑。九点余往会,嘱工友打致贵阳《中央日报》元龙电话。候至一时半未打通。杨氏与亮媳亦于十二时后来会,乃嘱杨氏回寓取点心。又候至三时半,《中央日报》电话始来,言元龙出外食酒,不在报社,明日始来社等语。另电贵阳〈广东〉省银行,有沈某君接电话,由亮媳与谈,先询亮儿病况,据复已愈,约明日星期一可到行办公,次彼询其家属返筑行期,亮媳复以其夫人已于十九日由渝乘车动程,其老太太则未行。彼乃谓有衡阳省行汽车由筑来渝,已开行,请亮媳或与其母乘行车返筑。余至此心大慰。另电省行沈小姐,询往筑车票已购妥否?行内工人复谓,沈小姐不在行。昨下午余先托沈裕民代询,据谓明日下午再来电一询,何今去电,而彼又不在行耶?至此已四时矣。肚饿神疲,与亮媳返寓,杨氏之点心亦再弄好欲送也。在会时写元龙函一、沈珊小姐函一。

一月廿二日　　阴。午表四十四度。下午五时表四十二度。晚间大雾。夜雨。

晨亮媳与兆先往会,电询沈小姐。据云车票已购,明日开车。早饭毕,余到总纂办公处,旋往会,与李科长商派花竿一乘,挑夫一名,立即返寓。亮媳抱小孙震新乘花竿,带被盖一件、皮箱一只、小方藤篮一个,由挑夫挑出山洞。杨氏送行。(李科长开一单云,自上午八时半至十二时半、二时半、四时半、六时半,各有公共汽车开行一次。但仅开到牛角沱止。牛角沱入城,因修马路不通车。须雇力夫挑送至陕西街省行。)余将原单交亮媳备阅。余不能走路送行,心不安,然无法也。有杨氏代送,藉以稍慰耳。返寓小坐后,复到办公处开党员大会。午饭间,杨氏返寓,言亮媳在山洞少憩,公共汽车即到,当购行李票一张、客票一张,即上车。小孙震新在车频看杨氏,似有依恋之意。适严之骅晋城同车,杨氏托以到城时添为照料,现城内修造马路,车止于牛角沱,须更换人力车,方能达陕西街省行,雇人力车及雇夫搬行李,极困难。严之骅允为相助,或可顺利到达也。下午三时到办公处,接亮儿十八日致亮媳快信。余未便开拆,察其信面字迹,确为亮儿所写,而前日翟建勋之电末押巧字即十八日,似此是证亮儿身体平安或竟未有病也,殊属可疑。即写致亮儿函一,附所致亮媳原信。

一月廿三日　　　晴。日出。午表四十八度。下午五时表四十八度。夜月明。是为旧历腊月初十夜。

晨在寓拟挽吴泽扬之母石太夫人联:"天池山洞间忽青鸟书传,阿母颜开伴仙去;翠海碧峰外怅雪鸿迹滞,有儿心痛望乡归。"上午九时到总纂办公处,补阅昨(廿二)日《中央》、《大公》报。写复肇凤信一。下午三时到总纂办公处,写挽联。接陈恺廿一日来信、玉新侄女十发九日来信。中农行通知书亮儿十五日汇来五千元。

一月廿四日　　　阴。雾重。午表四十五度强。五时未看表。

上午九时到总纂办公处,补阅昨(廿三)日《中央》、《大公》报。旋往会,托安处长将农行通知书盖会章。并询严之骅云,前日到城外牛角沱车停后,瑞香母子平安下车,行李四件,一皮箱、一被包、一小藤篓。均下车。之骅代雇人力车二辆,一载行李、一载人,讲明入城到两路口转代雇车二辆。由南区公园马路绕道至陕西街广东银行。亲看瑞香母子登车及行李车开行云云。又言渝人力车向分城内外界域,各自营业。两路口以东为城内,以西为城外。现城内马路正在修理,城外则修好,故人力车须分二段雇用。廿日亮媳返寓时云须先乘人力车,后又雇挑夫挑行李,想其时有一段未能通车。返处即写致亮儿信一。下午三时先往会,与庶务苏克温商派工人往山洞代挑煤事。杨氏先托吴璧辉(吴明江之弟)在建川公司买煤三百斤(黑市价每百斤三五○元)。结果要后日(廿六日)方有工人可派。又托何文华代打电话致省行沈小姐,询亮媳母子已动身否? 及已电知亮儿在筑站接候否？无人接话，谅是沈小姐已下班。文华担任明日再代打。
返办公处，略阅本日《大公报》。

一月廿五日　　　阴。午表四十五度。下午雾重。

上午九时径往会，询何文华已与沈小姐通话，谓亮媳已动身，
至对贵阳可寄信勿用电话，因渝筑长途电话，来电尚通，而去电往
往不通，打犹不打，徒耗钱与废时云云。转至总纂办公处，阅昨（廿
四）日《中央》《大公》报。接照弟廿日来函一。午饭后偕杨氏往山
洞，领取亮儿汇款，顺到市街买物，返抵寓已五时馀矣。出汗甚多，
脚尚非甚困。

一月廿六日　　　阴。午表四十五度。

上午十时到总纂办公处，补阅昨（廿五）日《中央》、《大公》报。
中印公路（即雷多公路）首次通车完成。廿二日夜十一时半，有车
首交叉中美国旗之十轮卡车二辆，救济车一辆，驶抵昆明车站。该
三车系于十四晨自密芝那出发，当晚抵新寨，停留至廿一日晨，离
新寨驶入国境。新寨至昆明，计一千零五十一公里。三车由美运
输兵九人轮流驾驶。由中印公路保密段工程处处长沈来义、美军
供应部皮可上尉二人率领，沿途除修车用膳外，昼夜不停，共历五
十六小时，即安然抵车站。中美军事首长在站热烈欢迎。我国际
通道，计被倭切断二年零八个月之久。据沈处长言，此次尚属试车
性质，车行至为顺利，惟全路路面部工程完成及正式通车，尚须相
当时日。又交通部正架设中印长途电话，自昆明为起点，至印境之
雷多，现装线已至保山，并沿滇缅公路继续向前进行。所有器材，
均已齐备，约在中印公路正式通车两个月左右可以完成。接元龙
弟廿一日来函，云亮曾前三天（按想即十八日）因与商校同学涂思
奋在小食馆小酌后患腹泻竟日，由省银行顾问林应钟医生诊治始

止。病中由该行同事翟太太服侍,现再休息二天,可到行销假办公。又云,存款利息已厚,暂可不寄回。复陈恺函一。下午四时到办公处阅本日《大公报》。

一月廿七日 上午九时小雨一阵旋止。下午五时表四十四度。

上午正出门雨至,未果,在寓阅《太平杂志》。下午三时到总纂办公处,阅昨(廿六)日《中央报》,载缅北战区司令部二十四日电,述中印公路修筑之我国工兵成绩,摘录如下:

雷多公路之修筑,虽主要系美方之努力,然我国工兵之贡献亦伟。修路之工兵,隶李乐中少将所率之第十工兵团,共约二千五百名。与彼等并肩工作之美国工兵,约相当于前数之五倍。即约一万二千五百人。此外,尚有经常雇用之民工,内有印籍、喀钦籍、尼泊尔籍,约二千人。最多时此等民工达到一万二千。我工兵之主要工作,为造桥、挖沟及砍伐树木。雷多至密芝那间,有各式桥梁约一百七十座,总长三万英尺。其中一半为我工兵所建。大部分均系木桥,有时用三合土建造,则向美工兵借用调土器(即铁匣)等工具。我工兵所建之桥,最长者四百英尺。又雷密间,有沟渠共八百座,总长四万英尺,由我工兵所挖者,约百分之七十,即二万七千英尺。至砍伐树木工作,尤为困难。阿萨密东北部及缅北一带,丛木触目皆是,向未开辟。须先辟出广百英尺、长一百五十英里之道路线,美工兵乃能用开山机及其他修路机械,然后工作循此渐进。我工兵砍伐树木,只藉斧头,绝少用拉锯或炸药。缅境丛林最大之树木,直径有三米突。我工兵共计砍伐树木六百万株。第十工兵团在砍木工作中,被树压死者共十人,美兵亦有二三人。

写亮儿信一。复照弟信。附代收贵州榕江信一。夜阅《太平杂志》。田桐治河根本论一篇。

一月廿八日 星期 阴。云微开朗。夜忽有雨声。

是晨吴泽扬之母石老夫人丧事完毕。连日治丧用道士(实即巫觋也)数人。锣鼓喧阗,并吹牛角,声极尖厉。不如僧人之铙磬木鱼。)出殡后祭奠。余邀邹器之、安处长同往，行鞠躬礼。本地人多行跪拜礼。余谓吾人应遵国府颁行之礼节也。巴人所行丧礼，非特用道士及跪拜，与江南、岭南习俗不同，各种形式亦异。但吴泽扬不在家，其子吴受禄主持一切，未知是否受禄不明事体，任山中人行之。其族戚中惟杨徽号崇垓，含谷场人。是读书人，闻为老秀才，有时到泽扬及余房东家，人皆呼为杨姑丈，又称杨四爷，闻为含谷场乡绅之人，泽扬等家事事均请教之。是日特称余所作挽联之好，并自出其所作祭文见示，乃七绝诗八首也。以诗代祭文，殊为创格；又其所作挽联亦颇工稳。余连年固识其面，此次始与交谈，后并同席食饭，似尚可交之人，非劣绅也。询其年已六十四岁。辛巳生。尚强健，家距含谷场甚近。下午四时到总纂办公处，阅本日《大公报》。

一月廿九日　　晴。晨日出。旋微阴。午表四十六度（有炉火）。下午五时表四十四度（炉撤）。

上午九时到总纂办公处，详阅昨（廿八）日《大公报》。摘录《福建辛亥光复史料》如左（续十七日稿）：

（十四）筹组发难机关。羊城失败之后，闽同志议继续大举，彭寿松自请赴各省联络。时苏杭甬铁路国有风潮剧烈，乃先由林斯琛赴沪，与谭人凤、陈其美、宋教仁组织南部机关，并往长江汉口及各处，约期响应。闽藩尚其亨以彭寿松为缉捕局长，时有革命之言论，欲假手端方以杀之，作荐书界之使行，同志酿金助之，不足由其妾出金链，质而益之。彭既行，每至一埠，所联络情形，必详细报告同盟会。到鄂，由谭人凤介绍与孙葆仁会晤。八月十九日武汉既举，彭乃回闽偕侄荫祥组织军警同盟会，一时同情者约万人。九月十一日，林斯琛、林晓、宋渊源由沪回。十五日，新军统制（第十镇）孙道仁在马江夹板船中加盟，彭寿松为主盟人，标统许崇智亦既于九月初九日在桥南公益社同盟会总机关部秘密加入同盟会。于是，所有闽省军界高级军官皆加入同盟会，而福建光复之势益迫矣。

下午三时到总纂办公处,代收梅县保安堂杨云致肇凤信。一月五日发,藉知前电致肇凤文内所称云者即此人也。写致肇凤信一。并附杨云信。又摘录《福建辛亥光复史料》如左:

孙道仁之历史

孙都督道仁,号静山,字退庵,湖南慈溪县人。为清甲申孤军镇守沪尾,血战八阅月,大胜法兰西之壮武公开华长子。幼有大志,好驰马试剑,双目重瞳有神威。甲午中日战役,统领庆字新五营驻岳州,出发关外前敌。和议成,撤回。清光绪二十三年抵闽,充全省善后局督办及福字中营统领。后历充闽浙军务处总办,暂编陆军第十镇统制、水陆提督等职,整军经武,成绩为各省冠。闽光复时,将军朴寿饬满员文楷组织杀汉队,为先发制人之计,欲先杀公,为总督松寿救免。满军扬言将杀尽汉人,大烧全城。公乃毅然牺牲一姓之私忠,愿从全国公意,先期加入同盟会,分遣部将陈桂森、黄国华、贺能斌、丁友胜、蒋国宾等,听从总司令许崇智指挥,定期举义,并委王麒为总参谋长,杜持、孙葆瑢等为参谋,指挥萧奇斌为参谋兼炮兵总指挥,自率前敌总副指挥卢兆翰、尹国志冲出大墙根,至于山督战。时松督撤建宁镇标统徐镜清部队来省,抵抗民军。公遣次子克修驰至洪山桥,晓以大义,令分兵两路,一趋西门,包抄东街将军署,沿城上援于山,卒能战胜满军,诛戮朴寿,克奏肤功。时日本乘隙思逞,在厦门嗾台湾浪人杀一日人,藉为小题大做,派海军陆战队登陆,向厦门军政府严重交涉,势将强占厦门。在厦主持光复之同志张君海珊,迭电请派外交人才,省中无人敢往。公乃以次子克修在闽绾盐务,久为驻闽各领事所推重,乃遣之使行。克修率精兵一标抵厦,令水陆要塞戒严。一面根据国际公法理由事实力争,一面联络驻厦各领事调停,使互相牵制,卒使日本道歉退兵。当民国未为列强承认前,驻闽外交团即奉其政府命令,承认中华民国福建军政府孙大都督,早开承认民国先声。盖闽光复时举动文明,保护外人备至,而公之德望,又久为外交团所信仰也。间因旅闽议员额之争无法调停,电京辞职,虽经挽留而公之去意已决。民元奉中央特任为陆军中将加上将衔福建都督。二年裁兵事竣,赴京请训,取消都督。旋任公府高等顾

问。十一年特任为永威将军,奉令赴甘新两省查戡烟禁。十二年事竣请假回籍。(完)

阅本日《中央日报》。中央社讯,蒋委员长暨美国驻华大使赫尔利将军、中国战区美军总司令魏德迈将军,应美国互通广播公司之请,于二十八日晚十时,在渝播讲中印公路开辟之意义。蒋委员长并宣布命名该路为"史迪威公路",以纪念过去史迪将军打开该路之努力。(蒋委员长、赫尔利、魏德迈播词,兹无暇录。)

又载中印公路开辟经过(节录美新闻处稿)一节。兹录其首节如左:

雷多公路由孟加拉——阿萨密铁路上的小站雷多开始,越巴塔基山脉五千呎的山岭,而伸入新平洋。由此再跨更的宛河上游的辽阔凹地,过胡康河谷,直到它的下游,然后南趋孟拱河谷,公路至密芝那附近,越伊洛瓦底江而南奔八莫,再向东南至南坎,向东北连接苗斯腕町间的滇缅路,再由此向东北,经龙陵而至昆明,全线长达一千零四十四英里。

大事纪要

一九四二年十月,史迪威将军与蒋委员长会商后,印度总督魏菲尔将军,同意雷多路由美国担负兴筑的主要责任。(未完)

一月卅日　　阴。上午九、十时间小雨。午表四十四度。

上午九时到总纂办公处,旋往会看刘尊权,昨日返会,伤未全愈,但身已能动,惟跌损处不能坐也。顺请沈裕民来寓午饭。回处,又派人往档案处请李振宽。续录《中印公路开辟经过》。

一九四二年十一月五日,筑路计划由当局核定,史密勒上校,赫希飞、史洛特两少校,奉命赴雷多,建立根据地,以便由该地兴筑通向新平洋的公路。

一九四二年十二月二十五日,美国工程师于雷多镇五哩之外,用开路机开始工作。(按英国工程师业已由雷多向森普拉本河谷北端的赫兹堡筑成五哩公路。)

一九四三年一月一日,完成通向新平洋(距雷多一百十七哩)的公路五哩。路前还挡有五条巴塔基山的山岭。这一路地面高度如下:雷多海拔五百呎;巴塔基山上公路最高处达四千五百呎;新平洋高处七百呎。

一月廿日,由中国国防供应公司拨出的美国开路机、平路机、碾石机、空气压缩机,以及其他筑路工具运到,开始日夜轮番工作。

三月,中国工程师团飞印协助工作,美国工程师与医务人员亦续有增加。

四月,雨季开始,工作继续进行。

五、六、七三个月大雨不停,山崩土裂,但公路仍坚持前进。

八月,先头开路机已到达五〇·七哩处,步兵已可开抵此间。吉普车于晴时可驶抵四九哩处,而时尚通四二哩。

九月,降雨达二三·五五吋,路基时常开裂,桥梁冲断,但工程仍进行不辍。当时有八哩公路穿通丛林茂密而迂回曲折的鬼门关。这里是公路全程中最大的困难,由根据地至最高峰为七·一二哩,坡高三千一百十呎。

十月,美国密苏里河洪水管制的计划者皮可将军,接管筑路工作。当时雷多路即以"皮可梭镖"闻名于世。

十一月,在工程队之前推进的华军三十八师一部,在沙劳加攻破日军防区,迫敌后退至新平洋以南的宁边。

十二月廿七日,公路至新平洋,较史迪威所预定的期限一月一日早四天。

一九四四年一月,缅北战区司令部迁至新平洋。华军三十八师向孟关平原的太拜家、恩巧加与卡杜查加推进。三十八师改编的另一部分,奉调攻太拜家。华军二十二师南下胡康河谷西部的泰洛平原,坦克长驱南下,成为开路先锋,为筑路机打开了一条路线。(未完)

本日(旧腊月十七日)为余六十二岁生日。因前数月以来,邹永成、丁象谦、李树藩生日,余家均曾送礼赴宴。杨氏谓,邹丁各太太力促必须举行庆祝,不能辞却。余亦不力拒,连日备菜。今午即请丁李邹三家及安处长、沈裕民李振宽二科长、房东暨房东之亲戚等共三席。将亮儿所汇五千元用去四千馀元(各友送代仪亦三千三百元)。下午二时始开席,四时许客散。小睡天即入黑,未往办公处。

一月卅一日　　　阴。午表四十四度。下午五时表四十六度。

上午九时到总纂办公处。补阅昨（卅）日《中央报》。接肇凤廿八日来信,谓已代余往见沈小姐致谢意,并询得亮媳廿二下午到省行,即由沈小姐派工友偕往海棠溪,因旅馆客满,仍回行住宿,廿三晨再往海棠溪,平安就道。沈老太太已先行,乏伴同车,但客车不比商车之简陋,沿途各站均有招待所,尽可放心。至先电亮曾在筑接候一节,沈小姐曾与亮媳商酌,以无必要,遂未发电云云。续录《中印公路开辟经过》如左:

二月一日,收复太拜家。九日由志愿兵组织的密里尔突击队,亦由雷多出发作战。十九日泰洛平原完全解放,第十航空队工兵,在太拜家兴筑机场。

三月,中国军开入孟关瓦拉本区,第二十二师向西挺进,切断拉征卡与仁班卡之间道路,再转向南方挺进。五日,美空运部队飞抵前线基地。美军继续向莫鲁推进,华军沿加迈推进。缅北战区司令部迁太拜家。六日,中美联军攻克孟关。九日,第二十八师攻下瓦拉本。缅北战区司令部迁孟关。第二十二师续向南挺进。十五日,二十二师克复丁卡沙卡,即在该处建筑大机场。十九日,攻克日军准备在雨季顽抗据点杰布山。史迪威将军以取得杰布山作为生日礼物。廿一日,缅北战区司令部迁丁卡沙卡。卅日,华军攻下夏都塞。日军向密芝那撤退,又向伊姆法尔进攻,威胁阿萨密以及史迪威将军的生命线。

四月九日,雷多路筑至〈瓦?〉拉本(里程碑为一四六哩处),在丁卡沙卡开始建筑适应任何气候之机场。其时英十四军已击退日军对伊姆法尔及阿萨密之威胁。史迪威将军不顾切断部队与后方联络,下令继续进攻。胡康河谷公路,筑至夏都塞(一九三哩处)——自新平洋开始之胡康河谷公路原为日军所筑,只适用于晴季,不能称为公路。美国工程师加以改造,经胡康河谷伸展到孟拱河谷,此时已适用于雨季及任何气候——缅北战区司令部亦迁于夏都塞。二十二师向加迈移动。日军开始自瓦拉渣撤退。此时密里尔突击队重行组织一支队,合并于华军第五十师。另一支并入第三十师。廿七日,突击队及华军组成两部队开始向密芝那远征,越过七百英尺高的纳姆奇特山隘,在没有道路的山野中,步行二十天,到密芝那机场。

五月,远征密芝那部队在纳尔拉哈克特山隘,遭日军抵抗。十二日,远征军又一支队遭遇强大日军;但另一支部队仍向前移动。日军抵抗无效。中美联军继续追随先头部队前进。十七日,占领密芝那机场。十八日,中美联军在密芝那继续攻击,美工兵忍受重大牺牲,在火线下修理机场。

六月十六日,第二十二师进攻加迈,即占领之,继续包围密芝那。二十六日攻陷孟拱。自二十五日缅北前线总指挥部直接由中印缅战区美军总司令指挥。

六月至八月,孟拱河谷日军十八师团残部完全肃清。自孟拱至密芝那近郊铁道线上吉普车道铺设完成。(未完)

下午三时到办公处,续录上稿。

八月三日,密芝那市区攻陷。

九月至十月,密芝那机场修复。华军二十八师与第卅师,合编为第一军。

十月一日,缅北战区司令部迁至密芝那。廿六日,索尔登中将受任为印缅战区总司令。

十一月,美军肃清孟拱至密芝那一线。第一批卡车于十一日由孟拱开抵密芝那。此时公路尚属毛路,但密芝那已立下二百六十二哩路碑。密芝那以后通至中国路线有二条:一由密芝那至腾冲至龙陵,全程一七五哩;一由密芝那南至八莫,然后经畹町至龙陵,全程二九九哩。后者为印缅的干线。十五日,华军由密芝那出动,扫荡路上残敌,为工程队开道。嗣后,伊洛瓦底江上,筑起战时世界上最长的浮桥,使作战公路可以直通八莫。

十二月十五日,华军克复八莫。此华军即自十月十五日由密芝那出动者,迂回八莫,经廿八日之围攻,将全城克复。廿八日,华军攻克通往畹町公路线上的垒允。

一九四五年一月三日,华军一度攻克畹町。英军第十四军则占尤胡,已迫瓦城。十四日,索尔登将军宣布,腾冲密芝那间公路即将完成,两端修筑该路之中国工程人员,已可遥遥相望;皮克将军将率第一支运输队开来中国。十五日,华军第卅师渡过瑞丽河,克复南坎。二十日,敌军反扑南坎,我军三面并进,完成合围形势。十九日克复畹町以南之九谷。二十日晨攻入畹町,下午三时完全克复之。敌退向腊戌。孙立人所率第一军与卫立煌所率远征军会师。二十三日,缅甸战区美军司令索尔登正式宣布:雷多公路已和滇缅路相接,盟军运输军队,已能使用中印公路。日寇对中国封锁三年,已经打破。(完)

阅本日《大公报》,曲江市区发生巷战。惟由揭阳进犯汤坑之敌,廿七日被我守军击退。廿九日揭阳新亨圩亦为我军攻克。

二月一日　　阴。略见日。午表四十八度。下午日色稍好。五时表如午(均有炉火)。

上午九时到总纂办公处,阅昨(卅一)日《中央报》。军委会一月卅日发表战讯,曲江郊区我军连日与敌拼斗艰苦,凡一据点之争夺,莫不舍身以赴,处处予敌以惨重打击。每一山头每一村落,必使敌付出无量代价,未能稍获幸进。廿六日晨,敌复有炮兵增到,肆意轰炸,掩护其在城南步兵大量登陆沙洲尾。同时,东西郊之敌更由曲江车站及河西街等处强行渡江,猛扑曲江市区。于是惨烈巷战开始,我军争先击敌,于东堤路一带,敌尸堆积遍地。惟敌援仍陆续增加,迄晚,我与敌犹肉搏苦斗中。摘录《福建辛亥光复史料》。

黄乃裳(绂臣)笔记

绂臣七十自叙,计数万言。关于闽光复,有两节之叙述,如左:

辛亥八月,武昌起义,闽人与其事者尤多。九月初旬,林述庆举于苏皖,林森举于九江。九月十八夜十一句钟,炸弹队队长李藩,在余家编英华福音培元三书院生卅馀人为队,遣之行。是役颇得力于此。十九子刻,孙都督预约徐镜清统领发难于城内。徐队入旗下街,孙会湘闽军,分布各要冲,讨满兵而戮之。黎明,同盟会福建支会会长郑祖荫,高搴庆贺战胜黄旗,予举彩制十八星红方大纛,由桥南机关部率体育会百馀、南台商团百馀、文士三十馀,合三百馀人,入城市。行十馀里,观者填衢塞巷,望见旗影,莫不欣欣然欢呼鼓掌,谓吾汉族之山河,今夺回于满人掌握矣。队抵花巷司令处,处员鼓掌欢迎。随散遣扼守为巷战。城内各商铺之前,咸备有粥饭食品。是日,所有军队与军中供事之人,在乌石山于山越楼山及城堞者,皆受民间送给饭食。下午三时,获朴寿于满人明玉家,为炸弹队十五龄学生擒出,交湘军押送于山营次。诘旦,宣其仇汉罪状而杀之。统计满人死二百八十馀人,我军亦毙于阵十有七。最惨痛者,为炸弹队学生林清铨、王佑西二烈士,为满营擒获,剖腹而死。民间则未失一草一木。不过,十九日军士及社会助战者,受其箪食壶浆之迎给耳,然未曾一令并预嘱一语使向办此。可见恨满之心理遍闾阎,无一人不然也。(此其第一节)

换领卅四年证章 1508 号。再录如左:

下午四句钟,林斯琛、郑祖荫、刘通、宋渊源及余等廿馀人,合纽临时参事会,仿湖北办法,推咨议局议长高登鲤为民政司长,陈之麟为财政司长,郑烈为司法司长,黄展云为教育司长,余为交通司长,陈能光为外交司长,警务、军政两司暂属都督府。及匝月,始见任命。是夜,拟定都督以下各官就职典礼。二十日上午九句钟。孙公莅旧督署大堂,率诸人对十八星大旗行三鞠躬礼。各执事旁列,以彭原斋赞礼。孙公宣布行政宗旨。郑祖荫诵答辞毕,三呼“民国万岁,福建万岁”。临时福建政府,于是乎成立。时有提议抄没布政司尚其亨财产者,孙不之许。逾日,以轮舶送旧司道十馀人及其眷属赃物,满载赴沪。各州府县官,除满人外,多仍其旧。民间欢悦,秩序整齐,通省不闻因革命受苦之言也。(完)

下午三时往会,换得云章同志经手交来。党员储金正式收据甲种乡镇公益储蓄款(即节约建国储蓄券)七二九一一六号(一九四五年一月八日储入)。一纸。向安处长写条交保管室。向刘去非取止咳甘草锭十粒。据称无存,转向严处长觅得十馀粒,含鸦片者。拟给兆先女儿服用。返办公处,接启鹏侄卅一日函,言旧历新正初二日准来山洞。并附邮汇票一纸计千元。阅本日《大公报》。曲江已于廿八晨失陷,我军在东北郊区附近继续与敌血战中。中印公路二十八日正式通车,两条路线均开始利用。(一)由雷多经密芝那、腾冲、尤陵至保山。(二)由雷多经密芝那、八莫、南坎、芒友(猛育)、畹町至保山。前者经过保密段,后者经过南坎路。保密段因系新辟,故路面桥梁涵洞,不如后者健全完好,目下效用亦较后者为小。我方正继续加紧拓修。久未见贵阳《中央日报》,晚间忽接到七份,夜在寓拆一份,为一月廿五日出版者,内有中印公路建筑之始末一篇。阅之,与连日所摘录重庆《中央日报》所载稿大同小异,足资参考,拟剪贴于日记本内①。

二月二日　　阴。午表四十三度。下午五时四十度。夜雨。

昨夜幼女兆晚伤风疾颇剧,兆先疾则已愈。杨氏抱晚儿彻夜不得酣睡,余亦睡不酣。晨早起暂停练拳,即到总纂办公处,嘱工友往会请欧医生,旋返寓。洗脸吃粥后再往会,适欧医已到,即邀至寓诊视。开方后余又至办公处,将昨阅之筑报剪件贴存,并细阅一过。写致陈恺函一。下午三时到办公处,接肇凤一月卅一日信一。复元龙弟信。附肇凤一月廿八日来信。嘱交亮儿阅。略阅本日《大公报》。曲江东北阻敌续犯。赣西方面遂川附近战事进行中。海陆丰敌寇进犯俱经击退。夜兆晚女孩服药后较安,余睡亦酣。

---

①　日记本内所剪贴之《中印公路建筑之始末》一文,未录。附图亦因年久无法识别,一并不收。——整理者

但杨氏仍抱女孩坐起数次,余不知也。夜倚枕未睡时,心中忽生感慨,为杨氏言,吾此时感觉年老生子生女之可忧,即此小女孩,今尚未足十月,一次小疾,便令人服侍如此辛苦。思我年已六十三岁,有何能力养育儿女至长大成人乎?杨氏不答。余乃悔失言。旋就睡。以后确不宜轻发此等无益之言。记之。

二月三日　　阴。雨。昨夜雨颇大。晨雨虽止犹重阴。上午十时后又小雨。

上午路湿滑不能出门,晨练拳后来穿长袍受寒,觉不适,覆被小睡午始起。欧医师克明来寓复诊,谓小女孩风已大减。下午余欲往欧家寨取药,杨氏虑余扑跌自往。余闷闷。在寓摘录《福建辛亥光复史料》。

福建光复记(民国十九年省庆祝纪念特刊)

福建最初的革命机关,是在福州梅坞《建言报》社内,刘元栋、刘六符、刘通、黄光弼、林斯琛、黄展云、郑祖荫、王鸿滋、张海山、陈秀榕、陈景松、李启藩、李榕藩、严汉民、曾希周、庄考文、吴适等一班,在那边主持。部署约略就绪,忽接到广州失败的消息,大家皆大愤恨,知道要革命成功,除非联络军队不可。辛亥六月,军警特别同盟会就出现了。某天在福州城内军门前某宅内开成立大会,举彭寿松做会长。最初的会员,不过十多个,以后互相联络,不上一个月,就大膨涨起来,军界中差不多是一律表同情了。这个时候,机关分做三处,总机关设在下渡彭寿松宅内,由彭寿松主持。一设在《建言报》社内,刘通、郑祖荫等主持。一设在法海寺来安馆内,彭荫祥主持。黄光弼等在仓前山孤儿院制造炸弹,事机越迫,进行越紧。来安馆同旗汛口很近,常有侦探在那里窥察,这个分机关以后就迁到北后街去。武汉起义后八日,彭寿松在湖北,同居觉生一班人商议后,由上海带战品回闽,召集全体会员会议起事。但是军界虽然是表同情,子弹却很缺乏,而且枪械不一式也,有比利时枪,也有毛瑟枪,也有无烟快枪。分配更是为难。火药库是在屏山,防守甚严,李焕、何大观通守库的卫兵,偷运出来,照各样式分配给军队。满洲将军朴寿,很强项,大家知道非有一场恶战不可。但是旗汛口地段广,汉人多是杂居中间,战事一起,玉石难分,难免连累他们。所以就设计假冒旗人的名义投书给朴寿说:"革命已经四起,现象很危,闽省虽无甚举动,却也难免受各省的影响,在理宜加防备。但汉民侨居汛内的约有三分之一,恐怕有汉奸在里头做内应。"朴寿听这话,很相信,就立刻把汛内的汉民赶出去,大修战备。九月初七、八、九三天,彭荫祥、彭济榕、朱震、张祖汉、林起黄等一班,就在军箭道、东湖、汤箭道、蒙古营一带,察看形势,相度攻守的方法。十五日,在城外白泉庵,开了个军事会议。(未完)

晚间黎光群来,谈所主办侨生招待所已取消,将充东婆罗洲华侨代表,将来改选本党委员,拟推余应选,姑笑应之。旋往档案处,再偕同李振宽来晚饭。振宽言,曾在收发处见有亮儿致余函。

二月四日　　　星期　　阴。甚寒。上午总纂办公处表卅二度(无炉火)。

上午九时往总纂办公处,接亮儿一月廿九日来函,元龙弟廿六日来函,权超侄卅日来函各一。正和银行来古翔华公启,约本日开旅渝丙村同乡会,聚餐联欢,惜不及赴。阅昨(三)日《大公报》,倭寇由韶东犯始兴。小女孩服昨日欧医方药,虽见稍好,仍未全愈。亮儿函言,亮媳与震孙廿八日傍晚抵筑,沿途母子均安,行李无失,为之一慰。

二月五日　　　阴寒。上午十时炉旁卅四度。下午五时同。

上午九时半到总纂办公处,阅作(四)日《中央报》。倭寇由韶东犯始兴,其后续部队已到。卅一日分股向郊区突进。我军正力予堵击。赣西遂川城于卅日被寇攻破,我军转战城南,离城东北卅里之飞机场已陷敌手。国民党第六次全体〔国〕代表大会代表名额,已经中常会第二七六次会议决定:(一)各省市党部二七七人

(内女性一八人)。(二)边疆党部一九人。(三)特别党部二五人。(四)学校党部一三人。(五)海外党部八九人。(六)工矿党部七人。(七)军队党部一一〇人。(八)青年团六〇人。总计六〇〇人。写致肇凤函一。接照弟二日信一。下午三时到办公处,复亮儿信一。略阅本日《大公报》。

二月六日　　阴。上午十时炉旁表卅六度。午表卅七度。十二时半雪花飘飘,俄止。雨一阵。一时后小雨。

上午九时半到总纂办公处。续录《福建辛亥光复史料》之福建光复记如左:

彭寿松先期会孙道仁于鼓山脚夹板船中,劝他赞助革命军,并允他事前搬家眷出城居住某洋行,事定后入城办事。道仁允许立誓。这天彭寿松就把孙道仁赞成反正情形报告一下,大家就举定孙道仁任福建都督,许崇智任临时总指挥。大家也提议,实行攻击,应该先在康山、于山置机关炮,居高临下,两路夹攻。再从鳌峰坊、高节里、旗汛口、狮桥、庆城寺等处,分道进攻,但是要存人道主义,把康山东门的防线撤去,让一条路给旗民逃避。十七日上午,林起黄、杨衍调集各路民团,在城内春育亭演说,分给白布,由民团担任占领常丰米仓,并且保护内外商埠,补助警察所不及。十七晚,陆军斥候队猝报,朴寿、文楷已经组织杀汉队,图先发制人。于是命令各军队预备战事。彭济榕赴水部门、东门一带侦察。彭荫祥、林起黄从汤水关闸下,蛇匍入旗汛,沿河到澳桥,窥探敌情。十八夜半,彭寿松率炸弹队四十三人,上于山。蒲田人林师肇、林一士、叶声、林立、黄国卿、宋慎球等一班人,也在里头,替炮队运克鹿卜,自南较场后逾城而入,安设炮位,直射满营。天亮的时候,朴寿托人乞降,大家知道这是假的,更加实力攻击。朴寿选捷胜营中勇敢的六百人,潜伏鳌峰坊法政学堂内射击。革命军炮轰法政学堂,校舍崩塌下来,捷胜营死伤了一大半才败走。十九下午,朴寿短衣草履,率杀汉队,乘革命军休息的时候,从九曲亭进攻,打算抢于山上的机关炮。革命军掷炸弹应战,约两个钟头,满洲兵仍然不能够得胜,退去。革命军连天力战,很是辛苦。于是把斥候队分布津门楼、八角楼、水部门、白塔寺、官巷一带。大家更番休息。两方相持到二十日早晨，大家知道非死战不可，率大队下了于山，带两尊克鹿卜，从鳌峰、仙塔街、汛口、狮桥，合围进攻，把旗汛打破，满营降，杀了朴寿，大局才大定。（完）

又录福建光复时之工作数节如左：

我军于十八夜起义，闽浙总督松寿即于十九日下午，微服出署，至盐道前高开榜画店，吞金自尽。国民军司令部为之殡殓，置其枢于督署会议厅。新军统制孙道仁，以礼祭之。二十五日，孙以都督名义，复在荔枝园为之开会追悼。

将军朴寿，当十九日战事正烈之时，遁入旗员明玉家中，为炸弹队队员李善进、刘德观等数人，生擒以献。德观系培元斋学生，年仅十三岁。

当廿日朴寿受俘时，国民军犹加以优待，给以马，不乘，改坐肩舆，到司令部，厚以饮食，处以洁室，给以役使。是晚十一时，突有满人数百来抢，又加放火数处，朴寿乘人声汹汹时兔脱，经军士追获。全营军士哗噪，请即正法，司令部乃令杀之。宣布罪状如下。（未完）

二月七日　　　　雪。晨瓦面已积雪寸许，不知昨夜何时始下雪。下午雪小，瓦面亦渐消。下午又漉漉不止，晚间瓦面复堆积。

上午在寓复核新征史料二件，俱颇佳，拟日间摘录。下午杨氏往乾穿洞，借得昨（六）日《大公报》，美军已攻入马尼拉。又取得照弟三日来信、陈恺三日复信各一。

二月八日　　　　雪。今晨雪高近尺，瓦面地面皆堆积。树木皆如琼玉。门外一望皑皑迫人。上午雪渐小，午前忽朗，旋阴。下午大雪二阵。晚渐小，瓦面地面亦渐消。

上午在寓抄录昨复核之新征史料如左：

原签：查旧卷中有群字614号（廿五年十一月廿八日）孙委员科函，为王嘉猷称其先兄王子匡生前，得有总理遗墨多件，拟以五万元代价出让，附来遗墨照片十四张及遗墨全文抄本一册。本会复以数月前，已托人接洽。因其索价太巨,无从着手,现正拟直接向王宴玉芝接洽。除将照片抄本暂存外,特先函复,等语。去后。此案迄未发现下文,当系悬案。但时日已久,而此照片及抄本,确是珍重史料,可否将抄本先移作史料,尚乞核示。眭云章　卅三年六月卅日。

　　文书科长沈裕民批:抄本拟移送征集处登记。

　　主任秘书刘崛批:交征集处①。

　　一、总理在伦敦致比京同志书②

　　二、总理在纽约致比京同志书(略)

　　三、总理在巴黎致比京王子匡书(略)

　　四、同上题(略)

　　五、总理在伦敦致比京王子匡书(略)

　　六、同上题(略)

　　二月九日　　雪。晨望山间树木,雪仍积厚,寓内庭中馀数堆。空际仍霏霏续下。上下午雪犹未止。

　　上午在寓续录抄本史料如左。

　　七、总理在纽约复比京王子匡书(略)

　　八、同上题(略)

　　九、总理民元在南京总统府致王子匡书(此函及第十函收入《孙中山全集》第二卷中。略)

　　十、同上题(略)

　　午间照弟偕玉新侄女及黎守杰外侄孙来寓。玉新、守杰俱余初见者,甚喜。照弟又带来陈恺手交正和息六千四百元。尚有一千

　　①　该日记二月七日至九日共收录孙中山致王子匡(鸿猷)及比京同志十函,均已收入《孙中山全集》(北京中华书局版)第一、二卷中。底本为中国历史博物馆藏原件,兹仅存篇目,文未引录。——整理者

　　②　见《孙中山全集》第一卷。由二至八函同此。略——整理者

元暂存陈恺手。黎守杰外侄孙赠余肉资一千元。饭后守杰返化龙桥,照弟送出山洞,玉新留寓。余小睡,醒后照弟回寓,守杰已乘车去。满山雪景甚佳。今晚拟往会借宿,明日偕玉新往农林部,后日偕往盘溪玉新母舅曾桓崧处,再返白沙学院,十九日开学,云云。询白沙学院各情形,均悉。余初欲令兆先转学该学院附近中学,黎伟珍就学于此。现拟下学期再决定,因果往,则须先办许多麻烦手续也。劝照弟、玉新侄女在寓住一二日,俟天晴再走,不允。

二月十日　　雪。晨瓦面地面积雪有增无减,空中亦飘洒未止。

晨闻照弟言,在会听说张溥老之子在成都着病,闻为癫狂病,又闻失恋所致。近忽在途中倒毙,经法院检验却无伤痕。张溥老夫妇已往成都。此系本月六日某晚报,或《大公晚报》或《新民晚报》。所载云云。闻之甚骇。连日向办公处借阅六、八、九等日报纸,未载张委员赴蓉消息。惟七日报未得阅,想六日晚报所载,必移载七日之报也。九日报载,赣县城内发生巷战,惟大庾以南大小梅关一带我军仍与寇战斗中。克复马尼拉之美军,已将马尼拉北部肃清,继续扫荡南部残敌。美陆长史汀生宣布,亚洲下一次战役将在中国海岸。照弟、玉新早点后竟冒雪去。余于淦弟息钱内支二千元给玉新。下午阅新征史料。《西北革命史征》。

二月十一日　　星期　　雪始霁。融雪,道途泥泞,仍不能出门。

昨询安处长云,张溥老之公子不幸事确。溥老夫妇亦确已乘飞机往蓉。余意会内应去电唁慰安。晚间再云,电已拟就,今日可发。上午续阅新征史料。下午李振宽来谈,张溥老事系六日《大公晚报》所载,头部有青紫,似受伤云。发电与否,李不知。会内龙秘书患伤寒病入上海医院三星期,今日出院,电文谁人草就,亦不知云。铁元病,余竟未前闻,殊讶。续阅史料。

二月十二日　　晨复大雪。昨下午山雪几消尽,复铺满矣。瓦面亦然。上午雪小而横斜飞舞,扑人衣冠。至午积雪又渐消。是日为旧历甲申除日。下午雪止,新雪旧雪并消,山上地面又见青葱之色。

晨早起,拟往会参加纪念周并询发电及龙铁元病等事,不料大雪复作。打拳后在庭前院外眺望,怅然。上午在寓阅新征史料。是日为旧历甲申大除日。午在寓拜祀父母神主及故大姊。近阅报纸,梅县形势极危。想今年各乡民不能循例度岁矣。连日未得报纸,思之益怅惘。午请房东食年饭,在寓数年,始兴此例。夜阅新征史料。

二月十三日　　乙酉岁元日　晴。雪后天清。上午日出。午表三十五度(炉旁)。下午阴。

中央通知,春节放假一天。余因数日未阅报纸,上午特往总纂办公处,补阅十、十一日《中央》、《大公》报,十二日《新民报》。赣县已于六日晚沦陷,惟始兴、宜章均克复,大小梅关仍战斗中。然则陷赣县之寇,似非由始兴往者。究出何处突至乎,殊不可解。梅县或尚安。国军已在昆明成立总司令部,何应钦、龙云为正副总司令。我国全面反攻似将开始。接李翼中兄之母温太夫人七旬晋一寿庆征文公启。午在寓拜祀父母及故大姊,素食。下午往邹永成、安怀音家回拜新年。又往徐忍茹家拜年,遇孙铁人,与谈电唁张溥老事,即由徐起草电文,孙及余旁加拟改;成后,安怀音适来,徐即录稿交安明日由会译发。是日邹永成、柳聘农、丁六阶夫妇、许师慎夫妇、李振宽、刘去非、李治中夫人,先后到寓拜年。明日应分往回拜。夜阅《西北革命史征》。即新征史料。完。全书共七十页。

二月十四日　　阴。上午八九时曾飞雪,旋止。下午五时表三十六度。

　　九时正拟往总纂办公处及各友家拜年，而启鹏侄从渝城来，询系搭早班车，故早到也。带来陈恺赠红糟大曲酒二瓶，谢笃材碧田之子。赠广东腊肠一包，并其自赠花生糖果一盒。肇凤原约同来，因明日及后日应考税务专校，未能来云。又照弟、十弟等均不来，想有事也。畅谈数句钟。彼现又考得留美大学研究班，原考得者实习员。拟就此舍彼。实习员是带职求学，一年期满，在美月领美金一百五十元，原职俸仍支七成，出国时另有治装费美金四百。研究生是正式入学，二年毕业，目前待遇虽不及实习员之优，将来学业成就则必过之云云。询研究班不支原俸，亦无治装费，在美月领美金百元，须自筹多少经费带往，以备不时之需。彼现就之驿运总管理处技术员，因处已奉令裁撤，彼以裁员资格，可得三个月恩俸，拟即照国定汇率，预购美国银行支票带往。余嘉其志趣远大，不沾沾近利，极为赞成。午饭请李振宽及房东作陪。后，辞去。余之印章交其带交陈恺收存。下午往许师慎明少华午饭间来寓。二家答拜，顺往闵孝吉家，适彼夫妇午睡，未见。三时到办公处，晤柳聘农，询由龙铁元家迁居乾穿洞矣。补阅十二日《大公报》。赣县陷后，我军反攻，已迫城郊。

　　二月十五日　　　阴。略朗。午表卅七度（炉旁）。

　　上午九时到总纂办公处。旋往会，晤刘尊权，询已能下床就椅上坐，自觉日有进步。赠以广东腊肠五码，为佐餐之用。答拜刘去非。返处，摘录《西北革命史征》弁言如左：

　　本会编纂《西北革命史征》，已及两年。中因编纂主任王陆一先生患病弥年，以致工作无形停顿。近承于院长指示，准先暂编初稿，呈候核阅，如有未合未尽，再行修改。顷由同人先将辛亥纪事一目，整理编次，现已脱稿，排印成册。辛亥迄今，时逾卅载，晨星寥落，文献无征，几经采集，仅得概略，舛讹疏漏，所在必多。惟念先河后海，有待众流，引玉投砖，即须哲匠。除寄呈于院长核阅外，凡属当日有关诸君，应各检送一册，尚祈察阅，指正一切，毋任感荷。陕西革命先烈褒恤委员会编次。中华民国三十三年五月。

《西北革命史征》编述要目

第一　著论

第二　辛亥革命纪事　总述　秘密运动时期　发动时期　始义情形军政建置　战守纪要　人物纪传　文献汇存

第三　二次革命纪事　总述

第四　讨袁护国之役纪事　总述　先烈纪传

第五　陕西靖国军纪事　概述　军政军制纪要　战守纪要　政治建设纪要　先烈纪传　文献汇存

第六　首都革命纪事　总述　秘密运动情形　发动情形　战守纪要人物纪传

第七　长安围城及解围纪事　总述　围城纪要　解围纪要　陕西底定后之革命军事政治

第八　大事纪

第九　附录

按弁言所谓先将革命纪事一目整理编次现已脱稿者，即"第二辛亥革命纪事"是也。

下午四时到办公处，阅十三、四日《中央》、《大公》报，十五日《中央报》。粤省我军攻克坪石。美、英、苏三国自本月四日在黑海之克里米亚会议会址为黑海区雅尔达附近里伐狄亚旧俄沙皇尼古拉第二之夏宫。八日，已于十一日下午结束。由美总统罗斯福、英首相邱吉尔、苏人民委员会委员长斯大林联名发表联合声明，内决定于四月廿五日在美国旧金山举行联合国会议，并邀请中、法两国共同召集。联合声明全文载十四日《大公报》。夜阅报纸。即十三四五日报，因办公处未详阅,携回寓中。联合声明全文不提及日本,美、英舆论揣测四月廿五日苏联将发表加入对日作战,因开会地点属太平洋区而开会日期为《苏日互不侵犯协定》最后有效之一日,若不宣布该协定停止,则依原约当续延五年方满期云。

二月十六日　　阴。昨夜不知何时下雨。晨路甚湿。下午五时表卅九度。

上午在寓详阅昨晚携回各报。下午二时半到总纂办公处,摘录《西北革命史征》如左:

(一)著论　内云,黄河流域民族二百馀年来,遗民孤忠,长在天壤,以经术相传授,义理之审辨深,夷夏之周防谨;又自英法联军及八国联军进犯以来,彼专制政府失地丧师,人民益骎骎奋发,求自救自立,舍革命外无他途。虽总理之革命主义传导未周,而咸知此事之不容已,即各就一地方之力,从事革命。

(二)总述　内云,自甲午庚子两战役后,总理孙中山先生创立同盟会于日本东京。革命书报,如总理小传、铁券、民报、回天手段诸书,输入内地。民族革命思想,益渗入青年学生暨各阶层人士脑中。西北人士在东京亲承总理面命主持革命工作进行者,首于右任、井勿幕两先生,一时加入同盟会者百馀人,其姓名如下:张拜云　吴宝三　张东白　景梅九　李岐山　李仲特　李

桐轩	王子端	焦子静	郭希仁	陈惠亭	刘介夫	曹印侯	尚殿持	寇
胜浮	茹卓亭	李子逸	井崧生	张翔初	刘允臣	杨西堂	常铭卿	胡
笠僧	师子敬	曹俊夫	李仲三	柏筱馀	邹子良	高文明	王治平	宋
相臣	樊灵山	胡定白	任师竹	薛卜五	马开臣	王绍文	贺绂之	康
寄遥	刘蔼如	焦易堂	张熙若	郭自兴	于海沧	匡彦翀	杨叔吉	范
笃生	李襄初	严文轩	薛麟伯	南兰轩	姚树陔	曹雨亭	纪时若	纪
子文	华孝康	王伟斋	张立卿	王一山	吴希真	雷昆山	严敬斋	杨
仁天	方厚庵	张伯英	钱定三	党自新	曹建安	彭仲翔	耿季儒	张
仲仁	牛策勋	张聚庭	马彦若	米叙五	高价人	刘润民	张靖清	陈

殿卿	刘定五	韦协度	郭方刚	田彬臣	纪朗亭	石益斋	杨瑞亭	程
岛三	郭海楼	史可轩	王振业	张仲良	李光如	刘少濂	刘芳初	常
仙洲	阴润之	李冠臣	杨鼎臣	甄寿山	马克斋	张身庵	王仲元	孙
梅臣	刘荃生	龙现初	冯子明	李龙山	于鹤九	程星五	李养初	刘
乐天	曹仲谦	左善楚	李君秀					

（或为现职军人，或为搢绅先达，或为在野名流，或为承学士子，或任学堂教授，或联各地游侠，或密置武器，或广布新闻。）

（三）秘密运动时期　内云，民国纪元前五年（清光绪卅二年），张拜云、吴宝三等联呈邮传部，争西潼铁路改归商办不得，知非推翻满清政府不足救国，乃联合焦子静、王子端等数十人，创健本小学于西安，培养革命人才。又与焦君合资开设广益书局，购运革命书籍，并购印刷机器印刷书报，宣传革命思想。邹子良亦创女子小学于省城西岳庙。郭希仁创设丽泽馆、声铎社，联合同志，到处演说，皆党人聚会接洽之秘密机关也。

民国纪元前四年（清光绪卅三年），李桐轩、陈惠亭、常铭卿等同任蒲城高等小学堂教习，倡立蒲城教育分会，常为会长，杨鹤鸣副之，常川驻会者常仙洲、雷季阳、寇孝庭、刘芳初、井崧生、原振之、刘荃生诸人，秘密进行革命工作。拟结合会党，先在渭北发难，诱致省军出城，乘机在西安起义。次年（即民前三年），九月初一日，县城关帝庙演戏，教育会同人演说，涉及汉满种族问题，顽劣绅士呈控县署，谓学堂学生不守学规。县令李体仁以原呈送学堂传阅，常陈引咎辞职，学生全体搬往北街关帝庙，组织自治公学。李令即将学堂封闭。九月初九重阳日，教育会同人议决暗杀顽劣士绅首领、劝学所总董兼巡警总办张某。是夜，井崧生潜伏巡警局外，雷季阳率学生十馀人则直冲局内。乃多人正在聚赌，见学生来，越墙逃窜。季阳将巡丁及赌具拿获，备文送县署请办。李令反谓教育会诬赌，着将在事之人送署审办，并以教育会图谋不轨为词，通禀抚藩按各衙门，九月廿二日亲率三班县役，分头包围教育会及自治学生，拿锁常铭卿及学生数十人（在会搜出总理小传、回天手段诸书），学生原斯健当堂被杖毙。陈会亭是日因事外出，幸免，驰往省城报告全省教育会总会及各县分会，发动全省学堂罢课援救。时王子端主健本学堂，焦子静主公益书局，郭希仁主咨议局。此三处同志，乃于是冬在丽泽馆召集会议，实行组织陕省同盟分会，到者郭希仁、李仲特、景梅九、景敬之、陈会亭、邹子良、王子端、马开臣、焦子静、师子敬、任师竹、王一山、耿季儒等数十人。公推李仲特为同盟会分会会长。次年庚戌（民国纪元前一年）清宣统三年，郭希仁、焦子静、郭子良、李襄初、王子端、王一山、马彦翀等，复在城南大雁塔开秘密会议，改推郭希仁为同盟会分会会长，规划革命进行方法，西北革命组织益臻完密。候阅报纸不到。闵孝吉来处，与孙铁人谈甚久，乃同路返寓。夜拟致贺李母诗，未成。

二月十七日　　晴。晨曦甚丽。上午微阴。下午多云。五时表四十一度。

晨见日光佳丽，欲往山洞一游。九时到总纂办公处。询报纸尚未到，亦无信件，即返寓。与杨氏、兆先携抗儿同往，并有靖国芬女子同行。抗儿初出山洞，越高山，由杨氏、兆先与靖姓女子轮流背负，抵公路边小店歇息饮茶后，先往圣光学校，询可否收初中三年级插班生。据其教员王姓称，已经考过，且宿舍人满，须商定答复。留一名刺，开明住址，再候复音。旋往邮储局取权超侄汇来款二千元。出至茶馆饮茶吃面，回至今竹林小店子，报纸已到，取十六七日《大公报》略阅，返抵办公处已四时半矣。再阅十七日《中央报》。粤战事仍在始兴南雄间。本日行路脚不疲软，惟气喘汗多，实体弱矣。在山洞药店欲购补药丸如人参归脾丸、金匮肾气丸、十全大补丸，俱未得。抗儿始见小大汽车及电灯，圣光学校会客室有之。甚高兴。

二月十八日　　星期　　阴。下午天气略暖。但未看表。

自新岁邮差未到会，盼各处函札甚殷。上午到总纂办公处，询仍无信。复阅十六、七日报纸。下午李振宽来，言午间传达处工友季秀平往山洞邮局取信，并询余有意于五月五日全代大会竞选否，劝勿放弃。余答以倘同志见爱，自不敢辞。彼谓拟先取得代表。本区党部之代表有希望云云。亦姑应之。四时到办公处，阅本日《中央》、《大公》报。仍无信到。处内工友言，季传达并未往山洞，惟明日或有邮差入山云。旧历度岁，邮差何能停工多日，殊怪。

二月十九日　　阴。午表四十度(无火)。下午五时表四十四度弱。

上午九时到总纂办公处。摘录《西北革命史征》如左：

人物纪传共一百人。井勿幕，蒲城人。清季游学日本，值总理组织同盟会，首先加入革命。回陕组织支部，为西北革命基础。钱鼎，字定三，白河人，保定陆军学堂毕业。西北革命系统有三：一为陆军学会，一为同盟会陕支部，一为哥老会。鼎早年即入哥老会，后复加入同盟。第乙垣，陕西陆军小学毕业，常慕李秀成、石达开之为人。清宣统元年，即蓄发披肩，人以钱长毛呼之。旋考入武昌陆军中学，在鄂加入同盟会。郭希仁，临潼人，清举人。见清政腐败，纠合同志创丽泽社，提倡新学。又办声铎公社，派同志演讲。东游日本，加入同盟会。旋充陕咨议局议长。张凤翙，字翔初，咸宁人。日本陆军士官学校毕业。归陕后，为新军督练公所委员，嗣擢参军。旋改参议，兼一标一营营长。与钱定三、张伯英、党自新诸人莫逆。张云山，字凤岗，长安人。清末入陶勤肃(模)营当兵，转战宁西新疆，积功至都司。后充陕西陆军混成协司号官，与西北革命党人联络。万炳南，湖北郧西人，清末至陕，入陆军混成协一标三营充正目，与张云山、钱定三等卅六人结盟密谋革命。马玉贵，字青山，湖北人，初充陕西陆军混成一标三营正目，与张云山、万炳南诸人同为会党巨子，因张聚庭钱定三加入革命组织。张钫，字伯英，河南新安人。保定陆军学堂毕业，初任陕西新军混成协队官，与钱定三、党自新、刘伯明诸人运动革命，联络会党。曹印侯，字树勋，临潼人。清光绪三十四年与郭希仁、刘蔼如、贺绂之等治学于西安丽泽馆。宣统二年，应选拔士北上，自题小照寄友，有"江山河岳开王霸，怒马神龙铸铁身"句。是年八月，各省二次请开国会，陕举印侯为代表。既还，联合绅民，倡办地方自治，加入同盟。陈树藩，字柏生，安康人。保定军官学校毕业。初任陕西新军排长，加入革命运动。党仲昭，字自新，三原人。保定陆军学堂毕业，初任陕新军混成协炮营中队队官，与钱定三、张伯英、刘伯明、曹建安诸人加入同盟会，组织武学社为秘密机关。彭世安，字仲翔，原籍福建侯官，父官陕西白水，因占籍白水人。初考入保定陆军学堂，留学日本，加入同盟会，归为陕西新军队官。张宝麟，字仲仁，紫阳人。保定陆军学堂毕业，归陕任新军混成协队官，与钱定三、张聚庭等运动新军及会党加入革命。张玉成，字益民，石泉人。初入陕新军混成协二标三营右队正兵，加入小雁塔同盟，为卅六弟兄之一。辛亥西安光复前，受钱定三张云山命，密往汉南一带，联络会党，约期举事。张光奎，字聚庭，长安人。本省武备学堂毕业，充新军混成协队官。与张伯英、彭仲翔、党自新、钱定三诸人入同盟会，组织军事研究社为秘密机关。张益谦，字靖清，华阴人。日本士官学校毕业。归任陕西新军混成协一标教练兼第三营营长，与钱定三、张伯英诸人密谋革命，加入同盟会。张身庵，潼关人。清武庠生，曾任甘肃固原守备，以亲老辞归。因彭仲翔、张伯英入同盟会，于西安书院内设商业研究所为秘密机关。井岳秀，字崧生，蒲城人。清武庠生。见清政腐败，结纳会党，密谋革命。闻总理组创同盟会，资遣其弟勿幕东渡加入，受任为陕西支部长。景定成，字梅九，山西安邑人。初肄北大师范馆，派遣留学日本，加入同盟会，充山西同盟会评议长。戊申返国，任陕西高等大学堂教习，与邵力子、张仲特、郭希仁诸人结纳，助井勿幕创办陕西同盟分会。其夫人阎玉青及其仲弟敬之，均预其事。辛亥在北京组《国风日报》。武昌起义，充山西军政府政事部长。闻吴禄贞被刺，偕史可轩姚太素运动吴部，将吴在石家庄所截留北军之枪械，运回太原。及清军逼娘子关，乃随民军南下，联络秦军，收复河东。（未完）

　　接肇凤十七日来函一。想邮差果复来山矣。午寓内请丁六阶夫妇及李、邹二位夫人午饭。年菜尚充足，杨氏特约之也。下午四时到办公处，接亮儿十四日来禀一。续录《西北革命史征》如左：

　　张铣，字拜云，蒲城人。清末以举人选授耀州学官。见清政腐败，旋弃职游日本，与井勿幕诸人加入同盟会，奉总理密令归陕，担任西北革命工作。尝至甘肃新疆伊犁等地，鼓吹宣传，结识豪杰，后组教育总会于西安，推设各县分会为秘密机关。又于同州倡办求友学堂、西安倡办健本学堂、公益书局，与同县李仲特、王子端、常铭卿，富平焦子静、师子敬诸人，从事文化革新运动；上书当道，倡修西潼铁路，密联比国某公司，购运枪弹，招募工程队，相机举事。积劳过度，咯血病卒。吴星映，字宝三，朝邑人。清末以知县候补湖北。丁艰归里。见清政腐败，屏居省垣，与张拜云、焦子静诸人合组公益书局，为秘密运动革命机关，联合陕绅，上书邮传部，争西潼铁路改归商办。又倡办延长石油公司及健本学堂，谋从实业教育着手，进行革命。张维寅，字东白，蒲城人。清甲午科举人，任南山某县教谕。见清政不纲，弃官归里。旋充省立师范学堂教员，与张拜云、井崧生、常铭卿、王子端、焦子静等结纳，入同盟会。焦冰，字子静，富平人。父为按察司吏员，随父读书西安，为张拜云、吴宝三所器重，入同盟会，合资设公益书局为秘密革命机关。又与井勿幕、王子端、常铭卿、李襄初创办健本学堂，培养革命干部人才。李异材，字仲特，蒲城人，清邑廪生。肄业三原宏道学堂。精算术。嗣充陕西大学堂算术教习，与邵力子、井勿幕、景梅九交结。又与焦子静、王子端(志端)、常铭卿等设健本学堂，培养革命干部人才。李良材，字桐轩，异材之弟。清季与张拜云等组织求友社以科学教授诸生，后充陕西咨议局副议长。王欣，字子端，蒲城人。清廪贡生，与张拜云、井勿幕、焦子静交最善。加入同盟会，任健本学堂堂长。又与郭希仁组织丽泽馆，联络同志，不时开会，皆为秘密革命机关。今(即民国卅三年《西北革命史征》书成时)犹健在，年已七十馀矣。(按李仲特卒年七十九，桐轩卒年七十三，皆长命革命党也。附注于此。一厂)

阅本日《中央报》。询工友言，从今日始，各处室均停止火炉，因煤及杠炭均完。

二月廿日　　阴。午表四十二度。下午五时半表四十二度。

上午九时到总纂办公处，续录《西北革命史征》如左：

常自新，字铭卿，蒲城人。清末入同盟会。任本县高小学堂教员。鼓吹革命激烈。为县令李体仁拘拿，庭笞数百，血肉狼藉。后与李仲特、王子端诸同志创办健本学堂,培植革命人才。朱先照,字漱芳,晚号佛光。三原人。清举人。自谓系出明秦王后裔。弱冠设帐授徒,即以种族大义启迪及门。甲午战后,创设励志学斋,广购新书新报,以开风气。闻总理创立同盟会,劝其门下生徒先后加入。辛亥以前西北主持革命者,皆推为革命先进。光复后,年事已高,当道以顾问尊礼之。年七十一寿终。茹欲立,字卓亭,泾阳人。毕业宏道高等学堂,留学日本,加入同盟会。李元鼎,字子逸,蒲城人。三原宏道高等学堂毕业。留学日本。加入同盟会。宋元恺,字相臣,耀县人。宏道学堂毕业。入日本振武学校。加入同盟会。归充本省农业学堂教员,倡导诸生,密谋革命。杨铭源,字西堂,宜君人。肄业三原宏道学堂。官费送日本留学。知非革命不足以救国,集合同志,组设夏声报,倡导群伦归国。后与张伯英、邹子良、张翔初、井勿幕、井崧生往来最密。樊毓秀,字灵山,耀县人。肄业三原宏道学堂,以昌言革命被革。转往上海,卒业南洋公学数学专科。归与井勿幕、胡定伯诸人于本县密组同盟会。西北之有同盟会实自此始。杨寿昌,字仁天,蓝田人。辛亥光复时任敢死队曹印侯部下之标统。张瑞玑,字衡玉,山西赵城人。以进士授知县,分发陕西,历署韩城、兴平、长安、临潼、咸宁等县事,与景梅九、郭希仁等交甚密,遂加入同盟会。薛骏,字麟伯,华县人。清季留学日本,入同盟会。回陕后,充健本学堂堂长,并于省城设正谊书局,为党人秘密机关。曹位康,字建安,原籍河南沁阳,清季随父来陕,从三原范卓甫、朱佛光读书。入三原县学。又考入陆军小学堂。嗣升保定陆军速成班,骑兵科毕业,与诸同学密入同盟会。归陕任新军马队队长。陈殿卿,湖北均州人。与张云山、万炳南同为哥老会党。因钱定三等加入革命团体。辛亥九月朔,西安光复时,诸党人在军装局议举统领,万炳南等意见歧纷,惟殿卿与李长兰始终倾服张凤翙,因宣言曰:义军甫起,成败尚未可知,而诸君猹猹以权位自起纷争,甚非国家之福。如再有以权位相争者,吾即先焚军装局而去。会众闻言,始稍敛戢。翌日,吴世昌亦以大局未定,当以事业为重,其他不足争论为言,并由郭希仁、张衡玉从中调停。于是大众意见稍释,举张凤翙为大统领,张云山等为各路大都督,大局始定。向紫山,原籍湖北均州,清末来陕,寄居富平,以哥老会党牵涉系狱。辛亥西北光复,富平党人乃出之,推为统领,聚集徒从,得四千馀人,赴省,隶兵马大都督张云山部下,随云山西征,与清军(升允)迭战邠州长武间,卒保西路。向字营独能转败为胜。(未完)

接圣光学校十九日通告,该校各级初中二下尚有空额二名,廿一日报名,廿四日考试,惟床铺已满,不收住宿生。下午四时到办公处,续录《西北革命史征》如左:

王荣镇,长安人。初为新军骑兵营正目,因李仲臣、马开臣、胡笠僧加入革命团体。刘刚才,原籍湖北,因经商来秦,寄籍咸宁,屡丧其贸。投入新军混成协一标二营三连正目,加入卅兄弟张云山、万炳南诸人之内,共课革命。郭锦镛,河南新野人。初入陕巡防队充正目。见绿营腐败,改入新军。与张云山、张伯英诸人联络,结为卅六弟兄,同谋革命。刘世杰,字俊生,河南南阳人。初充巡防营中旗正兵,见绿营腐败,改入新军一标一营充正兵。与钱定三、张云山、张聚庭诸人结为卅六弟兄之一。吴世昌,字华堂,湖北郧西人。清末以贸易来陕,与哥老会有联系,投入新军,与张云山、张伯英、钱定三等卅六人结为兄弟。严飞龙,朝邑人。初为侠于乡里,屡以事抗官,尝走匿甘肃。辛亥西安光复乃归。率其徒众千馀人属井勿幕。陈树发,字雨亭,紫阳人。初入新军,获与同盟会同志交。轻财仗义,乐与士夫游。邱彦彪,原籍湖北江夏,清季来陕,侨居西安。以武庠充防营军职。入洪门会为大龙头。清宣统元年入同盟会,与张伯英、钱定三密谋革命。胡应文,字定伯,耀县人。与宋相臣、樊灵山诸人交,入同盟会,在耀县城内设店为秘密机关,联络渭北各地豪侠,党人往来者,皆住其家。马耀群,华阴人。居乡为游侠,有大志。辛亥西安起义,即招集数百人,联合驻华阴之巡防队胡明贵,潜入潼关,驱逐清吏,据关反正,响应省城。胡明贵,富平人。清陕巡防营营长。平时与哥老会有联络,辛亥九月初一事起,明贵闻之,联合潼关华阴间豪侠,逐潼商道瑞清,据关响应省城。(未完)

阅本日《大公报》。夜写复亮儿信,未完。

二月廿一日　　　晴。日色甚晶亮。午表四十六度。下午转阴，四五时间复晴。夜月出(是为旧历初九日)。

上午九时半到总纂办公处。续录《西北革命史征》如左：

石玉山，字凤岐，河南洛阳人。初充新军(河南)一标二营正目。因讦发队官侵饷被革来陕，投新军骑兵营三连，加入张云山哥老会。又与钱定三、万炳南诸人结为卅六兄弟之一。姚振乾，同官人，好与会党交游。尝在县城设面房，招待会党。辛亥九月西安事起，即与本县白喜纠合会党数百人，据县城反正。旋以所部属北路招讨使井勿幕。王仲元，长武人。民国纪元年一月，经同县人李龙山介绍入同盟会。及九月西安起义，即与龙山据县城响应。李云峰，字龙山，长武人。清邑庠生，精击技。与临潼曹印侯郭希仁、乾县吴希真等友善。加入同盟会，于邠长一带联络同志。吴聘儒，字希真，乾县人。三原宏道学堂毕业，留学日本，得识总理，加入同盟会，归国后担任西北革命工作。创设平民共济会，联络党员。彭泗海，甘肃海宁人。力农，以骡车运输商货，往来秦陇间，好交游。辛亥初受张云山命在平凉一带联合党徒，从事革命工作。及九月西安事起，即在海宁树义旗为响应，号"兴汉军"。张建有，河南南阳人。初在本省巡防营充什长，嗣来陕，入新军一标一营充正目。与钱定三、张伯英等卅六人结盟，密谋革命。邹炳炎，字子良，原籍甘肃宁州，寄居三原，应试入庠。游学日本，加入同盟会，与南雪亭、王瑞轩、李肯堂、李授洲、孙伯衡、王若泉诸同志于西安创办女子小学，联合会党，密谋革命。马文明，字开臣，长安人。因邹子良入同盟会。父承麻素以刊布通俗劝善书板为业，家有书肆，即以为秘密机关。时与郭希仁、邹子良、李仲三诸人密计大事。南兆丰，字雪亭，兴平人。清邑庠生。游学日本警监学校。加入同盟会。归国后创私立女子学校于县城，兼充邑令张瑞玑所办之《兴平报》，鼓吹革命。李鸣凤，字岐山，山西安邑人。乙巳(清光绪卅一年)与景梅九同办洄澜公司，为革命机关。加入同盟会，为县令拘系，遂来陕，住马开臣家，与西北诸同志结交。后又返太原，入铁路学校。辛亥九月太原民军起义，自领一军，东向迎敌，而娘子关为清军所破，民军弃太原。鸣凤乃率队南行，至洪洞，与攻隘口之民军合。闻秦军(陕军)下河东，乃攻绛州，杀清军统领陈某，进攻阳平，苦战累月。弟鸣鹤字九皋，少游秦陇，入回军马安良部服兵役，以善骑射名。后赴蒙古贩马。辛亥革命军兴，招募多人，为乃兄行军都督马队统领。续桐溪，字西峰，山西崞县〈人〉。少读书常抱种族之痛。同盟会兴，首注籍焉。清末遣同志徐翰文等往归化包头联络举事。未成，翰文死之。辛亥之役，以众据大同独立，为毅军淮军所围，相持五旬。共和告成乃解。任尹，字师竹，耀县人。清廪庠生，与蒲城张拜云交。拜云办西潼铁路，举之为书记。遍交井勿幕、郭希仁、焦子静等，加入同盟会。诸党人在丽泽馆会议，议决由运动新军入手。以督练公所提调王毓江为陕抚恩寿私人，防范党甚严，须排去之。尹挺身自任，与甘聘莘、诇王劣迹多款，联络军界彭仲翔、张聚庭等三十馀人，具揭咨议局，转咨恩抚查办。王遂罢官去。诸在军籍党人始得以次选擢，奠定辛亥西安起义之基。省垣部署略定，复与同志分途向外县活动。返耀县，为州牧孙寿明侦悉。欲兴大狱，以无确据，乃唆恶役名八毒者，于辛亥二月初七日在耀县城东伺尹醉而捽击毙之。(未完)

接山洞农行通知、亮儿代淦弟汇款三千元。肇凤十九日来函一。下午二时偕杨氏、兆先往歌乐山振济中学，原拟询开学及初中二下级究竟升学与否。前闻人少不能升级。殊到则各学生正纷纷报名缴费，视其壁间揭示，十九日至廿二日报名缴费，廿三日正式上课云云。询一教员称，二下级共有女学生十二人考试，结果二名开除，五名留级，三名转学他去，现只有第三名兆先及第一名某女子。因教育部定秋季始业，故各级均不开上学期之班。刻第一名已插入三下级，如兆先欲入三下级，亦准插入试读，倘学期届满觉各课实赶不上时，仍留级亦可。余询兆先去岁下学期名虽称二下，而各课本均用二上未授完之课，显系教员敷衍了事。因去年下学期教育部始改章，规定秋季始业，该校一时筹备不及，敷衍过去。今若躐等插入三下，课程当然赶不上。与其读至暑假被留级，宁可现在自愿重读二下,至暑假学期考试,顺升三上为愈。某教员在旁亦主此说,兆先亦愿意。本日愿欲往山洞圣光中学考试亦系二下插入班。乃即重入二下报名缴费,现缴二千五百元,第三名不免费。毕。惟宿舍床位未确定,约明早再往,与管理员商办。据管理关君粤允保留一铺位。返至曾介木家,告以此事,嘱其子厚成明日速往报名。又告知李科长治中之女李咸芬。因该校未发通知也。但李咸芬本人似无意再读。李科长则不在家。介木言,竞选事振宽正在进行,谓余须自与安许两处长谈谈。余答此事只可旁人代说,不便自言。

二月廿二日　　阴。上午十时洒雨点。午表四十四度弱。

上午十时往会,托安处长在农行通知书盖章,安不在,由沈科长代办。并询煤炭事。旋到总纂办公处。复肇凤信一、附区分部证明"林肇已申请入党,惟党证未发"条一件。接梁云从十八日信一。附学曾侄卅二年十二月廿五日墨西哥来禀。夜补写复亮儿信一。前夜写未一行而止。昨夜因行路后早眠未续写。

二月廿三日　　阴。午表四十三度。下午五时四十四度。

上午九时到总纂办公处,阅昨(廿二)日《中央》、《大公》报。

廿一日报前日下午返经徐忍茹寓门口,由徐借给一阅。续录《西北革命史征》。

原斯健,字象乾,蒲城人。肄业本县高等小学堂。井勿幕、李桐轩、常铭卿、王子端诸同盟先进咸器重之。民国纪元前四年,因教育会与县令李体仁冲突,与校长常铭卿同时被捕,遭酷刑,即时毙命。年甫十五。赵丕衡,字规生,蓝田人。初入西安府中学,意不惬,逾年转入陆军小学,则大喜。未毕业,值辛亥九月革命军起,联络同志,首先加入。吴善卿,字忠孚,长安人。清末陕西新军混成旅成立应征,充一标三营左队正兵,拔升上士,因钱定三加入革命组织。王克明,字俊德,咸宁人。初习厨工,庚子八国联军之役,闻而弃业从戎。得选入陆军将弁学堂,充炮兵排长。与张云山、井勿幕、邹子良等结识,参加小雁塔会议。薛豫华,字建侯,咸宁人。初毕业本省陆军小学,升入湖北陆军中学,毕业回省,充新军步兵排长。与钱定三、张云山诸人相结,小雁塔会议时,君年最少。辛亥九月西安光复时,君推湘人会党首领余晋海为新编义军第六标统带,而己副之。克复满城,六标之力为多。刘粹轩,河南新蔡人。文行卓然,为一时知名之士。辛亥武昌首义,河南为清军控制,党人不能起应。粹轩乃与刘镇华、楚赏斋、王天纵等二十馀人联袂来陕,参加西安反正。刘文骥,字德卿,三原人。初随父宦游江浙,后归陕,读书宏道学堂。辛亥西安起义,遂从戎。为秦陇复汉军队官。朱长春,字正宜,长安人。初以武庠生充陕抚署戈什,后调甘督署。辛亥秋,闻陕西革命风潮日涨,称病请假归,加入革命团体。雷恒焱,字崑山,醴泉人。本省陆军中学堂毕业,辛亥九月,随同新军光复西安。尚镇圭,字殿特,大荔人。清末留学日本,值总理创同盟会,首先加入。归国后,任同州师范学堂校长,即以学堂为进行革命秘密机关。联络豪侠,密运军火,力图光复。陈同熙,字会亭(惠亭),潼关人。清光绪癸丑补行壬子并科举人。赴日本留学,加入同盟会。与郭希仁、王子端、常铭卿、焦子静、师子敬诸人深相结纳。民国纪元前四年,任蒲城高等小学教员。蒲案发生时,适以事先期他出,得免。闻讯后,星夜赴省呼吁各方,激起全省学堂罢课,援救出常铭卿于狱。嗣因考职入京,联合军学界上书资政院,黜省新军督练公所总办王毓江职,陕籍在军中之同志,始得以次超擢,成辛亥西安光复之基。师守道,字子敬,富平人。与井勿幕、井崧生、张拜云、张会亭交最密。加入同盟会,任公益书局经理,主持革命秘密机关。柏惠民,字筱馀,泾阳人。因读《黑奴吁天录》及总理小传、铁券诸书,遂入同盟会。与同志组设勤公社于三原,为革命秘密机关。民国纪元前一年,邀井勿幕、宋相臣等十馀人就其家园草拟同盟会章暨通讯方法,与在省之郭希仁等人联络,陕西同盟会支部遂以成立。旋游沪,与宋渔父、于右任、陈英士、谭人凤诸人往还。尝斥巨金购武器炸药,使人学制炸弹。辛亥西安光复,东西两路作战,均资其力。讨袁之役,复以家产担保,订购某国步枪万馀支、弹数十万粒,大炮四尊,运陕作战。家本巨富,卒以此破其家。李仲三,潼关人。清邑庠生。加入同盟会,联络朝邑刀侠严飞龙参加革命。辛亥西安起义,任东路安抚招讨使,与清兵战于阌乡灵宝间,事定解兵。后游京、沪及苏联①十馀年。民国卅三年,被选本省参议会议员。(未完)

　　写致陈恺快信一。下午与柳聘农、张元群偕往龙铁元家拜年。见其精神已佳,惟面上稍瘦。询饭量亦好,夜眠亦安。大约再休息一月,可完全复元矣。返寓小睡一觉。四时到办公处。续录《西北革命史征》。

　　寇遐,字胜浮,蒲城人。本省师范学堂毕业。清末任同州师范学堂教务。加入同盟会。与殷尚特及山西李秀主持东路一带革命运动,阴结地方豪侠,道德经济为乡里矜式。旋中举人,历充西安、凤翔各中学教员。宣传革命,加入同盟会。(至三十一年二月卒于家。年七十。)王玉汝,字诚斋,扶风人。己酉拔贡。见清政不纲,立志革命。辛亥西安起义,佐曹印侯敢死军,与升允迭战于凤翔诸地。张师渠,字仲良,武功人。清廪庠生。闻总理创立同盟会,即加入。与井勿幕往还甚密。辛亥革命时,奔走渭北,运动各地豪杰响应西安。陈同,字素正,浙江诸暨人。辛亥前一年来陕,联络西北同盟会分子及哥老会党人。刘淦,字介夫,富平人。清末以廪庠生入三原宏道学堂,毕业任健本学堂教习。加入同盟会。王桎,字伟斋,乾县人。清末为健本学堂教员。加入同盟会。雷电,字季阳,蒲城人。见邹容所著《革命军》一书即悦之,加入同盟会,与常铭卿、井崧生诸人组织教育分会,任书记,以蒲城为革命策源地。民国纪元前四年,重九夜,亲率暗杀团员,至巡警局,欲杀县绅张某,不遂,因有二十四日县令李体仁围捕教育分会及学堂之案。同县刘养正、宋芳初、寇重字孝庭、常济字仙洲、原振之等,皆老同盟会员,与季阳同在教育分会,鼓吹革命。董雨簏,湖南人。清廪庠生。民国纪元前四年(清光绪卅三年)来陕,任中学堂体育教员。辛亥加入同盟会。西安光复时,任秦陇复汉军七标营长。后仍服务教育界。民国十六年后归里,音问遂绝。刘幼宾,河北人,保定陆军

————————

　　①　原文如此。——整理者

学堂毕业，派入陕西新军混成旅见习，擢升排长，辛亥九月朔，随同陕军反正，任秦陇复汉军总部参谋。初随张云山守乾县。嗣为行营参谋。夜查城防，昼治军书，身劳形瘁，几至失明。后复随军西援咸阳，劳苦一如在东路时。惠象贤，字春波，长安人。清廪庠生。选送关中大学堂，毕业。由井勿幕、郭希仁介绍入同盟会，与康寄遥、惠甘亭等创设两等小学堂于帝君庙，鼓吹革命。韦虞，字协度，蒲城人。清末肄业同州师范。因寇胜浮、马彦翀、薛卜五入同盟会。（未完）

阅本日《大公报》、《中央报》。

二月廿四日　　阴。上午九时馀飞洒雨点。旋止。午日出。表四十八度。下午日色颇佳。五时表五十度。夜月明（是日为旧历正月十二日，近元宵矣）。

上午九时到总纂办公处。旋往会。询张泽兰同志，知原在赣县之江西省立工业实验处，已迁设宁都，但地址未详，正托人打听云。看刘尊权病，并与许师慎立谈区党部选举代表事。徐副主任忍茹适来，即由许转说，徐谓已知，定当助力，即散。返处，续录《西北革命史征》如左：

王铭丹，字敬如，临潼人。清末尝慨西北人心蔽塞守旧，以开通风气为己任。从事演讲，口若悬河，听者咸为动容。渭南令张世英见而奇之，延至幕中，谋议推行新政。旋与郭希仁、曹印侯诸人于省垣组设丽泽馆，讲学其中，实为革命秘密机关。同时，华县宋坤生、乾县李守先并以善演讲闻，有陕西三大演说家之称。马彦翀，商县人。陕西高等学堂毕业，任健本学堂教习。因井勿幕、李襄初入同盟会。庚戌春，与郭希仁、焦子静等十馀人在大雁塔会议后，派赴日本，密购军火。辛亥九月回至北京，闻西安新军反正，即约陈会亭、范味腴诸人回陕，行至渑池，为清军所阻，乃改由海道至南京。谒孙大总统时，正陕省东西两路战事吃紧，奉派与甘聘莘、王凤文赴鄂请援。谒黎副总统元洪，商派刘公、季雨霖两部为援陕军。甘王即东返。彦翀偕轻骑西进。抵紫荆关，接电清帝退位共和告成，遂罢。柏堃，字厚甫，泾阳人。清副贡生。

受业于贺复斋、刘古愚二先生,研究经世致用之学。辛亥西安起义,充学生队队长。高明德,字又明,泾阳人。因井勿幕入同盟会。又介绍柏筱馀、吴希真诸人加入同盟会革命团体。以西北军火无来源,函请上海同盟会派技士温自强来陕教制炸弹。又随熊克武至沪,专习制炸弹。陕党人以制造军火闻者,又明实为首。李培基,字养初,蓝田人。受业于牛梦周先生。辛亥前入同盟会,投甘省新军周务学营学兵事。辛亥西安光复,投敢死军充队官。王一山,泔阳人。西安陆军小学毕业。因钱定三加入同盟会。纪雨旸,字时若,富平人。弱冠经商三原,因读民报,铁券诸书,加入同盟会,与同县纪子文、三原张立卿组勤公社为秘密机关。薛炎,字正清,韩城人。清邑庠生。因井勿幕、郭希仁入同盟会。辛亥光复,任曹印侯敢死队部营长。陈得贵,字海山,渭南人。夙为哥老会优秀分子。初充新军一标二营正目。因李仲三、马开臣、胡笠僧加入同盟会。为小雁塔卅六弟兄之一。会党与党人往来接洽,常派得贵与王荣镇为代表。又常到咨议局与郭希仁诸人商组机密。辛亥起义之先,又由两党合派往河东,与晋省会党同志联络响应。刘家濂,字楚材,洋县人。清末毕业上海南洋公学。归任陕西优级师范及西安府中学堂教员。因井勿幕入同盟会。辛亥西安反正时,曾策动员生三百馀人助攻满城,并占守西仓,接济军食。杨鹤庆,字叔吉,华县人。肄业三原宏道学堂。因读邹容《革命军》及大义录诸书,与同学张熙若、曹俊夫等廿馀人组学生自治会,决心谋革命,为学堂监督所知,开除。赴沪,入理科专修学校,毕业,东渡日本。因黄克强、宋教仁入同盟会。辛亥四月回陕,赞助军学绅界各党人,计划革命进行方略。(完)

　　下午着工友王汝伦往山洞农行取回汇款三千元。四时到办公处,阅本日《中央报》。阅新征史料。万象春述新疆辛亥革命史略。交王伯勋收已阅毕新征史料四件。一、国父广州蒙难之经过。二、总理遗墨抄件。三、西北革命史征。四、万象春述新伊革命史略。

　　二月廿五日　　　晴。晨曦甚丽。上下午日色均佳,大有春日融和之象。夜月明如昼。是为旧正月十三夜。

　　自昨晨早起，今晨亦早起。打拳后犹有时间颇久乃得食粥。思学侄来信须转寄各弟侄传阅，将原信录存如左：

　　（略）侄于今年夏奉夏晋麟博士及董副部长显光之命，任驻墨中国新闻社社长兼中宣部驻墨国代表。旋于七月廿日乘亚美坚巨型飞机来墨。翌日抵埠，八月一日正式接任视事。原任社长系董部长女婿陈亦调任驻美京中国新闻社社长。自侄任事以来，努力工作，社务日有进展。查旧任每周发稿二次，且只寄发外埠报纸，盖恐墨京大报不予采登。自侄负责之后，即决定每周发稿六次，且遍寄本京六家晨报，结果颇佳，平均每周有四次新闻稿被采登。有时只有一家，有时三四家同时发表本社新闻稿。侄犹以为未足，自四周前起，加发星期日新闻稿，结果亦甚好。四周来，星期一至少有一家早报登载，此则经常工作也。此外，每逢中国特别纪念日，或节日，侄拟特稿，分送各报。成绩之佳，出乎预料。譬如国庆日发特稿二篇：一叙中国革命史迹，被五家早报采登；一为签名专论，题为《中国革命之最终目的》，除解说总理三民主义外，并指出中国革命最后目的，为"促进世界和平"，引总理民元在国会临别赠言"中华民国国民之天职，为促进世界和平"为证，长约千五百字，于国庆日在《大众报》评论栏发表（查《大众报》系左派日报，平日对于本党及国民政府颇多非善意之记载。）又如总理诞辰，亦发特稿二篇，一为《孙中山及国民党之工作》，列举五十年来十二项大事而为总理及本党努力奋斗之成绩者，结论谓，中国国民党不但是三民主义中华民国之创造者及发展者，且为其保护者。此篇署侄名在《超等》报（此报为三大报之一，据说美、墨参战前系同情于德国之报纸。）于十一月十二日专论栏发表，并附登总理遗像。另一稿为《十七为中国奇数》。论中国国民党党史上之奇数。查本党于一千八百九十四年成立，经十七年之奋斗而成推翻满清建立民国之大业（即一千九百一十一年辛亥革命之成功）。再经十七年之继续奋斗，而于一千九百二十八年有打倒军阀统一全国之成就（即进兵北京、张学良内向之成功）。此二时期，均以十七年为一段落。自一千九百二十八年起，我国在本党党治之下，即入于抗日时期（济南惨案发生于民十七年，即为中国抗日奋斗时期之开始），预料亦须经十七年之努力奋斗，即可成功。故侄预言明年一千九百四十五年将为中国抗日胜利之纪元。文长约五百字，预定十日发稿，注明当于十二日发表。殊知墨京最大最老最保守之《大同报》，竟提前于十一日在其首页揭载，诚出意外。翌日尚有两家，即《国民》《超等》报，仍将原文发表，亦为料想不及之成绩。此外，为纪念日贼轰炸美国珍珠港，并为唤醒美国民众，积极扶助中国抵抗共同敌人（日贼）起见，特拟一文，谓自湖南广西失利之后，美国必须放弃其"维持中国继续参战"之感情主义者政策，一如彼于珍珠港轰炸之后不得不放弃其"日贼战祸限于中国"之孤立主义者政策，而采行新而有效之"抗战期中结交中国"之国防主义者政策，而后真能早日协助中国击败日本，减少中国及美国人命之牺牲，并维持永久世界和平。倘美国决行第三政策，必须注意三事：一、日本不但是海洋国，且是大陆国，故须装备中国陆军，以击毁其大陆武力。二、中国是同盟国而不仅是一块抗日作战根据地。故凡抗日作战计划，中国必须参预，而所有协助中国举动，决不能有任何政治条件掺杂其中。三、美国抗日之胜利不但英国应共享共取之，且当由中国共取共享之。否则此项胜利空虚无物。尤有进者，即中国胜利必须为蒋主席及其所领导之中国国民党之胜利，然后维持中国之安定繁荣及民主，然后能避免未来之亚洲及世界大战。结论谓，目前中国军事虽失利，但非不能挽救。而挽救之道有三：一曰军实供应；二曰增加军实供应；三曰仍为增加军实供应。此文于六日晚由墨京美联社摘要成五百字专稿发电至美国并其他各国，不知中国各报有采登否？七日未见各报采登，迨至八日，由《大同》报照原文全文发表，并注明作者姓名。此实意外之成功，谌以告慰者也。

　　本社工作，除发新闻稿——系国防宣传处广播至美新闻，尚未有重庆直播新闻——外，每周广播三次，每次五分钟，由一广告公司代理，月给经费约三百美元。此项广告费用颇大，拟暂行停止三数月，而于此时期，刊印不定期小册子，以广宣传。此间人士颇重社交，惜语言未通，颇感不便，现正在努力学习此邦语文，再二三月后，希能有成。上周墨国国外记者协会开会，邀侄进会作正式会员，且即席当选为副秘书。（略）世界战局，据侄观察，尚有数年，大约一九四九年必可完全和平(此与侄上文立说并不冲突,盖上文所说指我国大举反攻战捷,胜利当于明年开始,并非谓战事可于明年结束。且侄认为明年系中国实行真正建设开始时期,预料又须十七年,然后中华民国建国完全成功,永树三民主义五权宪法万年基业。)赐谕寄驻墨西哥中国大使馆传中国新闻社林霖收①。

附致南侄一纸,内云,中宣部驻墨代表须墨国政府承认,已经得承认,发给证书。中国新闻社组织,社长外有助理员——(专任)、翻译员——(兼任)、工役——(半日工作)。社址在墨京街市繁盛中心,计有办公房二间。每日十点钟开门,六点后收工。兄现住"游客旅舍"。每晨步行约十五分钟可抵办公房,晚亦步行返寓。此间天气和暖,终岁如春。一日之间,早晚可穿春大衣,午不穿春大衣。至冬大衣则全无需要。早饭在旅舍寄食,午晚两餐或在西人餐馆,或在中国菜馆用饭,尚适口,亦颇廉。社长有时要请客宴饮,用费稍大,但社中有规定,交际费可实报实销。三十三年十二月廿五日。

下午三时馀到总纂办公处,欲阅报纸信件,工友俱不在,门锁不得入。五时再往,阅本日《大公报》。夜改祝李母寿诗。

二月廿六日　　晴。日光甚好,可谓春和景明矣。午表五十八度。下午五时五十九度。夜月极明(旧正月十四)。

上午九时到总纂办公处。久未剪发,适见剪发工人至,即令剪。后复阅昨日《大公报》。毕,返寓。为上元节,拜祀父母及故大姊。顺请李振宽与房东泽扬之妻、申仲之母。二家午餐。是午原拟请闵孝吉、明少华二人,询均已入城。饮酒微醉。午睡一觉。下午三时半后到总纂办公处,欲写信致各处,适接陈恺廿三日来信。查余亦于廿三日去信。又接到本日《大公报》,即披阅。

二月廿七日　　晴。午未看表。下午天微阴。五时表六十度。夜月

---

①　西文地址从略。——整理者

仍甚明（旧元宵）。

上午九时到总纂办公处，写复梁云从、陈恺、权超信各一。权超函内附学侄来函。下午三时到办公处，接邱海珊廿三日信一。写致照弟信一。阅本日《中央报》。夜因杨氏赴丁六阶家节宴迟返，愤怒。九时始返，因李家再请晚饭。

二月廿八日　　晴。午表六十三度。下午微阴。五时表六十一度。月仍明。

上午九时半到总纂办公处。阅廿七日《大公报》。接肇凤廿六日来函。写致黎守杰函一。下午三时往会，借米二斗并明晨派工来寓，为兆先挑行李入振济学校。又向刘去非、许福元登记购煤二百斤。卒在居正修手缴款登记。返办公处阅本日《中央报》。夜改寿李翼中母温太夫人诗。

三月一日　　晴，微阴。午表六十度。下午日色复耀。五时表六十度。夜月又极明。

上午九时到总纂办公处，将昨夜改诗就质孙铁人商定稿，明日拟写去。致邱海珊函一、权超侄函一。附高良佐广告一。兆先女儿今日进振济中学住宿，杨氏送往。午饭后杨氏返寓，知宿舍铺位已布置妥，缴三个月菜费二千元。余自前日沾感冒，今日觉辛苦，鼻流清涕，眼似出火。阅本日《中央》、《大公》报。

三月二日　　晴。日甚丽。午表六十度。下午五时表五十六度。风大或将下雨。

上午九时到总纂办公处，写致十弟信一。阅编辑撰《邵元冲传》一篇。下午三时到办公处，接陈恺廿八日来信一。黎光群所说在渝各同乡望余竞选之话，似属虚造。查吾乡（梅）现拟参与竞选者，除原系中委者外，只有黄镇球、黄琪翔、李翼中三人云云。本会区党部明日下午选举，余决不进行矣。写李母寿诗一首如左：梅江春接锦江春，旋马庭前设帨辰；子已才称天下士，母宜荣显太夫人。霞觞色映慈颜喜，锡嘏诗增鲁颂新；正值铙歌腾鼓吹，从教报国更娱亲。

阅本日《中央报》。晚饭前李振宽到寓，余告以选举事拟停止进行。彼谓仍进行为便。姑听之。

三月三日 阴。晨雨一阵，旋止。午表五十度。下午日出但薄。六时表五十四度。

上午九时到总纂办公处。旋往开区党部选举大会二次。一为代表选举，一为区党部执监委员选举。投票毕返办公处。阅昨（二）日《大公报》。午返寓，得振宽留片，告知开票结果：邹永成31，姚荐楠/林百举13，李治中/丁履浩（静如）38，柳聘农/丁氏，不知何人，初有云丁象谦。李树藩亦进行竞选。今知象谦为履浩之误，树藩为治中之误也。治中竞选初无人知而得票反多，可见会中人心之一斑。余固无竞选之意，但以振宽既代出面接洽，人亦孰得知余本怀，自不足怪耳。振宽对杨氏言，甚无面目见余。拟明日置酒请他谢慰，并评此次选举场中之状况。下午三时到办公处。接陈恺一日下午复信，论此届中央竞选，余不必参加，且闻旧委员谋蝉联者，每人预备五十万元应酬费，虽有同乡欲助余者，亦未必能出此数，云云。甚有理，余心益慰。夜阅《楚伧文存》。代曾剑鸣作贺李母诗。

三月四日 星期 晴。上午微阴。午后日出。下午六时表五十六度。夜半犹见月色。

上午在寓代曾剑鸣作贺李母寿诗。因欲查《词〔辞〕源》，到总纂办公处取阅。余所欲阅之温家五凤楼或栖凤之典不得。疑《辞源》搜集未备。下午在寓续作诗，未成。五时到办公处，阅本日《大公报》。夜续作诗成，待修改。

三月五日　　　阴。午表五十度弱。下午六时表四十七度。

上午九时到总纂办公处，发寄李母寿诗。照来件寄中三路中央组织部庞镜塘收转。写复陈恺信一。阅昨（四）日《中央报》。接照弟昨日来信、守杰二日来信、邱海珊一日信各一。下午三时到办公处。阅《楚伧文存》。送回《五五宪草说明书》，丁静如收讫。原借条撕毁。阅本日《大公报》。

三月六日　　　雨。昨夜半闻雨声。今晨小雨檐溜微出。上午微雨。下午雨止。六时表卅度（今日惊蛰）。

上午在寓改代贺李母诗成，录存如左：云和曲奏八琅璆，碧树花开千岁桃。天与寿星添寿算，人逢春日献春醪。指囷早著贤声久，画荻今征教育劳。燕喜家家同庆祝，儿郎为国正扬镳。

下午四时到总纂办公处，阅本日《大公报》。夜复肇凤信一。

三月七日　　　晴。日出但微阴。午表四十二度。下午日色较多。六时表四十四度。

上午九时到总纂办公处。写致曾剑鸣信一，附诗稿。下午三时到办公处，阅《蔡元培传》编辑处拟稿。十页。阅本日《大公报》。桂省河池战事，沉寂已久。本日报载南丹六日急电，"六日晨拂晓，我军进攻河池。截至今午，占领河池西北之罗村山等地。其北面我军亦占领沙子坪、大山塘"云云。此稍足振人心之举也。又五日电云，"河池前线日来阴雨，我军自克复黑龙关后，连日不断向河池各地进击，予敌以严重威胁。今晨我机不断在河池金城江上空侦察"。按克复黑龙关日前见报，余未甚动心，故不记，今观此乃为河池战讯沉寂后复进攻之动机。然则我军全线总反攻之动机亦将在河池一地欤？企予望之。阅本日《中央报》。

三月八日　　晴。微阴。午表四十四度。下午日色甚好。六时表四十六度。

上午九时到总纂办公处，复阅昨日《大公报》。复守杰信一。拟明日进城。前向档案处调来《太平杂志》二册第一卷第一、三号，已阅十之七八，欲送还，而开卷见《革命闲话》，江介散人即田桐子琴。甚多可采史料。前欲摘录未果，送还后再调颇艰，不如摘录毕再送，因摘如左：

《革命闲话》原弁云：是编追忆往事，随忆随录，未顺次序。若按年月再加编次，则俟诸明年云尔。

沈翔云与张之洞　沈翔云，字虹斋，浙江湖州人。肄业于武昌自强学堂，张之洞派送日本留学。壬寅癸卯之交，湖北官费生有主张革命见于文字者，张氏遗书责之。学生不服，谋报书责之，属翔云起草。翔云痛陈革命理由，词意皆妙，中叙唐才常、傅慈祥被戮之事，有句云："既欲避亡国大夫之诮，而又羞蒙杀士之名。"张氏固畏清议，得书后窘不可支，汗如雨下，即欲作答，而难于卜笔，乃将原书分之两湖、经心、江汉三书院学生，各令各作驳书一篇。同情于翔云者各告假。有挚友伍采兰者，谓余曰：子为我捉刀。余曰：人皆告假避之，子反强我耶？采兰亦告假。翔云为文犀利动人。癸丑失败后，避诸上海租界。袁氏属探者捕之。探者诡为车夫，伺于门。翔云乘车，探者曳之直向华界。翔云诘之。争嚷间，捕去，寻见杀。

革命易造反　乙未以前，中山先生号召党徒，皆以反清复明为词，简称曰造反。闻者愕然。是岁九月，双门底失败后，先生与陈少白赴日本，道经神户，少白购日报阅之，有载长崎电一则云，支那革命党孙文、陈少白过港。少白以示先生曰：我等以起义为造反，日人名曰革命，何哉？先生应声抚掌曰：好，好，好！自今以后，但言革命，勿言造反。

惠役之日人　惠州之役，随同孙先生革命者中，有日本同志六七人，先生常道之。余尚能记忆者，有平山周、山田良政、尾崎行昌、岛田经一、宫崎寅藏。良政为山田纯三郎之兄，是役死于三多祝，其妻寡居于青森。民国以来，先生恒济之。行昌，尾崎行雄之弟也。

附志　《太平杂志》第一卷第一号，民国十八年十一月一日出版。撰述者上海法租界永裕里《太平杂志》社，发行所上海棋盘街民智书局。民国十九年二月廿日再版。兹即从再版本录出也。原版余有一本，在陆郎桥埋书瓮中。——一厂

下午三时到办公处。接张仲纬汇来款七百零四元农行通知书一纸。续录《太平杂志》如左：

二十世纪之支那　甲辰夏秋之交，田桐、白逾桓二人协议，以东京留学生无革命机关报，各省同乡会机关杂志，偶言革命者有之。乃邀集各省热心志士，破除地方团体意见，以主义为依归。有苏人高剑公，粤人何湛霖，湘人雷光宇罗杰，鄂人张炳标、刘湘、解鸿顺等皆与焉。炳标官费生也，鄂中官费生有暑假旅行费书籍费，炳标概捐为杂志开办之资，计与各人共酿之金，不满三百元而出版矣。及炳标入测量学校，荐鲁鱼代会计。旋程家柽加入焉。冬间，湘中事败，陈天华、宋教仁相继至，而社务益发展焉。次年，有蔡汇东字达生者，有评论辽东半岛文一篇，涉及日本。日本警视厅仇视之，将三期杂志载以荷车而去，谓之没收。牛込丛区神田曲町小石川四区警察，传拘田、宋二人者日凡六次。久之乃得无事。是年夏杪，同盟会成立，黄公克强提议作同盟会机关报。炳标字步青，汉阳人，后改名楠。湘字仲文，襄阳人，后改名公。鱼字雯青，嘉鱼人。民国十一年后，三人相继殁。

苏州之先觉　苏州朱梁任名锡梁，少读书，不事帖括，治史尤精。愤恨清政。其父小汀公，武侍卫也。光绪二十四年为常州府守备，得清室诰封。锡梁醉后，将诰封碎之，曰焉用此胡儿之赏！其父曰，此灭门贼子也，持枪击之。锡梁夺枪而窜，父怒益甚。只身走沪，旋赴日本，言革命，人以为狂。时中国留学生在日者不及二十人，困不能支。逾年归沪。再二年潜归苏，开亡国纪念会于狮子山，到者数十人，赋《招魂》而去。民国成立，小汀公怒尚未

息,父子不相见者二十馀年。八九年间,经纯孝客劝小汀公,遂为父子如初。民国以来,锡梁不言禄,禄亦弗及。

按光绪二十四年,即民国纪元前十四年戊戌。次年即前十三年己亥。再二年即前十年壬寅,东京开亡国纪念会时也。

往会托安处长盖会章于农行汇款通知书。旋返处,阅本日《大公报》、《中央报》。夜阅《楚伧文集》。

三月九日　晴。日色极佳。午未看表。下午日色至晚仍佳。六时表四十三度。

上午九时到总纂办公处。写致亮儿信一。附照弟三月四日函。原拟本午出山洞趁车晋城,提前一小时返寓,而午膳未备。午饭后李振宽来,商以明早趁车为便,遂决改期。下午二时到办公处,接曾剑鸣五日来函,玉新侄女二日来函各一。摘录《太平杂志》田桐之《革命闲话》如左:

同盟会之成立　乙巳年夏,孙公将来日本,同人欢动。抵横滨后,复由程家柽传告东京学生往来京、滨之问者甚夥。孙公礼贤下士,复留餐宿。自捧面盆盥客。东京留学生复开欢迎会于富士见楼,到者甚众。席间演说共和政体,吴崑笔述。留学生受大感动,掌声如雷。旋开同盟会预备会于饭田町程家柽寓宅,到八九人,商量各事及会名。孙公主持,定名中国革命党。黄公以此名一出,党员行动不便。讨论后,定名为中国同盟会。誓约格式如下:

立誓约人某某省某某府某某县某某当天发誓:驱除鞑虏,恢复中华,建立民国,平均地权。矢信矢忠,有始有卒,如或渝此任众处罚。中国同盟会会员某某介绍人某某。　天运　年　月　日

次日,开成立会于赤坂区桧町内田良平之宅,门首悬有黑龙会事务所。到会者四十馀人。公众皆欢舞。忽有湘人张明夷以定名不当,谓既抱倾覆满廷之志,当为对象立名。孙公曰:不必也,满洲政府腐败,我辈所以革命,即令

满人同情于我,亦可许其入党。曹亚伯起曰:今日大家主张革命,始来此间,如有异议,何必来,兄弟凭良心,首先签名。众皆和之。各书誓约一纸。是日天气炎热,为旧历六月廿四也,新历七月下旬也。内田仆妇持凉糕进,同人饱啖之。欢笑之中,草席枕木折其一焉。杯盘为倾,同人有倒卧者。孙公曰:此为倾覆满洲政府之朕兆也。众豫乐。推黄兴、蒋尊簋、江兆铭、陈天华、程家柽、马君武六人为起草员。孙公当然参与之。章程大旨,取三权分立。一、执行部。由总理统率,治事,内分庶务部、书记部、内务部、外务部、会计部、经理部。二、评议部。由议员互选议长,由议长指定议员一人为书记。三、司法部。总长一人,判事二人,检事一人。四、各省分会,置分会长一人。越数日,在灵南坂坂本子爵宅投票。众如议,孙公为总理,黄公为庶务,其馀执行部人员,乃次第成立,有经选举者,有未经选举者。评议部议员第一次全部选出。司法部及各省分会会长亦先后选出焉。各事分叙如下:

执行部总理孙文。庶务部黄兴。黄公他适,朱炳麟代理之;又他适,召蒋尊簋代理之。尊簋答以现为求学时代,非作事时代,乃荐张继代理之。继他适,孙毓筠继之。最后为刘揆一。庶务实居协理之职,总理不在,有全权主持。书记部首定马君武,君武以入京都工科大学未就职。黄公荐调田桐于评议部以继之。孙公自调胡衍鸿。当时实际桐主党中书记,衍鸿主总理书记,俟后孙公又增派但焘、李肇甫二人,书记凡四人。同盟会书记乃独立之部,为保持秘密,特殊制度也。内务部朱炳麟、匡一。外务部程家柽、廖仲恺。会计部刘维焘;维焘未就职,入联队,谢延誉继之。延誉赴南洋,何天炯继之。经理部谷思慎、程克。

评议部议长汪兆铭。议员董修武、熊克武、于德坤、王琦、吴鼎昌、张树枏、冯自由、梁慕光、胡衍鸿、田桐、吴崑、但懋辛、周来苏、胡瑛、朱大符、范治焕、吴永珊、康宝忠。书记朱大符兼。

司法总长邓家彦。判事张继、何天瀚。检事宋教仁。

分会长　直隶张继　河南曾昭文(继刘积学、内地分会长杜潜)　山东徐镜心（继丁惟汾）　山西王荫藩（继荣桐、继荣炳）　江苏高剑公（继章梓、继陈剑虹、继张鲁）　安徽吴春旸（继高荫藻）　湖北时功玖（继张昉、继陈镇藩）　湖南仇式匡（式匡入联队，因有争论，黄兴兼之）　广西刘崛（继卢汝翼）　江西张世膺（继钟震川）　云南吕志伊　贵州平刚　四川黄树中（继丁厚扶、继张治祥）　陕西康宝忠　福建林时塽　浙江秋瑾。广东未设分会。其馀以人少未成立。此外吴春旸回沪后主张于江苏之外上海设分会，以蔡元培为分会长，本部允之。

　　主盟人　凡三部职员及分会长，当然为主盟人。其馀经本部认定或分会认定者，亦得为主盟人。主盟人之任务，乃监督新党员入党宣读誓约，履行仪式也。

　　民报　《民报》为同盟会之机关报，而同盟会另无事务所，即以民报社为事务所。《民报》发行所招牌，悬于宫崎寅藏之家，编辑部在牛込区小石川町。所有党事，皆在编辑部治理。所谓民报社者，即编辑部也。专任主持者，先后有邓慕韩、董修武、黄树中、何天炯、鲁鱼、吴崑等。次年章太炎将出狱，会中特派仇式匡、龚炼百、时功玖往上海，欢迎入社，长驻之。

　　三部联合会　同盟会成立，仿三权分立制，置执行、司法、评议三部。惟当时以秘密结社，最忌手续繁复，稽延时日，司法评议二部，尤难实行。同人提议，开三部联合会，遇有重要之事，将三部人员集合，一次议决实行。自此制行后，司法评议干部，未尝独立行使职权矣。开会时总理在部，则总理主席；总理离部，庶务主席。联合会之妙用甚大，其信用效力亦著。可知各代各国制度，其与事势不孚者，事势之力，有转移制度之力，自然而然者也。

　　阅本日《大公报》。我军占领腊戌，七日占旧腊戌，八日晨新占新腊戌。已将该城残敌完全肃清。晚李振宽来，言明日须入城为旅渝潮州会馆建筑筹募委员郑子嘉开吊，潮阳县人，向在沪港经商致富。决与同伴。夜代拟作挽联如左：

　　古所称惠人忆二十年前小子游学沪滨幸托世交助膏火；我因

念邦族怅八千里外潮民流离巴邑待营夏屋失权舆。

三月十日　　　阴。

晨李振宽来，约上午十一时同出山洞，拟搭十二时或一时车入城。十一时馀到总纂办公处，签到后即偕振宽出山洞。甫到，适陆军大学校车将开，立即购票登车，人极挤拥。下午二时半到城内苍坪街，今名邹容路。下车，往双巷子十一号楼上，曾剑鸣他出。遇有钟银昌、曾纪护二人在。通名后，银昌代为招待，询银昌为汕头广常孚客栈钟某之子，在汕头八属正始学校时，与亡儿拱曾同学，亦曾与亮儿同学。近年来渝谋事，曾往兰州某军似属李铁军部下。附属机关工作过数月，返渝。曾纪护为伯谔之侄，曾往新疆迪化李铁军军部任某职，亦返渝数月。（日记附条：曾纪护，即曾涤民，特生之堂弟。前任黄任寰特务营长，现任李铁军迪化办事处长。）现其叔勇甫任新疆哈密行政督察专员，拟日内前往云云。又询得曾迪先住楼下以前李翼中所住房，乃下楼与晤。询曾特生已抵伦敦。座有梁启周君，为梁伯涵之弟。询伯涵因病已辞立法院文书科工作返梅，启周则在陆军大学任教职。据云往年曾与邓伟堂仲元烈士之子，任陆大教官。约来党史会访余，因事不果见。邓既返粤。似带兵，但在何地未详云。四时半由银昌伴往正和银行访陈恺。旋陈恺邀往广东大三元酒馆，晚餐二菜一汤，用款二千零九十。后，途经同德化学工业公司，入访林云谷。谈后返十一号，剑鸣始回。谢鑫、号绣杰，平远人。徐冠群、古飞鹏俱梅县，古号其山。来见。鑫寓南岸黄桷垭崇文坪四号。据言自"七七"抗战事起，由南京到陕西，后辗转至桂省。近由梧州至渝数月。机关被裁，正谋工作。谢哲邦旋来一面，彼与剑鸣别有事，谈颇久始去。又魏汉乔来，谈甚久。号汉翘，陆大特六期毕业，现任军委会军令部少将科长。魏五华人，询与魏炯球认识。又与老同盟会员张谷山认识。据谈谷山已于十六年惨死。余请其笔录如左：民国十六年，彭湃古大存率共党农民数千人，于五华县城开农民大会，请张谷山讲话，遂执之。以后竟被□□。其子张履珍中山大学毕业，现在广东省党部工作。（原录稿拟日间送征集处。）①询曾剑鸣，近日得大溪地华侨推为选举代表云。不觉四年余未至十一号矣。屋内污秽且寂寞。四年前剑鸣楼上每夜来客甚多，几成梅同乡聚集地。今极少人到，到者亦只在楼下曾迪先住室。因卅年冬剑鸣及潘炳融二人被嫌疑华侨捐款案之侵吞嫌疑。受拘押，经年始释。剑鸣妻为大埔人饶健生奸拐卷逃。潘释后案犹未全白，现在贵阳西南运输处邱秉敏处。故同乡顿少与交游。而其经济状况，亦甚困窘云。现其楼上同住者银昌纪护外，尚有刘锦鸿，梅县三坑乡人，似业商。共四人，俱在迪先家开伙食，每月摊派伙食费数千元，共雇伙夫一名。迪先另雇佣妇一人，专理其家杂务。迪先有妻，安徽人，生一子一女。据云其家用每日平均约一千元。迪先在农民银行服务，其妻在邮政汇业局服务。

三月十一日　　　星期　晴。

晨，陈恺偕谢士宁来邀往国民粤菜馆茶点。至则座满，改往商场内面馆吃面。每碗八十元。余见恺用钱太多，即促离坐。是晨恺又用三百馀元。士宁近考得海外部新设南洋党务研究班，未开学，闲行街市，后别去。寄宿正和银行宿舍。余偕陈恺往正和银行储蓄部访古元祥（日记眉注：元祥座中有数人，通名，旋忘却未记。惟江东［梦非］之子言由贵阳来，甫到，未多谈。）后，往中一路广东食品公司访谢笃材。途中遇食品公司经理李某，笃材为副理，李为松口人。言笃材在

---

①　按原件夹在日记页内。——整理者

四行德里面包厂督工。遂顺途先到四德,遍寻所谓面包厂不获。面包厂商号曰惠罗。乃往公司嘱伙伴往找,旋即来。畅谈甚久,留午饭。后转往正大广东食品公司访王峻生。松源王杜山之子,余之学生。因其机关防空总监部部长黄镇球。设郊区,是日未进城,留名刺而出。欲返十一号,陈恺言行路太多矣,叫人力车代步,在苍坪街下车。车赏每辆六十元,仍陈恺所付。返寓,迪先剑鸣留晚饭,制萝卜丸剑鸣手制。数大碗。亦有红烧肉一大碗。饮大曲酒。迪先云,买萝卜四百元,又大曲酒店一大杯三百元。饭后梁启周登楼长谈。魏汉乔、黎立柔亦来谈。剑鸣与立柔下楼,十时馀,余就寝。至三时馀剑鸣始归室,或曾参加竹戏。因新得华侨选举代表,又在社交中活动欤?楼上另一室为李希穆所住。

　　三月十二日　　　晴。

　　李继渊与希穆近入中央训练团受训。昨(星期)下午返家,本日为总理逝世忌辰放假免上课。晨与二人晤谈。昨阅报载,梁龙经行政院会议议决,出任驻瑞士公使。上午十时独往外交部访谈。部中不放假,公事甚多。余辞出。彼约请中饭。俟十二时当来邀。余先到中央公园,俄顺步至园外书店刻印店。购得适合女儿兆先读历史用之表一纸,及印泥一盒。表一纸三十元,磁盒连泥二百二十元。又稍翻阅书摊陈列诸书,已过十二时矣。即返十一号。在迪先处吃便饭,小睡一觉。醒后外交部王一天来访。询为鹧鸪凹人,在外交部欧洲司工作。云从嘱来约明日十二点再到部,请中饭云。余应之。黎守杰外侄孙由化龙桥来访。当与约明日俟余往云松处后,偕往化龙桥伊寓,并拟往访侯标庆探索楚伦力子住所,或往访谒。俄谢英俊来,肇坚之子,原名杰。邀往正和储蓄部晚餐。晚间偕守杰、迪先、立柔、剑鸣、陈恺往。席设楼上会议所。菜甚丰,有鲜鱼一尾。余在山中数年，未得此味也。饮大曲酒，亦颇畅。同席共十一人。有一为哲邦之弟，一为湖北人卢某，俱未记其名。英俊在储蓄部任庶务云。席散，古元祥始回，立谈数语而别。古在报纸与其妻陈雪芸刊登离婚广告。但陈雪芸前在镇江余所认识。实在乡，未来渝。元祥近与川女子交好，竟背签妻名离婚，为谋新舍旧之计。散席后，人多议其不合。雪芸为原乡黄坑陈姓女，闻已子女成行。将来必生纠葛也。曾桓崧从磐溪来，加入同席。返十一号，彼兄弟同宿。余移床于室外小厅独宿。天气转热，夜睡不宁。

三月十三日　晴。

晨谢士宁来，同往街市间，行至朝天门外一望。返至双巷子附近豆酱油条店小吃。二人吃去九十元，余付。近十二时，往外交部，偕梁云从往广东酒家午饭。点菜三汤一，共价二千元。毕。云从询翼弟身故情形甚详。余问瑞士使馆可否招学侄任一席？彼以学侄在美洲新闻界已有地位，似不必改就素所未习之外交官界。倘彼自愿，则到瑞士后当与直接函商。余赞成。返至十一号，守杰外侄孙来，即与偕出门。迪先送行。余嘱为伯谔去年所填勋绩申请书不合之处，前晚谈过。另行更改。如有照片，另写一表，以便再向楚伧请求证明。彼应允照办。至苍坪街坐公共汽车。在上清寺口落车，入访侯标庆。乃知彼近升任人事处副处长。处办公处新造房屋，与四年前在大门边之楼下办公室完全不同。处内人员亦增多。原任副处长他调。侍从室第二处。探得楚伧在城内公馆为管家巷十八号。"凉亭"，原为其子所住。因其子去年出任驻公使馆武官。力子在参政会内。管家巷在苍坪街车站附近。参政会在民权路。都邮街附近。余以难觅，即出。偕守杰坐人力车，农行印刷厂所包车。径到守杰办事机关李子坝九十九号农行印刷所。经过十九号溥老公馆，

欲下车投谒。因星期六将行时在总纂办公处闻孙铁人言，溥老本
星期三日到会，不如俟到会时，与各友公同晋谒。遂罢。入印刷所
后，有黄乃鹤财政部花纱布管制局成都运输局办事处主任。在座。询为
西阳白宫下与黄坊中间人，同乡也。与黄旭南、何伯澄俱相识。卅
年来渝，现其家住李子坝八十五号，与印刷所斜对门。即彼办事处
也。略谈后，乘花竿往守杰寓，在化龙桥红岩咀山半，为农民银行
总管理处职员宿舍。每有家属之职员，分住一间，瓦屋草屋俱有。
屋小而洁，装有电灯。守杰与乃鹤旋步行至。余初不欲乘花竿。
守杰言，山高石阶数百级，不易行，乃果然。惟石阶砌筑精良耳。
外甥媳侯齐云抱所生女出见。甫生二月，相貌甚好。室以白布隔
成内外二间。有熊某与某某在坐。某某为海丰人，前在正和储蓄
部古元祥处见过面。熊则梅县泮坑人，廿八年秋在贵阳西南运输
处熊衡三处见过。似即衡三之子侄。五人同席，虽非厨司办菜，而有
鸡有肴，亦甚丰洁。守杰夫妇自制也。大曲酒较曾迪先处为多，一瓶
当值千元。饭后纵谈尤畅。黄熊等三人去后，兴宁刘某农行行员。
来谈。询以新桥军医署刘艺寰科长，彼不认识。约十一时就寝。
余在外间，略嫌局促。电灯十二时自息。有更夫环山敲更。天气
亦转热，睡不宁。

三月十四日　　　晴。日色甚好。是日为旧历二月朔。

晨起欲练拳。在双巷子十一号，三日晨操均照常未断。以半
间地面，虽尚足用，而当中开门，正对一巷，两旁人家错处，恐人来
围看不雅，乃止。守杰出去年结婚纪念册，请题。披阅册中有诗有
画，题字甚多，装裱精致。底有余纸数页。正欲为题，举头瞥见幼
勤侄女遗像在壁，陡忆余在汕头办《中华新报》时戊申己酉间。先母
挈幼侄女到汕同住，后幼侄女与黎文生艾芬。成亲，实缘于此。守

杰谓其母卒年卅二岁。余不觉怆然欲涕,以侄女命短,吾母亦逝世多年。然则吾躬亦老矣。不便遽作凄感语,将去年彼夫妇新婚未来观礼及此次来见各事,草草叙述,题而还之。并告以余急欲还山洞,不拟再访谒城中诸友。杰拟派包车送余入城,觉不便。乃偕往黄廼勋家。黄君昨晚约今日在其家食饭,或招郭冠杰。招待甚周。至十二时黄回、郭不至,即开午饭。有茅台酒及鱿鱼、虾米、腊鸭等广东食品。饭毕且有咖啡茶,殊殷勤。因午后一时有车驶山洞,拟搭乘,偕守杰出,至化龙桥车站候车。乃人极拥挤,较前自山洞来时尤甚。已登车,无立足点,复下,候至三时余始再得一车,挤上仅可立足,乃别守杰。幸非他人,不然使送行者陪数小时之久,大对不起人矣。车票由守杰代买,今晨又蒙赠千元,再三却之不得,其情难当。车约四时抵山洞,入川鄂旅社饮茶,颇觉疲渴,旋叫花竿返寓。舆伙吴家裕多叫一人,共为三名。伕轮流抬入。原议力赀三百元,到寓索加二十。入室见桌上有肇凤侄孙来信、十弟来信、陈恺来信各一、权超侄来信二。均由杨氏昨往会及总纂办公处取回者。夜睡极甜,一觉天明。

三月十五日　　　雨。晨即小雨。上午檐溜出。下午雨止仍阴。

上下午补写日记如右。自十日起共四页。原欲分别复信,未果。数日琐事及所见诸人尚有漏未记及者。当未动身往山洞前,李振宽欲我到城须谒楚伧,预托将来各选举代表,投票选举时邀中委提出余名。余意楚伧力子溥老三人或可恳托。但到城后询诸友,言此次选举是否仍如廿五年在南京之办法,由原任中委五人提名,尚未明文发表。纵系如此,而刻下竞选之人太多,竞争剧烈。值兹物价腾涨,竞选纵非贿赂,然必请宴联欢,每请一筵酒席,至少价在一万五千元至二万元以上;其他坐人为力车拜访代表,每次亦在百元以上。假如一日坐十次车,则须千元以上。约略计算倘住城中十日,各种用费必须五六十万元。余岂能任此乎?故决谢绝此举。既不妄冀当选委员,则何必预托提名哉!当预托之顷,楚力溥诸公若即以此相询,岂不哑然失笑哉?此余所以决不再入城访谒也。酒席之贵,可以谢英俊请酒为证。询是席仅肉蔬已用去五千,鱼酒米未计,款客茶烟未计。假座正和储蓄部及以庶务资格指挥本行厨司购价核实不须工钱,又免柴火电灯诸费,乃得如此,若在酒楼请客,安得不在二万以上哉!夜睡仍酣,只醒二次,第三次开眼即天明矣。

三月十六日　　　阴。午表五十度。略见日。

晨,总纂办公处工人来,言中央派出考核委员已到办公处,请余接洽。八时,余未吃早点即往,乃至则该委员二人姜毓彭,如皋人;龙云,邵阳人。尚在档案处,因饬工友回寓取点心来处。吃毕,与孙铁人同见二委。孙说复核史稿史料工作情形,余说增修总理年谱长编稿情形。俱三十三年之工作。严济宽、安怀音两处长旋来同座,未发言。旋二委即辞行赴山洞返城。严处长送纸一幅属题停机课读图附油印自叙一篇,略言其幼失怙家贫,其母延师课之读书,母则停纺绩,从旁监督,故曰停机课读也。《停机课读图记》 济宽幼而失怙,家困甚。吾母龚延师课二子读,虽饔餐不继,称贷典质不顾也。吾兄弟夜读,吾母辄停纺绩,以觇二子之所学。济宽尝以二金购得《通鉴辑览》,则大喜,昕夕披览不辍。既而吾弟改就农亩,胼手胝足,以世其业。而济宽则负笈游学。出太仓唐公蔚芝之门,凡十馀年间,济宽粗识诗书,得规先哲藩篱,皆吾母教督之所致也。回思荒村风雨,一灯荧然,吾母夜绩课读之时,恍如昨日。今幸吾母康健无恙,而弟则墓草已宿。因乞友人朱君为停机课读之图,以记其事。方济宽早岁受书,不事生产,戚属长老咸欲令辍学力田,以供饘粥,吾母坚勿许,益教济宽发奋为学。今者,戚属之中又有以济宽得从征辟,将为门户之光，进而为吾母寿者。於乎！是区区者何足道哉。自济宽备员省府，出长民社，官事鞅掌，学殖荒落，日以益甚，宿昔所志，百无一遂。今而后苟有暇晷，犹将悉取古今圣哲之著述而诵习之，深思力行，以竟其志，庶可不负吾母之苦心也已。图遂为之记。余近来每忆及原乡家中所挂祖父雪云公《行乐图》，张彦高、黄箕山、黄骧生三先生所题诗，兹录之如左。深望原乡无恙，此图此诗不致损失。

霞关电钥守何因，自是良常麓顶人；规得明窗月子大，百忙抽出一闲身。我身难得比君闲，他日相逢可有缘；且莫雨酣云热处，东风马耳说青山。（张其翱彦高）

悬知入室尽春风，过眼和神四照融；惆怅读书深柳处，几人得似脑冬烘。抗尘走俗与心违，望望春园絮遍飞；一领芰荷君惯着，出山惭我旧蓑衣。（黄基箕山）

张绪丰神想昔年，满庭花柳并嫣然；人生富贵非真乐，惟写吾庐自在天。一丛兰玉长庭阶，为拓心田特地栽；净几明窗深柳内，传家诗礼早安排。（黄腾骧骧生）

图画一圆窗，祖父坐案前，案上有书一堆，笔砚俱全。一儿童立祖父膝边，人言为伯父之次子汝椿二哥也。窗外柳一株，垂丝如临风飘忽，布景幽雅生动。祖父像闻极逼肖，广州名画师仅绘头面，未绘全身，又未配景。伯父带回潮州，再请潮州某名手画成半身小像及配景，而由吾父带回嘉应，请三先生题诗，未立图名，俱写于上端斗方黄色笺纸。时吾父从彦高先生拜课。不随侍函丈，但由师命题作文寄稿请改者，嘉俗称拜课生。彦高先生官陕西知县，年老回乡，复出任潮州某书院山长兼纂潮阳县志。箕山先生为北京某部主事。北京宣武门外之嘉应会馆由先生创建。时假归家，后仍北上。骧生先生以孝廉居家为正绅。皆东厢堡下市人也。下午天池小学演剧,寓内人甚热闹。余觉目痛,未出户参观。五时许人散乃出门,至办公处阅昨(十五)日《中央报》又本日《大公报》。

三月十七日　　　阴。午表四十九度。下午更阴。六时表四十八度。

上午九时到总纂办公处。昨晨因早往办公处,未练拳,今晨仍续练未辍。写致守杰信。陈恺、迪先、剑民信共三封。迪剑共封。接陈恺十六日来信一。下午三时到办公处阅本日《中央报》。复肇凤信一。

三月十八日　　　星期　阴雨。晨小雨。上下午仍小雨时作,天色阴沉如晦。

是日精神欠爽。下午仅写复十弟信一。

三月十九日　　　大雾。晨雾四山俱看不见。瓦面地面亦似经雨。午表四十八度。下午六时表四十七度。

上午九时到总纂办公处,阅昨(十八)日《大公报》。内有叶君健《旅英札记》一篇(代作星期论文),阅之令人感动。又有萧乾(记者)十六日自伦敦发专电《英国大选及其政党前途》一篇。写复权超侄信一。接启鹏十八日信(青木关来)。代收肇凤梅县杨云去年十一月廿九日信一。下午三时到办公处,写致肇凤信一,附杨云原函。复启鹏信一。略阅本日《大公报》。

三月廿日　　　阴。午表四十八度。下午六时小雨如雾。

上午九时到总纂办公处,闻姜伯彰、许师慎、居正修、秦凤翔、袁德绸五人,昨晨为国府传见。今晨张主任委员电话到会,五人均被扣留云云。询王伯勋、冯绍苏等,并言现五人并嘱会内工友送行李往城,事颇严重。但其事由则全不知云云。当即往会,欲问安处长而安不在。问符学琳得见传五人之公文否?据云并无公文,昨晨系由徐副主任委员条谕,五人于国府举行纪念周典礼以前到府听训。馀无所知。再往安处长室,见曾介木、罗本初、眭云章、刘沪诗等正立谈。余插问现五人留何处,行李送往何处? 眭答,送桂花园。部是何机关,则不知。顺往刘主任秘书室,探看其病。据说此事闻与青年从军案有关,馀亦不详。出至大门外,见严济宽处长、杨嘉猷科长自外回。询从何处来? 答许处长家来。询以见徐副主任委员否? 答未。究有公文否? 严谓闻有的,但严密不发表,未见过,事与从军有关云云。时邹永成往徐副主任家,未知何事。返至办公处,询莫纪彭、王伯勋,桂花园有何机关? 伯勋言,两路口与上清寺均有桂花园之地址,至设何机关则不知。下午闻邹永成夫人传言,此事确为前月本会青年志愿从军案之发动。因当时有征集处职员沈宗垣,初则向区党部报名,已由区党部转呈市党部,且在报纸上发表矣。后竟自行取消,致惹起其他职员不肯报名及抽签之种种纠纷。又有职员王鳌既抽签获中,乃因其家庭阻挠,临时退缩,此二员皆为许处长所属。又在会抽签时,各不愿从军之职员,藉口秘书办公室不将办法公布,秘书主任谓,系秘密之件,不能公布,只许抽得中者一阅。辩论多时,终不抽签。后由中央秘书处召至城内与各部会联合抽签。在辩论之顷,秦凤翔发言甚多。居正修、袁德绢或亦曾发言。不料今事隔多时,总裁提案再加训诰,殊更不料总裁训诰时,有某某二人,邹夫人不明言姓名。竟敢发言抗辩。总裁遂饬令扣留。在场各部会被召集听训诰者共二百馀人,当时各部会均有不肯报名抽签之事,均由中秘处解决。被扣留者十一人。本会五人,外为组织部六人。闻组织部之六人已保出,惟本会五人无长官往保,故未释。邹器之与安怀音处长、李治中科长经于下午晋城,拟谒张主任委员请示云云。四时到办公处,阅本日《大公报》。晚间李振宽来谈,悉徐忍茹副主委系于星期日下午先晋城,确曾接有公文,系中

央秘书处所发,徐阅后下条。不叙来文,故符学琳未见。闻刘尊权、邹器
之得见,但秘之。至十九日,国府礼堂开纪念周时,徐在城寓,未往参
加。会场发言抗辩者,一为姜伯彰,其一未知,或系组织部人员
云云。

三月廿一日　　半阴晴。晨及上午均曾出日。午表五十四度。下午
六时表五十三度。小雨。

上午九时到总纂办公处。是晨早起,因杨氏偕房东赶含谷场,
在寓关照小孩,致略迟到。再阅昨日《大公报》。写致张仲纬、陈恺
信各一。十二时馀散值。闻钟孝先由会来处言,据李科长电话,姜
许等五人已被解往土桥。据闻桂花园为陆军军法总监部。土桥为
陆军监狱所在。然则此案竟归军法办理耶? 为之震骇。下午三时
半到办公处,经过许师慎处长家门口,顺入探看许夫人。适与居正
修、秦凤翔夫人坐谈,杨氏亦抱抗儿在。据许夫人云,与居秦二夫
人正由会回,本欲托会中庶务代叫花竿,明早三人同进城,遇罗本
初阻住,先以电话询李子坝张公馆,即由张主委亲自答话,谓姜先
生许处长居总干事三人已释出,秦科长与袁干事大约一二日亦必
得释云云。但她三人仍恐为虚言安慰之词,拟静候今晚或明早有
无释出之人,有无返会或通讯,倘至明午仍无确讯,则明下午进城
求吴稚晖先生向蒋总裁说项。到处后,与孙铁人谈,彼已先闻知
矣。阅本日《中央日报》。晚间许夫人传声告知许处长已回抵家。
因天雨余未能往访。李振宽适来谈,闻而访之。

三月廿二日　　阴雨。下午雨止。六时雨又来。未看表。似转暖。
夜雨颇大,檐溜有声。

上午未出门。在寓略阅《楚伧文存》。午间访许师慎,在床不
能起坐,似病。据言:从死里逃生一回,幸未入土桥之陆军监狱,若

一人此狱，非三个月不能出，至因何事由，现尚未明白。余看其心有馀悸，未详询即辞退。时孙堂信、唐少鹏及一新职员入访。又余进房时，曾介木、韦鸿声往访，大约本日会内诸友访之者甚多。下午三时到总纂办公处，途遇孙铁人、王伯勋、丁六阶，先后往许家。孙言，姜伯彰有信言，不再来会了。余到处，见案头有姜函，言冤蒙不白，由〈张〉主任委员徐〈副〉主任委员亲临保出，决作入山计，谢绝尘缘，愿公等善自提防，为党国珍重各等语。语含吞吐，究此次是如何事由，不能详也。信中公等或即指上端所列同人十二，老先生惟独不列刘尊权、邹永成、柳聘农三人，此可玩味，或疑彼三人有攻讦他之意乎？阅本日《大公报》，未完而雨至，急携报返寓。夜阅《大公报》。倭东京廿一日广播，承认琉璜岛已于十七日被美军攻陷，守军自是日以后即无报告到东京云云。又倭首相小矶廿一日广播，亦云自十七日琉璜岛之失陷使情况严重。又美太平洋舰队总部廿一日电，美特种混合舰队深入日本内海对藏于濑户内海根据地之倭舰队主力进攻，将倭重轻型各种军舰十七艘击毁，美舰仅一舰重伤，但已驶返根据地。数艘受轻伤仍能作战。美海军陆战队是日(廿一日)继续在琉璜岛肃清残敌。又英第十四军及印度军于廿日下午占领瓦城，倭军五百名自瓦城外杜佛林要塞逃走。按瓦城为缅中最大城市，自中美联军打通雷多公路后克复腊戍，缅北已告肃清。今英印军又克瓦城，缅中亦将全复。倭寇所踞者为缅甸南部矣，若仰光再克，则全缅悉复，但攻仰光须候英海军出动耳。

三月廿三日　　阴。大雨后山色如洗，田中豆麦草木均青葱可爱。午天转朗。下午一时馀日出，旋隐。六时表四十八度。晚七时雨一阵，颇大。夜闻雨声数次。

上午雨后路滑，不能行，在门外立望二次。返房，欲工作而目涩思睡，未果。梅谚云："树木抽烟人目睡"，正此时也。午饭后小睡。下午三时到总纂办公处。闻姜、许、居三人今日再进城，与秦、袁五人同到军法会审处问话,始作全案了结(此为保出,根据尚未了结)。接肇凤廿二日来信,病已愈。税专学校检查体格手续已完,校方通知学科考试及体格检查均合格,准予取录,定三月廿六至月底为报到日期,校址在山洞四合岚垭四号。拟辞邮电检查员职后,即行前往报到云。本日报纸未到。兆先女儿从振济学校回家,因患疟疾,但未经医断,不过本日曾发抖发热耳。

三月廿四日　　　阴。晨瓦面雨痕甚大,但雨已止。午转朗。下午日出。六时表五十四度。夜有月色。

昨晨见日历附印格言"物耻足以振之,国耻足以兴之",注《礼记》二字,不知其在《礼记》何篇。因检《礼记集说》一书查之,未得。阅《礼运》第九"大道之行也"一节为总理所尝笔录者,并将其上下文及注说阅过。昨下午到总纂办公处,闻区分部小组会议轮值,余担任作读书报告。兹将本节原文及注说摘录如左:日间再录交区分部。

《礼运》第九"大道之行也"节及注说

大道之行也,天下为公。选贤与能,讲信修睦,故人不独亲其亲,不独子其子。使老有所终,壮有所用,幼有所长。矜寡孤独废疾者皆有所养。男有分,女有归。货恶其弃于地也,不必藏于己;力恶其不出于身也,不必为己,是故谋闭而不兴,盗窃乱贼而不作,故外户而不闭,是谓大同。(说)天下为公,言不以天下之大私其子孙,而与天下之贤圣公共之,如尧授舜,舜授禹,但有贤能可选即授之矣。当时之人所讲习者诚信,所修为者和睦。是以亲其亲以及人之亲,子其子以及人之子,使老者、壮者、幼者各得其所,困穷之民无不有以养之。男则各有士、农、工、商之职分,女则得归于良奥之家。货财民生所资以为用者,若弃捐于地而不以时收贮,则废坏而无用,所以恶其弃于地也。今但得有能收贮以资世用者,足矣,不必其善利而私藏于己也。世间之事,未有不劳力而能成者。但人情多诈,共事则欲逸己而劳人,不肯尽力,此所以恶其不出于身也。今但得各竭其力，以共成天下之事足矣，不必其用力而独营己事也。风俗如此，是以奸邪之谋闭塞而不兴，盗窃乱贼之事绝灭而不起。暮夜无虞，外户不闭，此非公道大同之世乎？一说外户者设于外而闭之向内也。（注）矜音鳏。老而无妻曰鳏，老而无夫曰寡，老而无子曰独，幼而无父曰孤。奥，室西南隅，人所安息也。按著《礼记集说》者陈澔，宋都昌人，字可大。

下午三时到总纂办公处。接亮儿十九日来禀。阅昨（廿三）日《中央》、《大公》报。又阅本日《中央》、《大公》报。

三月廿五日　　　星期　　阴。晨及上午小雨。下午雨止犹阴。夜偶有月色。

上午在寓写复亮儿信。午照弟由农林部来，言已接到国府主计处正式委任试署统计科员。铨叙部铨叙合格，月俸140元。夜作诗二绝，为严处长济宽题《停机课读图》。未完。

三月廿六日　　　晴。晨日出。但昨夜不知何时下雨。晨路面甚湿。上午微阴。午表五十五度。下午六时表如上。夜月明。

晨续作题图诗二绝。完。照弟早粥后返部。上午十时到总纂办公处。写诗四首，稿如左：

三更灯火彻窗红，温熟书才母乐融；忍使儿劳不怜惜，明朝有课恐难攻。母劳犹绩大夫家，鲁语分明理不差；画荻断机儿总识，纴成纺辍意尤加。乱离母子隔风尘，东望乡关几度春；买就当归无路寄，仍将远志答慈亲。铙歌遝迤已盈途，回首巴山淡欲无；换着彩衣娱膝下，良朋应又画新图。

下午二时半到办公处，将写就诗饬送严处长。阅本日《大公报》及昨（廿五）日《中央报》。《中央报》每隔日始到也。致十弟信一。

三月廿七日　　　晴。日色晶亮。午表五十九度强。下午日色犹甚好。六时表六十二度。夜月甚明（是日旧二月十四）。

上午九时到总纂办公处。阅昨（廿六）日《中央日报》。审核中央抚恤委员会函送宋渊源呈请分赠恤表扬各先烈先进案。未完。

检阅原呈宋所请五项：（一）请追赠并褒扬赵光、王荣光、陶质彬、朱得才四先烈。（二）请特准追赠并褒扬业经抚恤之先烈林祖密。（三）请特赐从优抚恤并表扬已故福建省政府委员林寄南。（四）请赐准褒扬郑权、林斯琛、黄展云三先烈。（五）请将闽省参加革命重要事迹及讨袁时死义之余逢时、萧其章、钱竹轩、汤文诃、潘节文、庄育才诸先烈事迹，采编入本党五十周年大事纪（前孙纂修签仅摘四项，漏去请抚恤表扬林寄南一项。）

下午三时到办公处，闻本日《中央》、《大公》报。

三月廿八日　　晴。午表六十九度。下午天色微阴，起薄雾。二时表七十度。六时六十六度。夜月仍明。

今晨因洗脚、修趾爪停练拳技。上午九时到总纂办公处。续审宋渊源呈请抚恤会案，未完。续审所得如左：

其所以呈请之由，具见文内追述各节。按本会所藏史料，关于（一）项者，有渭生所撰王荣光事略一篇。关于（二）项者有，中央抚恤会前送林祖密先生抚恤案附事迹一份。关于（三）项者，无。关于（四）项者，有郑祖荫所撰林斯琛传一篇；又□□等所撰黄展云事略一篇；又郑权在本会任编纂及纂修等职时，自书之履历表。关于（五）项者，除王荣光烈士事略内带叙余逢时、萧其章、潘节文、庄育才外，馀无。第（三）项原呈谓乙巳年林寄南与宋渊源在福州师范学堂内倡办阅书报社等事，应再查。

下午三时到办公处，查阅《福建辛亥光复史料》全册，均无关于林寄南之纪载。阅本日《大公报》。

三月廿九日　　晴。微阴。上午十时馀表六十二度。下午转阴欲雨。六时表六十度。夜月仍明。

是日为革命纪念日，放假。上午九时往会，欲参加纪念典礼，至门首，见潘涵、许福元二人，一立一蹲，询已散会。入向工友取签到簿,乃为纪念周簿,非本日之签到簿也。复出大礼堂,见桌未动,岂既置还原样钦,抑实未举行开会钦。见庶务室内有何文华等二三人,天井内有挑米工人二三十,米甚多,未知何处送米来者。返至总纂办公处,阅昨(廿八)日《中央报》。午与杨氏商饭后往歌乐山一行。乃饭后天阴欲雨,未果。龙铁元来谈,彼自病后,脚软无力,今始出门学步。询尚未到会,仅到许师慎家而止。下午五时到总纂办公处,阅本日《大公报》。晚间李振宽来言,闻李科长治中说,张委员有电话通知会内,秦凤翔、袁德纲二人既释出,袁且返抵会,曾到李治中家,惟振宽未得见。

三月卅日　　晴。日色又极晶亮。上午十时半表六十七度。午表七十三度强。夜月极清。下半夜约二三时间月暗。

晨杨氏往山洞,余未偕行。上午十时馀到总纂办公处。阅昨(廿九)日《中央日报》。美国报界主笔协会代表三人(一,该会副会长、纽约前锋论坛报主笔福勒斯脱。二,哥伦比亚大学新闻学院院长亚更曼。三,埃特勒达宪报主笔麦吉尔。)三月廿八日下午二时到重庆,为考察新闻自由,特往各国,曾到欧洲及苏联。廿七日晨到昆明,一宿后即乘原机飞渝,拟作一星期勾留,再往印度及澳洲考察后返美。该协会为美国新闻界最重要团体,历年提倡新闻道德。一九二二年四月廿八日通过报业守则七条,为美报界共同信守与世界报学会威廉博士所订之报人信条,同为报界之金科玉律,兹译该守则如左:

前言

人类一切活动、感觉与思想,均赖新闻纸之报道,而得了解;故负担此项任务之人,必须有最渊博之知识,最广泛之见闻与经验,且须有最深刻之视察力与最明确的理解力。出于天赋,久经锻炼而后可。新闻记者有立言记事之机会,必尽其为言官为教师之天责。美国新闻界,有优良之传统与正大之理想。为提纲挈领便于信守起见,特汇为守则七条如次。

一、明责任

报纸有争取读者、吸引读者之权利,然此种权利,必须以公众之利益为范围。报纸所吸引之读者愈众,则其对读者所负之责任愈大。报社中工作之每一同业,均分担此严重之责任。盖读者既信托此报纸,若该报利用读者之爱戴,作自私自利之企图,谋达到不纯正之目的,实有负于此种崇高之信托也。

二、尊自由

新闻自由,为人类基本之权利,必加以维护。一切法律,对于此项权利,不容漠视;即限制自由之法律,亦无例外。惟报人在美国自由制度下,既享有权利,同时对于美国宪法,有忠诚信守之责任。此项权利与责任,实不可划分。

三、守独立

报纸除对于公共利益必须尽责外,对于任何方面,不可接受委托与义务。此种独立之地位,极为重要。

第一,报纸若为任何私人的利益作宣传,违反公利,则不问其藉口如何,均有违诚信之旨。私人方面交登之稿件,如予发表,必能确实证明该稿之内容与形式,均有新闻之价值;不然,亦应使读者明了此项稿件系何方面所发表者。

第二,社论不可稍有偏颇,若颠倒是非,实在违美国报业之传统高尚精神。新闻之记载,亦不可稍存偏见。

四、必诚信

所贵乎为新闻纸者,因得读者之信心,故守信实为报纸之基本条件。

第一,报纸为争取读者之信心,在任何条件下,当力求正确。凡为报纸力之所能及而未能作完全之报道与正确之记载,此种报纸,实无可恕。

第二,报纸之标题,应与该题所代表之内容相一致,不可稍有夸大失真,骇惑读者。

五、尚客观

新闻之记载与意见之发挥,两有分际,不可混淆。意见与事实分开,为美国报界之优良习惯。每一新闻,不可杂以任何意见,或带有任何偏见。惟特写之类,专为鼓吹某项运动而写,其目的及作用,显而易见者,及某种新闻稿,由记者个人签字发表,其内所含意见,作者本身可负责者,则可免前述原则之限制。

接陈恺廿九日来信。下午在寓洗身,自去岁中秋后至今半岁,未能洗澡,全身垢秽,一洗顿爽。五时馀到办公处,阅本日《大公报》。

三月卅一日　　阴。晨鸣雷(今年始闻雷)。午雨。表六十度。下午雨止。六时表六十二度。夜月仍明。

上午九时到总纂办公处,续抄昨件如左:

六、求公允

报纸发表文字,涉及他人之名誉及人格者,除根据官方文件者外,均应使受害者得申诉辩驳之机会。司法机关已有裁判,则为例外。尊重他人之名誉品格,实为良好之报业传统。

第一,不可暴露他人之隐私,以满足大众之好奇心理。大众之好奇心与大众之利害关系,应有分别。

第二,报纸之言论与记载,如发现有错误之处,应作迅速与彻底之更正。更正一事,为报纸之权利,亦报纸之义务。

七、敦教化

凡报纸假借道德之理由,对于奸淫掳掠,着意描写,迎合低极之趣味,煽动低级之情感,此类报纸,殊难容于清议。吾人虽无制裁此种不良报纸之规定,然吾人既信守此守则,敬严重宣布,凡诲淫诲盗之报纸,必遭受读者之反对,与同业之谴责,而必趋于失败也。完。

下午二时半到办公处,为张委员拟挽居励今联如左:〔觉生先生之弟,前(十六年)湖北省党部整理会委员,现参政会参政。五十七岁,殁于山洞。法国化学工业学生,广东大学教授。殁后箧中著书未就。〕救党泯纷乱,建国建嘉谋,大难将平,何意功名中道止;善学著专精,善教成普化,有书未就,定惟兄弟寸心哀。原末三字上为"止中道",下为"怅高岗"。孙铁人略易,余从之。此联匆促,待修改处尚多。

阅本日《大公报》。参看豫、鄂两省地图。

四月一日　　　星期　晴。日色晶光。下午六时表七十四度。夜又月明。

上午杨氏偕房东等数妇往歌乐山某庵,应观音会。余不加沮。窃以为迷信神权,虽无益,亦非大害。若以时髦妇女打麻雀看电影相较,则犹有益也。余在寓拣米约一时馀,眼为昏花,呼兆先女儿助拣始毕。十时半往总纂办公报,补阅昨(卅一)日《中央报》。下午抱兆晚小女孩后,阅三月廿三日贵阳《中央日报》,得邓先生仲元革命事略,剪存之①。五时馀到办公处,阅本日《大公报》。返寓,杨氏已先返。

四月二日　　　晴。日中有薄雾。午表八十度。下午三时表八十二度。六时七十八度。夜有星。

上午九时到总纂办公处。拟作关于审定福建革命史迹案之签复文。未完。下午三时到办公处,续作签复文。未完。阅本日《中央》、《大公》报。

四月三日　　　晴。雾如昨。午表八十二度。下午转阴。六时表七十八度。夜深闻雨声。

上午九时先往会,询问米、煤事。李治中罗本初均在城未返。与何文华谈米事。据谓,俟询明如未送学生米,即当饬工友送去。再与刘去非谈煤事。据言,新奉每人照领米册,计米一市斗即发煤

---

① 按,原文为《邓仲元先生与革命事业》,任中敏撰。文长,从略。——整理者

廿公斤,但何日实行,现未悉。会内已收职工领米册送燃料管理委员会核办矣。返至总纂办公处,续作签复文。仍未完。邹永成来,谈姜许秦居袁五人案,直承是人事室主稿报告,且谓办理并无错误,应该报告。姜以天池服务社名义,拉天池小学教员傅、周二人,混入党史会职员志愿从军之内,显系欺骗中央。党史会职员应出六人,欺骗结果仍不足额,显系有人破坏,安得不报告云云。言之慨然,听之愕然。余耳重听,听其语皆由孙铁人转述也。接权超侄卅日函一。下午再洗身一次,甚快。五时半到总纂办公处,阅本日《中央》、《大公》报。

四月四日 　　阴雨。昨夜半即闻雨声。今晨尚绵绵颇大。上午雨渐小,惟檐溜不断。天转寒。下午雨止。

上午在寓增改为福建史料事签复文。未完。下午续完,似颇惬当。明日可写去。夜写读书报告,应区分部补三月廿二日小组会议之用。即《礼运》大道之行也一节说。

四月五日 　　晨小雨。上午阴。下午小雨。晚雨止(是日为清明节)。

上午在寓复阅为福建史料签复文,发现欠妥处,再修改一次。下午写签复文二页,以下仍再修改一次。

四月六日 　　阴。午表四十八度。下午六时表同上。

上午十时到总纂办公处,阅四五日《大公报》。又阅四日《中央报》。下午四时到办公处,阅本日《大公报》。是日为旧二月廿四,吾父诞辰,午拜祀后吃面席,请李振宽同饮,颇醉饱。闻张主任委员有辞职〈事〉,但未知确否?阅秘书室通告,徐忍茹代主委,下条更换人事室主任,邹去,以柳聘农继。但询柳,云俟下星期一日实往接任。夜改签复文一页。未完。

四月七日　　　阴。上午九时表四十六度。午略见日,表五十度。下午六时表五十二度。

上午九时到总纂办公处。复阅昨日《大公报》载苏联废弃《苏日中立条约》如左:

伦敦五日广播,莫斯科电台宣布,今日下午三时,苏联外委长莫洛托夫接见日本驻苏大使佐藤,以苏联政府名义,作以下声明:"苏日中立条约缔于一九四一年四月十三日,此系在德国进攻苏联及日本与英美作战之前,其后情势已有剧烈变更。德国进攻苏联,德国同盟国之日本给予德国对苏作战以援助,且日本对美国及英国作战;美英乃苏联之同盟国。在此种情形下,苏日间之中立条约已丧失其意义,其延长为不可能。以是,苏联政府通知日本政府,废止此项条约。"

又伦敦五日路透电云,莫斯科今晚广播,苏联政府通知日驻苏大使称:苏联政府已宣布废弃一九四一年四月十三日所订之条约。《苏日中立条约》系一九四一年四月十三日苏联深恐德国进攻时所订立,且当时日本尚未与英美作战。此后情形剧变,德国已进攻苏联,德国之盟邦日本复与英美作战。苏方有鉴于此,并依照中立条约第三条之规定,特于苏日两国一九四一年四月十三日所定之五年中立条约期满之前一年,即向日本政府宣布其拟废除此项条约。日驻苏大使佐藤已允将苏联政府之通知,转呈日本政府。

续改为福建革命事迹签复文。未完。下午三时到办公处,因向合作社购白糖自今日始自备包纸,带出草纸一页,报纸半页。偶见报纸为三月廿七日贵阳《中央日报》,载有琉球群岛图及志,剪存如右①。阅本日《大公报》。

四月八日　　　星期　晴。下午日色甚佳。六时表五十四度。

上午肇凤由山洞四合岚垭税务专门学校来,言已到校上课一

---

　　① 文长,不录。——整理者

星期,入研究班。同学现分四班,三班为旧生,每班四十人。研究班为新生,本学期考取者已到十馀人,齐集时为廿三人,皆大学毕业生,一年可毕业。分发各关服务。其邮电检查所原职,已向辞,但未批准,托谢灏龄去函所长说项。适所长入训练班受训,故未批,大约必准云云。谈已午饭,辞去。下午欲往会,行至乾穿洞小山上,见往会田塍路正铺石板,不能过,折至总纂办公处,阅昨(七)日《中央报》。返寓,闵孝吉来谈许久。丁、李、安三位太太来,闵去。余即复往办公处,阅本日《大公报》,至晚始返寓。

四月九日 阴。午表五十六度。下午六时表五十八度。

上午往会,参观国际电影新闻宣传处时事照片展览。旋与严济宽处长谈几句,会内已开饭,未尽欲言,即返总纂办公处。阅昨(七)日《中央报》。下午三时到办公处,阅本日《大公报》。

四月十日 晴。日下有薄雾。午表六十二度。下午六时表六十一度。

上午九时到总纂办公处,续作为福建革命史料签复文。完。接十弟八日函一。下午三时到办公处,将签复文录存如左:

此案宋渊源呈文所请五项:(一)请追赠并褒扬赵光、王荣光、陶质彬、朱得才四先烈;(二)请特准追赠并褒扬业经抚恤之先烈林祖密;(三)请特赐从优抚恤并表扬已故福建省政府委员林寄南;(四)请赐准褒扬郑权、林斯琛、黄展云三先烈;(五)请将闽省参加革命重要事迹及讨袁时死义之余逢时、萧其章、钱竹轩、汤文诃、潘节文、庄育才诸先烈事迹酌采编入本党五十周年大事纪。综计须查史料者共十五人。

兹查本会所藏史料其关于(一)项者,有渭生(日记眉注:渭生姓吕,老革命党员。黄鲁贻事略请档案处查何人所撰填入。)所撰王荣光烈士事略一篇。关于(二)项者,有中央抚恤会函送林祖密先生抚恤案并附事迹一份。关于(三)项者,有郑祖荫所撰林斯琛传一篇,□□□等所撰黄展云事略一篇。关于(五)项者,有王荣光烈士事略内带叙余逢时、萧其章、潘节文、庄育才事迹,馀无。

再查会藏郑祖荫所撰《福建辛亥光复史料》一书,其中汇记关于(四)项郑权、林斯琛、黄展云在辛亥以前倡导革命运动之事迹颇多,惟关于(三)项林寄南之事迹仍无。

又再查(一)项赵光之名附见于林祖密先生事迹中,朱得才之名附见于王荣光烈士事略中。合计有史料可查者共十一人。其无史料可查者为陶质彬、林寄南、钱竹轩、汤文诃等共四人。

又再查郑权历任本会编纂、秘书、纂修等职,有其历年自书之履历表,亦可作史料。

以上查明有关此案之史料情形也。惟阅抚恤会来函,是请本会查明核复。一厂愚见,窃以为只可查,不可核。因本会库藏史料有关此案者,如是而已,尚非丰富,实无可据以为核。若强不知以为知,恐舛错漏略,徒贻讥诮,一也。抚恤会核办此案,乃其权责,亦必有档卷可查。今忽将其应自核办案件函询到会,殊属创举,未知何意,二也。本会职司编纂史料,并不兼负代他机关查核案卷之责。恐此例一开,纷至沓来,何能应付?三也。本会定章(日记眉注:此定章为胡展堂先生所立,请文书科查检。)不对外负责。若抚恤会果凭本会函复以审议准驳此案,是使本会间接对外负责矣。设呈请人不服,又将奈何?故鄙见宜缓至抚恤会来函催询,明其用意时,再行酌办。其时或另有征得史料,较为丰富,藉供查复,亦未可定。倘届时仍无新添史料,则用密函将本会不便负责代核之处,妥为叙明,并将王荣光烈士略一篇、黄展云事略一篇、郑权履力表□□纸抄附复,请抚恤会自行核办。至林祖密先生之抚恤案暨事迹免抄。《福建辛亥光复史料》一书,请其向福建连城三民路建国出版社自购,或派员来会摘抄。

兹试将此案万难由本会代核之一,略举如左:

按宋渊源原呈追述三节内称:"民七护法进行被掣肘,国父离粤,经汕赴沪,曾特令粤军速攻闽。(略)渊源奉国父嘱赴汕慰问,即留汕,与林(按即祖密)共筹闽事。迨悉粤军准备进攻，渊源乃派赵光、王荣光及宁益生、陈荣亮、王联镛等，先期运械入闽布置。赵王等既抵闽南，(略)会合陶质彬之陆军一营，朱得才之警备队一营，从德化县突袭，克永春县城，宣布起义；并连克安溪、仙游、大田等县城。"又原附件纪要内"七，护法时期之永德举义"全节所叙，民七永春德化之役云云，若以史料林祖密先生史迹篇内"宋更密嘱同志赵光、王荣光赴闽省德化永春两县起义校核之，虽详略有异而大致尚属相同。若以王荣光烈士事略篇内'先是，烈士航海密入闽，盟诸部民军于南安之八都，猝攻德化，困降敌军。朱得才并其众，转略永春、安溪、仙游、永安、宁洋等县，皆下之'"等语，细为校核，则多疑异。彼称宋渊源派赵光、王荣光等；此谓王荣光密入闽盟诸部民军，竟似自动非奉派者，是犹小异也。彼称会合陶质彬之陆军一营、朱得才之警备队一营；此谓民军猝攻德化，困降敌军朱得才并其众，一大异矣；彼称会合陶质彬之陆军，此绝未提及陶质彬姓名，二大异矣。不特此也，原呈内称，"民七在永德起义，诸将领除福建护法军第二军军长王荣光被李厚基杀害外，而护法第一军军长赵光、闽军司令陶质彬、副司令朱得才皆已身故。"未完。阅本日《中央报》、《大公报》。

四月十一日　　阴。午表五十七度。下午六时表六十度。

昨夜寝不宁，反复至天将明始睡。今晨八时半始起床，十时馀到总纂办公处。写复十弟信一。昨夜从贵阳《中央日报》剪得冲绳岛形势说一篇，字小灯下不能阅，顷补阅毕，粘存如左①。写致权超侄信一。下午三时到办公处，续录昨日未完之稿如左：

又原附件纪要"六，讨袁时期闽省人才之损失"节内，有"韩恢又介绍赵光(先烈赵伯先之胞弟)、钱竹轩(皖)来鼓"及"七，护法时期之永德举义"节内有"未几，赵光偕皖同志宁益生亦由沪来汕，(略)渊源遂决计派赵宁偕王等运械入闽"等语。若以王荣光烈士事略篇校核之，篇中所述王荣光于民十一年奉总理命任东路讨贼军第一路司令，欲集旧部从事讨贼，至德化之双翰乡被李

---

①　文长，不录。——整理者

厚基所部诱擒，送至泉州杀害，大致固属相同。然赵光、陶质彬、朱得才究于何时何地身故，则原呈并未叙明。本会所藏史料，对已故革命同志之战死或被敌党暗杀及陷害入狱瘐死者，称先烈。其病死者只称先进或先哲。今原呈与原附件统称已故革命同志为先烈，究竟赵光、陶质彬、朱得才因何身故，又未叙明。本会已故采访陆咏黄前（卅一年）曾在总纂办公处谈及先烈赵伯先之弟赵光，被南京伪组织汪贼精卫委任镇江某伪职。据言系见南京汉奸报纸所载。但本会迄未征得此种报纸，其言是否确实，固未能决。因原呈未叙明赵光究于何时何地身故，而本会已故采访陆咏黄原籍南京，于民卅年甫由南京逃出来渝，既有此言，当非全误。万一此所言之赵光即彼呈称已故之赵光亦即呈请追赠褒扬之赵光，舛误至此，关系本党信史，岂不甚大？非特本会徒贻讥诮已也。本党历年军政各机关长官出缺（即死亡），未知有无通报抚恤会？近年各省沦陷地区汉奸伪组织之姓名异动，亦未知有无通报？此赵光究是先烈抑系汉奸，谅从抚恤会案卷中乃易查核。世间固多姓同名之人，无如本会已故采访陆咏黄所言为先烈赵伯先之弟，而原附件纪要六节内赵光句下，特用括弧注明先烈赵伯先之胞弟字样。本会目前所藏史料，无足据以辨证其是一是二。事关重大，又必须审核，不容丝毫含混。即此一端，足见此案万万不可由本会冒昧接受代核矣。又鄙意宋渊源经函秘书办公室询此案查核进行情形，尤不宜复。此系一厂个人私虑，当否仍请卓夺。林一厂　卅四年四月十一日。（交王伯勋送）阅本日《中央》、《大公》报。

四月十二日　　　　阴。午表五十九度。下午日出颇晶亮。六时表六十二度。是日为旧三月朔。

上午九时到总纂办公处。复核新征史料。一、十二年九月卅日、十月十七日总理手令。原文如左：

九月卅日　着兵工厂长按次代刘总司令震寰造步枪八百枝，工料价照最后所定交缴。此令。　孙文

十月十七日　朱培德部即日出发，其定造之机关枪尚未完竣，着兵工厂长将范部造竣之枪一挺，先移交朱培德用；俟朱培德之枪造竣，交还范部。此

令。   孙文

（按九月卅日令,总理名下盖小章,阴文篆字,文曰大元帅章。右上角第
号二字内填一四一等字,并照小章勘合处已分开。似经用过者。十月十七
日令,则并未盖章填号。或系总理已发下手令而因事有改变未实施,故承办
人未填号亦未盖章,而原令又未缴消也。   一厂注)

二、丁培龙述孙大总统肃清北洋舰队纪略。

三、总裁书予邵元冲之兰谱摄影。

四、张列五先生手札。列五即培爵。辛亥光复重庆之蜀军政府都督。民
元冬解职赴北京。二年二月到上海。其手札中有与受乾两弟书。(二)云:
"本月廿五号到上海,(略)次日国民党开正式会欢迎。(略)廿八号孙中山先
生自苏返,约谈一切。此数日间,王人文、温宗尧、马君武、居正、陈其美、王宠
惠、井勿幕、周孝怀等连日约饮,畅谈大局,真令人忧。以大局实状难以笔罄
也。黄君克强约日内来沪。又因中山先生有商件,故小住数日即由南京赴
燕,(下略)"二月廿九号。阅廿三页,未完。

接江挽澜四月九日来函。(贵阳市二〇六号信箱。)下午三时到办
公处,续核上午未完之件。十九页。仍未完。阅本日《大公报》。

四月十三日   晴。微阴。午表六十五度。下午六时表六十四度。

上午九时到总纂办公处,续核昨日未完件,完。摘录如左:

张培爵,字列五。民国二年隐居天津,改号智涵,别署智韩,四川隆昌县
荣隆场人。生于民国纪元前卅六年,清光绪二年丙子。二十四岁,民国纪元
前十三年清光绪二十五年己亥入隆昌县学。二十六岁负笈成都。二十七岁
民国纪元前十年光绪廿八年壬寅乡试出闱后考高等学堂,录取。二十八岁癸
卯,再赴乡试,不中。二十九岁甲辰,肄业高等学堂师范理科。三十岁乙巳,
在成都为叙属同乡会会长,主办叙属旅省中学校,与廖绪初同事。卅一岁丙
午,仍肄业高等学堂兼办叙属旅中,由谢慧生介绍入同盟会,开始参加革命。
卅二岁丁未,与谢慧生等在成都谋起义,事泄,杨莘友等被逮,谢慧生走陕西
西安,张独留省主持,卒业高等学堂。戊申、己酉、庚戌三年,连任叙府中学学

监,兼筹革命事宜。卅六岁即辛亥,至重庆,任中学堂教务长。于十月二日同谢慧生、杨庶堪等光复重庆,被举为蜀军政府都督。卅七岁民国元年壬子,成、渝两军政府合并,至成都。尹昌衡为大都督,培爵副之。后军民分治,改任民政长。二年癸丑,解职赴北京,袁世凯任以总统府高等顾问。自赴天津隐居,为袁所疑忌。四年乙卯一月七日,被袁诬以"血光团"被逮,解至北京,三月四日被杀,时年四十岁。

下午三时到办公处,写致梁云从信一,陈恺信一。阅本日《大公报》。闻孙铁人、李振宽先后言,美总统罗斯福今晨五时逝世,已见某报号外。但均由人转述,非亲见号外,未详何报。

四月十四日　　　阴。午表六十五度。下午六时表六十四度。

上午九时到总纂办公处,复核卅三年九月份新征史料。

一、赵惠谟摄记总理伦敦蒙难纪念室。二、胡汉民题总理伦敦蒙难纪念室。三、郭泰祺撰孙中山先生伦敦蒙难纪念室记。四、总理伦敦蒙难纪念室摄影。兹抄录郭记如左,题为《孙中山先生伦敦蒙难纪念室记》。又录胡诗于后。

先总理孙中山先生于民国纪元前十六年(公历一八九六年)由美至英,清驻使龚照瑗先得驻美使馆电告,与英参赞马凯尼谋,命粤人邓廷铿诱至使馆,拘禁于此室中,并租定轮船一艘,拟密解清廷治罪。时馆内防范綦严,声气隔绝,势甚危迫。因馆役柯尔之力,由其妻密投书总理业师康德黎氏。康氏商诸其友曼生爵士,竭力营救,卒赖舆论之督责,英政府乃以破坏国际惯例、侵越英国主权为辞,向清公使严重交涉,始获释放。计自十月十一日蒙难至二十三日脱险,历时凡十有二日。夷考总理生平倡导革命,经历艰危,固无时无地不在奋斗中,而斯役之所以著闻于世者,其自著《伦敦蒙难记》有云:"予之政治生涯,始于是年,予之以奔走国事而姓名腾诸英人之口,实始于是地。"是则伦敦之厄,不啻总理革命事业之一大关键,非徒以事出异邦耸视听而见称也。

泰祺秉节使英,公馀常来斯室。睹兹遗迹,向往弥深。念昔追随之情,不胜隐没之惧。爰加修葺,用垂纪念。既以苴履再苏,不敢过事铺设,盖恐有失圜户之真,而违总理刻苦之意也。嗟乎!哲人云亡,感栗维深,而强寇侵凌,东北沦陷,诚我民族危急存亡之秋,亦即志士卧薪尝胆之日也。泰祺谬列樽俎,期申正义。式救靡术,惕勤有训。凡国人之来斯室者,于景仰之馀,追忆总理当日救国救民之宏旨,不屈不挠之精神,其亦知所以兴乎?是为记。

　　中华民国廿二年(一九三三年)五月　　广济郭泰祺敬撰并书

　　题总理蒙难纪念室　胡汉民

　　鱼服西行困豫且,锄秦大业问何如。当年不作拘幽操,今日人寻羑里居。宋仇匡畏尚纷纷,振铎乘桴况有闻。(总理曾言,至伦敦遇粤人邓某,喜其颇识时务,欲晓以大义,辄以偕行,遂误陷使馆。窃检总理衙门文书,则内外清吏正以密探相从,欲得甘心。张罗设计,非只邓某其人也。)妄欲头颅行万里,谁知天未丧斯文。羹墙如遇一凄然,(室极幽暗,宛然牢阱。代使陈君出一椅一碗一羹匙,谓是当时所服御。)蒙难成书世已传。终见神明造华夏,弓髯攀断又三年。(补录十七年夏游伦敦题使馆中总理蒙难所居室,寄呈复初公使。汉民　二十二年十月十一日　卅八周年纪念)

　　下午二时到办公处,续核新征史料。未完,而本日《大公报》到,即阅其新闻及社论,均阅毕。惟《罗斯福伟大的生平》及《杜鲁门小传》二篇未阅。罗斯福总统自雅尔塔会议归国后,于三月廿九日赴乔治亚洲温泉(小白宫)。休息。突于十二日下午四时卅分以大脑溢血疾(中国医名中风病)逝世。十三日晨五时,电传重庆。蒋主席正在早餐桌上,听到报告,立即停箸不能食。旋出门,往美军驻华总部。国民政府定于十六日上午十一时,在复兴关中央干部学校,举行追悼大会,并通令十四、十五、十六三日,全国下半旗志哀。美新闻处华盛顿十二日电,美副总统杜鲁门由联邦最高法院院长斯东监誓,就任总统职。宣誓仪式于白宫总统办公室之内室举行。首次发表文告称,全世界当可确信,吾人将以吾人所有之力量,在东西两战场作战,以底于成功的结果。又美华盛顿合众社电,杜鲁门十二日夜宣誓就任美国第三十三任总统。

四月十五日　　　星期　晴。午表七十度。

昨下午兆先女儿未归寓,晚间着人往李治中家,询其女咸芬亦未归。俄曾介木之岳母来告,据其外孙曾厚成自学校回,谓兆先寄语,明日始归寓,但未言何事。余揣或因学校接通告须令学生制送公祭罗斯福之礼品如纸扎物,须中小女学生手制者欤?上午到总纂办公处,补阅昨(十四)日《大公报》文两篇,俱为美国新闻处辑。

摘录昨(十四)日《大公报》社论共成一段如左:

这次世界大战,是由中国抵抗日本的侵略而起。一九三七年七月七日中日战争开始,在当时全世界寄同情于中国,而有切实表现者,首先是苏联政府与中国签订互不侵犯条约,以援助中国;再就是罗斯福,那年十月间在芝加哥演说:日本侵华战争的重大性与危险性,巨声呼吁,须隔离侵略毒菌。自此以后,罗斯福一方面对东方步步制裁日本,一方面在西方严厉斥责希特勒、墨索里尼,并随时给予英法等国以实质的援助。迨德国进攻苏联,罗斯福立即决定援苏;日寇复步步南侵,来栖渡美,诡词诱胁,罗斯福不肯放弃正义立场,日寇遂进袭珍珠港,罗斯福遂毅然以美利坚合众国对日作战。一九四一年八月,罗斯福与英首相邱吉尔签订大西洋宪章,确立联合各国对德日作战之目标;一九四二年元旦,更领导世界各国组成联合国团体。我们感激罗斯福八年来对中国抗战同情与援助,我们同样感激罗斯福对一切联合国家的同情与援助。

下午兆先返抵寓,言因学校有学生失窃钢水笔,教员欲向学生检查,禁全体寄宿生离校,昨夜今晨不能归,并非因接罗斯福之事也。余昨因阅报之后,成此联想,今知毫无关系,足见联想之与事实相远,以后宜知。三时在寓洗身。五时余到办公处,阅本日《中央报》。大半关于罗斯福逝世新闻。综观美国军事,不致发生任何变化，对德日征战，断不致停顿，且或加紧进行，心为一慰。是日人不爽快，夜九时后泡浓茶饮之，始渐爽。

四月十六日　　　晴。微阴。午表七十四度弱。下午日色较佳。六时表如午。

八时到总纂办公处，旋往会，参加纪念周，并奉中央通告，于纪念周末为罗斯福总统默哀三分钟。返办公处，复核新征史料。

五、莫纪彭著总理年谱长编稿抄本审订五条。（此题目似尚须改正方顺）

六、陈春生《党史拾遗录》（十一），内有总理因母病雪涕一条，如下。总理之母杨太夫人之死在香岛对岸九龙牛池湾，全赖革命同志料理丧葬，筹供费用，总理不得近前也。总理虽则为国事奔走不得顾家，但当杨太夫人病笃时，曾对曹亚伯同志说，老母在香港病已濒危，无法归省，深抱不安。言时声泪俱下，因而百感交集，不怡者良久。且其时经济困难，嘱曹筹措费用。曹乃致函石鸿鬹，将留比法公民党员①，历年所捐集之款，全数付与之。又总理为杨鹤龄续娶一则如下。名列四大寇之一之杨鹤龄老同志，本富家子。香港之杨洽源商店，亦杨家之产业也。杨性不羁，不事家人生产，以故家道中落，晚年尤形拮据。彼不欲仕进，又无恒产。总理开府广州时，曾命有司，月给以五百金，后当事者减为二百。杨久已丧偶，总理悯其年老鳏居，乏人陪伴，为之介绍一中年妇人为室，并助以赀营金屋于澳门青砖巷。约距今十年前，杨卧病家中，此妇侍疾唯谨。而贫病交迫，孙哲生等老同志为之请命于中央，赠以医药五千元。杨未几逝世，此妇哭之哀，至今尚居于濠镜。

七、陈春生《党史拾遗录》（十二）。以上连十四日所核共七件。即交王伯勋送出。

下午三时到总纂办公处，补阅昨（十五）日《大公报》。旋本日《中央报》到，即阅《中央报》。本日《中央报》加追悼罗斯福特刊半张。内

---

　　① 原文如此。——整理者

有罗斯福总统任期内美国大事记一篇。

四月十七日　　　晴。午表七十七度。下午六时七十七度强。夜九十时间大雨,闪电鸣雷。

上午在寓为安和题画古装美人图:美人古装,态端且妍;长裤风扬,飘飘欲仙。舞罢敛坐,意自悠然。安怀音兄昨送来也。十一时到总纂办公处,阅编辑处拟《蔡元培传》。未完。摘录元培之家世及幼年时代如左:

一、元培字鹤卿,号孑民,生于民国纪元前四十四年,公元一八六七年,清同治六年十二月十七日(公历一月十一日)。先世自诸暨迁山阴,以樵薪为业。至高祖始为商。祖嘉谟为典当经理,以长厚称。父光普,为钱庄经理,轻财重义。母周氏,贤能。叔父铭恩,字茶珊,举人,工制艺,好藏书。元培每翻阅《史记》、《汉书》、《困学纪闻》、《文史通义》、《说文通训定声》诸书,叔父辄指导之。十一岁丧父。十三岁从同县王懋修子庄学。十七岁入山阴县学生员,始不治举业,专治经学骈体文。二十三岁于浙江乡试中式。(光绪己丑科举人,光绪十五年),二十四岁会试庚寅科成进士。二十六岁由翰林院庶吉士授职编修。

下午三时到办公处,续阅《蔡元培传》。未完。欲摘录而报纸到。阅本日《中央报》。忽接梅县《中山日报》一份。夜拆阅,为十一月十二日出版者。自湘南战起,久未得梅县报纸矣。此纸有国父诞辰国民政府令、蒋总裁发表建国五十年①。纪念词、冯自由编《兴中会始创实录》、中央社《中国国民党五十年革命史略》,均属重要文献,惜后三篇均未刊完。

四月十八日　　　晨晴。至九时许忽黑云如墨,天几昼晦。俄雨如注,约半小时渐小而止。午日出。下午晴。六时表七十度弱。门前小沟有水痕,

---

① 原文如此。国应是党。——整理者

未知是今晨或昨夜流水。

上午在寓阅贵阳《中央日报》。下午三时到总纂办公处，阅近日我国军克复鄂北老河口、襄阳、自忠等地图。阅本日《大公报》。黎光群来谈，彼自己之海外选举代表仍在似定未定间。旋同至办公处。

四月十九日　　晨阴。午日出犹微阴。下午较晴。六时表六十二度。

上午九时正欲赴总纂办公处，邹器之与黎光群来，言闻张委员到国史馆，暂不来会，已下条将邹纂修之职改为采访。邹不甘服，欲余往国史馆代陈冤屈。余请偕往。黎谓须余先往代申明为便，并邀余同行。即往。黎抵白家湾则别去。余到馆，与张荩臣谈约一小时，候张委员睡起入见，其面上病容颇重。据云夜间全不能睡，是血压高症。日静卧外亦略服药。余劝以食莲子汤。继告来意，询是否已下条子。据云，条已交徐忍茹。余已不能多说，只请稍缓实行。据云此事须中央会议决定，非一条子即成事实。现计下星期一中央必不能提议，至快须四月底方提出，五月间方能执行。结果只要大家以后勿生是非。在国史馆吃面后，叫兆先女儿随行返寓。稍坐，往器之家告以前情。殊邹既接会内通知及聘书矣。旋到办公处，与孙莫二人谈，拟设法补救，免邹多生枝节。二人请我到会，与徐商索还原通知另加修正。原通知内有请即日就职句。因复往会。徐请余往索。余欲他写条子叫人去，则不允。余返办公处，觉索还原书，于事无济，拟不再理。阅本日《中央报》。返寓觉邹事总应为调停。未入门，仍先往邹寓，告以徐忍茹本欲亲到面谈衷曲，以免误会，但恐兄此时生气，不易了解，故托余来代取回原件，另行改正。邹竟不可，谓须携入城见蒋总裁。晚饭间李振宽来谈，黎光群之海外代表已落空矣。据赖文标函告知云。

四月廿日 自昨夜深闻雨声，今晨犹小雨。上午雨止。下午六时表六十二度。雨。

上午因雨后路湿滑不能出门，在寓录《太平杂志》内《革命闲话》如左。自三月九日录此志后搁至今始续之也。

《防城之役》防城之役，谋最久，联络亦多。在钦州本地，联络民团；在清军，则有郭人漳；在同志有兵权者，有赵声；土著有力者，有王和顺。计在先得钦州一支，逾十万大山，趣上思州，拔南宁；一支逾灵山，趣横州，然后蔽西江而下，直取广东。黄公克强改名张守正，亲至郭人漳营。时林虎为郭之管带。六月间，与民团相约，进攻防城。民团应者甚寡，兵力不足，以火水罐燃鞭炮充之。旋正围钦州，郭人漳见兵不满二千，违约不动，赵公亦未能动也，绕向灵山。居久之，黄公见郭人漳心踌躇而未定，辞之走安南。郭使人追黄公。公过东兴桥，使者扬声呼曰：张先生，统领有事，命我请先生回营。黄公隔桥（日记眉注：东兴桥。）答曰：善，为我告统领，异日拜赐矣。驰而南。东兴者，安南与广东交界处之市镇也。防城原为钦州之一镇，清吏以革命党曾经起义，自此添设一县云。

下午四时到总纂办公处，阅昨（十九）日《大公报》，又本日《大公报》。

四月廿一日 雨。晨小雨。上午九时许雨颇大。旋止。至下午三时阴。六时表五十七度。

上午在寓录《革命闲话》如左：

《华山革命团》癸丑以后，袁世凯之势益张。革命党经通缉者，不走日本，即走他国。其未经通缉者，多避迹上海，不知华山之下，有革命团焉。居王猛台下杨家园，距胡笠僧墓不百武，其人为孙禹行、续西峰、续范亭、邓宝珊、刘蔼如、史可轩、郭希仁，是数子者，皆有大志实行革命者也。孙禹行尤以豪杰自命，自专于众而不谦。

《纪凌霄复活事》凌霄字汉舟，贵州贵定县人。性豪爽敢为。弱冠习陆军，居校中，力倡革命，未竟所学去。辛亥起义，入北伐黔军，充营长。癸丑之役，仆仆江淮间，谋响应。会党军失败，袁世凯势甚张，党人中有主退让者，同志愤激。中山先生组中华革命党于日本，急谋倒袁。甲寅夏间，侦悉袁世凯以军器资黔护军使刘显世。刘显世者，素与黔中恶党相结纳，反抗革命最力者也。辛亥之役，窃踞贵州，暗杀本党特派员于德坤、刘堃等，极意附袁，以诛锄党人为快。当是时，袁世凯以民党虽败，川湘鄂桂间之潜势力尚不薄，欲倚刘显世镇压西南，故优给枪械，运输赴黔，道出湘西。湘西毗连黔东，异日北伐黔军解散者，多数滞此。霄用奉命赴常德，谋集旧属，截劫军器，就湘西起义讨贼。以部属不慎漏泄，被逮下狱，五毒备至，霄抗认不讳，历数袁世凯以次叛国殃民罪状，声色并厉，左右观者咸舌挢屏息，为之凛凛。是时汤芗铭督湘，以仇杀党人著称，刘显世等更从搆致之，君遂被判，偕同案人枪决于常德。就义之日，天大雷雨，夜半君复甦，枪弹尚在脑际也。手缚足踠不可行。天微明，有村农过，见霄蛇行血泊中，欲援手，适守望兵至，惧，束手踉足去。兵忽叱之曰：唉，此大好事，若不速扶偕行者，吾且枪杀若！乡农遂扶霄走，庇丛莽中，令中妇捣野草治创伤，多馈箪食慰问，君得不死。追者四出，不能获，已而将大索山谷，创又增剧。度不可终藏，而计无复之，忽忆素所媒睐娼者，热情尚豪气，姑往就之。比至，则正剪纸招魂，吞声哭望，相见惊喜，急为霄薰沐裹创，质典钗钏，乘夜秘密送君往汉皋，转沪就医。钳出脑际枪弹。创既愈，而帝制之战遂作，霄遂于役东北讨袁军，奔走益力。迄今十馀年，坚苦卓绝，努力革命，未尝少衰。尝抚创叹曰：吾不努力革命者，不但辜吾一劫之生，亦恐无以对彼守望兵，村农夫妇与娼家子也。

下午三时到办公处，续录《革命闲话》如左：

龙亭公园开封城内有二湖，俗名潘杨湖。二湖之间有屋数椽，名曰龙亭。中有赵匡胤宝座，方高各五尺许，石工古朴而妍雅，作深青色，抚之有声。中国美术在北宋以前，质实大雅，不作纤巧偷薄之风，于此可见。昔人题咏不少。十三年冬，胡笠僧率国民军驻此，辟为公园，垫二湖而广之，躬自操作，公之市民为游乐之所。园成，名为龙亭公园。诸将属余为联，题曰：中原风景不曾殊,且偷汗马之闲,名将作亭园生活;大地樊笼谁敢破,自斩祖龙而后,斯民与造化同游。并有跋语。余自书之。豫中人有传诵者。嗣后曹锟至开封,开封人取而藏之,至今复悬之矣。

王昭君墓十四年夏秋之交,漫游阳①山一带。同行者有周道脢、孙雯轩、赵友琴、周鳌山、俞泳瞻、李协和及其夫人华女士。由张家口至绥远。李都统鸣钟作东道主。次日游昭君墓。墓在绥远南门外,据土著云,由南门去墓三十里。余乘马,良久始到。度有内地五十馀里。墓高可廿五丈,去黄河可八十里,去黑河不满一里。黑河畔有水田,恒种稻。墓园有碑十数方,载籍所谓青冢是也。展毕,友琴为近旁村落休憩,村人为治莜麦饭,味甚甘。同行人云,虽甘不可多食,其味凉甚,久不能饥,居火炕者可多食。南人忌之。村民乃山西人,乾隆年间迁往者。归途中,道脢坠马,幸无大伤。余有长句一章云:青冢堂堂姓氏传,黄河东畔黑河边;琵琶未出中华地,环佩同行七月天。坠马无伤香土软,游龙有兴黍花燃;九原若晤单于面,为报共和十四年。

阅本日《大公报》。

四月廿二日　　　星期　阴。午表五十八度强。下午六时表五十七度强。天色沉阴有雨意。

上午九时肇凤来,谈至十一时,往总纂办公处,补阅昨(廿一)日《中央报》。回寓,午饭后肇凤辞去。欲写信而丁六阶夫妇及安处长先后来谈邹器之事,后往办公处阅本日《中央》、《大公》报。返经孝吉家,入内小坐,天已暗矣。原拟是日写信数封及录《革命闲话》,乃俱不果,且晨起为洗脚及修趾甲停练拳一天,殊怅怅。

四月廿三日　　　阴。上午九十时间小雨。午表六十四度。下午一时馀雨一阵。天极沉晦。大雨将至,乃忽止。

---

①　原文如此。——整理者

上午九时至总纂办公处,旋往会,参加纪念周。返办公处,录《革命闲话》如左:

过雁门关十六年,余以军事在晋。秋间,同周道腴、裴由辛、赵大同,道经雁门关。此山古称勾注,为山西一大横岭。自古胡汉战争之地。旧关有李牧庙。关北一镇名广武,昔曾置县。白登之役,汉高祖使奉春君娄敬使匈奴,归报匈奴有备,并言其故。高祖怒,械之至广武,即此也。余有诗云:海内隆隆一卧牛,大车盘动雁门秋;风来沙漠雪争卷,月落滹沱水急流。李牧开边有遗爱,奉春归械失良谋;明朝早发云中道,饮马桑干试壮游。

(以上所有《太平杂志》第一卷第一号之《革命闲话》已录完)

续阅编辑处所拟蔡元培传稿。续十七日工作。摘录如左:

二、甲午以后,朝士竞言西学,元培始涉猎译本书。戊戌(清光绪廿四年西一八九八年)与友人合设一东文学社,学读和文书。是时,康梁新用事,拜康门者踵相接也。元培与梁启超为己丑同年,以梁君炙手可热,耻相依附,不往纳交。然八月政变,康梁已败,元培即于九月间请假出京。其同乡京官以康党疑之,彼亦不辩也。元培此时持论,谓康党所以失败,由于不先培养革新之人材,而欲以少数人弋取政权,排斥顽旧,不能不情见势绌,此后北京政府无可希望,故抛弃京职,而愿委身教育,云云。(日记眉注:另据周素园笔记,元培自请假后,不复返北京,由其同学京官按月代领薪俸汇寄其家,至辛亥始止。)时绍兴绅士徐君,创办绍兴中西学堂,自为堂董,聘元培为监督。元培与教员马用锡、杜亚泉,均提倡新思想。马教国文,提倡民权女权。杜教理科,提倡物竞天择之进化论。教员中思想守旧者,日与辩论,元培常右新者,而堂董以是年正人心之上谕,属元培书而悬诸礼堂。元培遂辞职。(是年元培丧妻。次年与江西黄女士仲玉结婚。)元培虽言新学,而守孔子之学甚笃。好以春秋公羊三世说与进化论为言,又尝为三纲五伦辩护曰:"纲者目之对,三纲为治事言之也,国有君主,则君为纲,臣为目;家有户主,则夫父为纲而妇子为目;此为统一事权起见,与彼此互相待遇之道无关也。至相待遇之道,则有五伦,故君仁臣忠,非谓臣当忠而君可以不仁也。父慈子孝,非谓子当孝而父可以不慈也。夫义妇顺,非谓妇当顺而夫可以不义也。晏子曰:君为社稷死则死之。孔子曰:小杖则受,大杖则走。若如俗所谓'君要臣死,臣不得不死','父要子死,子不得不死',不特不合于五伦,亦不合乎三纲也。"

三、庚子,元培与童亦韩在绍兴临安县①倡设绍兴侨农小学堂。又在浙江省城倡议改某书院为师范学堂,未成。辛丑至上海,膺澄衷学堂总理刘君之请,代理一月,转任南洋公学教员。时公学开特班,招生廿馀人,拟授以经世之学而拔其尤保送经济特科,以江西赵从蕃为管理,元培为教员。元培乃教学生自由读书,写日记,每月课文一次,俱送批改。又教学生读和文,译和文,亦均送批改。元培于批改各生文卷中,多提倡民权之说。学生中最为赏识者,邵力子、洪允祥、王莪孙、胡仁源、殷祖同等,次则谢无量、李同、黄炎培、项骧、贝寿同等。

下午因抗儿与兆先、兆晚昨日昨夜咳嗽,上午请欧克明医生来诊开方,杨氏往欧家取药,余在寓看顾小孩,且恐大雨,未能出门。夜阅林语堂所著《瞬息京华》小说中之第一集,题为《道家的女儿》一篇。

四月廿四日　　晨小雨一阵,旋止。日出。上午半阴晴。午表六十六度。下午日色甚亮。六时表六十八度。

小儿女等昨夜咳已愈八九,今晨以绿豆煮粥给食。上午十时到总纂办公处,录《革命闲话》。《太平杂志》一卷三号。

苏报案《苏报》主笔为章行严士钊。原有湖南翰林陈鼎,以戊戌变法,得罪清廷,判永远监禁。其弟彝范,任江西知县,被参落职来沪。行严说其革命,以办报下手,彝范允之。彝范为馆主,行严主笔,遂明目张胆,大倡革命。时海上有爱国学社,亦教育革命机关也,章太炎、蔡子民、吴稚晖等为教授。

---

①　原文如此。——整理者

行严之弟陶年为学生，张溥泉继、邹慰丹容，因在日本剪留学生监督姚文夫之辫，致生风潮，回沪以避之，亦住爱国学社。太炎反对保皇，作《驳康有为书》，慰丹作《革命军》，太炎复序之。又有镇江人钱宝仁者，乃耶稣教徒，复与会党有关，言词夸大，谓有党羽若干，复与英国宰相有交，各国外交家亦多属知己。彝范信之甚笃，疑为孙逸仙，兴益豪，外间渐露此风。一日，彝范晤太炎先生，告以孙逸仙在此。太炎先生谓曰：其人我曾见之，识其面。然彝范之信犹未减也。是时，革命风潮反响到北京，金归咎于两江大吏。时魏光焘为总督，清廷颁上谕，大加申饬，谓地方谋乱如此猖獗，何以充耳不闻。光焘无已，商之外国律师并南洋法律官担文起诉，遂搜查苏报馆，得驳康书及《革命军》，先后捕去章太炎、邹慰丹、钱宝仁、龙泽厚及苏报广告员程吉甫并彝范之子六人。时癸卯年五月初旬也。苏报方面，亦请律师。对质之下，苏报律师问曰：汝之原告何人，未免空洞。担文曰：我乃代表南洋大臣，南洋大臣乃代表大清帝国，原告人尚不实在耶？苏报律师语塞。捕去六人中，四人与内乱罪无大关系，先后释放。惟章、邹二人押于四马路老巡捕房。次年甲辰三月，判决太炎三十六月，慰丹二十四月，由上海县宣读判词。词称，由外务部会同各国公使办理此案。丁是，海内人士益轻视清廷与匹夫搆讼矣。章、邹二人转入提篮桥西牢中。太炎先生在牢中尚不甚辛苦。慰丹则苦不胜言。当在巡捕房时，冬日不许着袜及鞋，赤足行水门汀上。友人朱梁任两次来访皆如之。送之鞋袜，亦不许着。转西牢未久，即物故。学界甚传清人毒毙。余时在东京，邀白楚香，以二人名义，在今川小路玉川堂开追悼会。是时留学生尚不多，到者亦五十人。满三年后，同盟会派代表三人欢迎太炎先生入主《民报》，留学生复开大欢迎会于锦辉馆。

　　接十弟廿三日来信、启鹏侄廿二日来信、肇凤廿二日来信附入党誓词。各一。下午三时到办公处，阅本日《中央》、《大公》报。苏联军于廿二日夜由柏林之东北及正东二面攻入柏林城东北区，已成败垣残瓦之场。苏军以强大集中之炮队为前导，现向柏林主要街道菩提树下街前进，并向城南之火车站进攻，距城中心区尚二哩。德守军抵抗顽强，苏军以千馀大炮猛轰，街上烟火一片。苏军自十七日迄廿一日在柏林区内占领五镇及市郊据点十六处。凡通往柏林之主要公路，刻均云进苏联大军及供应配美第九军在德累斯顿附近与苏军会师(德累斯顿在柏林正南)。廿三日加入柏林之战。补阅昨(廿二)日《大公报》。接陆曼炎廿二日由通讯处转来函。附书二册。(一)辛亥开国史。(二)中华民国开国前革命文献。俱名山出版公司印行。当去夏陆来骗取稿件时，余心愤恨，至向印维廉函告，得复始释；惟不知陆所在。今乃得其究竟，而书亦出版。第二种材料颇多，足供随时参考，一快。接梅县《中山日报》去年十一月十三日一张，内有续蒋总裁建党五十周年纪念词。惟冯自由之稿未见续登①。

四月廿五日　　　　　晨雨一阵，旋晴。上午十时日出，微阴。午表七十度弱。下午日色较佳。六时表六十九度。夜月明。今为旧三月十四夜。

上午权超之弟德超来寓。余初见面，询由湖南晃县来，途经贵阳，曾见亮曾，到渝已四天。连今日计。昨夜在山洞四合岚垭税务专门学校肇凤侄孙处寄宿。行李一铺盖一箱子暂存城内小客栈，拟今日往取。携权超三月十七日复他信呈阅。权超有欲余为设法觅住所意。询税专学校可搭住否？云无。询进城取行李有钱否？亦云无。拟请借二千元。在小客栈住两夜，每日六百元，往来汽车票约千元，因借给三千。询肇凤何不同来或写信？云肇凤因脚软，送至陆军大学路口，不能来，亦未写信。询晃县何事？云在国良之卷烟专卖局工作；国良于正月逝世，遗妻一、子二、女三共六人在晃，身边约有十馀万元，与原乡交通断绝等语。观权超信，对他尚亲切。余只得暂与房东商借空房，容他小住，候谋差事。九时半到总纂办

---

　　① 本日记事后，附剪报有关战事者多则，今从略。——整理者

公处，旋往会请欧医生及询征集处杨嘉猷、贾道曾，余前年所完成
之《总理史迹》稿最后改定稿送由张委员手交处者，现何在。杨云
已作新征史料送总纂办公处复核。又去年本党五十周年纪念册内
有冯自由撰兴中会开幕记事一篇稿何在？贾云已付印，不久可出
版。余虑上二种原稿遗失，今得其着落，一慰。返办公处，写致权
超快信一。下午四时到会，购物。旋至办公处，阅本日《中央报》。
旧金山联合国会议今日开幕，《中央报》自本日起增半张刊载此会
新闻。晚间德超取行李到寓。晚饭后因房间尚未借定，暂在饭厅
上打行军铺歇宿。

四月廿六日　　阴。午表六十八度。下午六时表七十度强。夜月甚
明(旧三月望)。

晨杨氏挈抗儿坐花竿出山洞卫生站检查身体。连日服欧医生
方药，虽有效，但咳未全止，虑有他病。昨欧医生言，麻疹初现，房
东亦云似出麻疹。午饭间严处长来谈，谓不如请西医检查。上午
十时到总纂办公处，录《革命闲话》。午间杨氏与抗儿返寓，知卫生
站医生检查抗儿无他病，只取止咳药，谓二日内即可全愈，心为
大慰。

孙逸仙落花梦孙公起义于乙未，康有为变政于戊戌。孙之举事，早于
康也。康一蹶不复振。孙公再起惠州，然当壬癸之间，康之名犹高于孙，且革
命保皇，不甚分别，盖当时孙公凭依会党反清复明之思潮，未能遍于文墨之
士。康梁之徒，与内地文墨之士，息息相通故耳。是时，长沙章行严著孙逸仙
一书①，历考孙公革命故实；苏州金松岑，译宫崎寅藏所著《三十三年之梦》而
易名为《三十三年落花梦》。苏人素善点缀风景，如此可见一斑。此二书出

①　此即章士钊化名黄中黄节译《三十三年之梦》于1903年出版之《孙逸仙》一
书。——整理者

后,孙公之名,深入学生之心脾,而保皇革命之色彩亦分。三十三年何谓也,余曾此问宫崎。宫崎曰:生平受苦,无逾此年,恰当余三十三岁,为明治三十三年,故以《三十三年之梦》名之。松岑鼓吹革命之文甚多,尤以此书之效为最,厥后回国,端方欲得甘心;得苏绅缓颊,乃罢。

民国奇缘之罗氏民国恩人有二,一为日本宫崎寅藏,别号白浪庵滔天,简称滔天,此尽人皆知者。一为法人罗氏,当孙公甲辰游欧,得前安南总督某之介绍,以罗氏为记室,孙公所言革命方略,罗氏喜闻,曰当如此,中国之革命可免危难也。旋孙公东归,罗氏亦来安南。防城之役,复得罗氏之援助。次年河口之役,孙公用法国军官甚多,不知中国内情,适罗氏又为河口领事,便告法国军人,而占领河口矣。事败后,孙公渐不能立足于东方,直至辛亥,不通音问。八月十九日武昌起义,罗氏适为汉口总领事。廿日汉口领事团意见不一。适张彪兵过江,总督瑞澂义和团复起。德国领事甚为激昂,与其海军商,炮衣悉下,将决心开炮。罗氏心无把握,适刘仲文草一布告,署临时大总统"孙文"之名。罗氏得报心甚喜。入场会议,德领首先发言,主张开炮,曰:义和团,毋使滋蔓,蔓难图也。罗氏曰:此言不确,方得报告,武昌布告,临时大总统为孙文,孙文,我之老友也,其人所言,主张共和政体,甚有规模,安可以义和团目之,历证昔日之言行。时俄国与法国国交,以经济关系甚亲,赞成罗氏。日本领事,本意亦与德领同,而未固执。美国以共和政体之故,满口赞成罗氏。英国亦与美国关系密切,复赞成罗氏。六国之中,同调者四国。德领复以瑞澂为辞,众遂决议,严守中立。至晚间而领事团中立文告,遂布满街衢矣。是为武昌起义一大关节也。民国五年洪宪之役,余在汉,罗氏尚为领事,谈际眉飞色舞。余去汉时,曾嘱张若柏致礼于罗氏及游翻译。

下午三时到总纂办公处,阅本日《大公报》。

四月廿七日 晴。日光濯赫。午微阴。表七十四度。下午六时七十四度强。天色更阴。夜初月明如昼,半夜闻急雨声。

上午九时到会,询罗本初昨送来四月份食米被扣去预借四斗,是因何错误?余只借二斗送振济学校也。据云系补扣二月份面粉,折米二斗。余有手条。连振济学校米为四斗。另扣面粉二斗,则为四月份之面粉,现尚未到而先预扣折米耳。余始了然,谓之曰,然则尚欠余面粉一袋。何日可送? 据答快了。返到总纂办公处录《革命闲话》如左。

共进会誓约共进会即同盟会也,其誓约只易一字。原同盟会员,自东京回国后,组织共进会,其中重要人物,为孙尧卿、刘仲文、邓竹青,在鄂中收会员,所用誓约,为"当天发誓,驱除鞑虏,恢复中华,建立民国,平均人权。"将同盟会本约"平均地权"地字易一人字,是为孙尧卿之主张。盖当时社会主义,会员中有怀疑者,不知此字一易,有稳步换形之观。起义后,复出示更改。武昌起义诸人,当时十有七八皆书此约,外为日知会、文学社二团体。日知会同人,又多兼为同盟会员也。

青天白日旗、九星旗、五色旗武昌起义,首飘扬于黄鹤楼上者为九星旗,亦曰铁血旗,以其旗圈连有九圆点,尽头亦有九圆点,故谓之九星旗。其点也黑,其地也红,故亦谓之铁血旗。此旗之原,非别有创造,即同盟会之青天白日旗之化身也。刘仲文自东京回国,带青天白日旗,嫌其孤单,收圈连加点,芒稍亦加点,固有十二芒,制旗者少制三芒。起义之后,传写传制,遂变成今日之形式。五色旗为程德全所拟。汉阳失守,陈英士在上海独立,程德全以江苏巡抚响应之。时余偕黄公来沪,德全与英士商,英士在上海城内教育会开会,讨论此事,余亦在场。将此旗形式写黑板上,并解释曰:法国三色旗,俄国亦三色旗,不过横直不同耳。中国五色则可以代表汉、满、蒙、回、藏五族,谓之五族共和。在当时德全之意,既有心于民国,复无违背故主之嫌,名曰五族共和,易使清吏有反正之口实。此五色旗之动机也。开会提出之后,众人皆曰好! 于是,反对者一言未发,遂通过。不数日,庆祝南京独立,英士令上海每户悬此旗。无何,孙公回国,亦遍悬此旗以欢迎云。迨参议院成立,提出国旗案,遂以五色旗为国旗,九星旗为陆军旗。同人有诘者曰:然则,同盟会旗将置之何地耶? 调和之下,遂以青天白日旗为海军旗。亡命之后,孙公常谈五色旗代表五族,殊为不当。如以五色代表五族,是先有畛域存乎胸中,在民国不宜有二种颜色,况五色云乎? 名为中华民族则得之矣。五色旗之不可用,不待问也。中华革命党时,制此〈青天白日旗〉甚多。四年冬,余归国,孙公授余六十面,诫曰:若能起事,必用此旗,勿用五色旗也。五年,此旗现于国内者不多,惟山东半岛居正及江阴要塞尤超凡两中华革命军用之。护法之役,孙公在广西会馆演说五族五色之事,凡三四小时,以中华混一民族为善云。

写致照弟信一。下午在寓阅《黄金祟》小说一本,为胡寄尘作,上海文明书局出版。四时馀到办公处,阅本日《大公报》。

四月廿八日　　　阴。午表七十二度。下午六时表七十度。夜初月明,中夜后大雷雨。

上午九时到总纂办公处,录《革命闲话》如左:

襄宛之组织丙午萍醴之役,同人谋归响应。刘仲文湘、庄韵甫维汉、龚村榕国煌三人,向孙公请命。具言襄宛间有志士,可结纳起义。孙公以款绌为言。村榕曰:先生但给委任,款则由我自备。时村榕家尚饶,且未析炊。三人遂同归。先往襄阳,次往南阳各地,而萍醴之事已败矣。时久雪严寒,三人商作久远之计,组织固定机关,使普及襄宛各地,令其有志者,来鄂投军。厥后第八镇二十一混成协,襄宛之人甚多,皆从事革命,此其嚆矢也。

刘尧澂之特识武昌起义之先,城内设同兴学舍,是即共进会秘密机关也。邓玉麟、赵学魁常川驻焉。辛亥八月初三日,武昌城外南湖炮队,有二兵士,手指流血,奔至同兴学舍。时孙武邓玉麟询其故。曰,一卒告假他往,同棚饯之,饮酒时,拇战呼号,排长禁之,兵众不服,以至用武,乃将大炮拖出,预备轰击,被马队冲散。同人闻之,有震恐思避者,会孙绳李翊东在座,曰炮队已肇事,宜思计以救之,不可避也。乃决议通知各机关各营,于是晚举事。绳、翊东二人回校,准备响应。薄暮,刘尧澂来,曰:炮队偾事之兵,皆已散去,勿碍。瑞澂庸懦,必不敢再究。吾党当力持镇静,从速准备,以图大举,今日不可动也。遂止。后果如尧澂所料。

武昌起义之夕辛亥八月十八日,汉口俄租界善宝里革命机关部,以试验炸弹,肇暴烈,孙武受伤。俄警搜查,将党人名册携去,献之瑞澂。是晚,武昌大朝街张廷铺家,亦破获,捕去党人卅馀人。彭、刘、杨三烈士因以遇害。翌日,瑞澂下令,搜查各校,按名以捕。各校各营头目,皆推定代表,克期举义。晚间九时许,工程营头领金兆龙、熊秉坤、马容等,首先鸣枪发难。工程营间壁即测绘学堂,方在自习,学生有震恐不知所措,熄灯而遁者。李翊东起立,抗声曰:诸君毋惊扰,今日乃革命党起义,推倒满清,我即革命之一人也!愿从我者得无事。金曰:愿从。翊东曰:既愿从,则速站队。众果站队。当推方兴、翊东二人领之,赴楚望台,分发枪支。多不敢受。翊东按刃厉声曰:敢不受者当军法! 遂分布楚望台四周及通湘门一带。时南湖炮队头领徐万年、孟法臣、蔡汉卿等,率炮兵入城,楚望台步兵掩护之,会同向望山门内总督署进攻。各军以夜间不辨路径,乃往蛇山爇柴,全城照耀,遂克之。瑞澂出走。是役也,阚龙受创独多,血流至踵及趾,尚力战而不辍。当晚革命党传令兵到廿一混成协统黎元洪处送令,元洪阅后,手刃之,抛其首于床下。

写复十弟信一。下午四时到办公处,阅本日《中央》、《大公》报。

四月廿九日 　　星期　阴雨。晨雨虽小檐溜未绝。上午雨略大,渐小。午后大雨一阵旋止。下午二时日出。旋阴。四时日复出。旋又转〈阴〉。六时有红霞。

昨夜不成寐,天将亮始得一觉。晨迟起,拳术课减半。上午在寓录《革命闲话》如左:

黎元洪之被拥　辛亥八月二十日晨,众胁黎元洪于楚望台之坡下。一炮兵曰:请协统下令作战。王安澜曰:协统毋应。炮兵拔刀砍安澜,元洪以身蔽之。李翊东曰:协统在此,如何下令,请至咨议局商议。于是同至咨议局,聚之楼上,议以都督名义出示安民,要元洪自署黎字。元洪瑟缩舌颤,含糊曰:勿害我。翊东手柄长枪以示之曰:都督任汝为之,死亦任汝为之,如为满人效忠,先杀汝,再举贤能。元洪益瑟缩不语。陈磊、蔡济民曰:慎勿放枪,伊已默认,安民告示可张矣。众犹未信,置元洪于别室,以戈守之。

　　张汇滔　张汇滔字孟介,安徽寿县人。少读书,好兵略,兼善草书。稍冠便以天下为己任,喜瑰奇俶傥之画策。是时,革命思潮浸入长江流域。孟介以读书不如学剑,入安庆营中为兵,结纳有志。言能动人,久之,传布甚广。甲辰乙巳间,去安庆,游日本。同里孙毓筠有盛名于党中,时在东京,因相与结合,颜其庐曰"阳明学社",实即安徽同盟会分会所也。以阳明主张知行合一,既知革命之当行,即宜以身先之也。期年,复回国,四方奔走,得实行家若干人。辛亥武昌起义,孟介与寿州绅士王庆云谋响应,推庆云为首而自愿副之。集合土枪刀矛攻寿春镇总兵,克之。诸将以孟介之能军也。转从孟介攻颍州,及于河南固始等县,俱克之。未几,清廷起用袁世凯,与革命军停战议和。革命军全权代表为伍廷芳。世凯以孟介侵入河南,颍州复为北方门户,去项城故里只数十里,心不能平。阴调大兵,集中于周家口,令倪嗣冲将之,以嗣冲为颍州人也。顺流南下,孟介不意双方停战中有兵来攻。及兵抵颍州,士不及斗矣。伍代表力争而不得,亦不肯以一隅事使和议决裂,遂无救兵,而孟介独力支持。民国元年,黄公克强为留守,南方各军属焉。未知孟介为豪杰之士也。时众议主裁兵,孟介降为混成旅长,心不怿,未就职。二年春,宋案发生。余时在鄂办选举方竣,来沪,晤孟介,随往孙公寓。孙公震怒曰:是不可忍也!以政府而司暗杀,尚得谓立国乎!孟介自告奋勇,愿归淮上讨袁。孙公喜,并命张静江拨款四万元。孟介遂商安徽首领范光启、郑芳荪、龚振鹏、凌毅诸人,约在南京龚宅会议。孙公亦命同往。届时诸人皆至。振鹏时有众一旅。会议时,众问之曰:如淮上发动,子当如何?振鹏慷慨答曰:率兵来会,如有变化,尽其所有而来;假令皆变,一人亦来,不负约也。于是先后赴寿春,住屯垦团部,即旧寿春镇署也。屯垦团者,孟介旧部所裁之馀也。团长毕静波、团副张汉、步兵三营营长倪仲平、葛崑山、罗光华、炮兵一营营长马仁生,其他尚有袁家声、廖少斋所部正阳关水上警察厅长岳相如等为呼应。未几,安徽师长胡万泰受袁世凯之命,诱振鹏团长叛变。振鹏率馀部如约来会。是役也,历战月馀,士卒奋勇。倪嗣冲大有不支之势。会南京本部动摇,孟介始退至庐州,尚有人马,与群盗遇,盗索枪及马,孟介与之,口唱《秦琼卖马》一出，盗以其态度闲暇，非常人也。盗将方枕载之俱去。孟介曰：江湖有义，枪任汝取，马任汝取，随身衣被及枕，何不留我以作纪念也！盗曰：善，子行矣！与之。孟介遂行。盖方枕中尚贮上海钞票二千元也。自后往来东京上海间，屡有图谋，未遂。民国五年，余赴汉口，邀孟介与俱。时北洋二师炮兵团团附曾鲁，步兵连长姚艺，结合下级连排长数十人，将大举。王占元觉之，商汉口总探刘贵狗捕艺，斩之。同时殉难者十馀人。鲁遁免。旋袁世凯死，遂罢兵。民国八年，谋皖事急，倪嗣冲遣刺客刺孟介于上海坟山路。孟介抱伤追刺客，不及，归寓。孙公亲往慰之曰：毋碍。孟介曰：死生人所不免同，所惜者未能为先生成大业耳。孙公呜咽良久，曰：即为子觅良医，保无生命之虞也。阅日，卒于广慈医院，时方冬令也。余生平交好军人，如孟介之志大而才亦足以济之者，不数觏。次年，余回沪，致祭于报本堂，且挽之曰："钝初之死可无伤，克强之死可无恨，英士之死可无惨；闻道斯得道，求仁斯得仁；肝胆有书生，凭孤郡抗顽胡，大器推尊颜太守。金陵共事见其智，淮上共事见其勇，汉皋共事见其仁；惟我能识君，亦君能识我；男儿尚意气，观数奇知骨梗，穷途痛哭李将军。"（余生平句以下，下午录完）

下午照弟由农林部来，余前日去信未到。谈后彼偕德超往会，带回万里弟廿七日由中央党部来函，内云："正月五日由家往坪石中山大学上课，抵校数日，告急，校中毫无迁移准备，各人极为狼狈。十七日趁火车至乐昌，次晨转往湘省之汝城。住月馀，三月九号，与二三友人转向湘西，越粤汉、湘桂二路，步行抵洞口，乘车经芷江、贵阳来渝，欲继续学业。然距下学期开学，为期尚远，拟请代觅一职，以维持现况。复函寄中央党部梁蕴明转。"询照弟、德超，均不识梁蕴明为何许人。

四月卅日　　阴。午表六十四度。下午六时表六十四度弱。夜雨。

上午九时到总纂办公处，写致万里弟快信一。姜伯彰返处，带来本日《新民报》，即阅。内载罗马廿九日电，意大利之墨索里尼及其妻与秘书二人，均被意国人民反法西斯者捕获，即由人民法庭审判枪决，其尸在来兰街陈列示众。此为惩治战争罪犯之第一个，可惜不是由联合国国际机构公共法庭执行，乃由意国人民自办，否则可为国际机构树威也。下午三时到办公处，录《革命闲话》如左：

挽蔡济民　蔡济民，字幼襄，黄陂人。蓄志革命，入陆军特别小学堂，期满入营为排长，以是起义转升为军务司长。革命党人性多刚烈，不与黎元洪协。幼襄宽而有容，能和之。讨袁军败，走日本，从孙公。护法之役，亦随孙公赴广州。有谋，未成。复归沪。乡有不睦者，纠众苦之。幼襄遂入施南起兵。久之，为方化南部下所害，时民国八年也。争讼至广州大本营，未得昭雪。章太炎先生为之立有专传，具叙生半颠末，兹不赘。余有挽联一则云："高唐竟尔坏长城，诘朝刃起萧墙，衷甲忍残擒虎将；阿斗那堪当大局，八载病遗麻木，捧冠错畀沐猴人。"（日记眉注：亦作幼香。民六春，余寓北京正阳门外西河沿三眼井谢宅［良牧与饶芙裳先生寓所］，幼香屡造寓访谢。一日，言其岳母为丙村谢姓，在丙村开有烟丝店，今年老偕女来京，每思乡而泣，闻有梅县人谢姓，又有丙村人林姓在京，颇欲一见，或有葭莩之谊，其外氏固为林姓云。良牧与梁拓凡往见，余适有事未往。嗣良牧托余致函丙村查询。后悉丙村谢兰盛烟丝店第二房谢某之妻为竹桐坝林氏女（环智七叔公之女敦芳之妹阿□姑），于辛亥革命前挈眷往汉口开设烟丝店，未返里。其大房、三房之侄辈闻余有函询此事，即派人往汉认亲。汉口店铺仍在，并得幼香介绍入军政界云。民八以后，闻幼香死，其谢姓子侄皆返乡丙村塔社坝（一称文社乡），惟□姑母女未知所终。）

寿赵和珍女士　处州志士赵诚之抒，同盟旧友也。自前清历国会至今，一贯也。十八年夏秋交，为其姊和珍女士五十诞辰征文，备述其于归吕氏后，三年而寡，中经殇女之痛。三十年中，皆以教化乡里子弟为职志，久而不懈，累得政府之褒嘉。余为二绝句以寿之，曰："经史承家女子贞，下车贤令拜嘉名；群生化育歌慈母，尽是儿孙绕膝行。浙东山水莽苍苍，中有畸人慨而慷；道义论交到巾帼，且随介弟一称觞。"

阅本日《大公报》。

五月一日 　特假。阴。下午六时表五十七度。中夜月色甚明。

本日为党史会成立十五周年纪念，会内举行纪念式并放假。晨拟往参加，乃李振宽来言，已礼成散会，伊往亦未及云。时约九时也。李去后，录《革命闲话》如左：

酬黄松庵先生松庵先生名桂芬，字挺之，广东顺德人。光绪间，余在武昌文普通学堂时，先生授绘图及物理。癸卯冬间，校中月课，有二三教习指余文鼓吹革命，以诟事上司。时端方为巡抚，怒甚，批曰：肆谈革命，大逆不道。监督纪香骢钜维先生令余出校。余出校后始挂牌除名。香骢先生虽素不满余行检，而有长者之风，盖将以此塞责并免余祸也。自后，余走日本，与松师别垂三十年。十八年秋，松师在沪。李西屏告余，因同往访之，尚如四十许人也。先生善丹青，挺拔秀劲之中，复寓朴茂浑古之致。赠余山水一幅并题诗一章，又命题其《晴岚暖翠图》长卷。余乃作五古一章一并答之。诗曰："冥鸿信地飞，忽集在江东。一别三十载，世变何重重。回忆武昌居，绛帐依马融。一朝获罪戾，四方任飘蓬。人寿不满百，此心日月同。男儿尚意气，慷慨歌长风。明月有弦望，大道有穷通。何必事汲汲，役志与时逢。人定听天命，矫首顾寰中。卧游学仲文，行游学游龙。一卷握葩经，怀想到鸿濛。万流何所奔，沧海乃有容。"

太原赠楚曲家项鼎新舜南巡韶，乐流于江汉，是为楚曲之始。至二南而盛，至屈原而变。中兴于孟杜张岑。推尊于元代词曲家，其音发自丹田，高而且韵。大凡文明野蛮之分，听音乐可以了然矣。文明人音乐高而韵，野蛮人音乐低而漫。文明人发自丹田，野蛮人发自咽喉。故世界音乐甚低者，其文化程度亦低。宋玉所称阳春白雪，则曲高寡和，非曲词之义深也，乃其音响高也。音低者，不能和之谓也，至其词，非不鄙俚也。即以文章论，音节之价值，不减于文义。近来徽人程长庚唱新调于前，黄陂谭鑫培继和于后，而益光大之。江汉之音，盛于燕赵之地，再转遍于南北矣。十七年仲春，余留并门，项鼎新演楚曲，湘中易子由甫、朱子师晦，号知音，日往观之。鼎新规抚谭氏，得其隽雅。师晦偕鼎新来余寓，面索题咏，因成长句以答之云："并门春夜谱瑶琴，响彻云霄韵几寻。四始已开新汉调，三郎高唱盛唐音。文章流播弥天地，袍笏低昂自古今。楚客年来减骚兴，花落风里一沉吟。"

午饭间，姜伯彰来谈。余劝以现在中央改组期近，旧事不必重提。有人正欲乘机夺主任委员之权，或则欲争主任秘书之位。我们既不敢夺权，又不思争位，徒供人利用，何苦！下午五时到总纂办公处，阅本日《中央报》。德国无条件投降消息，益传益盛，似有成真之象，且传希特勒已在柏林城中心督战受伤死。

五月二日　　　日色甚丽。午表六十七度。

上午九时到总纂办公处，录《革命闲话》如左：

哭弟诗丙午萍醴之役，刘炳生道一被捕，不屈以殉。其兄霖生揆一举哀于东京饭田町，恸甚。霖生哭弟诗八章，曰："（一）党锢横飞误楚谣，瘦肥相代海天遥。苍生风雨床前梦，菽水潇湘夜半潮。早识燕京空击筑，何如吴市自吹箫。国亡家破吾还在，独立苍茫赋大招。（二）华域颠危亲又病，天涯游子更何之？魂飞雨雪梁山夜，人去池塘春草时。慈父龙钟兰膳苦，义师乌合羽去迟。孤身险阻长沙道，半为民生半孝思。（三）厉声可杀不可辱，争传烈士死能甘。狰狞官为虚前席，桑梓人谁脱左骖。阙下金鸡刚入树，云间旗鹤已归山。赤虹剑血千秋恨，三舍无戈挽日还。（四）义侠元方让季方，何年重见汉冠裳。鹡鸰原野空芳草，龙虎关河自夕阳。四镇干戈伤阁部，连营烽火吊荆襄。嗟予后死艰难日，报得家仇国已亡。（五）南陔眷恋我何乡，深锁圜扉枉断肠。不死谁能求大药，多忧今更累高堂。荒江旅榇随萍水，破庙灵帏空雪霜。地下晨昏休话旧，萧萧日影黯浏阳。（六）幽愤诗成念母慈，只今悲苦更谁知。乌台虾席收儿骨，虫院鹑衣敛父尸。草木风号投杵日，蓬蒿雨泣断炊时。邯郸侠少嗟何及，欲报春晖再世期。（七）竹染湘妃泪点滋，忍将多难累娥眉。羹汤和血调尘釜，霜月明心冷素帏。妫汭尚存双宿将，程婴安在一孤儿。遥知一死浑闲事，伉俪相逢莫更悲。（八）夜阑灯暗泪潸然，予季魂兮宛在前。早日深情棠棣赋，清流遗恨豆萁篇。苦心漫说仇三世，掩面还当入九泉。速死倘能重聚首,人间无复弟兄缘。"黄公克强亦有挽诗一章云:"英雄无命哭刘郎,惨淡中原侠骨香。我未吞胡恢汉业,君先悬首看吴荒。啾啾赤子天何意,猎猎黄旗日有光。眼底人才思国事,万方多难立苍茫。"是时,余二弟栋客死武昌,耗至,余亦为诗哭之云:"荆树无端折劲枝,西风传耗到东夷。一声泪落肝肠断,万里魂归骨肉离。贤与不贤凭论定,命耶非命得毋悲。苍天尚有生成意,留下孤儿替护持。"章太炎先生善谑,诗云:"世间多少杀头鬼,岂是炳生独杀头。田家不哭刘家哭,毕竟田家略胜刘。"

是午纂修、采访同人在乾穿洞会议室聚餐,欢迎姜伯彰。饮酒薄醉,下午未出门。

五月三日 晴。午表七十四度。全日日色俱佳。下午六时表七十二度。夜半后月明。

上午先到会,查问十弟所寄物已于前日到会,并已交钱汉沈。访沈裕民,未遇。访刘尊权,略谈,云已能扶杖在庭中及屋后散步矣。返总纂办公处,录《革命闲话》。

义旗一则及胡院长函二号《革命闲话》柳州义旗一则,余记忆未清,胡院长来函,言之凿凿。兹将原函白之,以当更正之文。

子琴兄大鉴:承寄《太平杂志》两号,盐政治河等篇,最见匠心。《革命闲话》足当稗史。惟第二号柳州义旗一段,则兄误以陆亚发为陆皓东。此事弟知之甚详(争辩数日,弟皆在场)。孙先生谓陆皓东烈士首建议为此旗。旋以身殉,既而惠州郑弼臣等举义,亦用之,与清水师提督何长清、陆路提督邓万林战弥月,故应以为革命之纪念。克强兄言,渠过星加坡见惠州同志绘义师旗乃十芒非十二芒;其后黄耀庭、邓子瑜(即随郑举义者)皆证克强兄所见之不确,克强意遂亦解。其率梁少庭等入钦廉,固建十二芒之青天白日旗也。最近有同志得孙先生于英国出版之《伦敦脱险记》,绘有青天白日旗,一如今日党国所用者;而其书刊于同盟会成立之前数年,愈知先生之不欺矣。至柳州陆亚发事件,初未与革命党人通,亦不闻其用何名义、旗帜,生平更不闻孙先生道及之,盖陆亚发辈共有游勇十数股,皆为岑春煊所收抚,麇集柳州。中有王留之者,最狡黠。游勇李信鸡卜,留之自卜不祥。适岑有调陆辈至粤之令,留之乃扬言于其侪,谓"柳州将有大变,渠命尽于某日午时。祖绳武(岑使镇柳州者)亦不免,不死者皆大贵。"而于是日午前使小队至道尹衙前放枪数十响即回逸。同时使人走告各部,谓某部某部已变,祖绳武已勒兵将捕杀诸首领矣。祖绳武果侦得王留之所为,立捕杀之。于是各部皆曰,留之之言验,遂皆哗变。祖绳武遽引枪自戕。众乃推陆亚发为首。据柳州数月,不知所为。及陆荣廷以兵来攻,辄溃走向十万大山(地名),为陆荣廷追入,擒陆亚发。岑在桂林使献俘而生祭祖绳武。先刺陆心滴血和酒,岑先举杯,谓到席诸人皆当饮酒,张鸣岐蹙额不能答,惟王芝祥和之,岑亦不暇顾,亟尽一觞。识者谓,岑素有宿疾,医告以饮生人血可愈,其作此惨无人道之举动,非为祖绳武也。顾陆亚发死事虽惨酷,然终非徐锡麟、秋瑾诸先烈之比。兄一时误忆,于事实不合,宜速更正,无误方来。盖虽曰闲话,却非闲事也。草草,即候近祺。弟汉民顿。

（以上为《太平杂志》第三号内《革命闲话》,俱录完）

补阅昨(二)日《中央》、《大公》报。下午在寓洗身。四时到办公处,接权超侄四月廿八日来函。附致德超侄函一。又接陈恺四月廿四日函。附海外归国党员廿二人为揭发海外部办理海外代表选举种种舞弊事实之养电印刷品一件。阅本日《大公报》。(一)莫斯科二日广播斯大林元帅今晚第三次手令,宣布柏林完全占领,柏林城内俘获德军逾七万人。德守军由炮兵将军威布林及其僚属率领,经血战后业已放弃武器,向苏军投降。(二)华盛顿二日广播,意境德军已无条件投降(德军投降之战斗部队及后备军约计为一百万人。战斗部队包括德军二十二师团,法西斯意军六师团)。(三)伦敦一日路透电,德方宣布,希特勒于今日午后逝世。据称,德国海军司令杜尼兹上将为其继任者。布告称:"元首总部讯:希特勒元首于今日午后于总理府中其总部逝世。元首为反抗布尔什克主义及保卫德国,战至最后一口气而亡。四月卅日,希特勒元首曾任命杜尼兹海军上将为其继任者。吾人新元首将向德国人民致词。"杜尼兹上将发表广播演说称:"希特勒元首已在其统帅部逝世。余之任务乃拯救德国人民免受布尔什维克主义之浩劫，仅在尽瘁此一任务，吾人亦将继续抗战到底。"

五月四日　　晴。午表七十七度。下午六时表七十八度。

上午九时到总纂办公处，交王伯勋送还档案处史料三件。一、《太平杂志》第一卷第一、二号。二、又第三号。三、《福建辛亥光复史料》。续阅编辑处所拟《蔡元培传》稿。续四月廿三日工作。摘录如左：

一、辛丑冬，蒋观云、黄宗仰在上海发起女学校，蔡元培与陈梦坡、林少泉赞成。罗迦陵女士任每月经费之一部。建设后，名曰爱国女学校，由蒋君管理。及蒋君赴日本，由蔡元培管理之。时留寓上海之教育家叶浩吾、蒋观云、钟宪鬯等，发起一会，名曰中国教育会，举元培为会长。

二、壬寅春，南洋公学学生因置墨水瓶于教师坐几上，为教师斥责。学生全体退学，特班生亦相率告退。元培引咎辞职。为退学诸生谋自立，学校乃以中国教育会名义募款，沿爱国女学之名，名曰爱国学社，以元培为代表，请吴稚晖、章太炎为教员。各教员并每日为陈梦坡之苏报作文，每月由陈助学社一百元为经费。又社中学生称为社员。别招小学生，授以英文、算术，所收学费亦充学社经费，但各款皆由中国教育会经理。癸卯夏，教育会改选，黄宗仰为会长，元培副之，兼为评议长。学员要求脱离教育会而独立。元培赞成，通过于评议会。黄宗仰亦赞成之，在苏报发表。章太炎忽大反对，招各评议员重开会议。元培遂辞副会长兼评议长职，及不与闻爱国学社事，听戚友劝，决留学德国，先赴青岛习德文德语。到青岛不一月而上海苏报案起。在青岛由日文转译德国科培氏《持学要领》一书。

三、苏报案已定，元培于甲辰春由青岛返沪，仍主中国教育会，并为《外交报》馆译日文以自给。时日俄在东三省战起，元培与王小徐、汪允宗等组织《俄事警闻报》，由甘肃陈竞余出资，王小徐为编辑。后改名《警钟》。又去职，由元培代之。后递嬗于汪允宗、林少泉、刘申叔。初在俄事警闻时，不直谈革命，惟常译述俄国虚无党历史，以间接鼓吹革命。及改《警钟》后，不免直谈革命矣。时社会主义传入中国。废财产废婚姻之说，元培亦信之。《警钟》载新年梦小说,即主社会主义,惟元培尝慨然谓:"必有一介不苟取之义,而后可以言共产,必有坐怀不乱之操,而后可以言废婚姻。"盖其时提倡社会主义者,徒攫他人之财以供挥霍,则曰共产;诱奸良家女子,则曰公妻,元培心甚痛之。(日记眉注:元培卸《警钟》编辑工作兼爱国女学校长时,对年长女生讲法国革命史及俄虚无党史,尤注重化学。)

　　今日为旧历三月廿三日,吾母忌辰,在寓拜祀。十一时三十分返寓。但会内自前日起时钟拨快一小时,各职员皆散班午膳矣。下午四时到办公处,阅本日《大公报》、《中央报》。(一)伦敦三日广播,东南战区总司令蒙巴顿勋爵宣布,英印军今日下午攻入仰光市区,日军抵抗微弱,现英军正大量输送军队,短期内可望将全城占领。(二)康提路透社三日电,英军继空军及海军在仰光东南二十五英里之仰光河西岸登陆后,由庇古疾趋进入仰光城。该城系于一九四二年三月九日沦陷入日军手中,历时已三年之久。(庇古在仰光东北五十一英里,英第十四军与印军于二日占领之。)(三)莫斯科路透三日电,苏方公报称,希特勒及戈培尔已实行自杀。(四)中央社据东京三日广播,日外相东条拜访德驻日大使塔玛,吊唁德元首希特勒之丧。

　　五月五日　　　晴。上午九时洒雨一阵,十一时又雨阵。午表六十六度。下午细雨濛濛,檐溜出。至晚未开。夜有雨声。

　　上午九时到总纂办公处,写复陈恺信一,又致十弟信一。下午因雨不能出门,在寓装订上月日记本。因加图二页也。阅李烈钧自传第四、五节。共十四页。(早晨许师慎之夫人来,师慎已入城为六全大会速记。与杨氏谈话。房间狭窄,因停练拳一天。)

　　五月六日　　　星期　　阴雨。今日为旧三月廿五,立夏。

　　上午在寓,整理《总理年谱长编》增修本第一册。此稿拟再修改一、二次后送核发印。肇凤由山洞来谈。德超煮狗肉与食,余亦食数块,抗儿亦同食。午饭后李振宽来,谈昨日中央六全大会代表名单已见报端,但路滑余未能往办公处阅报。

五月七日　　　晴。午表六十八度弱。下午六时表六十八度。

晨往会参加纪念周。上午九时到总纂办公处,补阅昨(六)日《中央》、《大公》报。阅录事刘穆所抄去年十一月十二日国父诞辰蒋总裁发表五十周年纪念词七页。刘穆即故纂修郑权之〈儿〉媳妇,由工友名义新升为佐理员。接万里弟三日来函、照弟二日来函各一。下午三时到办公处,阅本日《中央》、《大公》报,并阅《扫荡报》前日(五)附张二页,均载六全大会及党史史料,多可采者。如李烈钧自叙入党时间为民国前七年乙巳,总理到东京寓小石川时,由张继、王侃、张华飞三人介绍。

五月八日　　　晴。午表七十五度。下午六时表如上。

上午九时到总纂办公处,阅昨日档案处送到《太平杂志》第一卷第二号十八年十一月一日发行。《革命闲话》,抄录如左:

取缔与上谕同盟会成立之年,秋冬之间,清室与日本交涉,由文部省颁布留学取缔规则,防革命也。于是,留学生群起而争。陈天华因以蹈海死,众人益奔走相告,相率罢课。一部分归国者,在上海创立中国公学,而东京公使馆收买若干学生为间谍,刺学生虚实。公使杨枢出奏清廷,缉捕十八人,褫夺官职、科名、官费,自费生亦复通告各校,强迫退学。清廷如奏颁发上谕,首名韩汝庚,二名胡瑛,以后不能记其次第,有宋教仁、田桐、吕复、龚国煌、龚国辉、保衡、冯大树、王克家、曾伟、蓝永藩、漆运钧。其馀五人,则忘之矣。其中胆大者,视若无事,胆小者,震惊失色。有托人在燕京运动求赦者,至宣统即位后颁上谕中,有云,除田桐宋教仁永远不赦外,一律开复。

容闳借款容闳字纯甫,广东香山人,为中国第一次老留学生,与洪秀全有关系。洪氏败后,复漫游四方,有志恢复,以年迈无力。及同盟会成立,容公甚喜,自美洲致书东京,言愿为代表借款,不须抵押,但由各省主要一二人署名而已。孙公于会场报告此事,干部各人如法署名,交容公全权办理此事。

民国成立,容公始卒,年已九十许矣。

折兵长沙章行严士钊,丙午以前,耽于革命。自警钟日报被封,东走扶桑,意转和平,耽于英语。庐江女士吴弱男,善英语,同盟会中人也。与行严友善,有意论婚而未成。章太炎先生与溥泉商之曰:着弱男以入会要行严,计必得。久之,弱男竟嫁行严去。行严仍不入会。余戏之曰:周郎妙计安天下,赔了夫人又折兵。同人皆抚掌。

父子异党冯自由之父镜如先生,经营广智书局,盖即保皇党之机关。自由幼时,亦隶其党。寻孙公东游,自由决然自拔,逃保来归。致其父书,直陈其事且规之,于是父子异党矣。(日记眉注:此与冯自由所自述入党经过大异。)

阅五日《世界日报》。孙铁人交来,该报五月一日复刊也。复万里弟信。下午二时德超侄由渝城回言(昨晨出山洞行路入城,欲托王镇号哲希,谋工作。)昨见王哲希,知乃兄可超在江北,即转往见。可超主张其求学,勿谋事,嘱明早偕往长寿县,准备下学期入国立十一中学。转回取行李再往江北云。食饭后,即匆匆叫人挑出山洞搭车。余送其行后,因今晨得柳聘农字〈条〉,告徐忍茹之夫人致声,请余往见。余不解何故,徐本人已于昨日晋城,未便独往,乃邀杨氏挈抗儿同行。至则徐太太谓,原致声请其母舅曹某,在会职员年老重听者,有事面谈。聘农竟误以为请余也。杨氏与谈闲话约半小时返寓。余复到办公处,阅本日《大公报》。欧洲战事实行停止,英、美、苏三国定于本下午四时各在伦敦、华盛顿、莫斯科三处,由各政府正式宣布,并定五月八日为胜利日云。晚间李振宽来谈,对聘农误传人言,大笑。聘农字条附存。

五月九日　　　晴。午表八十二度。下午六时表八十度。夜有雨声。

上午九时到总纂办公处,写致肇凤信一。附德超昨交来可超致渠信,未封。录《革命闲话》。

柳州义旗(日记眉注:此在三号已自更正。)青天白日旗,始于兴中会。旗有芒十二,义取十二月十二时天然轮回之数也。丁未之春,孙公自制百馀面。黄公意不怿,以为有混日本太阳旗之嫌。孙公曰:癸卯柳州之役,先烈陆公亚发曾以此旗树义久之,岑春煊破柳州。陆公不屈,岑氏竟啖其心肝,是为流血之价值,不可废也。据黄公谓予曰:诚有此事,然陆公之旗,不足十二芒,乃十芒也。

黄冈之役丁未春,将举事于黄冈。黄冈者,潮州饶平县滨海地也。孙公委许雪秋为都督,前敌主将为桐城方汉城,乔义生预闻其事。敌将为黄金福,潮之总兵也。事先,电要东京同志前往,宜章彭邦栋、平湖金葆濂、金山吴操及余前往。时同人乏川资,日本同志宫崎寅藏介绍神户商船公司总理三上丰夷。丰夷允赊帐,得直航赴香港。到港时,而黄冈之事已败二日矣。据方君云:黄金福亦善战,而我军之勇,奋不顾身,田水尽赤,尚酣战不已。及我回顾,而我军不及二十人,始逃至商业学校,与体操教习偕,得以脱险。当是时,潮有商人蔡氏,为糖厂主,热心革心〔命〕,时注资于党,至于十数次,卒至糖厂倒闭,其毁家纾难,有如是者云。

孙程之关系程璧光殊有才气,性强项。甲午之役,海军沦没,程遂落职回粤。乙未起义以前,孙公在粤,道遇程公,作礼曰:玉堂,别来无恙耶? 遂挽程公至西关一室中,谈良久。孙公顾谓知客者曰:此为家乡老友,望代我一陪,我且别治要事。孙公离席,知客卒然曰:先生赞成反清复明之举否耶? 左右咿唔者复十馀人,曰造反造反。程公震惊,不知所答。有顷,顾左右曰:逸仙何在? 众曰:去远矣。知客曰:先生既来之,则安之,何如? 左右复哗然曰:造反造反! 加入乃免。程公神色不怿。知客曰:先生度今日徒然而出,我等能放心耶? 加入党籍,亦秘密事,其令谁知? 程公度不能了事,援笔书誓而去,未释然也。未几,事败。广东水师广甲广乙等舰统带邓姓及程奎光皆与其事。(日记眉注:广甲广乙二舰,甲午之战沉没矣,此有误。程奎光乃镇涛舰管带也。)奎光,程公同母弟也。奎光逮时,役夫促之行。家人曰:伊病脱肛,肠出将五寸,寸步不能移矣。役夫曰:乘轿,坐马桶中,何害! 奎光死于狱中,其妻自缢。程公以此怨孙公,且惧祸及,之南洋槟榔屿,主谢公家。谢公,乃良牧之伯父也。明年,李鸿章赴欧,道槟榔屿,亦主谢公家。李谓程公曰:足下来此何为? 曰:前年之役,全军沦没,朝廷方降罪矣。李曰:此大事,于一人乎何尤? 且归,吾为足下电解之矣。程公归,复事海军。辛亥之役,程公率舰在英,未加入于清室,亦未加入于民国,踌躇甚久,至大定后,始率海圻回国。程公之在海军也,黎元洪居其部曲,以此相得。民国六年,孙公倡护法,欲迎黎氏南下。程公喜,遂再出共事,坦然释前怨。当将发之际,程夫人哭于环龙路孙公之门,不令程公赴粤,曰:吾叔死于君,吾婶死于君,其又欲吾夫死耶! 程公不为夫人所夺,当率舰南下,以立大业之基。未几,为仇家所狙击。说者谓,应夫人之谶也。

接十弟五日来函,谓弟妇英明四月廿八日下午六时产一女,母女平安。下午三时到办公处,续录《革命闲话》。

海盗之讼清光绪卅三年,余主新加坡《中兴日报》,与《南洋总汇报》文战经年,争论革命立宪不休。总汇报怒,诋孙公为海盗。孙公亦怒,有怂恿孙公在英属起诉,要求赔偿损害若干万者,孙公允之。经请律师,如英国之法,以行诉讼矣。余谓孙公曰:此事在他国,确实可行;在中国,人心不免视为儿戏;且公革命党魁,身份如何高尚,度量如何宽容,置之不理,无损声威,一经诉讼,即令全胜,如公之所要求,赔偿名誉若干万元,不过如斯,内地闻之,将以公为凡人,其所损失者,将令何人赔偿哉? 孙公曰:业已为之矣。余曰:听其敝之(日记眉注:敝字费解),不追可也。孙公曰:善。

商务印书馆民国七八年间,军政府改为七总裁制,孙公未就职,回沪,著《建国方略》。书成,以原稿属曹亚伯付印。亚伯持至商务馆。馆人拒之。亚伯曰:尔为营业性质,焉能拒我? 馆人曰:营业亦有自由,不印孙文之书,不亦可乎? 亚伯与争不获,忿然而归报孙公。孙公怒甚。明日余至公处,有同人在座,正谈此事。同人曰:在美国定一电影机片归,宣传该报馆教科书之不当,不半年,其事败矣。孙公曰:善,尔其任之。余以孙怒未息,同人得在场,略事婉言而出。又明日,余复往,曰:商务印书馆,牟利之人也,安能以道义相期! 今日革命党未得志,不敢与亲,强之斯怒,以公之一心在国家天下着想,尚恐不足,安能顾及他小事? 即使在美购到机械,公怒一息,自辍演矣,何费为? 昔者吕东莱有言曰:使我先贫贱而后富贵,则向之侮我者,亦转为奉我矣。将来之商务印书馆,即奉公之人也。公曰:善,子为我告某君,勿办可也。

阅本日《大公》、《中央》报,俱备载欧洲战事结束之消息。国民政府昨(八)日通令全国各地自九日起至十一日止升旗三日以示庆祝。蒋主席分电美国杜鲁门总统、英国邱吉尔首相、苏联斯大林委员长、法国戴高乐将军致贺;并定十二日下午五时在军事委员会举行茶会,请驻渝各国外交使节、盟国军事人员及政府高级长官,同申庆祝。又于昨(八)日下午九时对国内外发表广播。六全代表大会昨(八)日上午九时开第三次大会,全体一致通过临时动议"欣闻德国投降,欧洲战事结束,大会通电盟邦致贺案"。广播词贺电等俟另剪报。

五月十日　　阴雨。晨雨,檐溜不断,似自昨夜连续未已。下午雨止犹阴。晚天转朗。下午六时表六十一度。

昨夜因热,床中多跳蚤,又有蚊,辗转不能寐,至天将明始睡。今晨迟起。闻厅中学生读书声,约已九时矣。上午在寓录《革命闲话》如左:

邓廷铿民国元年孙公为大总统,副官持邓廷铿刺来,曰,此人求见。适府中人有知者,曰:此人非在伦敦与龚心湛同谋禁先生于公使馆者乎? 公曰:然。曰:然则捕而斩之。公曰:彼来求官,不予之官足矣,已过之事,何可计较? 公顾副官曰:令其去,勿留。

做烈士民国二年,讨袁之役,张孟介捕皖绅倪嗣冲党羽十六人,交正阳关水上警察厅长岳相如收之。未几事败,孟介将退却,电相如枪决之。相如提出皖绅,皖绅凄然泪下。相如曰:尔毋悲,送尔到袁世凯家为烈士去矣。

骗局孙公平生恒受骗。一日闲谈,余问孙公曰:人谓先生不明,多受人骗，何以故？孙公曰：君子可欺以其方，子产且然，投其所好，不易察也。昔者广州之役，因先结纳三点会头目，余亲在香港切实调查。余问甲头目曰：尔有若干人？曰：有若干人。曰：何以证明？曰：任凭先点名而后领饷。问乙头目，答如前。曰：香港之地，安可以任我点名耶？曰：可以约定时间，在茶居饮茶，我延之，以起立为号，起立者同志，不起立者他人去。余心喜，以为当如此，则大事成矣。约定日期赴茶居点名。各头目如命届期前往。头目引余前为礼，茶客起立者百数人。余尤喜出望外者，如是以次往十数次，皆如之。及起事之日，所到之人，不如点名之数远甚。防城之役，事先结纳钦廉民团头领。原钦廉之人，从事中法战争者不少。余少时崇拜刘永福。永福作战，用黑旗，故边防人称刘为刘黑旗。是时黑旗部将，尚可为用。广惠失败之后，专注于此，得钦廉数人类似游勇者介绍之，来报曰：若某乡团有枪若干枝，若某乡团又有若干枝，共计不下万馀。余问之曰：此枪为民团之枪，不为我用，又当奈何？曰：其首领皆已说合无异议矣。余曰：可往观乎？曰：非但可往观，且可以点枪。于是派人赴钦廉往观。至各乡，各乡团总欢迎之人，所说枪枝之数，不爽毫发。余真喜出望外。及起事之日，而响应者寥寥也。事后始知之，香港之点名，非点名也，事先头目告工人曰：明日我请到茶居饮茶，尔等去若干人，工人如期而往。至后，复曰：我有好友来时，请起立为礼。钦廉之点枪，非点枪也。介绍人与团民曰：我有好友，有名之士也，闻公办团有名，欲来观光，作为师资，其可乎？团总喜曰：善。届时延为上宾。如此受欺，不亦宜乎？

　　下午再整理《总理年谱长编》增修稿第一册。续六日工作。修改二处。四时余到总纂办公处，阅本日《中央报》。

五月十一日　　　　阴。午表六十四度。下午六时表如上。

　　上午九时到总纂办公处，录《革命闲话》如左：

　　不主暗杀孙公不主暗杀，以暗杀手段不免有缺光明，其结果不良也。当同盟会成立之始，同人多主暗杀者，克强、溥泉主张尤力。陈英士则实行有效，汪公权之事，大有造于东南，而孙公谈次，则期期以为不可。同人有面争者，以孙公为迂阔，而孙公固执如前。

主废死刑　孙公以死刑有伤人道，无益于国家与社会，（主废之）。（日记眉注：此三字林所添。）欧洲意大利尚可行，况中国乎！太平以后，可将乍浦筑为商港，象山筑为军港，宜将各省应处死刑及帝制各犯，令为工人，既免国家之害，复兴国家之利，谓之一举两得。

续桐溪　续桐溪，字西峰，山西崞县人。少余一岁。少为名诸生，耻以书生名，随所在访求有志之士。不修边幅，敝衣敝冠，不以为耻。自奉极俭，急人之急，则千金不吝也。与里中大侠弓富魁相依。其人性格，介乎晋文公、信陵君、王景略三人之间。吾党之士有通病，其志大者其材疏，西峰则材与志相称。其作事坚实不蹈空，独到之处，他人不易摇之。寻常之事，尽人发挥其所长，不事节制。自人同盟会以来，尤以天下之忧为忧。山西有善于料事者二，其一西峰，其一则张衡玉也。辛亥起义，率其众攻略，有用戈矛者二，其一西峰，而士卒乐死。善用兵者善用气，一人之气不足用，以一人之气贯众人之气者，大才也。西峰起于微弱，竟能克大同。及太原失守，北方大半又为袁氏所夺。大同孤军，悬于河朔而不动。论者谓，安禄山之反，太原太守以书生之力，独能保持一隅，西峰近之。迨后南北议和，根据此力与袁氏争。乃袁氏不悦，放李盛铎主山西政。孔文轩为代表，力陈其情。唐少川先生时为总理，玉成其事，同请袁氏调李盛铎回京，允都督阎锡山回太原。元年秋，余随孙公赴太原，时西峰为山西警察厅长。民国五年，参议院选举，又当选为议员。护法之役，奔走南方各省，有谋未遂。国民军入都，逐曹锟，西峰之谋甚多。与余谈，或竟夕，或竟日，类多瑰奇傀傥之略。十五年国民军失败，忧愤成疾，居天津。时余丧师被俘，脱出，抵天津，晤周耀武，询西峰状。耀武曰：昨日死矣。余偕耀武往吊，已入殓，耀武抚棺大哭而恸。余思自古豪杰之不遇，无有痛于西峰者。西峰既殁后，家人相继沦没者甚多。二三年间，皆有战争，未暇理其事。十八年春，沪上旧友为发起追悼会于白云观。五台山张毅庵淑琳西峰旧友也，为之传而刊之。天津同人，亦先后追悼之。余有挽联云："泰山崩于前而不动，黄河泻于后而不惊，大器未能成，旷代奇才有天妒；齐桓出于正则霸迟,晋文参以谲则霸速,斯人如尚在,中原大局敢谁争。”

接肇凤九日晚复信一。下午三时到总纂办公处与孙铁人商,决明日往华岩寺。阅本日《中央》、《大公》报。写复照弟信一。

五月十二日　　　阴雨。是日旧四月朔。

晨七时会内派花竿来寓,遂乘以往华岩寺。途中遇小雨,花竿无篷、无枕又无垫,始尝乘轿之苦有甚于行路者。至华岩寺,观大雄宝殿及内楼,均颇闳丽。楼上有玉佛,高尺馀,金制金字塔亦高尺许。金器为胡文虎自缅甸仰光呈献。此为镇江南京诸庙寺所无者。是日,张主任委员夫妇为其子伯越百日纪念,前在成都被人殴死。在寺设灵哮经。会内诸同人公送祭幛花圈。参加观礼者五六十人,连家属同往及轿夫警卫队几及百人。溥老昨先致电话谓不亲到,只由夫人与一女一倳前往。同人闻讯,原欲往而中止者半。余与孙铁人昨午商议,久闻华岩名胜,趁机一游,只看天气如何,倘非遇雨,则决往也。殊溥老亦亲到。公祭时,丁象谦主祭。余于公祭前访陈匪石一晤。自南京相见至今(约在民国廿四或廿五年,常常相见。)八九年矣。衰老几若两人,询今年为六十二岁,较余尚少二岁也。自廿八年即居寺中。经济部之一部分设于此。彼任参事之职。部内职员林业建与李树藩有戚谊,赠余书一本,曰《退溪诗集》。公祭后张溥老邀各友往观华岩洞。地极幽邃。门前古木参天,上多白鸟翔集。鸟粪鸟羽铺满门前。幽泉行潦,路颇污湿。溥老未及门退去。余入至洞侧一小室,内有卧佛龛垂帏幛,佛仅露头面,曲肱作枕,身覆被不可见。较人体稍长大。被破露败絮。老僧见客来,随入。余询是泥塑抑是木雕?答爱塑。头面及肱鎏金色,馀未知。余谓败被不雅观,宜除去。并就龛前案上签筒抽出一签。签诗如下:营为期望在春前,谁料秋来又不然。直遇清江贵公子,一生活计始安全。(第十二签,中平。)午在楼上设素席五桌,警士轿夫另桌设旁厅。食毕众兴辞。张主委夫妇送至寺门外。余改乘溥老之轿,宽阔有藤枕藤垫布幕,乃觉舒适。但下坡时藤垫滑,虞身将溜跌,手紧握轿杠,不敢睡也。自上轿至山洞一段坡路甚长,若非乘轿,上下俱难。返寓觉全身疲困。今晨未练拳。

五月十三日　　　**星期**　晴。

晨打拳食粥后,目仍思睡,约九时馀小睡一觉。李振宽来谈,余已入睡矣。闻溥老夫妇昨宿寺中。昨日前往诸人,亦有未返者。下午洗身修趾爪,精神略振。

五月十四日　　　晴。日光晶耀。午表八十二度弱。下午六时表七十八度弱。

上午九时到总纂办公处,接陈恺十二日来函、万里弟十二日来函、玉新侄女八日来函各一。录《革命闲话》如左:

李鸣凤李鸣凤,字岐山,山西安邑人。清季由景梅九介绍入同盟会。奋勇异常,屡遇险,以为人心地宽仁,得脱解。辛亥之役,力战清兵,与温静安(寿泉)等光复河东。护法之役,奔走陕西,旋为陈树藩诱杀于临潼。其沉雄不如西峰,而慷慨敢为,到底不懈,非侪辈所及。十八年在沪,与西峰同受追悼。余有挽联云:没世有名称,一例彭殇皆寿考;中原犹战伐,万方民物待昭明。

张瑞玑张瑞玑,字衡玉,山西赵城人也。光绪间,以名进士出宰陕西各县。时樊增祥为布政使,好文学之士,得衡玉,大信任之。衡玉为人,寓矜庄于放荡之中,与物无竞,而胸有辨别。世俗官僚,亦乐与往还。物于物而不物于物者也。时纵酒吟诗,人以狂士目之,不深究也。同盟成立,衡玉亦慨然与焉。不计其为官也。清之季年,宰长安,长安,首县也。东方逋客,皆匿之署中,景梅九其一也。长安县署遂为革命党机关。辛亥光复之日,尚顶戴乘轿于市中。市人曰:今日民国也,尚顶戴乎? 衡玉曰:然则掷之! 帽随手飞,众欢动。衡玉亦乐。陕人举衡玉任显职。时山西已独立，电衡玉归。衡玉在陕数年，好买书，得二百箱，载之俱归，抵家，行装尚未卸也，适清人起用袁世凯，锄杀吴绶卿禄贞于石家庄，遂陷太原，南至赵城。是师也，为曹锟所部之三镇，卢永祥吴佩孚皆属之，纪律殊恶，河东各县被劫掠一空，衡玉之书，亦在其中。三镇之兵，公然征发车辆，至太原，转正太铁路，满载辎重，七日之间，络绎于道。衡玉愤甚，事后铸卢永祥铁像于赵城，作两手持银锭、腹复怀之之状。永祥屡次婉商，以当时虽任协统不在军中为词。未得衡玉之诺。十三年，复以孙段合作为词往请。犹未允，曰：非念既往，乃警将来。永祥党袖铁锤碎之。衡玉自元年任山西民政长、财政厅长，皆有建白。五年洪宪之役，在北京作诗嘲袁氏，凡数十百首，字字珠玑，数日之间，传诵殆遍。护法之役，以议员赴粤，所至诗酒与俱。广州市有小酒店，店号妙奇奇。衡玉曰：既言妙，又言奇奇可味也，且试尝之。归挥诗十数首。旋南北议和，以陕西划界事，与于右任有龃龉。右任谓其不公，有似官僚。衡玉以受三镇兵劫，痛恨军纪不良，不认无纪律者为革命军。然卒退让，未返唇也。自是家居，益病酒，自号羫窟野人。羫者，无下颔之羊也。誓不复言之意。十六年夏，余与周道腴赴太原，过赵城，先期电约会于车站。适余至而衡玉未往，余过而衡玉来，惆怅而归。十二月长逝，中国少一词人矣。九弟奇玉，学有根柢。子小衡，精通地理，自视甚高。余时在太原，有哭衡玉长句四章云："士元百里不羞能，本为亡秦会霸陵。慷慨侯生富屠狗，扶摇蒙叟恣搏鹏。铜驼已入胡儿苑，铁像难罗志士罾。纵酒不妨天地廓，座中湖海聚高朋。太行南下气如虹，曲到黄河地势东。人近龙门奇复矫，天营窟野羫为工。关中去后无明月，岭表来时有大风。公是青莲我非甫，一生狂放得毋同。燕京斗酒自称仙，洪宪诗传瞬百篇。四海已归新禹贡，九重谁戴旧秦天。人间忝有新垣衍，地下教添鲁仲连。狭路倘逢袁世凯，也应悔祸说当年。炎朝曾向赵城过，相约参差一刹那。骐骥风裁宜远道，凤凰毛羽认修柯。天星灿烂还文曲，人世苍凉折太阿。我不哀时向无泪，为公老泪竟滂沱。"又挽联一首云："自古奇才身后达，目前沉郁，何怪其然，正好作诗豪作酒豪，援醉笔写不尽人事干戈，泪眼看河汾，万里泥沙拥公去;群雄割据井中居,天下兴亡,宁能无此,权县为游客为卧客,启腹笥整就他文章经济,披肝留宇宙,千秋疆理让余来。"

写复权超侄快信一。下午三时到总纂办公处,阅本日《大公报》。该报特派员九日仰光北部某地发专电《仰光华侨最近情况略》称:"自缅甸首都获解放后,战前侨居缅甸、战时撤至印度东部及中国的五万华侨,正期待尽早重返缅境。(据一九四一年官方统计,缅甸人口一千六百八十二万馀人,中有华侨一十九万三千馀人。)但以目前情形观察,华侨返缅最早日期当在十一月以后,因英方拟就缅甸解放后计划,当地的民政事务,统由随军的民政官处理。自仰光复发起算,限六月期满,撤至印度之缅甸政府始得返仰光。故华侨亦必待缅甸政府返仰光后,始得重返。现华侨专望本国政府将仰光及其他城市之中国领事馆迅速重开与设立,俾能照料华侨利益及解决战后问题,尤望中国与缅境之邮政迅速恢复。"

下午三时前在寓阅《退溪诗集》数页。夜欲读阅,未果。

五月十五日　　晴。日仍晶丽。午表八十四度。下午三时表八十九度。六时八十六度。

上午九时到总纂办公处,补阅十二日《中央报》。录《革命闲话》如左:

海防之狱镇南关之役,孙公事先约同人赴河内。时冯自由主香港中国日报,兼理党事。余与长沙柳聘农杨谷、连州何克夫小园、桂平谭剑英(以字行)在港,将成行,适有湘乡陈树人荆,以政闻社事件,为清吏指捕,遁之来港,自由说其入党,曰,保皇不能见信,不如革命之为愈也。树人翻然许诺,遂同往。五人由港赴海防。中途船过广州湾,畅游一日,睹法人之设施。及抵海防,法人搜索甚严,将革命军钞票两箱搜去,余五人置之狱中。刘岐山率海防同志在海关相迎,熟视其事,当电孙公。孙公谓:除请律师,无他法也。入狱时,五人分室,先迁安南人于他室。余之室尚遗有矢。余时年少心躁,不耐囚居,将囊中片纸只字历历读之。读毕假寐,醒复如故。左右二壁,时戛戛有声,乃小园聘农敲壁相示以作乐也。饭时,忽辚辚声动,狱卒开锁命出,余以为了事,脱然可出,至一室,乃岐山送饭来也。五人尚可会食。岐山云,不要怕。食毕复入囚室。未几律师与岐山商定,由岐山担保假出狱,住岐山家,听候传唤,法人允之,遂迁往焉。有马侣者,自镇南关归,备述战事。言胡展堂不善山行,中途困惫,孙公以手胁之,得上。孙、黄二公,则健步如飞,亲以炮击清军云云。是时,李福林亦亡命于此。黄焕廷、黄隆生、甄吉亭皆在焉。居数日,谭石屏亦来,未久,亦为法人所捕,咆哮狱中,与狱吏争辩。弥月后,法人令余五人出境,当摄影,不许复来,是为丁未之冬月也。余有出红水江诗二绝云:"五岭南来是越裳,汉家都护早龙骧。奈何一战成功日,忽报求和割地忙。红水江头草木青,炎方冬日有雷霆。囚骖此去沧溟阔,不见樊笼见列星。"红水江者,海防出海必经之川也。中法之战,华人陆军败法人,法人退兵,曰收容于海防,定明日舟师走西贡,忽报清人割安南以和,法人复上岸,老华侨时来谈之,故云。

　　刘凤鸣　刘凤鸣,字岐山,广东顺德人。少孤贫,早失学,商于海防,置产业。长余十一岁。为人慷慨有胆略。同盟会成立,岐山异常努力,倾财治事。海防华侨,相与来归者益众。余居其家月馀,见其言动果决,而有条理,真有革命才者也。辛亥起义,在粤为统领。民国元年,率众剿匪,奋勇当先,阵亡。有子女各一人,老妻亦在,现居广州。

　　复万里弟信一。下午三时到办公处,续录《革命闲话》。

　　改组春联　民国十二年,孙公许共产党员个人入党,余未尝反对也。冬日将事改组,余谓同人曰:此事不可行也。遂往广州力争,并劝老友与余同调。老友有不明者,有未敢者,惟华侨老友邓泽如同情焉。泽如淳朴,辞不修饰,抗争之下,孙公怒,泽如面红耳热而退。余复抗争三次。孙公怒,余亦忿然。度改组之意终不可回,遂将所有各职辞去,回沪。余之于党,自同盟会成立以来,未尝一日脱离关系;脱离关系,自此始也。余在舟中自思,此后行径,应取君子绝交之态;不及一年,赞成改组者,将有觉悟,即孙公自身,亦有悔心,专心卖字,以了此烦恼,不亦善乎!抵沪未久,即旧历年底,余意气未平,乃作春联,书之曰:"沧海固能鸣,羌无假借;春风不望报,自有收成。"时住民厚里,司巷蔡阿四见之,亦持纸来请,余纵笔书一联曰:"大隐恒居市,奇才向抱关。"新年有客来访,曰:吾子年长,而豪气未除乃是耶! 余曰:所贵乎革命党者,正赖豪气贯串,与生俱存耳,有才而无气者,细人也,不堪大事。客曰,唯唯。

杨庶堪对杨沧白好舞文。民国三年,江户客中,一日谈对,问余曰:孙文作何对? 余应之曰:叔武。又曰:黄兴。余曰:白起。曰:田桐。余默思卢杞秦桧皆工,而有恶名,易招笑柄。国会议员宋梓,而人不知,因不对,转问曰:且为子对。沧白曰:杨庶堪。余故谑之曰:柳如是。又曰:杨沧白。余谑之曰:李黛红。

卖字联十三年,余作卖字生活。友人张我华,亦在沪经商,掌理华丰纺纱公司及捷运公司。余为题华丰联曰:华国文章,天然组织;丰年衣被,人普裸袍。又为题捷运云:捷报日随飞电讯,运筹人伕济时才。海上所有笺扇庄,余遍作龛字联以赠之。赠朵云轩曰:牡丹晴放珊瑚朵,鸭绿春流翡翠云。赠九华堂宝记云:九辨文章歌大雅,华胥政俗问共和。赠九华堂厚记云:九囿元精凝翰墨,华山景物郁烟云。赠怡春堂云:怡然山水供铅椠,春在门庭润画图。赠戏鸿堂云:戏舞秋丁灯灿烂,鸿飞霄汉日浮沉。赠宝华堂云:宝笈仗君权锁钥,华堂任客赏琳琅。赠九福堂云:九畹花开春百亩,福田香远业千秋。江北界首地方,新辟公园,名曰凫园,索题,赠云:凫雁行吟人世外,园林消息画图中。宋姓新祠索题,赠云:风格两朝矜宰相,文章九辨作骚人。陈姓新祠索题,赠云:湖海元龙,风云散骑;文章五论,人物三君。洪丽生画伯工花卉,赠云:粉黛六朝摅藻思,文章三百写葩经。有天津人雨涛索题,赠云:燕赵多慷慨悲歌士,湖海有并吞含蓄才。章太炎先生东床朱镜宙在沪结缡,赠云:西汉家风尊折鹿,东床人物继翔麟。周佩箴嫁女,赠云:细柳门庭宜咏絮,爱莲家世尚吹笙。潮州翁姓新祠索题,赠云:节度遂南迁,家世具箕裘,闽峤人才光两宋;尚书平外寇,勋名满湖越,韩江风物漾三阳。赠蕲春学社云:门庭辞赋容鹦鹉,池馆琳琅翼凤凰。学社在武昌凤凰山下,对江为鹦鹉洲,祢衡曾作赋,死于此洲,故及。黄石港两蕲会馆索题,赠云:西塞山横飞白鹭,东流江折下黄牛。磁器统税局索题,赠云:器宇清华,五行并范;陶熔造化,四海争输。消闲别墅酒馆索题,赠云:消息问梅花开未,闲来与樽酒相将。又云:消受春风醉桃李,闲斟新酒试醍醐。

阅本日《中央报》。六全大会昨议定十一月十二日召开国民大会。夜阅《退溪诗集》。完。

五月十六日　　晴。日光炎炎有暑天景象。午表九十度弱。下午三时表九十四度。五时表九十度。六时八十八度。

上午九时到总纂办公处,复阅昨日《中央日报》。录《革命闲话》如左:

为李印泉题画

海上卖字时,李印泉出其碑板百数十种来题,更有张船山红梅、戴醇士山水合卷一轴,属余题诗,因题一绝云:翠黛胭脂一卷横,美人芳草两多情;化工若问湖山主,江左夷吾据管城。

挽邹鲁妻邹海滨妻许剑魂,十二年秋往香江,下船时,为仇家所狙杀。言其故者甚多,不暇论也。死未久,余亦赴广州,心不怿。海滨强索挽诗,因志长句云:"来岑开国有仇雠,创例而今到女流。万里从军劳北伐,六年负笈壮东游。梧桐露冷香江夜,环佩魂归粤海秋。桴鼓声声催泪落,可怜夫婿独登楼。"剑魂辛亥年从姚雨平北伐军作看护妇,自北方宣布共和后,遂赴日本留学,六年而归。故云。

华山会葬十四年中秋,葬胡笠僧于华山。四方来会者甚众。余与周道腴、刘允丞、周耀武、李可亭、惠又光往会焉。居太素宫。半月后往西安。时孙禹行主陕西军政,李虎丞副之。东归,复至太素宫。五十日中,华山风景,领略殆遍。道腴云:趁此时脚步尚健,一二年间,将五岳游完。余曰:如得尽我等游山,中国太平矣,恐未能如愿也。余有登华山长句一章云:"太华游(日记眉注:游字似误,或系撑字。)空悍复廉,块然一石有三尖。山川盘郁方知健,泾渭分明未得严。五岳有名君独矫,万方多难我思谦。金风警报平原树,几日殷红柿叶添。"

革命师承　北方革命师承,在山西则为傅青主,在直隶则为李恕谷、孙夏峰、颜习斋、王介祺。青主名山,阳曲人。恕谷名塨,蠡县人。夏峰名奇逢,容城人。习斋名元,博野人。介祺名馀佑,别号五公山人。新城人孙禹行好谈革命故事,而尤崇拜五公山人。山人少年从定兴鹿百顺游,明大义,长从夏峰学兵法,讲求霸王之术。不屑屑于章句,偶为诗辞,务求粗豪,恐伤元气损壮志也。诗书之外,兼学击刺。本生父延善,诸生,尚义疏财,多结豪杰。生三子,长曰馀恪,次为山人,季曰馀严。山人出继世父建善。建善知山西临县,旋调河南鲁山县。崇祯年间,流寇大起,各县举行团练。延善主持新城团练。十一年清兵入关,大掠京东京南一带。延善率山人兄弟及从子馀厚馀慎,与雄县马鲁,建义旗,传檄起兵,夏峰应之。恢复雄、新城、容城三县。清兵不得志,出关去。十六年,清兵乘流寇之乱,复入关,定鼎。仇家控其前状。清人捕山人父,按之刑部,论斩。馀恪与馀严谋曰:父死而子避,非为义士也,我二人其死之;仲出继世父,不可死。于是,辇金北京。路经白沟河,镇中方演伍员出关一剧。馀恪谓馀严曰:吾弟几误大事,二人皆死,谁报父仇?馀严曰:我,弟也,当死之。馀恪曰:吾弟壮且能,我死弟留,为员为尚,不可再误也。二人同至京,抵正阳门,刑部方押山人父出菜市。馀恪大呼曰:我起义生员王延善长子馀恪也,来赴死!父子同就义。馀严夜归,率壮士数十人入仇家,歼其老幼三十口。于是清廷捕山人兄弟益急,遂走太行五公山,衣僧服,号五公山人。河间献县剧盗窦二东来从游,山人介绍于李恕谷,令学艺焉。二东见恕谷,长跪不起,恕谷故抑之曰:尔何为?曰:欲得先生师事之。曰:尔所为非吾所愿,焉得为徒!恕谷倨傲不视。良久,山人曰:尔起。二东起。恕谷蹴之,二东奔丈馀。(下午三时到办公处,续录如下)曰:先生此道,已得之矣。为道其故,复跪求师事之。恕谷曰:尔为吾徒,易事也,我有一言,能听之则可。曰:先生之言,敢不惟命。曰:当今天下,乃胡人主之,尔能为中国报仇,乃吾徒也。二东唯唯。恕谷尽其术以教二东,并及大义。久之,二东起义于河间,归之者众。清兵屡犯不克。后贼人黄天霸诡称同志,往探军情,引清兵入,二东遂败。京剧所演《连环套》,是其故事也。嗣后,天霸在天津,亦为二东之党所杀。二东败后,复走河套,迭起义师而未成。二东亡命。其兄大东及其妹,养其母,兄妹皆以武艺鸣。每年劫掠一次,但供一年之养,不多取也。山人题济南大明湖吕祖庙诗云:"此泉曾饮胡儿马,未识先生记得不?(日记眉注:不字若改无字,则叶韵矣。)背后青锋肯解我,定教血染大明湖。"山人隐居中,结交天下豪杰,所著书,皆经世之文、霸王之术,先兵事而后政治,有兵鉴一卷,预备起义者也。自序曰:"有人问余山居何事,余举所咏诗以示曰:茅斋读书罢,执杖临前湄。驱驴就茂草,坐石读古辞。好鸟时来语,听之顿忘疲。山翁行径,复何馀事哉!然性不平,好武健,雅不欲以腐木烂草,掷此生平,虽巢栖薇茹时,一室叫跳,觉鬓眉如刀槊竖,故独慕陈同甫之好谈霸王大略。又悦其倚天而号,提剑而舞,为有真英雄气度也。十年间,胸中块垒,悉谱之于居诸编一书,淋漓慷慨之致,每一披吟,辄击节徘徊,欲歌欲泣,自谓此志不肯轻以示人。然尚嫌其意旨统括闲远,未尽英雄抚时及事之务,及经理规为之次弟。故复览天下之大势,推求古今帝王得失成败之机,划然剖其所以然,如明镜照面,髭须可数。然后标为十目,各成一卷。摭以古事,定以今评,虽不敢谓掌上山河,观纹可竟,眼底雌雄,坐谈能决。然而智能之所以揆图,英武之所以挥霍,刘项兴亡,较若黑白,陈韩胜负,捷于影响。盖已呕心沥血而出之矣。嗟夫,烟峦朝翠,松风夕爽,春花如绣,秋林若染,是间一闲牧竖,藜藿不充耳,何用此咄咄奇事为?曰,此山人之所以为山人也。生平一点血性,既不肯涂朱附粉,争妍取怜于世人,又不发抒于雄编伟略,以泄其忿懑不平之气,所谓刀槊须眉,棱棱霄汉者,竟消沉于柔萝弱薜间,碌碌与草木同朽,不几令青山笑人哉!傅岩渭水,何曾贮此空疏无用辈。噫,是编也成,庶几稍不落寞,今而后吾可以隐矣。"云云。田子曰:是公也,其量广,其质坚,能堪大事者也。然人之生也有时,不生于洪杨之世,不生于清末之时,而际有清之盛世。噫!

接可超侄、德超侄自长寿十四日来函共一封。阅本日《大公报》。又补阅昨(十五)日《大公报》。

五月十七日　　晴。热。上午九时表八十六度。下午五时九十度。

六时八十八度。

上午九时到总纂办公处。录《革命闲话》如左：

黄公名言黄公克强，循名核实，尝言："权利与义务，相辅而行。立志不夺，作事不乖，须发皆白，尚自称革命党，人复以革命党许之，是诚为革命党，可以担当天下大事矣。"同人以为名论。

寿段芝泉联民国人物，有有功者，有有罪者，有功浮于罪者，有罪浮于功者，有无功有罪而有能者。凡功罪能三者，皆有，亦当问其心迹。段芝泉先生，与孙公相同之点甚多。其信同，其直同，其简同，其冒险同，其好大喜功同，其自视过高同，其落落难合同，其临大节不夺、有古政治家风范同，其用人也，踵门相亲者用之，不善为物色者同。其不同者，孙公多言，段公寡言；段公静中有动，孙公动中有静；孙公以政治运用军事而成，段公以军事部勒政治而败。共和之际，曾经宣誓，后无二言；洪宪时强之不出，共和恢复，一夕罢去京畿军政执法处所有人员，无存者，自是不置侦探一人；张勋复辟，冒险赴阵，义不反顾，此诚有足多者。民国六年以后，与吾党战争，亦属磊落之事，谚云不打不相识，是亦无害。战争之际，南人往来北京，北人往来广东，无所问。惟两次当国，木有成绩，并少规模，不似其人，盖以君了之身，而辅之者少君子也。至于听梁启超之言对德宣战，大计已非，事后复铺张战胜国故事，是则生平一大缺陷，恐千秋以后之男儿，有所不满也，为之怃然。余卖字七年，段公年六十，有求寿联者，余代撰二联云："举酒会文，风生北海；对棋戡乱，人望东山。"又云："业定燕云，勋高马厂；光蹈北海，寿颂南山。"

挽蓝天蔚蓝天蔚，字秀豪，黄陂人。壬寅癸卯间，在日本大倡革命，以故有重名于留学界中。性豪爽，心地殊光明，与其个人交，则薄于己而厚于人也。好挥霍，钱至遍送诸友，不问次日。惟作事欠主张，易为人所摇。故与作私交则宜，共公事不尽宜也。民国九年春，兵败于施南，退至川境，川人解其武装，复加监视，以致暴死渝中，人杀自杀之说，聚讼六年矣。丙寅春，归葬武昌卓刀泉。身后只遗一女。予挽之曰："肝胆为重，头颅为轻，名将例不令终，花发杜鹃春送别；四海皆家，万物皆子，故国偶然卜葬，月明黄鹄夜归魂。"切死地,切死时,切无子,切葬地,复不沾滞,孔文轩激赏此联不置。

下午三时到办公处,续录《革命闲话》如左:

野鸡大王香山徐静五,当壬寅癸卯间,力倡革命,售革命书籍于青莲阁下,时与其女行贩往来与张园,随卖随说,行人感动,以其处青莲阁雏妓流连之所,偶作狎邪游,人以野鸡大王称之。同盟会成立之后,赴东京居半载,复归上海,两江总督端方设计捕之,至宁,无刑不受,几死于狱中。久之得释,然体已不支矣。未至民国即物故。余有海上杂咏诗,中有一首咏其事云:青莲阁畔卖书郎,假借温柔住此乡。国禄未谋徐静五,而今海上竟谁王。

赏丁香癸卯上巳,陈汉阅(日记眉注:阅字似误,或为元字,即陈家鼎之号也。)召集参众两院同人,赏丁香于燕京法源寺,余即席赋之云:"元龙湖海愤徜徉,春满都门兴倍狂。人去三山繁甲帐,天留一局看丁香。步兵无意侯关内,节度何妨纵范阳。千载兰亭振奇响,水流花放悟禅堂。"是诗皆切时事。人去三山者,时孙传芳由江西率兵将入福州。天留一局者,余已定计反抗曹锟,率议员南下。步兵无意者,时黎元洪欲聘余作顾问,属饶汉祥、彭养光屡次来言,余素贱黎氏,不允。节度何妨,指曹锟也。诗成抄示同人,同人问作何解。余曰,诗之妙,在可以会意,不可以言传。是时曹锟已着手贿买总统,月馀国会分裂。

雁塔出长安南门三四里荐福寺中,有塔焉,俗称小雁塔。出南门东南行八里,有慈恩寺,中有塔焉,俗名大雁塔。陈玄奘所建,当时进士题名之地也。辛亥革命,胡笠僧曾约同志先日密议于此。余于重九前一日往游,其方丈名保真,乃儒雅之士,汉阳人,年六十,步履轻稳如三十许人,告余曰,叶香石昨日来此,由此南行七里,有武家坡,剧中所称王三姐困寒窑处也。

(以上《太平杂志》第一卷第二号《革命闲话》,完。)

阅本日《大公》、《中央》报。伦敦十六日路透电:美军已攻入大琉球岛首府那霸。此未见太平洋美军公报,未知确否?

五月十八日　　晴、热。午表八十六度。下午六时表如午。夜闻雷声。

上午九时到总纂办公处。处内搭盖天花板正在动工。各员座位均狼藉不能办事。余暂至会议室，将日前剪存之贵阳《中央报》数事贴粘成页。写复陈恺信一、可超侄信一。下午洗身后到办公处，见天花板（竹制）已盖好，但光瓦均掩却，明日看光线尚足否？阅本日《中央报》。昨上午六全大会推选总裁，蒋总裁仍当选。以起立法推选，不用投票法。琉球岛那霸事，仍未见美军公报。

五月十九日　　晴。晨微阴且风凉。午日渐丽。表八十六度弱。下午六时表八十二度。夜九时许雷电交作甚久，十二时后大雨一阵。

上午九时到总纂办公处，交还《太平杂志》第二号一本于王伯勋手，嘱交档案处。阅编辑处所拟《蔡元培传稿》并摘录续五月四日工作。如左：

一、癸卯，杨笃生、何海樵、苏凤初等在日本学制炸药，立志谋暗杀。何旋到上海访元培，密谈数次，介绍入暗杀团，告以凤初将来沪。未几，果至，偕同志数人，元培为赁屋，并介绍钟宪鬯入团。钟精化学，办科学仪器馆，便于购药料也。黄兴荆若木亦旋由东京到沪，携弹壳十数枚。王小徐、孙少侯亦已入暗杀团，乃由孙携弹至南京试之，不适用。杨笃生亦由日本回，亦赁屋作机关，日与王钟诸人研究弹壳改良之法。时一切费用多由孙少侯任之，而经营机关则元培与弟元康任之。更介绍其同乡王子徐、俞英厓、王叔枚、裘吉生及徐伯荪入暗杀团。时徐伯荪已联络嵊县、天台诸会党；陶成章则联络金衢严处诸会党。元培遂乘徐陶均到上海之机会，介绍陶成章于徐伯荪，而全浙会党悉联合焉。然改良弹壳事久未成，笃生奋然北上，抵保定，识吴樾及其他同志三人，介绍入暗杀团，并介绍吴樾于元培。未久，有吴樾谋炸考察宪政五大臣之事发生。孙少侯借捐官北上访笃生于译学馆，笃生旋以计得充李木斋盛铎之随员而南下。

二、丙午（清光绪三十二年，公历一九○六年）春，元培以在沪所谋皆不成，适绍兴创设学务公所，为总董，遂返乡充任。旋因筹款设师范班，为人反对,辞职。清政府议派翰林院编修检讨出洋留学,元培乃进京销假,请留学欧洲。政府改派留日,元培不受,转就译学馆国文教授,兼西洋史教员。丁未,驻法公使孙慕韩允助元培留学费三十两,上海商务印书馆亦订月送编译费百元。元培乃偕孙慕韩赴欧洲,留学柏林。在柏林一年,习德语,第二年迁居莱比锡,入大学听讲,凡三年,于哲学、文学、文明史、人类学、实验心理学、美学等,皆听之,且留心研究。又于课馀别延讲师到寓讲授德国文学。此四年中,编译中国伦理学史、伦理学原理、中学修身教科书等,尝与李石曾、寿孝天讨论肉食之害。

　　三、辛亥武昌起义时,元培受柏林同学之招,由莱比锡赴柏林,助为革命鼓吹。未几回国。南京政府任以教育总长。是年夏,辞职。秋,偕眷再赴欧洲,仍至德国莱比锡,在大学听讲世界文明史。民国二年(癸丑),得上海宋案发生电,归而奔走调停,无效。赣宁战起后,于是秋偕眷再赴法国,住巴黎近郊一年。至民国三年(甲寅),欧战发生,移居法国西南境,与李石曾、汪精卫办理留法俭学会组织华法教育会,编哲学大纲一书。

　　接邱海珊西京崇礼路东段三号,五月八日来函,附词二首。下午三时到办公处,续阅录《蔡元培传》如左:

　　四、五年秋,元培在法得北京教育部电,请任北京大学校长。冬,遂返国。六年一月,就任。其时学生抱科举时代作官思想,欢迎行政司法界之兼职教授,年年发旧讲义,当学期学年考试时,要求题目范围,特别预备。学校以外,竟为不正当之消遣,人格堕落。元培第一日演说,揭出大学生当以研究学术为天责,不当以大学为升官发财之阶梯。推广进德会,以挽奔竞游荡之习。提倡体育会、音乐会、画法研究会、书法研究会,助成消费公社、学生银行、校役夜班、平民讲习团及《新潮》杂志,以发扬学生自治。并改大学预科为二年,本科为四年,共六年毕业。北京国史馆停办后,仿各国例,附入北京大学史学门。元培乃规划分设征集、纂辑两股,又分通史、民国史两类。通史先从长编及辞典入手。长编又分政治史、文明史两部。政治史先编纪事本末及书志,以时代为次分期任编。凡各书有异同者,悉依原文采录之,如马骕《绎史》之例,俟长编竣事,乃付专门史学家以编,亦将俟编竣而由文明史家一手编定之。辞典分地名、人名、官名、器物、方言等,先正史,次杂史,比次及于各书,分书辑录,一见再见,见第几卷第几页,皆记之。每一书辑录竟,则先整理之,为本书检目,俟各书辑录俱竣,乃编为辞典。

五、八年,青岛外交问题,激起全国罢学大风潮,首起于北京大学,次起于北京各校。五月四日,北京各校学生有殴章宗祥、焚曹汝霖住宅之举,被捕三十馀人。北京十四校校长向警厅保释。九日,总统徐世昌命令,将各生送法庭法办。元培愤于十日上午八时出走天津,留递辞呈二件,一致徐总统,一致教育总长傅增湘,并在各报登启事云:"我倦矣,杀君马者道旁儿。民亦劳止,汔可小休。我欲小休矣。北京大学校长已正式辞去。其他向有关系之各学校各集会,自五月九日起一切脱离关系。特此声明。惟知我者谅之。"元培离京数月,学潮渐息,政府及北大教职员函电挽留。元培在杭县与北来挽留人员商,先请蒋梦麟北上,继发表告北大学生暨全国学生联会会书,九月返校。

六、九年十一月,教育部派元培往欧洲考察教育,与罗文干钧任同行,罗考察司法。先至巴黎。法国教育部特赠元培荣誉学位。元培抵巴黎之次日,其妻黄仲玉在北京逝世。元培闻讯哀悼。旋至瑞士,为文遥祭。乃赴荷兰、瑞典、意大利、比利时、德、英等国考察。十年七月,赴美国,纽约大学赠以哲学博士荣誉学位。旋遍游美国各大都市,为建筑北京大学图书馆向华侨募捐。十月,教育部电请顺便往檀香山,出席太平洋教育会议。会毕遂归国。

七、十一年,彭允彝任教育总长。罗文干以金佛郎案被逮入狱。元培以案未经司法审讯证明罪名,罗氏以阁员之故为倒阁者诬蔑,非法逮捕;彭允彝以教育总长主持违法行为,不堪其事,乃悄然离校,出居天津。启事略云:"罗案初起,吴景濂、张伯烈等为倒阁起见,胁迫总统(黎元洪)下令逮捕,现在法庭依法宣告不起诉矣,乃国务院又提出罗案再议案,并重行逮捕;而提出者非司法当局,为教育总长,为我职务上天天有接触关系之人,我不能再与为伍,不能不立刻告退。"时其妻黄仲玉逝世已逾周年,徐仲可夫人介绍前爱国女学校学生周峻(养浩)女士,品学兼优,尤娴英语,为之续娶。十二年七月十日,在吴县结婚。婚后携子威廉、子柏龄,偕夫人赴欧。初至比利时,夫人与威廉入美术学校,研究艺术,柏龄入劳动学校,研习工艺。

阅本日《中央报》。美海军陆战队攻入琉球首府那霸,已经太平洋舰队司令尼米兹元帅十八日公报证实。英以锡兰岛为根据地之海军舰队,正在麻六甲海峡与倭作战。据倭东京广播谓,英巡洋舰驱逐舰已迫近新加坡。又谓英巡洋舰二艘被击沉,驱逐舰三艘之一亦被击沉。又该倭广播谓:"今日战况不容有任何乐观之思想,琉球之战事已入严重阶段。"

五月廿日　　星期　阴。黎明雨一阵,旋止。下午阴沉。五六时间小雨。

下午在寓重改增修《总理年谱长编》稿三处。

五月廿一日　　阴。午表六十八度。下午六时七十度。

上午九时到总纂办公处,阅昨(廿)日《中央》、《大公》报。六全代会十九日举行第十次大会,议决第六届中央执监委员,名额增至四百六十人。是日即行投票选举,但开票需时,预计廿日晨方能开毕揭晓。福州城于十八日为我军完全光复。十九日晨我军续克长乐县城。续阅录《蔡元培传》。

一、十三年春,夫人与威廉改往法国,夫人入巴黎美术专门学校。威廉入里昂美专。元培则往来于比、法二国间,照料夫人及子女学业,并助李石曾、吴稚晖等办理里昂中法大学及华法教育事宜。是年秋,赴伦敦,与陈剑修、黄建中、潘绍棠等为退回庚子赔款之运动。旋得教育部电请,赴荷兰、瑞典,出席民族学会。该会专研讨哥伦布未发现新大陆前的美国民族问题。适遇德国民族学家采尔氏,乃前在莱比锡大学听讲时之同学。据谓德国汉堡民族博物馆所有关于民族问题材料极丰富。十四年,元培遂赴汉堡,在汉堡大学研究民族学。

二、十五年二月,得教育部电促返国。时元培尚未辞去北大校长。抵沪,适京津交通断绝,不能返京,乃留沪参加江浙皖三省联合会。是会为响应国民革命军北伐之组织。时浙江省科学院筹备处成立,推元培为该处正主任。是年冬,被推为中国国民党浙江省政治分会委员,赴鄞县出席会议。乃北洋军阀在浙又占势力,分会委员分途避匿。元培与马叙伦同避象山,改往临海,再乘渔船至福州,转往厦门,住集美学校。计住福州、厦门二月,由集美学校以捕鱼小轮送至永嘉,换船至鄞县,又由鄞至杭州,始参加浙江省政治分会会议。

三、十六年,国民政府在南京召集开会,元培任中央政治会议委员,中央监察委员会委员,国民政府委员,赴京出席。又兼国民政府教育行政委员会常务委员,因与李石曾吴稚晖联名向教育行政委员会提议,设大学院以代教育部,将全国划分三大学区,元培任大学院长,原北京大学划入北平大学区,于是元培之北大校长名义始取消。十七年,元培又与李石曾张静江联名提议,设立中央研究院及北平、浙江两研究院。通过后,由大学院呈准先设中央研究院,元培以大学院长兼中央研究院院长。

下午三时到办公处,接权超十五日来信一。续摘录《蔡元培传》如左:

四、十七年五月,元培在大学院召开第八一次全国教育会议,集全国各省市教育行政主管人员、大学校长及专家七十馀人,会期为两星期,议案四百馀件,凡教育上重大问题,多得解决。而是年国民政府决改组大学院,仍为教育部,元培不愿任部长,并辞去国民政府监察院长及司法部长等职,专任中央研究院院长。是时西南政治分会对中央政治会议多不合作。元培虽辞国民政府各职,对国事仍异常关怀。二十年冬,与张继等赴粤,接洽邀粤方代表孙科等至沪,协商结果圆满。二十一年,受教育部委托,整理中央大学。除出席中央执监委员会会议外,凡有关文化学术之事件,如中华教育文化基金董事会、故宫博物院、北平及上海图书馆、伦敦艺术展览会等,无不参与,而于中央研究院,尤力图进展。二十四年九月,罗致全国学者组织中央研究院评议会,规划推进学术研究工作甚详。

五、二十四年九月,元培在各报发表启事,声明三事:(一)辞去兼职。

（二）停止接受写件。（三）停止介绍职业，俾得以全副精神，致力于中央研究院工作。尝对人言："我是一个比较的还可研究学问的人，我的兴趣也完全在这一方面；自从任了半官式的国立大学校长，不知每天要见多少不愿意见的人，说多少不愿意说的话，看多少不愿意看的信，想腾出一两点钟看书，竟做不到了。实在痛苦极了。"

六、二十五年冬，元培忽卧病，濒危者再。在沪疗养经年，渐告痊可。此后，身体转弱，病犹时发。二十六年"八一三"沪战发生，元培欲出国，争取友邦同情。二十七年春，移居香港。二十八年迁九龙柯士甸道，又欲转入内地，同赴国难。以年高不堪远行未果。同年，为国际反侵略运动大会中国分会撰会歌，云："公理昭彰，战胜强权在今日。概不问，领土大小，军容羸绌。文化同肩维护任，武装合组抵抗术。把野心军阀尽排除，齐努力。我中华，泱泱大国，爱和平，御强敌。两年来，博得同情洋溢。独立宁辞经百战，众擎无愧参全责。与友邦，共奏凯旋歌，显成绩。"

七、二十九年三月三日，元培在九龙寓所失足仆地，伤及内部，入养和医院就医。医者用输血手术，延到五日晨九时四十五分逝世，年七十四岁。遗夫人周峻，子无恙、柏龄、怀新、英多，女威廉、晬盎（威廉二十八岁逝世）。十日下午，元培的灵榇从福禄寿殡仪馆移厝于东华义庄。三月十六日，国民政府下令，云："国民政府委员蔡元培，道德文章，夙负时望。早岁志存匡复，远历重瀛，研贯中西学术。回国后，锐意以作育人才，促进民治为己任。先后任教育总长、北京大学校长及大学院院长。推行主义，启导新规，士气昌明，万流景仰。近长中央研究院，提倡文化事业，绩效弥彰。方期辅翊中枢，裁成后进，高年硕学，永为党国仪型；乃以旧疾未痊，滞居岭表，遽闻溘逝，震悼良深。着给治丧费五千元，派许委员崇智前往致祭，生平事迹，存备宣付史馆，用示崇重勋耆之至意。此令。"

阅本日《中央》、《大公》报。

五月廿二日　　　　晨小雨一阵，旋晴，日出。又旋阴。午表七十二度。下午六时表七十四度。

上午九时到总纂办公处，接照弟十九日来信、万里弟廿一日来信各一。阅《蔡元培传》，未摘录。已完。阅《邵元冲传》。未完。下午三时到办公处，剪发，未工作。写复万里弟信一。阅本日《大公报》。晚李振宽来谈。

五月廿三日　　晴。微阴。午表七十四度。下午六时表七十四度。

上午九时到总纂办公处，阅昨（廿二）日《中央日报》。查中央委员名单，执委二二二名内嘉属人如左：曾养甫、余俊贤、李翼中、李大超、缪培南。又大埔人邹鲁、罗卓英。候补执委九十名内：罗翼群、谢作民、邹志奋、黄镇球、叶汎。中监委一○四名内：李次温。又大埔吴奇伟。候补监委四四名内：钟天心、李铁军。计共十三人，连大埔共计十六人。又潮州中委萧吉珊，候补监委陈绍贤。桂省战讯：自十七至廿日四日间，桂西北前线我军发动攻势，战至廿日下午七时，克复久攻未下之河池县城。我预伏于六甲附近之部队，向前疾进，敌仓皇向东逃窜，我部队遂克复五圩。福州战讯：我军廿日上午克复马尾。又由福州向东攻击之部队，廿日已迫近连江城西。下午三时到办公处，复照弟信一。阅本日《大公报》。桂省战讯：我军于廿一日下午克复金城江。

五月廿四日　　阴。晨细雨濛濛。上午八九时略大。檐溜出。旋止。犹阴。下午日微现。六时表六十八度。

上午在寓写复权超侄信一。下午二时到总纂办公处。交冯绍苏一千元，为华岩聚餐费。阅《邵元冲传》，批改数处。又阅陈文图新政。传一篇，批改数处。此似将原史料改作白话文而成者，殊可不必。阅本日《大公报》。福州战讯：我军廿三日克复连江。

五月廿五日　　晨雨一阵。后转晴，日出。又转微阴。午表七十度强。下午六时表七十度。日色好。夜月明。

上午九时半到总纂办公处，阅《林觉民传》，批改三处。《冯超骧传》、改一选字。《张春霆传》，批一处。《钱涤根传》，批一处。《范光启传》，批一处。下午三时到办公处，将连日复核编辑处所拟史稿，蔡元培、邵元冲、陈文图、林觉民、冯超骧、张春霆、钱涤根、范光启等传，共八篇，加批，交王伯勋汇送。写复玉新侄女信一。阅本日《大公报》。

五月廿六日　　　晴。日色甚好。午表七十六度。下午六时表如上。夜月甚明。是为旧四月望夜。

上午九时到总纂办公处，阅中宣部所送史稿严恩纹撰《中国国民党通俗党史》第一辑。凡例、绪言、纲目共七页，正文三节。一、革命意识的夙根；二、革命思想的胚胎；三、革命思想的鼓吹，共廿五页。每页十三行，每行三十九字，计一页共五○七字。下午三时到办公处，续阅严著通俗党史八页。自26—33页。即第二章兴中会时期之第一节，革命运动的发轫。补阅昨（廿五）日《中央报》。阅本日《大公报》。桂省战讯：我军克复思恩、怀远。怀远镇在宜山县西四十里。

五月廿七日　　　星期　　晴。下午六时表八十度。晚天多云。夜初月出。旋被云掩，九十时间急雨一阵，后月色复明。午夜闻雨声。

昨夜失眠，辗转床席，至天明不成寐。起而略练拳减少大半。后吃糖煮鸡蛋二枚，复上床，睡至九时始早餐。欲出门而精神不振，复小睡一觉。午饭后仍疲困，似病，又睡一小觉。五时馀至总纂办公处，询报纸未到，缓步返抵寓门前立望田间刘麦。适李振宽携报纸过，借阅，并邀至寓一坐。报载美机连日猛炸倭京，结果倭京已成焦土。据倭广播，商店、学校、皇宫及各国使馆，均被炸毁。晚精神稍振。

五月廿八日　　　晨雨。上午九时后雨止犹阴。下午日出。傍晚，日色好。六时表七十度。夜月甚明。

昨夜拟今晨往歌乐山，询振济学校要学生补缴三四月份米各五升事,似无甚理。该校定章,每人月缴米二斗,何以事后忽云不敷?但晨雨至,不能往。兆儿由李治中家折回,谓李女咸芬已决带款往补缴,连五月份共补一斗半,折钱每斗作九百元。余谓李女已照缴,余家不必争论,亦令带钱去,先缴三千二百元,多退少补。兆儿遂偕咸芬冒雨前往。倘以后每月缴二斗半,俱折钱不送米,亦省事也。

上午在寓再修《总理年谱长编》增修稿一次。下午三时到总纂办公处,接照弟廿六夜来信。阅本日《大公报》。广西战讯:我军于廿七日上午八时克复南宁。福建方面,我军于廿五日下午六时光复罗源。又阅本日《中央报》及昨(廿七)日《大公报》。写致十弟信一。预备明早往歌乐山付邮。

五月廿九日　　　晨雾似雨。午天始转朗。下午日线现。夜月又明。

晨偕杨氏往歌乐山,先到振济学校,询兆女已缴去三千二百元,惟以后办法,因管理员关君广州人。出外,无从询问。旋到街市,在邮局汇寄十弟生女喜仪一千元。后在面店点心,并在各店购物。又往振济学校,关管理员仍未返校。兆女昨查所存置宿舍之操衣一套失去,正由宿舍监理员查究中。至米事,大约照五月份办法,惟往时由党史会于月之中旬送米,现该校谓,无米可垫,必须于一日之前缴送;无米可缴,则折钱云。余意乐得折钱,俟早晚曾介木处长之子厚成来,代携款去照缴。本晨出门时,头重脚轻,似晕非晕,勉强而行。返后睡一觉洗身乃渐佳。夜寝颇适。

五月卅日　　　晴。日光甚丽。午表八十二度。下午六时表如午。

上午九时到总纂办公处,阅昨(廿九)日《中央》、《大公》报。接亮儿五月廿五日来禀。久未得儿禀及淦弟函,前晚忽有猫尿淋脚心,殊疑虑，今始释。复照弟信一。阅严著通俗党史第二、三节，兴中会的产生。乙未广州之役。自34—45页。共十二页。接万里弟廿九日来函。下午三时到办公处，阅通俗党史第三、四节，海外党务的推展。总理伦敦蒙难。自46—63页。共十八页。觉第五节叙述最佳，能动人心。阅本日《中央日报》。

五月卅一日　　晴。午表八十四度。下午转阴。六时表八十二度。洒雨一阵。雨点颇大。旋止。晚八时起风。九时又洒雨一阵。

上午九时到总纂办公处，写复亮儿信一。接陈恺廿八日来信，内云："适晤叶汛先生，彼将于参加一中全会后返里一行。伊系梅城人，在南京时与淦叔同在中央党部服务。嗣往南非洲承继其叔父商业。此次被选为出席大会代表，并获选为候补执委。"写致十弟信一。下午三时到办公处。阅通俗党史第六节，三民主义的完成。自64—69页。共六页。阅本日《中央》、《大公》报。福建方面，我军于廿七日午后一时克复宁德。卅日第一次中央全体委员会议决修正中央执行委员会组织大纲，将中央常务委员名额增为廿五人，并规定中央执行委员会设秘书处、组织部、海外部、宣传委员会、训练委员会、财务委员会、农工运动委员会、妇女运动委员会、文化运动委员会等各部处会（宣传部改为宣传委员会后，其原有关于国家行政之事项，将由政府另设机构办理）。卅日，中央监察委员会第一次全体大会选举张继、吴敬恒、邵力子、程天放、王宠惠、王秉钧、林云陔等七人为第六届中央监察委员会常务委员，并推定王子壮为秘书长。

六月一日　　晴。午表八十度。下午三时八十四度。六时八十度强。

上午九时到总纂办公处，将昨夜剪存贵阳《中央日报》五月十八日所载六全代大会决议案二则,另纸粘贴,俟日间订入此日记本内备查①。昨日各报所载一中全会议决中执委会组织法,删去党史会。究竟本会将如何处置,未见确定。日前所传并入国史馆,信欤?孙钟姜汤四纂修,均相见一笑。写致淦甥信一,陈恺信一。托叶汛带梅转寄。下午三时到办公处,接中农行通知书。陈恺汇来二千元。阅通俗党史,第七节,本党与保皇党的斗争。自70页至85页,共十六页②。阅本日《大公报》。第六届中央执委会常务委员选定:于右任、居正、孙科、戴传贤、陈果夫、陈诚、何应钦、叶楚伧、邹鲁、吴铁城、宋子文、丁惟汾、冯玉祥、陈布雷、李文范、潘公展、张厉生、朱家骅、张治中、程潜、陈立夫、白崇禧、段锡朋、张道藩、陈济棠。

六月二日　　阴。午日渐见。午表七十八度。下午六时表八十三度。

上午九时到总纂办公处。续录总理敬告同乡书③。昨下午录未及半,因阅报纸停笔也。阅通俗党史,第八节,庚子惠州之役。自86页至101页,共十六页。此节稿佳。惟谓总理派史坚如赴广州组暗杀机关,与文内自相矛盾。末谓李纪堂派陆柏舟、蔡尧葬史,亦不符,似只派蔡尧一人,无陆柏舟之姓名,疑是自行添入也。下午三时到办公处,阅《世界日报》。觉此报颇佳,以后拟多阅之。阅本日《大公报》。广西方面,我军于卅日下午六时克复宾阳。在南宁东北约一百公里。又另一部队同日克复绥渌。在南宁西南。又阅本日《中央报》。

六月三日　　星期　　晴。下午六时表八十五度。

上午肇凤侄孙来,谈至午饭后始去。连日山中谣传,山洞有

----

　①　按,此材料共三件:《六全大会通过对政治报告决议案》、《外交报告决议案》及《出席中委名单》。整理日记时从略。——整理者

　②　内有孙中山在檀香山所作《敬告同乡书》,已见刊于1981年中华书局出版之《孙中山全集》第一卷。日记本日及次(二)所录全文,此次整理从略。——整理者

　③　从略。——整理者

美国兵乱找妇女。扶轮中学女生被找去三人。询据言，并未闻此，惟闻中心小学校址在车站对面，川鄂茶社之后。女教员二人，一姓黄一姓杜，素颇浮薄，常在街市袒胸露乳游行。某日，有美兵偕译员坐吉普车到站，下车往该校指名访之，直言访某某老师。二女教员匿不敢出，人遂传言，译员见该二教员性荡，乃引兵欲调之耳。至良家妇女，不以冶容示人，决不至有此事也。下午五时到总纂办公处，孙铁人言，近日本会所传与国史馆合并说，全非事实，徐忍茹许师慎已返会，许说，一中全会卅日修正组织大纲书者，凡有提议修正之处，即有决议；若无人提议，即无决议，即不列举。非被列举者，乃为存在之机构，不列举即取消之谓。现在中执委员会内，共有机构十七单位，是日列举者仅八单位已也。余疑不解，谓，然则当日发表会议记录时，何不加一语曰"其馀照旧"，以免误会。旋本日报纸到，并未再载一中全会及中常会有何动作。返寓未几，安处长来，言"昨入城、顷甫回。本会维持现状，无取消及合并之议。溥公言，请会中同人安心工作。"馀与孙所传述许师慎之言大致相同。旋李振宽来，言所闻亦与孙言同。余终疑惑未解，姑置之。李又言，现中央组织中执委会内止有十四单位，非十七单位。

六月四日　　晴。午表八十六度。下午六时表八十七度。

上午九时到总纂办公处，阅通俗党史第三章中国同盟会时期第一节，革命势力的膨大。自102页至118页，共十八页。内有重编112页二页同编一号数。此节内事实错误颇多。104页内即有二处。另纸记出。下午五时到办公处。因在寓洗身迟到。阅本日《中央报》。广西军事，我军于一日下午一时克复邕柳路上迁江城，残敌向柳州退却。又我军由怀远镇沿黔桂路两侧向东推进之某部队，于一日午收复天河县城，继续向东推进中。

六月五日 晴。午表九十二度。下午三时九十三度。六时九十度。七时八十八度。日晷正长,七时十分日犹未落。

上午九时到总纂办公处,阅通俗党史第三章第二节,同盟会的成立。自119页至138页,共廿页。写致陈恺信一。又复万里弟信一。下午三时到办公处,再阅通俗党史第三节,同盟会成立后革命奋斗的嚆矢。自139页至149页,共十页。又阅第四节,丁未诸役。自150页至160页。共十一页。内为黄冈、七女湖两役及刘思复、张谷山之炸李准。此节未完。阅本日《大公报》。桂境我军于二日克复罗城、融县(均在黔桂路北)。

六月六日 晴。雾,有风。午表八十七度。下午雾消日颇烈。六时表九十度。是日为旧四月廿六日,芒种。

上午九时到总纂办公处,续阅通俗党史第三章第四节。丁未诸役。先摘录《刘思复之略历》如左:

刘思复,广东香山人。曾补前清博士弟子员。后来因感举业的无意味,于一九〇二年(清光绪廿八年)和同邑人徐桂创设演讲会于石岐城,鼓吹革命。一九〇四年留学日本,加入同盟会。一九〇六年同盟会拟在广州大举,思复便在这时回国。在香港主持东方报笔政。一九〇七年来广州谋炸李准。

后阅丁未诸役中之徐锡麟刺恩铭、秋瑾就义两段。自161页至173页,共十三页。再摘录《秋瑾略历》如左:

秋瑾字璿卿,号竞雄,浙江绍兴人。二十二岁嫁湖南王廷钧,随夫入北京,渐有革命思想。与王廷钧意见不合,乃析产分居。于一九〇四年(清光绪卅年)三月东渡日本,一九〇五年加入同盟会,被推为浙江省主盟人。是年冬,日本文部省颁布取缔中国留学生规则,陈天华投海自杀。党人对此事,一部分主张退学归国,一部分主张忍辱负重。秋属前者。遂偕易本羲等返国。至上海,与各同志创设中国公学。一九〇六年冬,参萍浏醴之役,愿任浙江方面起义。始从上海回绍兴，居大通学校，日事运动，奔走吴越间，得会党数千人，推徐锡麟为光复军首领。原约五月廿六日起事，又亲到上海，晤陈伯平，嘱通知徐锡麟。后改期为六月初十日，而各县所约会党未尽知改期也。五月初，绍兴会党裘文高已召台州会党由东阳到嵊县，驻扎西乡，高树革命旗帜，风声渐泄。武义金华各地亦相继泄露。及五月廿六日，徐锡麟行刺恩铭事败，阅数日，上海报纸传到绍兴，秋瑾知之。左右有劝以停止进行者，有主张先发制人、迅起兵占领绍兴城，以免束手待毙者。秋瑾谓，俟嵊县党军集齐即行起事。先遣体育会学生廿馀人出发赴杭州埋伏，作届时内应。时绍兴劣绅胡道南已得讯，遂向绍兴知府贵福告密。六月初三日，秋瑾闻有人告密之变，正指挥各学生藏起枪械。初四日，嵊县会党王金发至，商议决依初十举义原约而行。殊金发始离座出门，而绍兴知府所派兵勇已围住校门将入捕矣。清兵入，瑾被捕，各学生冲出，与兵勇略有格拒。而同时被捕者徐颂扬、钱应仁、吕松植、王植槐四生外，教员程毅、来宾蒋纪，共六人。次日，秋瑾即就义于绍兴城内轩亭口。

接照弟四日上午来信一。下午三时到办公处，写复邱海珊信一。阅本日《大公报》。桂境攻克迁江之我军某部，四日克复来宾。闽境我军三日克复霞浦。数日不雨，山田缺水，多未栽秧，已栽者须人戽水，大有旱象。

六月七日　　　晴。日烈。午表九十二度强。下午四时九十四度。六时九十三度。

上午九时到总纂办公处，阅通俗党史。丁未诸役。内钦州王光山之役，惠州、汕尾之役二段。自174页至180页。又镇南关之役及四川成都泸叙之役，自181页至187页。合共十四页。并摘录镇南关之役，总理到关，据樵妇呈上陆荣廷函如左：

荣廷现虽食清廷俸禄，但以前亦曾率游勇专与清兵为敌，此公等所知者。荣廷前以时运欠佳，不得已暂时屈身异族，以俟机会。初疑公等此次起事，近于轻举妄动。及观今晨炮火之猛烈，乃知有一代豪杰孙逸仙先生为公等筹画,无任钦佩。荣廷现有众六百馀人,随时可以投入麾下以供驱使,倘荷录用,即请给一确证,俾得知所去就。若至明日,则有清军五百由凭祥开来;后日更有清军二千由龙州来开。事急万分,祈为自重。

下午四时到办公处,阅通俗党史第五节,戊申诸役:钦州马笃山之役,安庆熊成基起义(未完),云南河口之役。自188页到206页。共十九页。阅本日《中央报》、《大公报》。桂境我军于五月廿八日克复西江北岸之蒙山。接十弟四日来信一。

六月八日　　晴。热。午表九十五度。下午三时九十八度。四时九十六度。六时九十五度。

上午九时到总纂办公处,续阅通俗党史,戊申诸役之安庆熊成基起义,广州巡防营起事。自207页至218页。共十二页。张委员来会,到总纂办公处言,前传本会取消或合并于国史馆事,因五月卅一日报载卅日一中全会决议中执委下无党史会,群疑益炽。其实不然。盖组织宣传等部因有人提改草案及讨论结果,或改或不改,因列入决议案而公布之;党史会与其他部会无人提议及讨论者,则不列入决议案,即照旧办理耳。余问,然则留俟十一月十二日国民大会议决后方定存废乎?曰,此俟届时再说矣。复照弟信一。下午三时到办公处,接振济学校来函云:“查迩来渝市近郊盟军麇集,言语不通,易滋意外。本校为防患于未然起见,久已加紧学生之管理。惟此事必须加强家庭与学校之联系,始克奏效。深希贵家长严加督导,应于规定时间来校、离校。驻校学生如无重大特殊事情,勿令其请假返家,以重学业而免意外。”阅通俗党史布第六节,己酉庚戌诸役:熊成基谋刺载洵,庚戌元旦新军之役(未完)。自219页至223页。共五页。阅本日《大公》、《中央》报。

六月九日　　晴。热。午表九十四度。下午闷热。六时表九十五度。

上午九时到总纂办公处,阅通俗党史,庚戌元旦新军起义,汪黄谋炸摄政王,邝佐治在旧金山谋刺载洵。自224页至243页,共廿页。张主任传谕:寒暑表至九十度以上时,即停止工作。下午五时馀到办公处,阅报。适孙铁元亦在,与徐忍茹谈话甫毕欲去。余闻徐正商孙兼主任秘书,询已定否?孙颔谓"有条件的"。时徐已去。余询条件如何?孙谓容俟再告。钟孝先适来,孙即去。晚返寓,闻天池打鱼,乡民得鱼甚多。余向周家购一尾,价四百元,约半斤馀。后房东送一尾,李振宽购送二尾,周家加送一尾,均重各半斤左右。乃烹鱼饮酒食之。兆先女儿亦早回寓,询一路平静无事。

六月十日　　星期　上午日出。晚上七时馀闪电。八时馀大雨一阵。雷震。九时犹小雨檐溜有声。下午六时馀表八十七度。

上下午均昏昏思睡,迭就床卧。但睡亦不宁。天将晚乃强往总纂办公处,阅本日《中央报》。

六月十一日　　阴雨。午表七十六度。下午六时表七十二度。

昨上下午昏睡。夜雷雨后睡甚酣。今晨早起,见门外路干。兆先返校,虽须到马家小沟始有伴,余亦放心令去。时约六时馀,欲上床再睡,念前昨两日未打拳,此课不宜中辍,乃决打拳不睡。各事已毕,欲赴会参加纪念周,惟天阴恐午间下雨,穿胶鞋套草鞋行。甫穿好一套而雨至,檐溜出,乃止。在寓取筑《中央报》阅之,有《雪峰山纪行》篇。阅毕雨止,犹浓阴。取此日记本开始作记,并将前本所夹附片订入本内①。上午十时到总纂办公处,询悉张溥

----

　　① 按,剪报此处从略。——整理者

老昨上午进城,关于本会主任秘书事,尚未决定。阅通俗党史第七节,辛亥诸役:一、庚戌庇能筹款会议。二、辛亥三月温生才刺杀孚琦(此段颇佳)。自244至256页。共十二页。下午四时到办公处,接照弟八日来信。附节仪千元。阅本日《中央》、《大公》报。广西方面我军十日下午六时克复宜山。九日下午九时克复百寿(在桂林以西八十里)。又八日上午九时克复龙州。同日克复思乐。福建方面,我军七日下午二时克复福鼎。

六月十二日　　阴。午略见日。表七十二度。下午六时七十三度。

上午十时到总纂办公处。校阅刘穆所抄李昭文借来《总理年谱长编初稿》修正本第二册内批注。下午二时到办公处,续阅刘抄批注,为改正多处。阅通俗党史第七节,辛亥之役,三、三月廿九日之役(未完)。自257页至273页。共十七页。阅本日《大公报》。桂省战讯,我军于九日上午二时克复邕龙路上之明江、宁明二县。

六月十三日　　晴。微阴。午表七十八度。下午畅晴,但田水干涸又可念。六时表七十六度。

上午九时到总纂办公处,续阅通俗党史。三月廿九日节(完)。四、陈敬岳、林冠慈刺李准。五、李沛基炸凤山。(连昨阅辛亥之役计共五事,原文未分段,并完。)摘录陈敬岳供词如下:

陈敬岳,年四十二岁,嘉应州人。自此次粤事失败,即有暗杀李准之心。得友人冯子明百金之助,即回粤,实行暗杀。嗣以吴锡永伤足,就医韬美医院,意李准必临问,即诡言入韬美医院,饰言养病。不图李卒未一至,又恐贻累医院,酿成国际交涉,遂出院。后闻李准赴顺德办清乡,以为有隙可乘,伪为乞丐,沿途乞食,追踪旬日,俟李登岸炸之。已而不果,志仍不得逞。厥后侦知李每日自水师公所至行署,潜为窥伺,至是始得炸之。然一击不中,愧对温生才。以上阅录自274页至290页。共十七页。接万里弟十一日来信,谓于七日转就青年会体〈育〉部办事,待遇除食宿外月薪一万五千元。下午三时到办公处,复万里弟信一。阅本日《中央报》。福建方面,我军克复鼎后,倭寇窜向浙境平阳。九日下午四时,我军克复平阳。广西方面,宜山为倭反攻侵入城区,又占该城十分之九,我军正在城郊与之激战。

六月十四日　　阴。是日为旧端午节。午未看表。下午六时表七十五度。中夜闻雨声颇大。

上午在寓拜祀父母及大姊之神位后,十时馀到总纂办公处,写致十弟信一。午请李振宽在寓食饭。下午照弟由农林部来,初疑他别有事不来矣,乃忽于四时许到。询系在部午饭毕来者。谈后往档案处访李振宽。余于五时馀往办公处,阅本日《中央》、《大公》报。广西宜山城复失,我军仍在郊区苦战。浙江我军于十三日光复瑞安(闻平阳跟追)。

六月十五日　　雨。晨小雨一阵。上午十时馀又雨一阵。下午一二时间日出旋阴。夜半闻雨声但不大。

上午因雨不能出门,在寓阅贵阳《中央日报》,剪存新闻二则。仰光一瞥。中印油管全貌①。午为房东请食饭。余正候照弟不至,乃往食。毕,小睡一觉,起而照弟已来,而即返农林部矣。据抗儿言,他在会食饭,云云。下午修改前拟改之《总理年谱长编》增修稿一段。并缮录得一页。

·六月十六日　　阴雨。晨小雨,檐溜出,旋止。上午细雨霏霏似雾。下午一时天开朗日微见,旋复阴。六时表七十四度。夜半闻雨声颇大。

上午在寓为安处长代作寿詹母钱太夫人诗,原约五律十韵,仅成二韵搁笔。下午二时半到总纂办公处,补阅昨(十五)日《中央》、《大公》报。接十弟十二日来函,附节敬千元。陈恺十三日来函。附

---

①　按,后者见十七日所贴。从略。——整理者

蚊帐布样一片。阅本日《大公报》。桂战我军于十四日上午二时再度克复宜山。又接元龙弟寄来《胡忠简公年谱》一册。

六月十七日　　　星期　　晨雨。上午阴。午间天转朗欲日出。下午又阴。五六时间日出。

晨阅《胡忠简公年谱》。字太小，纸墨又不佳，甚难看。上午在寓再阅"胡谱"。下午仍勉强阅"胡谱"。又剪存筑《中央》报二纸①。李振宽来谈，正坐前厅，见安处长过，询以外间传说有升任秘书喜讯，确否？据答：张溥公曾说及，但未有明文发表。五时馀到总纂办公处，欲阅报，未到。缓步回寓。见邹永成家所住工友携报数份，乃借得本日《中央报》一阅。连日阴雨，但雨量不多，山中田水缺乏，多未栽秧。转瞬夏至节将届，虽雨亦不能补插。山中农民此季将绝望矣。一叹！

六月十八日　　　晴。午表八十二度。竟日日色甚耀。下午七时表八十度。

上午九时半到总纂办公处，为刘穆阅所抄李昭义《总埋年谱长编初稿》修正本第三册批注，因剪发未阅完。接万里弟十六日来函。补阅昨（十七）日《大公报》。下午洗身修脚后到办公处，阅本日《中央》、《大公》报。《中央报》社论《转换期之党的意识》，题旨似颇切要，但阅后竟无所得。杨氏连日腹痛，今上午请欧克明医生诊治。

六月十九日　　　阴。上午八时馀略见日，旋阴。午表七十八度。下午日出风大。六时表七十七度。夜半闻雨声。

上午九时到总纂办公处，旋往会，请欧医生。返处，阅刘抄李

---

①　按，即桂西南草图及《仰光一瞥》。今从略。——整理者

批注数页。未完。接照弟十五夜来信，声明是日下午由会来余寓、匆匆返农林部之故。可超侄十五日由长寿西路口重炮第二团一营一连来信。下午二时到办公处，阅刘抄李本批注第三册。完。阅本日《大公报》。赣南战讯，我军于十六日向定南反攻激战，至晚八时，克复该城。浙江方面，我军于十八日上午六时克复永嘉。本会本日正式发表孙纂修镜兼任主任秘书（安处长升任秘书，李治中升任总务处长，俞月秋为事务科长，龙毓峻为编审）。许处长师慎辞职，改聘任编审。杨嘉猷暂代编辑处务。余与许面谈，将来余可与许同办增修《总理年谱长编》稿事，但孙主任秘书尚在谦辞，未见就职，其他人如何亦未知，想须下星期方能决定。

六月廿日　　　阴。晨大雨一阵，旋止。午日出而弱。表七十二度。下午犹阴。六时表同上。夜九时雨。后续闻雨声。

上午十时到总纂办公处，许师慎赠我《扫荡报》一页，系五月五日中国国民党第六次全体代表大全开会特刊之一。余昨日将上月孙纂修交来之一页嘱刘穆照抄，适为师慎所见，谓彼尚有可分赠剪取免抄，故今日即见赠也。此为米色纸，昨拟交刘穆者为白色纸。写复照弟、陈恺信各一。下午三时到办公处，写致元龙弟信一。阅本日《中央报》。

六月廿一日　　　阴雨。晨雨一阵颇大。上午又雨一阵。午湿云欲散。午后二时日渐现。三时后复阴。四时半后晴。五六时日色颇佳。六时半表七十六度。夜初有月色但云多。半夜后闻雨声。

上午在寓再修改《总理年谱长编》增修稿一次。下午三时到总纂办公处，阅本日《大公报》。昨人事室送通告，谓奉中央发下中央制定还都计划初稿，筹备复员，由室拟制本会职工及眷属调查表，请各填送（不限五人）云云。本日即依式填就如下：

职别	姓名	眷属（关系、姓名）
纂修	林一厂	妻　杨玉　　子　林抗曾 　　　　　　女　林兆先 　　　　　　女　林兆晚 岳婶　杨郑氏

　　均未填年岁，表式无也。旋思此表关系将来还都舟车分配，或有问题。续将亮儿媳震孙三人姓名填入，并于备考栏内加说明四点。一、前列五人同住山洞辑园，即党史会附近吴家湾三号，自民国廿九年赁居。二、杨玉、林兆先、杨郑氏系由上海来；林抗曾、林兆晚系生于此。三、林亮曾、温瑞香、林震新三人现住贵阳正新街某号，为广东省银行宿舍。四、以上三人，时来渝依一厂居住。（原文大意如此）询孙纂修镜，亦谓须将儿媳孙等注入，以备将来他们同行还都之用。有暇时并宜查阅还都计划。

　　六月廿二日　　晨晴。上午微阴。午表七十八度。下午日烈。六时表七十九度。是日为旧五月十三日（夏至）。夜月明。

　　上午十时到总纂办公处，因昨下午预嘱工友于本晨往会请欧医生，乃自晨至十时，候久不来，故特到询问。适工友二人均不在。又候许久，钱工友汉沈始回。询之则云欧医生已往公馆矣。想与余正在途相左乎？幸内人杨氏病亦告痊，今日或不服药亦可，惟小女孩兆晚昨起咳嗽，须药止之耳。下午三时到办公处，写复十弟信一。阅本日《大公报》。关岛廿一日电，琉球战事结束。尼米兹总部本日特别公报原文称，"美军从事琉球本岛之战八十二日后，已获胜利。敌军有组织之抵抗，于六月廿一日终止。美军刻正肃清两小袋形阵地中之敌方驻军。"又云："日本本土南方三百二十五英里之琉球本岛之战，自美第十军登陆，经八十二日，已告胜利结束。敌军战死及被俘者，逾九万二千人。"又美第十军军长巴克纳,于十八日在该岛南部作战时,被日奴自洞穴中发炮击死,第九十六师副师长伊斯利少将,十九日复于该地阵亡。又美麦克阿瑟元帅于廿一日宣布,任命美国地面军总司令史迪威将军为第十军军长。又阅《中央日报》。

六月廿三日　　　晨雨一阵颇大。上午九时馀又雨。下午雨止。但天犹阴。六时表七十三度。夜初见月,多为云亏蔽。后全明。是日为旧五月十四日。

上午在寓修改《总理年谱长编》增修本一页。内为曾国藩李鸿章创办中国军用工业事。下午三时到总纂办公处,阅昨《中央报》载邵冲霄著《今日之东北》文一篇,内云:东北人口,在沈阳事变前后,一般估计为三千万。迨经日本详加调查,于一九四〇年十月发表为四千三百万。东北物产,大豆年产五百馀万吨,即四千万石,占全世界大豆年产额百分之六十。煤,据日本最近调查发表,蕴藏量二百亿吨。铁,四十五亿吨。铁路,沈阳事变前后,铁路四千公里;公路三千公里。自一九四三年铁路延长为一万一千公里,公路延长为六万公里。工业,日财阀鲇川义介领导下的"满洲重工业开发株式会社"所经营的各种事业及鸭绿江流域与松花江流域所出现之水力发电厂,即为日寇在我东北发展工业之代表作。又有第一次满洲产业开发五年计划(自一九三七年起实施)。第二次满洲产业开发五年计划(自一九四二年起实施)。阅此可以稍知东北四省之大概景象。阅本日《大公报》。

六月廿四日　　　星期　　　晴。晨阴旋见日,近午日色愈佳。下午日色更好。六时表七十九度。夜月明。是日为旧五月望。

天气困人,房内霉湿,人觉困疲。上午小睡。下午人犹疲倦思睡。强起阅贵阳《中央日报》,剪存二纸。五时到总纂办公处,与孙铁人谈闲话后,见本日《中央》、《大公》报〈到〉,即均阅之。

六月廿五日　　　晴。微阴。午表八十度。下午更阴。六时表如上。夜初黑云蔽月。半夜天转晴。月甚明。

上午十时到总纂办公处。昨夜失眠,天明后煮糖鸡蛋二枚食后始睡。未练拳。睡约二小时,食粥后到处,粘存剪报,未能工作。大便二次,人甚困乏。午饭后酣睡一觉,精神顿健。下午三时到办公处,阅本日《中央》、《大公》报。

六月廿六日　　　阴。午表八十度弱。下午日色甚佳。六时表七十六度。

昨夜酣睡,今晨早起。查阅曾国藩大事表。世界书局出版,与家书、日记等合成一部者。上午九时半到总纂办公处。赴会。欲与欧克明医生谈,未晤而返。后欧君由刘家槽返其家,经总纂处门前乃与晤谈,杨氏腹疼疾,前日已愈,昨夜半又发,及抗曾儿似出麻,又不似,请欧顺便至余寓,再为诊察。阅《清鉴辑览》。本日许师慎再借来。接汝嘉弟廿三日来函。此子自去年到渝,至今始来信,亦可怪。下午因洗身至五时始到办公处。阅本日《中央日报》。

六月廿七日　　　晴。午表八十二度。下午六时表七十九度。夜月甚明。

上午九时到总纂办公处,闻张主委昨已到会。因前曾与许师慎言,请为余助理增修总谱事,彼已诺,乃即往谒张公,请下条谕,使之遵守。承印下条。旋返处。阅《清鉴辑览》,再修改《总理年谱长编》增修本。接邱海珊十六日西安来信一。下午三时到办公处,阅《清鉴辑览》。写复嘉弟、十弟信各一封。又复万里弟信一。阅本日《中央》、《大公》报。张主任三时馀来办公处,徐忍茹、孙铁人在渠房坐谈至六时半未散,似关于主任秘书事将决定。旋彼等散会,出至室外,询果已决孙为主任秘书,安怀音为秘书,龙毓峻为编审,李治中为总务处长。原拟俞月秋为事务科长,以孙反对取消,候另择委。询孙是否迁座位于秘书办公室。据言拟不迁,即在此处。因张主委将在处房居住。

六月廿八日　　　晴。午表八十二度。下午三时表八十六度。六时表八十四度。夜月仍明。

上午九时到总纂办公处，写致肇凤侄孙信一。阅《清鉴辑览》及曾国藩大事表，欲查曾国藩由两江总督调往江北剿捻之年月，未得。细察大事漏同治五年之大事，想即在此年，因曾国荃参官文之举，编书者欲为之讳，乃特将全年大事撤去乎？接陈恺廿六日来信一。下午三时到总纂办公处，审核新征史料。一、陈扬镳述十五年办理招致海军始末记。二、总理遗事（还刘乖崖以马）。三、李仙根遗诗怀朱执信、挽钟荣光二首，均有序。阅本日《大公报》。

六月廿九日　　　阴。午日出（天甫明时曾下雨一阵）。表八十度。下午三时表八十八度。六时八十五度。夜月仍明。

上午九时到总纂办公处，接秘书室通知：奉主任委员手谕，派林一厂、孙镜、刘崛、汤增璧、莫纪彭、钟孝先、姜伯彰七同志为总纂办公处审核史稿史料，以林纂修一厂为主持人等因。分函外，希查照。阅徐植仁译《孙逸仙传记》第一时期早年的中国生活，一八六六年至一八七九年。十三页。未完。内分节目，（一）翠亨。（二）广东第一。（三）正直的父亲。（四）端庄的母亲。（五）命名和住址。（六）幼年的游戏。（七）中山和三字经。（八）水盗的故事。下午三时到办公处，接权超侄廿四日寄来高良佐著《孙中山先生传》一本。即阅黄季陆序四，自序四，年表十二，三篇；世系表一，遗嘱二，遗像等共二十三页。阅本日《中央》、《大公》报。浙江战讯：我军于廿六日下午三时克复黄岩。广西战讯：我军于廿五日攻克柳州西郊之柳州南站及城南飞机场之一部。

六月卅日　　　晴。午表八十六度。下午六时表同上。

上午九时到总纂办公处，阅《孙中山先生传》四页。第一章革命的圣地。续阅《孙逸仙传记》。(九)官吏和三个有钱的弟兄。(十)白契。(十一)幼年的搜求真理者。(十二)中山对于改造的第一次努力。(十三)桎梏中的人们。(十四)中国就是天下。(十五)大哥。(十六)大哥从火奴鲁鲁回家。(十七)船铁梁的教训。(十八)从海葬所得的教训。共十节,均为第一时期早年的中国生活,十三页。此章(第一时期)已完。其馀未完。下午三时到办公处,与肇凤侄孙及其同学凌乔文同行,因肇凤入党,本日始来宣誓、领党证也。午饭后同来处,乃区分部出席人员未齐,候至四点,由区党部派来人员俞月秋监督。先举行宣誓,毕,二人即返回山洞。余托肇凤带一千元在山洞邮局汇交权超侄,为新生小侄孙满月喜仪。阅本日《大公报》。粤赣边战事,我军克复龙南、虔南二县。自上月倭寇由赣州蹿入三南,为与梅县最近之地,而定南今早已复,而龙、虔又得,则梅县亦可安矣。广西方面,柳州城南飞机场亦于廿六日完全攻克。又阅《中央报》。阅《孙中山先生传》四页。第二章孙先生的家庭。开区分部党员大会。肇侄孙已先出山洞。

七月一日 星期 晴。

上午在寓阅《孙中山先生传》,第三章在村塾中。四页。又第四章翠亨村里的风波。四页。又第五章海外的哥哥。二页。又第六章太平洋的所见。三页。下午在寓续阅第七章在檀岛的生活。三页。第八章从檀岛回来以后。四页。第九章立志革命之始。四页。

七月二日 晨阴。上午十时后放晴。午表八十八度弱。中央通告自今日始暑假。自晨七时至午十二时工作,下午停止办公。

晨往会参加纪念周典礼。甫及大门,已散会。入至秘书办公室签名。询张主委昨已离会,或云往歌乐山国史馆,或云晋城赴中央常会,本日开会。返总纂办公处,补阅昨(一)日《中央报》。接权超侄六月廿五日信,万里弟六月卅日信各一。又补阅昨(一)日《大公报》。广西战讯:我军于六月廿九日晚十二时克复柳州城,计已沦陷七月二旬。浙江战讯:我军廿九日克复临海城。阅徐植仁译《孙逸仙传记》第二时期在火奴鲁鲁的旅居生活。(十九)火奴鲁鲁。两页。(廿)在夏威夷商店和学校中的日子。四页。杨氏晨往歌乐山助产学校检查身体,时天尚凉,至午未回,令人系念。下午在寓阅《孙中山先生传》第十章因革命而学医。五页。又第十一章两个幻灭的梦境。第十二章最早的政见。共十一页。又第十三章创立兴中会。七页。又第十四章第一次广州起义。八页。五六时间杨氏返寓,以助产学校须二、四、六等日始有妇科诊治,转往上海医学院,诊验结果,谓子宫略有偏斜,但不甚要紧。

七月三日　　　　晴。午表九十度。下午五六时间天阴欲雨,但未成。半夜闻雨声,但不久即止。

　　上午九时到总纂办公处,接成都下莲池街十七号附二号寄来《孙中山先生传》一本。未知是高良佐或黄大白寄赠否? 补阅昨(二)日《中央日报》。广西战讯:我军克复柳州后,分沿湘桂铁路及柳桂公路线攻击前进。即将柳州北之柳城县完全包围,正在猛攻中。桂林西之百寿县,前经克复,旋敌由桂林增援反扑,复陷敌手。现我军于六月廿八日再攻入该城,正与敌巷战中。西江流域西岸我军,于六月廿一日夜十二时克复桂平。阅《孙逸仙传记》第三时期在香港的旅居(一八八四至一八八六年)(廿一)皇家的厘捐贼。(廿二)在愚昧的乡村中的宣传工作。共五页。又(廿三)中山与耶教——翠亨着色的神像。(廿四)皇家学校里的英国势力。五页。(廿五)不爱钱。二页。在午后寓阅《孙中山先生传》。第十五章亡命。四页。又第十六章伦敦使馆蒙难。十页。

　　七月四日　　　　阴。晨路面有雨痕,谅昨夜雨不小。午表七十八度。下午日出但仍微阴。

上午九时到总纂办公处,阅昨(三)日《大公报》。阅《孙逸仙传记》第四时期中山的职业(一八八六至一八九四年)。(廿六)职业的选择。广州医学校。香港医学校。中山的宣告独立敢死队。二页。第五时期初期的革命时期(一八九五至一八九六年十一月十一日)。(廿七)第一次悬赏购中山头。伦敦公使馆被难。二页。第六时期迫切的革命方法(一八九六年十一月十一日至一九一一年十二月六日)。(廿八)山下区一百廿一号。(廿九)中山与劳工。(卅)演说家的中山。镇静的中山。宽恕的中山。(卅一)中山与黄兴。(卅二)牢记你的到宁波去的叔父。共十二页。接访秋去(卅三)年九月廿六日来函一。既逾九个月。写复万里弟信一。下午在寓阅《孙中山先生传》第十七章完成三民主义。七页。第十八章日本志士的活动。七页。

七月五日　　　阴雨。昨夜闻雨声。今晨雨颇大。上午犹小雨。午雨霏霏,天色转朗。忽又雨一阵颇大,旋止。下午六时表七十八度。

昨夜睡不宁,晨食点心后再睡,起阅《孙中山先生传》第十九章革命党与保皇党的对立。四页。第二十章援助菲律宾独立与革命形势之重援。四页。第廿一章联合李鸿章运动的失败。六页。下午四时到总纂办公处,接启鹏侄三日来信。自重庆枣子岚垭中华农学会发。谓于六月廿三日离新店子来农学会宿舍办出国手续,经往中航公司接洽,定七日或八日乘机飞往印度加尔各答,转乘轮船赴美。预定入美国爱渥华州州立大学。无时间再来山,谨此告辞。抵美后当与学曾取得联系,请去函学曾,先为介绍云云。肇凤侄孙四日来信,附邮汇局汇款单一纸,六月卅日托汇权超款已汇去。嘉弟二日来信一。阅昨(四)日《大公报》、《中央报》。赣南战讯:我军于二日上午九时克复信丰。广西战讯:我军于二日上午十时克复柳城。又阅本日《大公报》。广东战讯:我军于二日上午十时克复化县。

七月六日　　阴。上午九时洒雨一阵,旋止。午表八十二度。阴云四起,大有欲雨之势。午后渐散,至三时馀转晴,日出。夜阴云又四起,但卒未成雨。

上午九时到总纂办公处,阅改刘穆抄史料一件。鹿钟麟述当总理到北京的时候。收回《扫荡报》一页。即前记许师慎借来之特刊。写致万里弟信一。附访秋叔卅三年九月廿六日原信一件。阅《孙逸仙传记》第七时期临时总统任期(一九一二至一九一三年)。(卅三)中华民国第一个大总统。(卅四)袁世凯的阴谋。六页。第八时期临时总统后之亡命(一九一三至一九一六年)。(卅五)袁世凯统治时代之亡命。讨袁军的指挥。黄浦江中军舰之一幕。袁世凯末路。三页。第九时期在上海的生活(一九一六至一九二一年)。(卅六)中山对于美国的机会。四页。(卅七)中山法庭上的敌人。(卅八)中山的家庭生活——在上海莫利爱的家庭。(卅九)结论:中山先生的主义。共八页。写复权超侄信一。下午在寓阅《孙中山先生传》。第廿二章惠州起义。四页。第廿三章惠州失败后的革命大势。八页。又阅第廿四章檀香山的论战。七页。

七月七日　　晴。微阴。午表八十六度。下午日出,旋阴。有雨意。夜初闻雷沉而远。半夜见闪电亦甚远。(是日为旧历五月廿八小暑节。)

上午九时到总纂办公处,阅昨(六)日《大公报》。阅《孙逸仙传记》第十时期(一九二一年就总统职。一九二二年广州蒙难至一九二五年北京逝世)。(四十)组织新政府被举为总统。(四十一)广州蒙难。(四十二)拒绝北上。(四十三)三民主义宣言。(四十四)力争广东关馀。(四十五)处置反革命之商团。四页。(四十六)联俄。(四十七)联德。(四十八)容纳共产党。(四十九)主张废除不平等条约。(五十)改组中国国民党。七页。(五十一)编练为主义而战之党军。(五十二)号召国民会议。三页。接万里弟五日来信,谓海军考试已放榜,被取录,七月十四日以前须到小龙坎覃家岗中正学校学兵总队办出国手续,约八月初即赴英受训。复万里弟信一。下午在寓阅《孙中山先生传》第廿五章重游美洲。九页。

七月八日　　　星期　晨阴。午天复朗。下午日出甚晶耀。六时表八十六度。

昨夜睡不宁,晨早起吃荷兰薯粉一碗后,睡至九时许,起食点心,又就床卧,似睡非睡,午饭胃纳稍减。下午复小睡一觉。阅《孙中山先生传》第廿六章在欧洲的活动。六页。第廿七章中国同盟会的成立。六页。五时馀到总纂办公处,阅昨(七)日及今日《中央报》。

七月九日　　　晴。日赫。午表九十二度。是日为旧历六月朔。

上午九时到总纂办公处,阅《孙逸仙传记》(五十三)患病情形。(五十四)逝世时情形。七页。完。批:查此书系美国人林百克所著。第九时期之第卅九节(题为结论)以上似出一手。第十时期之第四十节以下,似另出一手(或即译述人徐植仁所作),其笔气颇有不同,拟发还征集、编辑处,由甄核、考订科查考,再送复核。写复陈恺信　。下午在寓阅《孙中山先生传》第廿八章革命的宣传与南洋党务的开拓。五页。第廿九章法国武官的活动与南洋党务的扩展。五页。

七月十日　　　晴。午表九十四度。

上午九时到总纂办公处。旋往会,在秘书室与新秘书孙安二位谈话,室中座位改易颇佳。余戏谓往者为集权式,今改为民主式矣。询由何人主张? 徐副主任委员,乃彼主张。一笑。返处审核新征史料:(一)总理致《民气报》推荐邵元冲为主笔函。(二)刘文贞于逊清时代在比从事党务工作之回忆录。(三)中国国民党周刊第一期(民十二年十一月廿五日出版)。(四)中国国民党第一次全国代表大会特号(第三特号),民国十三年一月卅日出版。(五)民元三月七日、七月一、八日之重庆《新中华报》三张。(六)民元十一月三日北京之《民命报》一张(经理公孙长子、易倩愚、四伟章、张俞人)。(七)檀香山兴中会成立和民国前之党务。(八)革命史中之女报。(周曙山作)接权超侄三日来信。附致照弟信一。下午在寓阅《孙中山先生传》第卅章革命方略。五页。

七月十一日　　阴。上午雨一阵,旋止。午表八十四度。午后下雨二次,但仅见檐溜而止。天气阴郁。晚渐凉。

上午九时到总纂办公处,阅昨(十)日《中央日报》。广西战讯:(一)我军于五日晨克复镇南关,桂省南部沦陷国土于兹全复。(二)沿湘桂铁路攻击前进之我军于七日午后五时攻克雒容县城。(三)西江流域我军配合地方团队于一日收复丹竹(平南东南卅里)。二日收复藤县。(四)武宣县境残馀寇,经我军分由来宾、贵且派队扫荡,现已全部肃清。补阅九日《中央报》。浙江战讯:我军于一日收复天台县城。接访秋叔去年七月十七日来信。内李希穆致陈劲、倪健中致希穆信。抄稿各一。写致照弟信一。附权超所致信。复嘉弟信一。下午在寓阅《孙中山先生传》第卅一章民报周年纪念与萍浏醴起义。九页。

七月十二日　　晴。昨夜或曾下雨。今晨路有雨痕。午表八十七度。夜十一时起大雷雨,至天明未止。

上午九时到总纂办公处,填本年至六月工作检讨表。给冯绍苏。阅严恩纹之通俗党史第四章武汉起义与中华民国的成立。一、起义以前武昌的革命运动。十四页。自二九一至三〇四页。二、武昌起义的经过,自三〇五至三二七页。共二十三页。接照弟十日来信一。下午在寓阅《孙中山先生传》第卅二章日本放逐与南方革命的再起。十页。凌应樟偕符学琳来谈。凌为梅县石坑堡人,到党史会任助理干事职已二月馀矣。

七月十三日　　阴雨。下午雨止犹阴。六时表七十六度。下午见乾穿洞旁之大洞沟水甚盛。寓门前之沟亦曾流水,此时只见与大洞沟汇合处仍有水,余则先竭耳。

晨雨连绵不断，得此庶免旱灾，实农民之大幸也。上午在寓阅
《孙中山先生传》第卅三章防城起义与汕尾运械。十页。将前改《总
理年谱长编》增修稿粘入原稿内，得二页。下午再看原稿，欲改，未
成。五时到总纂办公处，阅昨（十二）日及本日《大公报》。接张仲
纬由农行汇款附言单。

七月十四日　　　晨雨。上午阴。午天稍朗。下午日出而薄。大洞沟
水复涸。下午六时表七十六度。

上午在寓再改《总理年谱长编》增修本一段。下午阅《孙中山
先生传》第卅四章镇南关起义。九页。五时到总纂办公处，阅本日
《中央》、《大公》报。接万里弟十二日来函。附回前附去之访秋叔来
信。

七月十五日　　　星期　　晴。晨阴。九时后日出。晚天清气朗，上弦
月一弯，繁星灼灼，如昼。

上午在寓阅《孙中山先生传》第卅五章被迫离安南后的革命运动。
十页。阅章实斋《文史通义》之《校雠通义》七种。原道，宗刘，互著，
别裁，辨嫌名，补郑，校雠，条理。犹忆曩在同文学堂，温慕柳先生即令
阅此书，虽奉令每日阅读，但未完卷。今已四十馀年矣。壬寅癸卯
住同文学堂。前四年，卅年秋九月。在南温泉购得大达图书供应社翻
印本，迄无暇读。现拟遇工作略得闲时即阅之。今日阅原序外，从
《校雠通义》阅起。下午阅《孙中山先生传》第卅六章革命重心的新加
坡。七页。夜，李振宽来谈，本日报载，国民大会开会有问题，参政
会员多反对，以为训政不应此时结束，已推廿馀人组审查员将全案
审查。又闻张主任委员将往北碚避暑。

七月十六日　　　阴雨。昨夜晴，不料今晨雨。且满天阴晦有久雨之
象。下午阴云稍散。六时表七十六度。夜八九时间小雨一阵，旋止。

今晨早起停止练拳,原欲往会参加纪念周,乃雨忽至,食粥后再上床睡一小觉,雨犹未止,颇闷。旋在寓阅《孙中山先生传》第卅七章内哄。五页。第卅八章革命运动的复兴。七页。下午四时到总纂办公处,阅昨(十五)日及本日《大公报》、《中央报》。接陈恺十三日来信一。代收接梅县杨云致肇凤航快信一。

七月十七日　　阴雨。晨雨檐溜出。旋更大,连接二三阵大雨,至午始止。下午无雨犹阴。

上午因阴沉天气,人亦昏闷,小睡一觉。阅《孙中山先生传》第卅九章庶能会议。五页。第四十章三月廿九日之役。四页。未完。下午续阅五页。完。此书全册已阅毕,但自廿五章(一三二页)以下,虽曾随手将其错字更改,以上则未改正,拟再复阅并改正之。即开始复阅第一章革命的圣地。五页。改总谱长编增修本国内大事数处。

七月十八日　　晴,微阴。午表七十七度。夜有月色。

上午九时到总纂办公处,旋往会与事务科、总务处、文书科、编辑处、征集处,与杨本章科长、李治中处长、潘涵科长、沈裕民处长、杨嘉猷代处长谈话,为兆先女儿谋转学白沙事。十一时半始返办公处。接亮儿十二日来禀。补阅昨(十七)日《大公报》。广西战讯:我军沿柳桂公路推部队,于十三日克复榴江。写致照弟信一,肇凤信一,附梅县杨云来信一件。万里弟信一。附访秋叔去年十月十七日信。下午在寓复阅《孙中山先生传》第二章孙先生的家庭。四页。

七月十九日　　晨半阴晴。上午日丽。午表八十二度。夜月明。

上午九时到总纂办公处,阅昨(十八)日《中央日报》。战讯:江西方面,我军于十七晨完全克复赣州。广东方面,我军于十五日克复电白。广西,十五日克义宁,正攻桂林外围。阅通俗党史第四章第三节,中华民国的成立，自三二八至三六三页，共三十六页。完。下午在寓阅《孙中山先生传》第三章在村塾中。五页，第四章翠亨村里的风波。四页。

七月廿日　　晴。午表八十五度。下午七时表八十二度，夜月明。

上午九时到总纂办公处，接秘书办公室送来关于徐植仁译林百克著《孙逸仙传记》。余疑其书内末段与原本不同者。征集处、编辑处签复谓：俟征得原本再考证。但日前闻李振宽言，档案处已有原本，特嘱冯绍苏向调。昨阅毕之通俗党史内有温生才刺孚琦一段，颇似从前汕头《中华新报》所载，余手辑录。但余无存稿，亦无旧报纸，特交刘穆照抄。写复张仲纬、陈恺、权超侄信各一。下午四时到办公处，转往会，开党年鉴设计委员会第二次会，至六时半散会。返办公处，阅本日《中央》、《大公》报。又补阅（十九）日《大公报》。

七月廿一日　　晴。午表九十度。下午六时九十五度。夜月明。

上午九时到总纂办公处，接秘书办公室昨发民四〇〇号通知，本会指派龙毓峻、林一厂、孙镜、许师慎、曾介木、安怀音、李治中、沈裕民为党年鉴设计委员，沈委员兼任秘书。兹定于七月廿三日下午三时假中央党部举行全体委员第一次会，规划年鉴一切事宜，希届时出席等语。又接档案处送来《孙逸仙传记》一本，区分部送来党员传观件六件。阅内有六月十一日第六届中常会第一次议决中央执行委员会组织大纲十二条。其八云："中央执行委员会设党史史料编纂委员会，……各置主任委员一人、副主任委员二人，委员若干人，由总裁提经中央执行委员会任命之。"等语。观此，本会之委员尚有问题。近因参政会开会中断，中常务会未及议此问题。现参政会已决国民代表大会日期由政府斟酌情形决定，则此问题或在决定国民大会日期前，必有一次提议，而国民大会日期，前谓十一月十二日者，或展缓至年底抑明年，亦未定。此日期若展缓太久，则本党本身之问题不能不理，而总裁必提出中执委会议之矣。下午四时馀到办公处，阅本日《中央》、《大公》报。战讯：湖南我军克复益阳。晚间到许师慎家一谈。李振宽来寓。

七月廿二日　　　　星期　　晴。夜月明。虽有风仍甚热。

上午在寓修改《总理年谱长编》增修本稿一过。自一岁丙寅至十二岁丁丑共一本，似已略妥。阅《孙中山先生传》第五章海外的哥哥。二页。下午天气甚热。洗身后在门外小立，看安怀音秘书在田边独坐乘凉，因往询明日须赴城开会否？答可不往。

七月廿三日　　　　晴。本日大暑。午表八十二度。上下俱微〈阴〉。夜初阴甚多云，月出不见。约十时许云渐散，后月甚明。是日为旧六月望。

昨夜甚热，睡不宁，至天将明入睡。今晨天转凉，约至七八时间始起床。九时半到总纂办公处，补阅昨（廿二）日《大公报》。接万里弟廿日来信。附在南温泉摄影像片一张。又访秋叔十月十七日信一件。谓入营一周，是日请特假出渝办私事，明晨即返营。闻出国期最迟在九月初云云。但营在何处则未言明，或即在南温泉乎。询莫纪彭，谓沙坪坝有海军新兵训练处，但未知是仅一处否耳。写致照弟函、附广东省公路处去年九月来函一。发亮儿函各一。下午偕杨氏、抗儿（兆先另偕安和先行）往会参观时事照展览。返寓后阅《孙中山先生传》第六章太平洋上的所见。三页。

七月廿四日　　　　晴。午表八十八度。夜月明如昼。

上午九时到总纂办公处，阅昨（廿三）日《大公》、《中央》报。许师慎交阅民廿二年党年鉴稿内戴传贤史迹，录存。

中央执行委员履历表戴传贤　民国前二年任《民立报》主笔，并办《天铎报》，任总编辑。辛亥年，任槟榔屿《光华日报》主笔。（日记眉注：闻人言,戴在槟榔屿报馆兼为总理寓内之家庭教师。)民元任《民权报》总主笔,及总理秘书。随赴日本。民二革命失败后,亡命日本,仍为总理秘书。从事宣传工作。又任浙江省党部支部长。民六任大元帅府秘书长、外交次长,兼法制委员会委员长。民八在沪任宣传工作。民九随总理赴粤。十三年中国国民党改组前,任临时中央执行委员。改组时当选,又任宣传部长,黄埔军校政治部长,中央政治委员会委员。十四年任国民政府委员。十年任中山大学校长,兼总司令部总政治训练部主任。十七年任考试院长,中央训练部长,中央常务委员,政治会议委员。二十年任国民会议代表选举事务主任,第一届高等考试主考官,特种外交委员会委员长。二十一年再任考试院长。现仍今职。籍贯　浙江吴兴(日记眉注:原籍四川广汉县,近成都。)姓名　戴传贤季陶　年龄　四十三岁　民国廿二年填表(计至今卅四年,为五十五岁)在上海《天铎报》时,笔名天仇。

　　沈裕民处长昨晋城,开党年鉴设计委员会,今晨先回会,顷来办公处言,昨中央开党史委员全体会议,闻决议二事:(一)从速成立国史馆;(二)另成立中华民国开国历史博物馆。现在党史会职员分二部分派用。下午在寓改《总理年谱长编》增修本第二册,十三岁至廿岁一段。第一册今上午已交许师慎阅。阅《孙中山先生传》第七章在檀岛的生活。三页。

　　七月廿五日　　晴。午表九十四度。夜月仍甚明。但东北有闪雷,并闻雷声。

　　上午九时到总纂办公处。正动身时,肇凤由山洞来寓,交来权超寄肉资一千五百元。略谈,余即到办公处。接嘉弟廿二函,德超侄廿二日自铜梁来函、权超侄廿日函各一。嘱冯绍苏向档案处调《孙中山全集》。补阅昨(廿四)日《大公报》。阅民十五年上海三民公司发行的《孙逸仙传记》第一时期一至三章。肇凤侄孙在寓午饭后返校。下午阅《孙中山先生传》第八章从檀岛回来以后。四页。六时到办公处阅本日《中央》、《大公》报。

七月廿六日　　　晴。午表九十四度。夜月仍明。

上午九时到总纂办公处，阅《孙逸仙传记》第一时期四章。又调到《孙中山全集》。阅其内确有《孙逸仙传记》一篇，为林百克著、徐植仁译，民国十六年一月上海三民公司出版者。篇首有林百克序，自言重到上海，知所著《孙逸仙传记》已出版，而三民公司再要作序云云。似两篇不同之处，或已经林百克看过，默认矣，唯序中未明言耳。签拟将调到十五年三民公司出版《孙逸仙传记》一册，连同签件，即征、编两处签复及所附件（译本），再发还征、编处查考，并饬催考订科速作成内容辨证，再送复核。查阅刘穆摘抄通俗党史稿内温生才刺孚琦事。此稿中记事最精确，颇似辛亥春汕头《中华新报》所载。当时广州《可报》、香港《中国日报》均不及汕头《中华新报》记载之详。《中华新报》因遭忌，被张鸣岐封禁。余久思此稿，今乃得之。接照弟廿三日来信、陈恺廿四日信、万里弟廿五日信各一。

七月廿七日　　　晴，微阴。午表九十四度。下午更阴郁。夜十时急雨一阵，旋止，月出。十二时后又阴，雷鸣电闪良久，雨声颇大。

上午九时到总纂办公处，阅昨（廿六）日《中央》、《大公》报。将严恩纹所写通俗党史稿检同签稿，孙纂修原办，余加另记。送秘书办公室函还宣传部。复陈恺信一。下午四时半到办公处，旋往今竹林小店子买蚊香。昨夜因家中蚊香用尽，仅向杜姓借得一条，今夜若无此物，不能睡觉。复返处，阅本日《大公报》。陕北共产党军与政府军发生冲突。英国总选举揭晓，工党获胜利。阅此二消息，颇为心耸，但犹希冀陕北冲突不扩大。报载共产党现在驻渝代表刘冰已向参政会秘书长邵力子报告，有两军若回原防，则尚可调解之说。英总选举工党获胜，此为工党第三次获胜之举，犹忆从前麦克唐纳曾两次任首相,即工党之胜利也。现工党首领为阿特里,现与邱吉尔同行赴柏林,与杜鲁门、斯大林开英美苏三强会议,纵不日英内阁改组,然其外交政策必无改变,同盟战局当无异耳。晚李振宽来谈。

七月廿八日 阴雨。晨雨虽小檐溜滴滴,似由夜半至此时不断。上午小雨数次而止。下午略见日影。六时表七十八度。

上午在寓阅《孙中山先生传》第九章立志革命之始。四页。第十章因革命而学医。五页。下午五时到总纂办公处,欲阅报,候至六时未到。接亮儿廿二日来信,玉新侄女廿五日信各一。

七月廿九日 星期 晴。微阴。上午阴晴半。午后一时急雨一阵,旋晴日出。五时又阴雨复至,且甚大,约一小时之久始止。六时表七十八度。夜月甚明。是日为旧六月廿一夜。

上午在寓写复权超侄信一。下午四时半到总纂办公处,阅昨(廿八)日《中央报》,又本日《中央》、《大公》报。摘录要讯如次。惟关共产党军事寂然无闻,或者正在调解,不致扩大。

战讯:(一)广西,我军张发奎、汤恩伯部队,自六月廿九日攻克柳州城后,七月廿四日克阳朔,廿五克永福,廿六克义宁,廿七下午八时克桂林(全城已复,惟近郊尚有残寇,正在扫荡。)廿八汤军所属李玉堂部攻迫全州附近。(二)广东,我军廿三(?)日克复南雄。廿四日向始兴追击。廿六下午二时攻克始兴城。寇向曲江退窜。(三)江西,我军攻克赣县后,寇沿赣江下窜。我军追击不停。廿五日克复万安,廿七日拂晓克复泰和。关于英国阁潮。英新内阁成,首相阿特里,外部大臣贝文。廿八日英首相、外相就职后,即同乘机赴柏林波茨坦,继续开三巨头会议。邱吉尔退为下议院议员。英新阁外交政策由上院工党议员广播如次:"英新阁外交政策三大目的:(一)尽力击溃日本。并消除将来亚洲黩武主义威胁之任何机会。(二)复兴受战争摧残国家之经济,尤以欧洲为然,包括德国在内。但工党政府应特别注意,务使德国不能恢复作战能力。(三)旧金山会议中所协议之世界安全制度,务须加以支持、加强及发展,使能成为世界各处保证永久和平之手段。英国新政府愿与一切爱好和平之人民与国家,保持友好关系,尤愿加强与苏联所订之廿年同盟,并与美国成立一友好联系。对于法国及其他西欧国家,愿努力与之恢复密切经济、政治关系,对中欧、东欧各国,亦将促成恢复和平发展之关系。"

七月卅日　　阴。十时略见日影,瞬复隐。午表八十三度。下午日出,六时表八十二度。夜初云暗无星。夜半月出甚明。

上午九时到总纂办公处,接收卅四年一月份新征史料六十四件。略阅一下,分发各友复核。未完。下午四时到总纂办公处,欲实行分配史料,未果。阅本日《中央》、《大公》报。仍无陕北军事消息。

七月卅一日　　晴。微阴。上午十时后大晴。午表八十六度。

上午九时到总纂办公处,分配卅四年一月份新征史料。照孙纂修铁人原办法分配之。

钟孝先先生　　黄玉田、陈景华、李德山、王桂烈、夏次崖、林森(二)、查光佛、张伯麟、叶隆柯、李国柱、凌汉周、王用宾等传,陇海平汉,共十五件。

莫纪彭先生　　实业计划英文本、总理英文名片、致林义顺函、宪兵四·七·八·九·十月工作报告等。共六件。

孙铁人先生　　国父论诗、严立三特刊、立三行状、悼黄克强夫人、毛毯和制服、查光佛像、黄钟杰绝命诗、谭延闿妙联、吴稚晖绝命书、王陆一神道碑。十件。

姜伯彰先生　　孙中山先生略传、总裁的慈爱、革命史迹展览会参观记、江西省党部工作、黄埔创校大事记、五十周年史迹展览会刊、云南起义日报告、知之录摘刊、重庆市工作。十一件。

刘尊权先生　　炮教莫荣新、中央组织部有关表册、第一届中央监委会议记录、周亚烈述辛亥鄂军卅一标反正、湖南省党部会议记录又工作报告。六件。

龙铁元先生　王汉吴崑何自新传、湖北省党部、山西省党部、甘肃省党部、西康省党部、西北公路特党部各该省(特)党部会议记录及工作报告。十五件。

汤公介先生　革命富人李纪堂、谭赞同志传、云南省党部会议记录及工作报告。四件。

许师慎先生　辛亥沪军革命史、辛亥在蒙招骑兵、宁夏·青海二省省党部会议记录及工作报告。五件。

又蒙藏委员会函复蒙文维文之三民主义两本,余拟办法处理,一、函新疆省党部重译。二、请国民政府饬蒙藏会〈重〉译。函商孙主任秘书择一作签。接山洞农行通知书。下午二时馀始返寓,饭后小睡已将五时,往会,于通知书内盖印。旋返办公处,阅本日《中央》、《大公》报。

八月一日　阴。午表八十度。下午略见日影。夜初多黑云。半夜月出。

卜午十时到总纂办公处,接肇凤川日函一,写复照弟信、玉新侄女信各一。下午四时到办公处,候阅报,至六时始见《大公报》,阅毕而返。

八月二日　阴。午表八十二度。下午日出。夜色甚暗。

上午九时到总纂办公处,补阅昨(一)日《中央日报》。昨上午询龙铁元说陕北事,闻共党已退回原防,即已解决。夜李振宽到寓,询之则云尚在冲突中,似均无根据之臆度词也。报上无所见。写复德超侄信,又复可超信一。接权超七月廿九日信一。黎光群偕其侄志雄来访。号维堂。光群本人正在谋事,其侄则由光群介绍于李处长治中,欲得庶务之职云。昨夜闻邹永成已改编审数日,但未到职。午询柳聘农,言事已发表十馀日,但张主委下条子未注明派在何处工作，只写改为编审耳。光群先离办公处，云往邹家。余返寓，即亦往邹家。乃光群未到。因与永成谈改编审事。据云事极曲折，且实既于七月十九日接会内公文，确无派在总纂办公处工作字样，彼现未明原因等云。返寓食饭毕，光群始来，则在邹家食饭。余告以顷往邹家情形及李振宽来此坐久既去矣。彼即往沈裕民家觅振宽，谈其侄，则已先返渝。杨氏今晨偕房东吴太太赴含谷场，至天晚始回，云在场遇房东之杨氏姑及姑丈，邀至其家坐谈。其家房屋甚好，大门额为"含谷山房"云。饭后嘱杨云，与房东再商赁前栋厅房事。为权超代租赁也。未谐。

八月三日　　　阴雨。晨即雨一阵。上午又雨一阵。午间雨止。下午阴。六时表七十四度。夜甚凉。

上午在寓阅《孙中山先生传》第十一章两个幻灭的梦境。四页。第十二章最早的政见。六页。下午五时往总纂办公处，阅昨（二）日《中央》、《大公》报及本日《中央报》。本日《中央报》发表胡宗南七月廿四呈报陕北共产党军侵占淳化县城镇及逐退电。是可知陕北事已平静矣。

八月四日　　　阴雨。晨雨二次俱不大，檐溜仅出。上午雨止。下午二时又雨一次。六时表七十三度。

上午在寓阅《孙中山先生传》第十三章创立兴中会。八页。下午四时半到总纂办公处，阅本日《中央》、《大公》报。战讯：（一）广西方面，我军自七月廿八日克复桂林后，尾追残敌，至八月二日午，攻克灵山（桂林北四十里）。湖南方面，我军于二日拂晓攻击新宁，至三日上午十时完全克复该城。

八月五日　　　星期　　晴，半阴。晨略见日。下午三四时间又略见日。夜甚凉，盖被。

上午在寓阅《孙中山先生传》第十四章第一次广州起义。八页。下午五时到总纂办公处，阅本日《中央》、《大公》报。编辑处科长王绍曾由重庆搬家，一妻一子。来山中，即赁余寓屋之前厅一小房。原为天池小学校长室。初到，无厨房。余请他在余家食饭。询彼于廿八年到西康，住两年馀。卅一年到成都，在四川省政府地政局工作。询奚侗之弟在西康中国银行认识否？则不识。彼在西康之西昌居住，当时西昌设委员长行营云。又言西昌地方甚好，气候温和，有沼泽，产鱼，距成都汽车三日〈行程〉。

八月六日　　阴雨。晨雨一阵。檐溜出。下午三四时间又雨一阵。

上午在寓改总谱增修本稿未成。因第一本仍在许师慎处，俟取回方能上下接续修改。阅《孙中山先生传》第十五章亡命。五页。又将第一、五章内关于檀香山事有疑点批出待考正。下午再阅《孙中山先生传》第十六章伦敦使馆蒙难。十页。

八月七日　　晴。微阴似雾。午未看表。下午雨二次。甚阴。晚七八时间鸣雷。

上午九时到总纂办公处，接亮儿七月廿九日来信一，权超侄二日来信一。复权超快信一。补阅昨日《中央》、《大公》报。

八月八日　　阴。午表七十七度。返寓时途遇骤雨一阵，旋止。下午雨二次。天色沉阴。山头多濛濛不见。晚间细雨如雾，至夜未止，且多风。是日为旧历七月朔。又为立秋日。

晨杨氏偕兆先往振济学校，探问有无续办消息。上午十时到总纂办公处，接秘书办公室通知："依据本会第九次委员会议决议第二项，本会拟改组为中华民国开国历史博物馆。兹指定徐副主任委员、林一厂纂修、梅乔林纂修、钟孝先纂修、封德三纂修、孙镜纂修、许师慎编审、安怀音秘书八人，拟订组织大纲并预算案，及指定徐副主任委员为召集人，许编审为记录。(通知民三四字第四二八号)"补阅昨(七)日《中央》、《大公》报。阅古映藜七月廿四日由南京来公函(本会各位长官、各位同志公鉴),报告原奉选往印度受训,至密支那,改拨入新远征军第卅八师孙立人部下,停止西行,改为空运回南宁,参加反攻军作战。自称在全队中其年龄最高、其身体最弱,但精神甚强,志愿甚大。写致严伯侨信一,托兆先转学事。午饭间,杨氏、兆女俱返,言振济校内黄女教师谓,校长晋城,正议续办,但学生缴费须加多,约一学期四万元之则。较报载私立中学缴费六万元略少。拟俟严复信再决。下午在寓阅总动员出版社印行之柴绍武编《中国之命运详解》八页。此书宜全阅。

八月九日　　　晨日出,但湿云凝结,天色不清,日光微薄。近午日色始亮。午表八十四度。下午日晴。晚间复阴。夜初闪电。

上午九时到总纂办公处,阅昨(八)日《中央报》。战讯:广东方面,我军一日下午九时克复阳江,夜半克复廉江。英美加三国科学家联合研究,在美国制造成功原子炸弹,六日实用于日本广岛。此炸弹力大于英国十一吨"地震式"炸弹二千倍。罗斯福、邱吉尔在一九四〇年同意在美国作此项研究。一九四二年六月开始制造。三国科学家、工业界、劳工界及军队,合作三年,由美陆军部监督,新近全功告成。日本东京广播称,美机使用轰炸广岛之原子炸弹,系用降落伞抛下,未着地面即先爆裂。总统杜鲁门谓,此为人类理想中最大威力之武器。研究、制造曾耗美金二十亿元。参加制造者达十二万五千人。现美国有二大工厂与多数较小工厂制造,仍有工人六万五千人。此炸弹物体甚大而力亦甚大。(广岛为日本之海军基地)

写复亮儿信一。接照弟七日来函,附启鹏侄七月廿二日由印度加尔各答函一。内云,七月七日上午十时离渝,下午七时四十分抵加尔各答,住旅馆二日后迁至国民党总支部寄宿舍。约须候至九十月间方有轮船开往美国。下午五时到办公处,阅本日《中央》、《大公》报。苏联八日对日宣战。

八月十日　　　晴。午未看表。据李振宽言,会档案处九十四度。

晨偕杨氏出山洞,至农行,取回亮儿汇款一万元,并晤该行主任郑铁肩。潮州惠来县人,能说客话,据云自南洋学的。旋至市内。余在鄂川茶旅社饮茶。杨氏在街购物。回至总纂办公处已十二时半。久未行路,且往日阴凉,今日甚热,汗喘疲甚。返寓已一时馀,小睡至二时半,食饭后又睡,起,洗身。五时后李振宽来谈,本日报到,苏日大战已开,苏军占领满洲里及呼伦。美国第二颗原子弹九日午投于日本长崎,炸毙日人六十三万。似可促成日本无条件投降矣。夜九时会内工友携杨本章科长手写号外,分送各公馆云,电话下午四时日本已无条件投降。其政(日记眉注:其政,系张主委之汽车伕,住李子坝。)

八月十一日　　　晴。晨微阴。上午云开。午表八十五度。晚东方露明有光,反映于余寓向东之窗,帷帐发白,讶而望之。白云簇拥成堆,以前所未见。

上午九时到总纂办公处,接玉新侄女五日来信。刘穆交来李树藩收据余去年向借之总理年谱油印本三本,已由刘穆代送还也。一纸。补阅昨(十)日《大公报》。东京九日广播:"新型炸弹之威力不可忽视,盖六日向广岛投下后,曾受相当之损害。据当地报,该弹系由 B-29 以类似降落伞之物附之投下,至一定高度开始爆炸。其爆风极强大,且发极高之热度,其被害范围至广。"战讯:广西方面,我军五日收复恭城。六日克复灌阳。中国战区美军总司令魏德迈九日宣布:(一)中国军队现已有伞兵突击队二十营,并有伞兵一团,曾于日军沿零陵退往衡阳时,自天而降,奇袭日军,并扰乱日军交通线。下午四时到会秘书办公室,开中华民国历史博物馆组织草案拟订会。毕,返办公处,阅本日《大公报》。日本昨日广播谓,日政府允接中英美苏盟国七月廿六日在波茨坦所发劝告投降电,惟望保全天皇。已由瑞典转电瑞士,分向四国表示,等语。又日本陆军大臣另电其部属,仍须作战。苏联军进攻朝鲜。观此所

谓日本无条件投降之事,尚有待。惟报载昨夜重庆城内喧呼狂欢,
美军酗酒游行,国民燃放爆竹,彻夜始息,未免太过。夜九时,会内
工友又送号外,云"日本天皇本日上午一时宣布退位。日陆军大臣
亦已愿无条件投降"。但未详此说从何而得。

　　　　八月十二日　　　　星期　晴。未看表。夜较热。

　　上午在寓欲改总谱增修本稿,未成。下午到总纂办公处,阅本
日《大公报》。载瑞士代办葛拉斯理十日转交美国关于日本投降建
议之照会原文。文俱未录俟剪报粘贴。十一日上午十一时国防最高
委员会与中央常务委员会关于联合紧急会议,讨论日本请求投降
问题。结论,此问题已由中、美、英、苏四同盟国政府取得密切联
络,加以研究。对于如何接受投降之办法,四国领袖正在商讨中。
最高统帅部今(十一)日电令各战区将士,加紧作战努力,一切依照
既定军事计划与命令,积极推进,勿稍疏懈。

　　　　八月十三日　　　　晴。午表八十五度。

　　昨夜睡不宁,晨起已八时,停练拳。上午九时到总纂办公处,
阅昨(十二)日《中央报》。伦敦十一日广播,尼米兹总部与麦克阿瑟总部
本日俱发表公报,谓日本未正式投降前,战事仍继续进行。关岛十一日合众
电:第廿航空队司令李梅中将于午夜宣布,第廿航空队将继续对日作战,超级
空中堡垒及原子弹仍将施于日本。**战讯**:江西方面,赣江东岸我军克复峡江
县城后,续向北退之敌追击,九日午克复新淦(干)城。西岸我军克新喻(馀)
后亦继续追击,八日至清江,十日晨克清江城。广西方面,我军由恭城向桂湘
边境推进,已至龙虎关。接王俊生十一日来信、可超侄八日来信各
一。下午在寓作诗一首如左①。祝詹母钱太夫人八秩寿辰(代安怀

―――――――――――――

　　①　日记粘贴《家慈钱太夫人八十征文》一纸,此处从略。——整理者

音作。河北省民政厅长詹朝阳之母也）潮海通星宿，韩山拱凤凰。詹侯生有自，贤母寿无疆。德媲女中圣，教成泽礼长。孝亲先报国，义训凛为坊。节举片言善，俱留百世芳。平居制庸行，苇众共慈祥。燕蓟维屏大，鲲鹏展翼翔。苍拜初荡涤，布政侍文章。家必增多祜，天其任显扬。期颐看左券，逢吉更康强。五时到办公处，阅本日《大公报》。十二日晨倭国尚无正式投降文电到渝。瑞士政府亦无消息。英美苏战事均仍进行。我国军亦未停战。广西方面，十日午克复全县城，并正扫荡残寇。

八月十四日　　　晴。午表八十八度。

上午十时到总纂办公处，接陈恺十二日来信。附淦甥六月廿二日致恺信，又致余信。阅之至慰。改寿詹母诗，并清录一纸，十一时带回寓送安秘书。下午二时安怀音来坐谈，谓已阅本日《大公报》。盟军因日本尚未正式投降，昨以飞机千架猛炸。四时洗身后正欲往办公处阅报，而工友金品朝来云，三时馀张公馆有电话到会，谓渝城各报号外，日本已于本日十二时复文，正式无条件投降。品朝去后，余出大门，安秘书适至，亦如此说。似即金品朝往报告者。旋余行至乾穿洞旁，柳聘农由内出，亦如此说，且曰：不必阅报矣！遂偕折回寓。天已晚，乃饮酒一大杯，心花怒放。夜口占一绝一首如左：卢沟秋月忽生波，遂使双星不渡河。今夜倭兵闻已去，可能重向鹊桥过。是日为旧历七夕也。廿六年抗战开始，则为新历之七七，亦巧合矣。

八月十五日　　　晴。午表八十七度。下午二三时间震雷数次，大雨一阵，旋止。

上午九时到总纂办公处，阅昨（十四）日《大公报》。据东京十三日广播，横须贺海军镇守府今晚公报称：敌航舰飞机八百架自本日上午五时卅分至下午五时卅分袭东部军区,日防空部队击落敌机十七架,又击损廿五架。敌机分散袭各机场与运输设备,并炸若干城市,引起若干损失。(按此或为英美航空母舰上之飞机最后一次炸日本之本土欤!何不再用原子炸弹耶!)战讯:江西方面,我军克复清江城后,又克樟树镇。十二日晚进克丰城。现沿赣江北溃败之倭寇,集中于南昌、九江间,在我包围监视中。

今日始恢复全日办公,因前日即十三日总裁在纪念周行礼后训示。下午正欲往办公处,乃大雷雨,未果。适照弟与玉新侄女来。谈后小睡一觉。照弟往档案处借得本日《大公报》。所载昨传日本复文正式无条件投降者,阅之,并非如题所称(文不对题),录之如左:

外交部公布　日本政府已正式无条件投降。投降电文系经由瑞士政府转达。原文如下:"关于日本政府八月十日照会接受波茨坦宣言各项规定及美国贝尔纳斯国务卿八月十一日以中、美、英、苏四国政府答复事,日本政府谨通知四国政府:(一)关于日本接受波茨坦宣言之各项规定事,天皇陛下业已颁布敕令。(二)天皇陛下准备授权并保证日本政府及大本营签订实行波茨坦宣言各项规定之必要条件。天皇陛下准备对日本所有陆海军当局及在各地受其管辖之所有部队,停止积极行动,交出军械,并颁发盟军统帅所需执行上述条件之各种命令。"

按右电何得谓"正式无条件投降之复文"耶!再阅伦敦十四日广播,(一)华盛顿讯:白宫今晚公布驻美瑞士使馆自伯尔尼政务部接获之电讯称:"日本驻瑞士使馆谓其今晨接获之密电并不包含举世期待之复文。"此与白宫较早宣布之日本复文已经接获之声明相冲突。(二)瑞士京城伯尔尼讯:日驻瑞士公使加濑,将来自东京之复文于今日下午七时(瑞士时间)送交瑞士外交当局,然后匆匆离去(此讯重庆十五日晨四时十分收到)由此二种广播参看,彼倭似尚有狡计,故弄玄虚。其计如何,俟日间当有破绽揭露。又伯尔尼十四日合众电:日驻瑞士公使于本日下午六时(重庆时间)后告合众社记者称,渠尚未接获东京对盟方和平条件之复文,惟料可于本日接获,云云。此条亦可参看。

八月十六日 晴。午表八十四度。下午七时表八十五度。

上午九时到总纂办公处,阅昨(十五)日《中央日报》社论,题为《莫候消息加紧奋斗》,实获我心。其首段"驯服日本是一件艰苦的工作,截至本文属稿之时(今日上午二时)为止,我们接到的消息是日本政府对四强通牒的复文不是四强可以满意的复文。我们判断日本必不能任意反复,但是它的军人必不愿立刻驯服。日本军人有善变与蛮横两重性格。它的善变,故在四强合围与原子炸弹穿心的大势之下,急遽转弯。但是,它的蛮横的性格犹存,还想扭转无条件投降为有条件议和,而复文又带着条件式的文句的原因"等语,皆与余意相同。其馀全篇均好。下午三时到办公处。照弟送玉新今晨出山洞,乘车晋城,返白沙学校。余日前寄严伯侨信,查邮局收据系九日寄发,乃尚无回信,所托送考白沙女师范附中事,未知如何。倘昨有复信,事已获允,则今晨兆先即可偕玉新往该校,今竟失机会矣,一怅。照弟昨下午代余在办公处取回十弟来信八月十一日来的。一件。正拟作复,乃本日《中央报》到,接阅之下,其第一条新闻为《日本已无条件投降》即昨录《大公报》所载外交部公布瑞士政府转达之电文,《中央报》按谓此公布昨晨七时收到,各版已印,未载。第二条为蒋主席胜利之日播讲。第三条为麦克阿瑟任最高统帅。第四条为蒋主席派定大员驰往接收各省市。文长未录,俟剪报粘存。至此日本无条件投降事乃真确矣。第五条中苏友好同盟条约签字。此五条中间夹有较小新闻。(一)铃木内阁总辞。(二)阿南切腹自杀。(三)蒋委员长电冈村宁次派代表到玉山接受命令。(四)蒋主席电促延安毛泽东来渝共商国是等。阿南惟畿即日本之陆相。毛泽东为中共首脑也。又中央社讯,我国庆祝胜利将于日本签订投降书后开始,吾人亦正盼日本之投降书刊入报纸发表,及我大员驰往接收各省市,以觇残倭态度。

八月十七日　　　晴。午表八十八度。下午六时半表八十四度。

上午九时半到总纂办公处，写复陈恺信一，致肇凤信一。下午三时到办公处，适张委员来，并派工人请见。谒张主任委员，承嘱拟题吴兴陈勤士先生六十寿相册子。古今体诗均可，约下星期三日需用。阅本日《中央》《大公》报。日本投降特使约有四名。十六日自东京乘飞机约于本日到琉球群岛伊江岛，换乘美机往马尼拉见麦克阿瑟统帅。此为麦统帅第一命令日本天皇，而天皇即照行之第一事。日皇已命令各部队停战，又命令东久迩宫稔彦改组内阁。国民政府军事委员会东南行营主任顾祝同十一日通告在东南各战区之日军，停止行动，听候处置，不得向非经指定人员缴械。苏联军在满洲继续深入，十五日，苏联军参谋总长命令称，东京之投降仅为笼统之条件，应继续对日军作战，以迄敌人放下武器为止。《中苏友好同盟条约》十四日在莫斯科签字后，中国由外交部长王世杰代表签字，苏联由苏外交人民委员长莫洛托夫签字。行政院长宋子文于十五日上午十时乘飞机往华盛顿，王外长与随行人员则飞返国，条约俟两国政府批准即公布。接权超十七日信一。

八月十八日　　　晴。午表八十六度。下午七时表八十五度。

上午九时到总纂办公处，写复王俊生信一，万里弟信一。接汝嘉弟十五日来信一。下午五时洗身后到办公处，同事均散了。阅本日《中央报》。日本应赴马尼拉之投降特使十七日延未派出。侦察东京上空之美机四架遭日方战斗机及高射炮拦击。美机击落日机二架，但美机一架之机翼亦伤损，惟安返吕宋基地。日本新内阁发表近卫文麿为国务大臣，他亦为法西斯分子，此为日本投降无真意之发现（东久迩稔彦总理大臣兼陆军大臣）。关东军投降停止军事行动之命令十七日仍未发布。苏联军进至沈阳以西之某地。

八月十九日　　　星期　晴。夜有月。是日为旧历七月十二夜。

上午九时修指甲毕，正欲写信，而万里弟偕其同学二人来，一为曾扬胜，惠阳人，一为陆士雄，高要人。询由沙坪坝乘车至新桥下车，沿公路行至山洞，一路问人，行抵会内，再由警卫指引，经乾穿洞办公处而来。陆系将毕业警官学生，改投水师。曾则由粤来渝投考者。现万里与曾为海兵总队第一大队四中队昨去信仍写三中队九分队，今始知误矣。队兵。有九月结业出国在英伦受训一年之说，但未定云。畅谈家事，并留食午饭，至下午二时半告辞而去。嘱他出国前如有便再来一谈。下午五时馀，李振宽来云，从歌乐山回会，在歌乐山街上见摆列家具及旧衣求售者甚多，足见下江人欲回籍者众且急矣。闻报纸已到，余即到办公处，阅本日《中央报》。消息虽比较昨日稍佳，然未见日本投降书发表。

八月廿日　　　晴。午未看表。下午七时表八十七度。夜月甚明但未圆。

上午九时到总纂办公处，抗儿同行。剪发后接亮儿十四日来函，欲写信而闵孝吉来，已奉张委员条谕，委任本会专门委员，正式公文约明日可发，至华华公司事则辞去，云云。即同路返寓，馀事未做。（日记眉注：万里告知，江东在白市驿第53工程处会计课办事[课长或课员未悉]，其名为江惠民。）下午三时到办公处，写复亮儿函一。阅本日《中央报》。日本投降事渐见确实，惟投降书尚未发表耳。夜阅贵阳《中央日报》七月五、十一日刊登关于台湾史地文，剪候粘存[①]。作题陈勤士寿相诗。

八月廿一日　　　　　晴。午表九十度。下午七时表八十七度。夜月

---

① 按所剪贴之周酉村《对日战争中的台湾》上、下篇，今从略。——整理者

甚明。

上午九时到总纂办公处，将昨夜剪存报纸粘贴于上，费时颇久。写复十弟信一。附启鹏自印度寄照弟信。下午五时到办公处，候报纸不到。写致权超信一。某工友自山洞购得《扫荡报》，各友争向取阅，余最后始得之，天已暗矣。略阅，其中有《蒋主席再电毛泽东促早来渝共商大计》附录毛泽东、朱德电文，措词多狂悖，称主席及国民政府为"你及你的政府"，国民革命军为"你的军队"，同人骇怪，未详阅。夜改诗成，录左。题陈勤士先生六二寿相：须发皤然乌角巾，葫芦手挽黑丹扪。非仙非隐非尘俗，独立清闲刚健身。镜悬老眼净无花，正直垂绅思不邪。莫误芒鞋道装束，由来道广太丘家。玉貌图成十六年，去吴逾楚到东川。人操几杖从谋礼，我诵葩经天保篇。

八月廿二日　　　上午晴。下午二时馀骤雨一阵，旋止，犹阴。夜初多雨。九时后月出甚明。夜半后雨。

上午十时到总纂办公处，时肇凤偕其同学凌乔文来寓，留之暂坐。余往会，将诗稿送张主委，乃至则仅见安怀音秘书。询张公已往北碚，约须二三日后始返会。徐、孙二位亦不在，将诗稿及加函托安转寄北碚。旋返寓，与肇凤等谈，至饭后，小睡，二人冒雨去。四时欲出门，闻王绍曾言，昨日之《中央》、《大公》二报，因有朱、毛等电，自渝城至山洞，沿途被人购阅殆尽，所以本会所订均不能到。今日报已到，惟共产党尚无反动云云。即向借得本日《大公报》，并详阅。连昨日之《扫荡报》参看。倭寇投降事，似稍近真。在东三省之关东军向称最强蛮有独立性之倭军，已向苏联军投降者七十五万人。苏军空运部队在哈尔滨、长春、沈阳、热河承德等大城着陆，倭军均不抵抗。在南京之倭最高指挥官冈村宁次已遵蒋主席命令派其总参副长今井武夫少将、参谋桥岛芳雄中佐、前川国雄少佐、译员木村辰男、中佐松原喜八、少佐六保善辅、航空员小八董正里、雇员中川正治等八人,乘绿色双引擎飞机经常德上空至芷江机场降落。由中国战区中国陆军总司令部参谋长萧毅肃中将、副参谋长冷欣中将,在中国美军作战司令部参谋柏德诺三人接见。萧参谋长面交中国陆军总司令何应钦上将致冈村宁次公文一件,署中华民国卅四年八月廿一日中字第一号备忘录。先自宣读全文一过。附有日本文一本。由今井细阅毕,签字"收到并充分了解本备忘录之全部内容当负责转达"等语。备忘录内有说中国陆军总司令部要先在南京设置"前进指挥所由冷欣中将任主任"一节,萧谓之曰:前进指挥所之人员附空军机场设站人员,将乘中国飞机,与贵官同时飞往南京,贵官回南京时间另行通知等语。又备忘录内开,接受日军投降之我方军事长官及其地区规定如次:

一、第一方面军司令官卢汉,接收越南北纬十六度以北地区。

二、第二方面军司令官张发奎,接收广州、香港、雷州半岛、海南岛。

三、第四战区司令长官余汉谋,接收曲江、潮州、汕头。

四、第四方面军司令官王耀武,接收长沙、衡阳。

五、第九战区司令长官薛岳,接收南昌、九江。

六、第三战区司令长官顾祝同,接收杭州、金华、宁波、厦门。

七、第三方面军司令官汤恩伯,接收南京、上海。

八、第六战区司令长官孙蔚如,接收武汉、宜昌、沙市。

九、第十战区司令长官李品仙,接收徐州、安庆、蚌埠、海州。

十、第十一战区司令长官孙连仲,接收天津、北平、保定、石家庄。

十一、第十一战区副司令长官李延年,接收青岛、济南、德州。

十二、第一战区司令长官胡宗南,接收洛阳。

十三、第二战区司令长官阎锡山,接收山西省。

十四、第十二战区司令长官傅作义，接收热河、察哈尔、绥远。

十五、第五战区司令长官刘峙，接收郑州、开封、新乡、南阳、襄阳、樊城。

十六、台湾接收人员，另行派定。

又，今井答萧参谋长云，冈村宁次所指挥为中国战区之日军一名为中国派遣军。台湾、越南不属焉。冈村宁次所指挥日军共计一百零九万人。

八月廿三日　　上午雾雨。下午晴，日出。六时表八十度。夜初多云。后云散月明如昼。是日为旧七月十六日，处暑节。

上午在寓复阅昨（廿二）日报所刊各处收复地区，欲录存则不胜录，乃罢。下午三时到总纂办公处，阅昨日《中央报》。甫毕而本日之报《中央报》。已到，续阅之，天已暗矣。日本关东军已降苏联军者廿万，非七十五万也。南京日军代表今井等定本（廿三）日上午九时返南京云。又伪满洲国傀儡皇帝溥仪被苏俘禁。

八月廿四日　　晴。午表八十四度。下午七时表同上。夜初月明。下半夜大雨一阵，旋止。

上午九时到总纂办公处，复阅昨（廿三）日《中央报》。又补阅昨（廿三）日《大公报》。分配卅四年二月份新征史料如左：

姜伯彰先生　同盟会江西支部史略。湖口起义讨袁始末。中华革命党上海支部新华社史略。邵元冲著玄圃遗书特辑。林故主席遗墨五件，又装裱立轴二件（横批：温良恭俭　自力更生。对联：声华周石鼓，耆旧鲁灵光。）十一件。

接王俊生廿一日信一，元龙弟十八日来信一。下午三时到办公处，续分配史料。

钟孝先先生　林故主席遗画九页作一件。蔡锐霆烈士事略。林故主席迎榇影集二十三帧作一件。视察陕西影集十七页作一件。第六次全国代表大会组织法及选举法。重庆市党部九、十次会议录。陇海路特党部卅三年十月工作。十五件。内二十三页者一件,十七页者一件。

莫纪彭先生 福州光复中学欢迎林主席影。美总支部欢迎林主席影。林主席总理奉安灵前影。林主席与福建支部同人影。民廿年林主席与驻法总支部同人影。美利滨华侨迎林影。林祭黄花岗影。林与福建同志祭黄花岗影。民二林在北京国会植树影。林主席民元国庆日影。民三林在檀香山影。民四林在古巴京城与支部同人影。民三林游美纽约观瀑布影。民五美洲支部送林回国影。民五林在加州演说影。十五件。

尚有数件拟分配于许师慎。复核内漏相片一件,俟明日王伯勋查出再办。阅本日《中央报》。

八月廿五日 晴。午表八十八度。下午六时表八十七度。夜月色不清。

上午九时到总纂办公处,阅昨(廿四)日《大公报》。将昨分配史料改编如左:

汤公介先生 西北公路特党部卅三年十、十一月工作报告。宪兵特党部卅三年十一、十二月工作报告。云南省党部卅三年十、十一月工作报告。云南省党部第九十三、九十四次会议录。山西省党部第七、第八次谈话录。贵州省党部卅三年八、九月工作报告。六件。

龙铁元先生 林故主席赠机救国摄影十帧。又游黄山影二页。又首都植树影。与福建学生摄影。黄花岗纪功坊影。驻美总支部办公室。古巴京城党部。巴黎郊外。北平总理铜像奠基。立马旁。上海真如戒烟社。广州大元帅府前。南京夜宴。浔阳阅书报社三帧。在广州中央党部前。在加拿大与同志。在北平总理逝世周年纪念。游历新加坡。十八件。

下午五时到办公处,阅本日《中央报》。接亮儿廿一日来禀。内书廿日所写。

八月廿六日 星期 阴。上下午俱颇闷热。夜初有月朦朦。十时后大雨。

未出寓门。下午洗身。晚间李振宽父子来谈。见报载,日本降书签字及盟军人东京湾占领,均因飓风改期九月一日。惟中国接收京沪之军队,已有李品仙之部到南京,原议汤恩伯之部队空运往京,似仍未往,惟冷欣已往设前进指挥所云。

八月廿七日　　　阴雨。晨雨数阵,上午止。下午六时表七十六度。夜十一、二时间雷雨。雷声极巨。

本日为孔子诞辰,安怀音秘书派花竿接余往会讲演。上午十时返至总纂办公处,略阅昨(廿六)日《中央报》。吴文辉由农林部来言,欲往台湾,拟请楚伧函介陈仪。时已近午,遂偕返寓食饭。饭后写致楚伧信。下午四时到办公处,接严济宽廿五来函、十弟廿四日来函,汝嘉弟廿四日来函附相片。各一。嘉弟投考海军以体重不及格被遗。阅本日《扫荡报》。

八月廿八日　　　阴。午表七十八度。六时表八十一度。夜月明。

上午九时到总纂办公处,开区分部党员大会。以莫纪彭晋城不来,所分配史料未送去,再改分如左:

龙铁元先生　除前分十八件外,改加送福州光复中学欢迎林故主席影。林故主席在总理奉安灵前影。美总支部欢迎林故主席影。民四古巴京城与支部影。民三游美纽约观瀑影。在美利滨华侨欢迎影。民二十法总支部欢送离法影。加送七种连前为廿五件。

许师慎先生　林故主席在加州对华侨演说影。民五美洲支部送林影。原拟分莫纪彭者尚有六件,记在廿四日,此未复记。

是日为旧历七月廿一日,吾母冥寿九十之辰,寓内设祀。先已约肇凤偕同凌乔文,今晨又约李振宽父子来午饭。乃余十二时半返寓,只振宽一人来,谓已食饭,因甫接到约函也。余去函系晨交挑水工人带去。又请房东二人食面及鸭肉,甚饱。尚馀鸭一只、猪肉一斤未食。下午四时到办公处,接邱海珊八月十六日自西安来函,附国币千元,录诗二首。查信在西安写而由小龙坎土湾重庆牛奶场邱怀付邮寄来,信内云:"前承助川资千元,经函饬四儿平庄在渝设法汇奉。"想平庄即邱怀也。未另有信,拟径复西安。阅本日《中央报》。冷欣已安抵南京。美大使往延安劝毛泽东来渝。各种消息较好。写复元龙弟信。因天暗蚊多未完。李振宽来谈,中苏同盟条约内有数约中国受损不小。余未全阅。

八月廿九日　　晴。午表八十八度。下午七时表八十九度。夜十时闪电天黑疑欲大雨,俄忽云开月出。

上午九时到总纂办公处,写致元龙弟信一。接万里弟廿七日来信。下午四时到办公处,复邱海珊信一。阅本日《中央报》。

八月卅日　　晴。午表九十二度。下午七时表八十八度。夜繁星灼灼,天仍热,但较昨夜稍松。

昨夜甚热,睡不宁,晨起略迟,停打拳。上午十时到总纂办公处,阅昨(廿九)日《大公报》。写致照弟信一,附元龙来信。嘉弟信一。下午五时到办公处,阅本日《大公报》。夜阅徐忍茹诗稿二本,据嘱选评。余意评断不能,为加圈于眉端示选取意。

八月卅一日　　晴。午表九十一度。下午六时半表九十度弱。夜初极闷热,半夜后转凉。

上午九时半到总纂办公处,接权超侄廿七日来信。附其妻刘氏并新生小孩照片一张。总核一月份新征史料姜伯彰所核十一件。下午四时到办公处,阅本日《中央》、《大公》、《新民》报。英美海军卅日已占日本海军港横须贺。麦克阿瑟元帅已抵横滨,倭寇确已驯伏,不敢反抗,惟新加坡日军总司令板垣尚未肯降云。

九月一日　　阴雨。午雨止。下午六时表七十度。

上午迭次小雨，不能出门。下午三时到总纂办公处，孙铁人自兼主任秘书未来处，闻近恙病，乃今忽来，询病已愈。因原主持分配新征史料，尚有经各人复核完毕而未经主持人查阅者，特来查阅云。黎光群来谈。阅本日《中央报》。接陈恺卅日来信一。

九月二日　　　星期　　晴。

上午在寓再阅徐忍茹诗稿。西征草。廿五首。（有一题数首者，不止此数也。）又西征草馀辑。下午到总纂办公处，阅本日《中央报》。日本定今日在东京湾美国主力舰上签降书。国民政府令以三日为胜利日，三至五日庆祝三天。三日放假。夜见天空有探照灯数道交互，甚趣，或系由新开市山上放射。似为城中纪念会助兴。

九月三日　　　上午阴。下午晴。

上午九时到总纂办公处，见秘书室通告，昨夜发送到处。奉主任委员电话，日本已签降书，本会做纪念周后，即举行胜利庆祝等语。并放假一天。因往会，已结彩悬灯，询尚未开会。入见来者已颇众。檐楹贴对联，文曰：王师收复西京，绝似编修唐代史；借盟友荡平三岛，堪怜辜负汉家封。觉其对仗既不工，词意均不合。细看数次，怫然动怒。入秘书室，见又在写对联。徐副主委忍茹已来，手亦握对联稿，交阅即正在写者也。各联平平，无好处亦无坏处。作联语本非易事也。余因举楹联为言，"借盟友荡平三岛"，是否语含讽刺？乃续以"辜负汉家封"句，是否骂主持军事之人？此庆祝胜利会场，乃用此联，殊煞风景。且若骂主持军事之人，则有讪谤军事委员会蒋委员长之嫌。蒋委员长在中央党部亦为本会委员之一。于今日本会庆祝会场用此，尤为不伦不类，失礼太甚。徐不言，同出檐边，乃于掌上书一孙字。余心大讶曰，孙先生作此联耶？因只闭口不再说。旋开会、行礼，人散。复入秘书室，余将阅完之西征草诗稿交还徐忍茹后，与孙镜坐谈昨日报载时事，彼不提起楹联事，余亦不提。孙君病初起似乏精神。顷余发言时，彼似未闻，在秘书室内之另一小室也。下午三时馀到办公处，候报纸有顷始到《扫荡报》一份，阅之，倭代表重光葵、梅津美治郎。二人昨在美舰上签署降书情形甚悉。重光跛一足，代表天皇。梅津代表日本大本营。（各件均有粘存价值。另俟剪粘。）六时返寓门前，李振宽来，即立门外一谈。彼询今上午对联事。余谓联语确不佳，但未知谁人手笔。据云是新来之专门委员李奎炳所作，是日李不在会。谈至此，王绍曾亦到门外一谈，据谓联语确多可笑〈之处〉。余谓或指日本天皇，因向有人谓日本曾受汉朝敕封，彼即以为典实，故有"堪怜辜负汉家封"语乎。王君冷笑谓：作者李君为湖北人，孙主任秘书镜新近荐入会，该联即孙所取，且必曾经改定。余至此又不复言，恐再言则伤及老孙矣。

九月四日　　晴。近午转阴。午表七十九度。下午七时表如上。夜半后大雨一阵，旋止。

上午十时到总纂办公处，再阅昨日《扫荡报》。剪发。接玉新侄女廿九日来信一。写复亮儿信一。闻龙铁元言，昨下午徐忍茹将楹联下句修改为"偕盟友荡平三岛，顿教重睹汉官仪"，较妥矣。下午四时到办公处，查阅一月份新征史料钟孝先复核十五件。阅本日《中央报》。

九月五日　　晴。午表七十八度。下午阴。六时表八十度。

上午十时到总纂办公处，查阅一月份新征史料许师慎复核五件。未完。十二时往会聚餐。接照弟一日来信、肇凤三日来信各一。在会饭毕，约下午二时返办公处，将许复核件续查毕。龙铁元又言，昨作对联者为李养然，江西人，系安怀音所荐，非孙镜所荐。

余不复谈。写复权超信一。附启鹏在印度致汝照弟信(前附致十弟)。夜在檐前坐看探照灯共九道,或纵或横,交射殊趣,计连演四晚矣。

九月六日　　晴。微阴。午表八十度。下午七时表八十度强。

上午九时到总纂办公处,阅昨(五)日《中央报》。写复陈恺信一。下午四时到办公处,阅本日《大公报》。南京受降典礼定于九日在京举行。前订六日,今因四日发生飓风,在芷江之军队未如期空运赴京,五日始由美运输机卅二架运新六军(廖耀湘所部)一营前往,馀待续运。日军冈村宁次承认签降包括台澎越北。英海军已于五日入新加坡。前传日将板垣不肯投降,现竟无事。英军又有在槟榔屿及泰国(暹罗)登岸者,亦顺利无事。香港英军已设军政府,预防混乱。

九月七日　　晴。午表八十六度。下午七时表八十五度。

上午九时到总纂办公处,阅昨日《中央报》。总查一月份新征史料龙铁元复核十五件。内有王汉吴崑何自新传共一件。颇多可采用。无暇摘录。下午四时到办公处,接嘉弟二日来函。阅本日《大公报》。写复照弟信一,附玉新侄女八月廿九日函一。玉新侄女信一。

九月八日　　阴。午表七十一度。下午六时表七十三度。午间曾下毛毛雨。晚间又下小雨,较午雨为大。入夜后又下。夜凉盖被而睡,秋意渐深矣。

上午九时到总纂办公处,复十弟、嘉弟信共一封。总查阅一月份新征史料刘崛复核六件。内有周亚烈同志笔述辛亥川鄂起义事。接嘉弟四日来函。下午三时到办公处,总查一月份新征史料汤增璧复核四件。因见窗外有工人扛物两大箱,往档案处,不知何故,心为一惊,即往会,询问是否本会有迁动?孙安两秘书均言,张主委前天来会,今晨才去,曾云迁京事尚未定期,大约在明年耳。前议改组博物馆事,亦展缓,俟还抵京再议。余告孙以嘉弟函称将被裁事。彼谓可来会委以一席。问何席,则为助干或佐理。余俟询嘉弟意再酌。返处阅本日《大公报》。下午杨氏与兆先女儿往振济中学报名缴费。

九月九日　　星期　阴。下午六时表六十八度。夜小雨。

上午在寓写致十弟信一。嘱询嘉弟意愿来否?下午五时馀到总纂办公处,阅昨日《中央报》、本日《大公报》,并将致十弟信交工友付邮。

九月十日　　阴。晨犹小雨。上午十时后雨止。犹阴寒。下午阴。

上午在寓重修总理年谱增修稿一段。下午续修一段。未完。五时到总纂办公处阅昨(九)日《中央报》。南京九月九日上午九时举行日军签降书仪式。此报拟后剪存。

九月十一日　　阴雨。上午小雨。下午转阴。七时表六十八度。

上午在寓再修总谱增修稿一段。下午剪贴报纸①。

九月十二日　　阴雨。上午雨虽小但檐溜不断。下午雨止犹阴。晚间细雨霏霏。

上午在寓再修总理年谱增修稿。未成。午接安怀音函称:"《总理年谱长编》稿原计划上半年应增修二十六万五千字,是否按进度完成,刻党政工作考核委员会朱启复先生到会考查,请将办理情形开示,以便转达。"下午余即到总纂办公处。时约二时半,路极烂。俄安偕朱来。余招待后询朱为安徽泗州人今称泗县。以名为号,即复安一条,安面交朱。条称:"示悉。查上半年应增修总理年谱长编稿未能按进度完成。原所拟二十六万五千字仅已成十六万

---

①　按原剪贴八月十日贵阳《中央日报》所刊该报资料室之《日本的兴起与没落》一文,今从略。——整理者

字左右，惟尚有预备增修而从各种史料中摘录之件（此系零碎之件，未增修入稿）约五六万字，经总干事嘱助理干事抄表送阅矣。"①朱去后，余赴会开明年度工作及预算会议。六时殷实至处，阅本日《中央报》。接嘉弟八日晚九时来信，言十弟于八日上午七时由渝乘"民权"船赴上海矣。接照弟九、十日信二封，吴文辉六日信一。

九月十三日　　　　晴。微阴。午表七十二度。下午六时表七十三度。夜有星月。是日为旧历八月初八。

上午九时到总纂办公处，总查一月份新征史料莫纪彭复核六件。写致嘉弟函一。下午四时半到总纂办公处，阅本日《中央日报》。新加坡日军大将板垣代表南洋日军总司令寺内寿一已于十二日上午十一时在新加坡市政厅签订降书。香港日军投降典礼原定十二日举行，现因故改期。因何故，改何日，未详。

九月十四日　　　　晴。午表七十六度。下午六时表同上。

上午九时到总纂办公处，写复万里弟信一、肇凤侄孙信一、振济中学教导处信一。下午四时到办公处，阅本日《中央报》。接可超侄九日来信。夜杨氏与抗曾兆晚母子均发热，兆先女儿本上午疟疾发。晚间已好，然精神欠佳，亦早睡。余甚惶虑，睡不成。

九月十五日　　　　晴。微阴。午表七十六度弱。下午六时七十六度。

上午九时半到总纂办公处，写复可超侄信一。接陈恺来信一。下午三时到会，领取奎宁九十片、黄安药片十粒、苏打片廿粒。返至办公处，接吴文辉十二日来快信一。写复陈恺信一。阅本日《中央报》。

---

① 　按日记所记复条简略，今据日记中所夹原件引录。——整理者

九月十六日 星期 晴。

晨在寓阅贵阳《中央日报》所载《中苏友好同盟条约》。剪存。姑粘在此底页备查①。十一时偕杨氏往邹家,邀邹器之同往李树藩家寿宴。先约定者。邹太太已于昨上午先往。宴颇丰盛,福州菜尤可口。乃杨氏席间忽发寒热,当系前晚传染而得疟疾。发过后余即偕返寓。行至小店子适有花竿,以二百元雇至寓。杨氏不肯坐,强之乃坐。返寓睡于兆先女儿床上,至夜八时馀乃清醒。夜半全愈。

九月十七日 晴。午表八十六度。下午六时表八十四度。夜月明。今日为旧历八月十二日。

晨起稍迟,未打拳。上午九时半到总纂办公处,剪发后将昨剪存之件粘存三页,候附订日记内。阅昨日《中央报》。下午四时半到办公处,阅本日《中央报》。香港日军已于十六日正式签降。广州日军亦于十六日签降。十五日东京电:麦克阿瑟统帅部本日下午一时半发出通告口:"盟国最高统帅,希望各界明白,盟国在各方面不以平等态度对待日本。日本为战败之敌国,尚未表示有列于文明国家之资格。"按此为麦帅自占领日本以来首次说明盟国对日关系之态度。

九月十八日 晴。午表八十五度。下午六时表八十三度。

上午九时半到总纂办公处,旋到会,请欧医生。返至办公处,阅昨(十七)日《新民报》。今日为"九一八"十四周年纪念。各界在中一路举行大会,由重庆市党部主持。下午洗身后到办公处,阅本日《大公报》、《新民报》。接万里弟十六日来函一、德超侄十一日来函一、经济弟四月来函一。

---

① 按,此处从略。——整理者

九月十九日　　晴。午表八十五度。下午六时表八十四度。夜月明。旧八月十四夜,月未全圆。

上午九时半到总纂办公处,总查二月份新征史料姜伯彰复核五件。林主席之遗墨五种,江西同盟会、中华革命党等事特重要,又邵元冲神道碑亦重要。接山洞农行通知亮儿十二日汇款附言。下午三时到办公处,总查二月份新征史料钟孝先复核十五件。以封套计实七件。内有江西蔡锐霆烈士事略。与姜核之江西同盟会可参看。夜与王绍曾科长在檐前坐谈望月。

九月廿日　　中秋节。晴,微阴。午表八十度。下午未看表。夜月甚明。长空无云。望久有"纤云四卷天无河,一年明月今宵多"之感。

上午九时半到总纂办公处,旋往会,将农行通知书加盖会印。与杨毓生谈,最近接南京九月七日家书,其家在京城内,至乡下情况,不详。下午三时到办公处,旋往会事务科,托杨本章、王海涵代雇定花竿一乘,明早来寓,拟由杨氏抱小女孩兆晚往山洞卫生站检查体格,连日发热究是何病。返至处,阅本日《中央报》。夜,李振宽由沈裕民家来,带交学曾侄八月廿二日来信,附小皮包一个。信内言,旅外十六载,俟有机会,当即返国服务并省亲。兹因陈家博兄(陈介大使之长公子)返国之便,托带小皮包一个,祈为哂纳。沈处长昨从本会驻渝通讯处携来。谅因陈公子不到山洞,送至通讯处,适沈看见,顺为带回也。李在寓檐前望月,坐谈甚久始去。兆晚女儿晚间服醋溜酸药片,安怀音太太所教并借来。热全退,睡极酣。

九月廿一日　　晴。午表八十四度。夜月明如昼。

晨早起,杨氏谓晚儿已全愈,不必出山洞求医。即往安家,托安秘书到会时嘱事务科勿派花竿来。余拟明日再往山洞农行领汇款。十时到总纂办公处,写复照弟、文辉函共一封。早未打拳。下午兆晚女儿又发热。余先往会领取醋溜酸片,预备给服。旋至办公处,阅本日《大公报》返寓,杨氏已先向安家借得鹧鸪〈菜〉给服矣。夜将半,晚儿热退,又甚精神。

九月廿二日　　晴。夜又月明如昼。

晨又未打拳,即偕杨氏出山洞,至农民银行,取得款一万五千元。欲往卫生站访王修恺医生,未果。杨氏往邮局寄经济弟快信一。余途遇一人刘某,赣人,言欲往党史会访姜伯彰。因姜君为赣江中学董事长,渠近受赣江之聘为专任教员。殊校长钱某以事辞职赴沪,新任校长刘奇另聘数人;渠到校,反以额满见遗。闻刘为姜伯彰之子在德国留学时之同学,今日由冷水场赣中步行来此。余告以姜君前日往南温泉其子家渡秋节,一二日间未必返会。渠顿失望。余乃邀至川鄂茶旅社饮茶。彼以名片、履历、聘书等件相示,即托余交姜君,并代恳言援助。约谈半小时,杨氏各事完毕,亦至茶社饮茶,乃偕返寓。刘白去。杨氏笑余曰:此人今日行吉运,若非遇君,则他当入山白走一趟,在山洞又安有茶饮?据云冷水场来山场〔洞〕,廿馀里,亦山路崎岖,与由山洞至党史会之路〈相同〉也。返抵寓已下午二时矣。在山洞农行曾阅本日《中央日报》。是日走路疲甚。

九月廿三日　　星期　　晴。微阴。晚多风,夜月又明。

昨日行路,人极疲困。今上午洗身后小睡。下午渐健,四时到总纂办公处,阅本日《大公报》。接嘉弟十九来信、吴文辉十九日来信、陈恺廿一日来信、权超侄十八日来信、肇凤侄孙廿一日来信各一。

九月廿四日　　晴。微阴。午表八十四度。下午六时表八十二度。

下午三时许阴甚，曾洒雨点。夜月仍明。

　　上午九时到总纂办公处，阅七月廿四日秘书室送到中央图书杂志审查委员会所送杨铎编著《辛亥建国大纲史稿》。查前数月既有原稿之件，概不审查应予退还例，此案自应援例照办。姑为一阅。已阅其序及凡例，又原文十四页。未完。下午三时到办公处，剪发后阅本日《大公报》。又补阅昨日《中央报》。

　　九月廿五日　　　晴。微阴。午表八十四度。下午六时表八十七度。夜十时许雷电交作，继以大雨一阵。

　　上午九时到总纂办公处，续阅杨铎史稿，摘录如左：

　　（一）民前九年（癸卯），中国教育会创爱国学社，复秘组光复会。蔡元培、章炳麟、陶成章、吴敬恒、徐锡麟、马宗汉、陈伯平、秋瑾等均为会员。

　　（二）陶成章等复合浙、皖、闽、苏、赣五省哥老会曰龙华会，有檄文一通，昌言革命，见《清稗类钞》。

　　（三）章炳麟之《革命军序》末段云："抑吾闻之，同族相代谓之革命，异族攘窃谓之灭亡；改制同族谓之革命，驱逐异族谓之光复。今中国既灭亡于逆胡，所当谋者光复也，非革命云尔。容之署斯名何哉，谅以其所规划，不仅驱除异族而已，虽政教学术礼俗材性，犹有当革者焉，故大言之曰革命也。"

　　（四）黄冈之役，"黄二被拘车站，刑讯不屈，遂遇害。"

　　（五）七女湖之役，陈纯、林旺失败逃港，至屯门青山之李纪堂农场暂避，旋往南洋。邓子瑜为此役主动人，被港吏勒令出境。孙稳逃南洋，己酉冬，由新加坡回港，甫抵岸，被清吏控以劫匪系狱，经党人延律师抗辩数月，不直，卒被港政府引渡于粤吏，遇害。

　　（六）徐锡麟刺恩铭时，巡警学堂总办周家煜。

　　（七）防城之役，霍时安为郭人漳（葆生）之哨弁，民党与郭部传通消息，多赖其力。王和顺败后，黄克强离钦，郭恐其泄漏秘密，借他事杀之以灭口。

　　共阅十三页。自十四至廿六页。

　　下午三时到办公处，续阅杨铎史稿七页。自廿六至卅二页。

未摘录。阅本日《大公报》。

九月廿六日　　阴。下午天渐朗,六时转晴。表七十六度。夜半闻雨声。

雨后路湿,不能出门。上午在寓重修总谱长编增修稿二段。下午三时到总纂办公处,续录杨稿如左:

黄花岗七十二烈士姓名籍贯

姓名	籍贯	姓名	籍贯	姓名	籍贯
林文(时爽)	福建侯官	喻培伦(云纪)	四川内江	黄鹤鸣	广东南海
方声洞(子明)	同　上	宋玉琳(建侯)	安徽怀远	曾日全	广东花县
饶国樑(少峰)	四川大足	林觉民(意洞)	福建闽县	徐熠成	同　上
李德山(泽三)	广西罗城	石德宽(景吾)	安徽寿县	徐容九	同　上
罗仲霍(则军)	广东惠州	林君民(靖庵)	福建闽县	徐茂燎	同　上
陈可钧(希吾)	福建侯官	李文甫(炽)	广东东莞	徐廉辉	同　上
陈更新(铸三)	同　上	陈文褒	广东大埔	徐保生	同　上
冯超骧(郁庄)	同　上	陈与燊(癒心)	福建闽县	徐应安	同　上
刘元栋(钟群)	福建闽县	庞　雄(甦汉)	广东吴川(?)	徐培添	同　上
刘六符(锋)	福建连江	饶辅廷(可权)	广东嘉应	徐广滔	同　上
李文楷(芬)	广东清远	程　良	安徽怀远	徐礼明	同　上
周　增(能益)	广东嘉应	李雁南(群)	广东开平	汪继复	同　上
余东雄	广东南海	林修明(德昭)	广东镇平	徐日培	同　上
陈　潮	广东海丰	李炳辉(祖奎)	广东肇庆	徐满陵	同　上
杜凤书(?)	广东南海	李　晚(晚发)	广东云浮	徐佩旒	同　上
徐进炲(德熙)	广东花县	郭继枚	广东增城	徐松根	同　上
徐临端	同　上	罗　坤	广东南海	徐昭良	同　上
王灿登	福建连江	罗乃琳(万霖)	福建连江	林西惠	同　上
胡应昇	同　上	韦统铃(香泉)	广西平南	韦统淮(义廷)	广西平南
陈清畴	同　上	韦树模(焕初)	同　上	韦荣初	同　上

黄忠炳(赤中)	同	上	林盛初	同 上	秦 炳	四川广安
卓秋元	同	上	周 华	广东南海	陈 春	广东南海
魏金龙	同	上	马 侣	广东番禺	劳 培	广东开平
陈发炎	同	上	游 寿	广东南海	张学龄	广东兴宁
						(?)

清宣统三年诏颁铁路国有之始末　始光绪廿八年盛宣怀与美商合兴公司订修粤汉铁路,既签约矣,湘、鄂、粤申议自筑,力争,鄂督张之洞助之,卒废约。之洞非拒外资,实欲挤盛而夺之权。袁世凯亦有力。于是粤汉、川汉两路均归商办。既数年,商力薄无成。之洞复谋借外债筑修。奏上,报可。宣统元年草合同已签矣,而之洞卒。后二年(宣统三年)十二月,宣怀为邮传部尚书[1]。与度支部尚书载泽相结,力言铁路商办有百害无一利,且终不能成,应仿外国制收归国有,以一事权。清廷信之,遂于四年四月[2]定为政策,下诏宣布。

阅本日《中央》、《大公》报。

九月廿七日　　阴。午表七十六度。下午略见日出。六时表七十八度。夜八时许遥天闪电,十时后电光煜煜愈近,使人目炫〔眩〕。十二时许雷雨并至。

晨杨氏与兆先抱兆晚女孩往山洞卫生站就医,余后起床,未打拳,早粥毕到总纂办公处,续阅杨稿十一页。摘录如左:

汉口领事团承认民军严守中立之布告

驻汉法、俄、德、英、日领事,为布告严守中立事。现值中国政府与中国民军互起战事,查国际公法,勿论何国政府与其国民开衅,该国国内法管辖之事,其驻在该国之外国人无干涉权,并应严守中立,不得藏匿两有关系之战守

---

① 按,盛长邮传部,为宣统二年十二月初六,即一九一一年元月六日。——整理者

② 按:应系三年四月。——整理者

者,亦不得有辅助任何方面之状态。据此,领事等自应严守中立,并照租界规则,不准携带军械之武装人在租界内发现,及在租界内储匿各式军械及炸药等事。此系本领事等遵守公法、敦结交谊上应尽之天职。为此。阖〔阁〕切布告,希望中国无论何项官民,辅助本领事等遵守,达其目的,则本领事等幸甚,中国幸甚! 谨此布告。

西历一千九百十一年十月十八日号　印吴禄贞在石家庄死状

袁世凯忧张(绍曾)、吴(禄贞)为变,于己不利,商于段祺瑞,欲留兵扼武胜关与民军相持,而自提大军定北方,固后路。祺瑞曰:此小事,无烦大兵,祺瑞了之足矣。即微服北归,与良弼等计,密令周符麟、马惠田刺吴禄贞。周原任第六镇十二协统,因事为禄贞所革,马系营长,与符麟素相契,既奉段、良令,即来与协统吴鸿昌言于月下,军需官微闻其语,以告,禄贞殊不置意。至夜半,与参谋张世膺、副官周维桢治文书。突闻有人大呼"奉密旨杀吴禄贞,他人不问!"禄贞持马刀边砍数人,而飞弹自窗外入。禄贞中弹,仆地,贼入割其首去。世膺、维桢亦中弹死。后符麟、惠田均受段豢养。

下午三时到办公处,续阅上稿十三页。张主任委员来,谈及明年工作计划问题,匆匆数语即中止,余未明其旨。欲辞增修总谱之责,亦未提及,俟看徐副主委及孙主秘所拟工作计划草稿再谈。前次开会,徐约候再开会,迄今已逾三四星期,未见通告召再开会,不解何故。阅本日《中央报》。

九月廿八日　　阴雨。晨小雨濛濛。上午十一时许雨止。天渐朗。旋又阴。下午四时半天暗。六时表七十四度。

上午在寓重修总理年谱增修本数处。下午续修一段。第一本已完。下午四时半到办公处,阅本日《中央报》。因天暗未再阅史稿。

九月廿九日　　阴。似入雾季之天。午表七十二度。下午六时表七十五度。夜大雷雨。

上午九时半到总纂办公处,作评杨史稿签呈一件。接吴文辉廿五日来信一。下午三时到办公处,将王伯勋录就签呈,连原书送张总纂。录存原签如左:

查本书以事为纲,系之以文,详之以注,编法甚善。凡例有言,立意矫正各家叙述辛亥之役党同伐异,纯任主观之失,尤足令人钦佩。但细为审核,凡例所言事迹力求正确,文字力求简练,则简练诚有之矣,正确似犹未尽也。且有因求简练过甚而使事迹遗漏者。又所刊参考各书,其最重要如胡编《总理全书》、邹著《中国国民党史稿》、冯著《中华民国开国前革命史》三种,胡书既有他人为之增补、重编,邹、冯二氏书各经其本人自加增改、续刊,倘参考一失其根据,事迹反贻错误,欲成信史,尚非其时。至全书编年,于民国成立已易正朔之后,仍用甲子纪元,殊属不合。除内有错字似系缮写笔误另粘签批外,应将原书还原送审人慎自复查修正,勿急求发表。惟附录《武昌革命真史》之商榷一件,甚见史识,若提出续刊行世,有裨益于党史,当非浅鲜。是否有当,谨请钧核。附原书一本。

写复万里弟信一。阅本日《大公报》。夜雷雨,屋漏水,沾床帐。房东唤工人修屋瓦始已。

九月卅日　　　星期　　阴。寒。

房中地湿,人极困倦,上午小睡二次,仅阅昨日《大公报》,未工作。下午写复陈恺信一。接嘉弟廿七日来信,知十弟于廿三日抵南京。李振宽来谈,报载印度人逐英,已开战。按此与越南人逐法事正同,倘演进一步,则缅甸、马来、暹罗将并起而逐英法,是西南亚洲又风云扰乱矣,非细事也。惟暹罗人又有与华侨冲突事,不知彼族能分别认识此大事能发不能收之关系,非可孟浪妄动者否?

十月一日　　　阴雨。晨及上午雨沉绵如岭南春霪之象。下午雨止,阴寒。夜加被。

上午在寓改总谱增修本二段。下午续改一段。未完。

十月二日　　　晴。午表七十度弱。上午见乾穿洞田边小沟流水。谅为前夜雷雨及昨上午雨所致。下午日色甚佳。未看表,约在六十度馀。夜嫌被薄矣。

上午九时到总纂办公处,阅前昨两日(卅、一)《大公》、《中央》报。阅潘涵抄送接收员李治中处长九月廿八日南京来函,报告党史陈列馆完好。其后面空地为伪中央军校添建瓦房二百馀间,计在本会界内者五十馀间,能否收作本会职员宿舍,俟全会迁返时交涉。现陈列馆为陆军部京沪区特派员办公处,约有员工百馀人。军政部允于十五日左右饬令迁去,并准李处长先于九月廿九日带工人二名在三楼开始接收伪中央党史会、伪国史馆筹备处。之档案图书。李治中现在通讯地址:南京中山东路中央党史史料编纂委员会。馀略。接照弟九月廿九日来信一。邮票自昨(一)日起价九倍。下午四时到办公处,阅本日《中央报》。前(九月卅)日所写致陈恺信,今日始发,费邮廿元。

十月三日　　　晴。微阴。上午九时表五十八度。午表八十一度。下午阴甚。六时表六十二度。

上午八时半到总纂办公处,写复嘉弟信一。粘存贵阳《中央报》二页。下午三时到处。饬工友将黄大白前寄来高良佐著《孙中山先生传》一本、吴文辉所送《农林研究试验辑要》五本,分赠征集处、图书室。写致亮儿信一。阅本日《大公报》。

十月四日　　　阴。午表六十一度。下午六时表同午。

上午九时到总纂办公处,写致淦弟信一,与致亮儿信同封寄省银行。往会,催米、请医、访徐孙。徐未晤。收刘穆抄件一百十四页。候汇齐校对装订成本,再行增修。下午四时到办公处,阅本日《大公报》。孙托为拟长联一对,为双十节会内之用。夜试拟一联如左,明日或后日再写致之:武昌一击,成同盟会排满革命之功,纪念卅三周,大汉天声犹震铄;巴蜀八年,获联合军破日受降之果,重逢双十节,中华国庆更辉光。

十月五日　　雨。晨始小雨,上午渐大,至午始止。下午阴。

上午在寓改总谱增修稿第二本数处。总理事迹已完。但国内外大事未改。下午欲往总纂办公处,闻路滑,不果。再阅上午改稿一过。向王绍曾科长借得本日《大公报》一阅。夜请杨□□晚饭。

十月六日　　晴。微阴。午表六十五度。下午六时表如午。半夜后雨一阵。

上午九时到总纂办公处,阅昨(五)日《中央日报》。接陈恺三日来信。即复陈恺信一。总查一月份新征史料孙镜复核十件。摘录其一如左:

吴稚晖绝命书

清光绪廿八年六月间,吴稚晖留学日本,因保送留学生事,与蔡钧冲突,为日本朝野所注意。吴被逮后,以为士可杀不可辱,乃于七月初三日上午七时,于日本警吏拘引出境时,自沉于河,以救获苏。吴被救后,友人检其衣底,得一小包封,题曰《其言也善》。内有绝命书一通,云:“信之以死,明不作贼。民权自治,建邦天则。削发维新,片言可决。以尸为谏,怀忧曲冤。唏嘘悲哉,公使何为? 孔曰成仁,孟曰取义。亡国之惨,将有如是。诸公努力,仆终不死。”并注曰:“吴敬恒绝命书。敬恒所以就死于日本国者,奉劝日本念唇齿之义,留学一事,不可阻碍。如欲与我国亲善,尤以顾全我国私费学生之便利为最要。若专取现在政府之信用,恐未得益先受其害。因我国君主现方蒙难,官场之腐败,为廿四史所少见。若日本官久与相处,与之俱化,则中国之利益不可得,而日本之良风堕矣。日本良风一堕,将使黄种人尽奴于白种人矣。岂不可哀哉! 又敬恒一人之伏其罪,一切被牵引之孙君等,宜可复其自由归国之权。"

接饶小田去年七月卅日信一。下午三时到办公处,写复权超侄信一。

十月七日　　　星期　阴。上午略见日色。午阴甚。小雨霏霏。下午雨止犹阴。

上午欲往会,至总纂办公处,闻会内已食饭而止。姜伯彰自南温泉回,与谈前星期在山洞途遇其同乡刘君,托谋赣江中学教员事。阅《新民报》,忽见刊载柳亚子已加入民主同盟新闻。按所谓民主同盟乃新近颇出风头之团体,以黄炎培为领袖者也。下午四时到办公处,阅本日《中央》、《大公》报及《新民报》。

十月八日　　　晴。午忘看表。下午三时表七十二度强。六时表六十八度。

上午九时到总纂办公处,旋往会,催煤米。取得九月份米代金作清。面交孙铁人双十节会门联如左:九二受降刚喜抗战胜利;双十庆祝益思建国成功。

在图书室阅壁悬巴县山水图,对巴县形势略知梗概。久欲购此图,未得也。惜悬在高处,而图甚小,须站在竹椅上,阅之不易耳。返办公处,录前(六)日《中央报》载国民政府四日命令,有关革命史。但是否可入党史,候查。因命令无同盟会字样。

国民政府四日令　行政院呈据内政部呈报,陕西略阳县辛亥举义死难之张俊彦、康炳熙、刘利川、杨发青、杨发林、杨金桂、崔义福、谭厚义、毕世荣、白怀义、傅文显、王得发、陈克继、刘利沛、宋殿邦、黄天才、熊克敬、李庆富、赵维珍、周三杰、杨瓜瓞、刘瓜绵、谭东林、李义成等廿四烈士事迹,转请鉴核、明令褒奖等情。查该烈士等率先倡义,为国捐躯,大节凛然,足资矜式。应予明令褒扬,并由行政院转饬陕西省政府于殉难地方,立碑纪念,以示政府褒奖忠荩之至意。此令。

接万里弟八日来信一。下午三时到办公处,张主委来处,谈及以前曾在昆山见顾亭林《天下郡国利病书》稿本,是他人抄写由顾加批者。写复十弟信。未完。阅本日《大公报》。

十月九日　　　晴。午未看表。下午六时表七十度。

晨早起打拳后,续写复十弟信。完。至总纂办公处签到。又至会一看,返寓,始食粥,乃脱棉袄再睡一小觉,起而重到办公处,将复十弟信发寄。正欲午睡,适刘去非经过,托刘带往传达处。下午觉身上微不适,又卧一次,四时到办公处,阅本日《中央报》。

双十国庆日　　　晴。

晨往会,参加庆祝典礼。散后,与孙铁人徐忍茹谈颇久。九日《新民报》载"廖仲恺之婿李少石八日伴送柳亚子返沙坪坝寓处之归途,被人狙击,弹由胸入背出,送至市民医院,未及治而死。"亚子幸矣,亦危矣。从何处返沙坪坝寓处,惜未明也。下午四时到总纂办公处,阅本日《中央》、《大公》报、《新民报》。略阅已天晚矣。接陈恺八日来信,邱海珊九月卅日来信各一。

十月十一日　　　晨阴。将午始大放晴。午表七十四度。下午六时表七十度。

上午十时到总纂办公处,阅昨(十)日《中央报》,有曾省三撰《武昌首义之缘起》一文,可为参考史料。总查二月份新征史料龙铁元复核廿五件。下午三时到办公处,接嘉弟七日、九日来信各一。总查二月份新征史料许师慎复核八件。内有疑义者一件。又汤公介复核六件。阅本日《大公报》。

十月十二日　　　阴。午表六十八度。下午六时表如上。

上午九时到总纂办公处,阅昨(十一)日《中央报》。写复嘉弟信一。接亮儿七日来信。下午四时到办公处,阅本日《中央日报》。

共产党毛泽东、周恩来、王若飞三人，自八月下旬由延安来渝，与蒋主席及国府所派张治中、张群、邵力子迭次商谈国是（报纸称为团结商谈）。十一日将谈话结果作为会议记录，双方签名发表（蒋主席与毛泽东无名）。毛泽东、王若飞即于十一晨乘飞机返延安，张治中陪乘送之。周恩来留渝继续商谈未决问题。张群先于国庆日返成都省主席任所，纪录上留空白注明候补签名。

十月十三日　　　阴雨。晨雾濛濛。八时起小雨。至午始止。下午不雨而阴。

上午欲往总纂办公处，已穿草鞋，见雨势渐大，遂止。在寓录《武昌首义之缘起》如左①：

下午，照弟由农林部来，谈甚畅，并带来本日《中央报》，载张治中十二日午后自延安飞返渝。晚间照弟往会，又借得本日《大公报》，载张治中昨日午后偕王若飞及其夫人飞返渝。当前日（十一日）午后偕毛泽东飞抵延安时，到飞机场欢迎张氏者二万馀人。晚间延安中共当局又召开群众大会，欢迎张氏。张即席演说，谓此次谈判成功，百分之七十和平团结前途业已奠定。蒋主席与毛先生感情十分融洽，彼此都说"你的困难就是我的困难"，双方合作之诚意可见。张氏原定由延安转飞新疆，是晚奉蒋主席电召，故昨日又飞返渝。至团结商谈纪要，已经中共中央全体会议通过，张氏昨经向蒋主席报告云。按此事可释人民忧虑，共产党将掀起内战之谣可消弭矣。照弟又在总纂办公处带返学侄九月十七日来信，并由中国银行汇助家用万元。适王绍曾科长明日进城，当即将汇票及

①　按：曾省三此文，日记之十三、十四日曾经摘录部分，廿三日又剪贴全文。文字太长，兹从略。——整理者

信封托他带至城兑领。但未将汇票号数录存，又未将票背加盖党史会印及林百举印，殊疏忽也。

十月十四日　　　星期　阴。上午小雨二次。午日出，旋阴。

晨写复学侄信，原拟由照弟带往歌乐山。早粥后肇凤偕其同学孔宪明来，照弟即去。余嘱肇凤代写英文信封毕，谈至午后，将信交肇凤带出山洞付邮。下午在寓续录《武昌首义之缘起》如左。（从略）四时馀到总纂办公处，阅本日《大公报》。

十月十五日　　　阴。午表六十四度。下午六时表六十二度。夜雨有声。

上午九时到总纂办公处，写复陈恺信一。分配三月份新征史料廿八件。下午四时到办公处，接李仁群寄访秋叔革命证件九件。阅本日《大公报》。

访秋叔之革命勋绩证件详列如左：

一、申叙奔走革命经过呈（呈国民党驻日里直属支部。民国卅年六月五日。附中国同盟会、中华革命党同志调查表。民国卅年九月一日）

二、中央海外部海都二(33)1046号函一封。

三、百举先生致访秋函一纸。

四、攻拔惠州城南洋同志摄影一张。

五、中国同盟会华侨会员证二张。附民五讨袁之役护国第二军总部服务邕江行营摄影一张。

六、广东北伐军总司令陈发给奖状一纸。

七、中央海外部海都二(33)1028号函一纸。

八、革命勋绩审委会义字136号批一纸。

九、中执委会勋字第813号证明书一件。

李仁群致百举函一件。

十月十六日　　　阴雨。上午小雨二次。下午小雨一次。

上午点收昨接李仁群寄存访秋叔证件，欲复函，沈裕民处长来，余询以向铨叙部为请领简任状办法。据言似即可将中央执委会证明书请领，但未办过云云。拟暇时再托侯标庆兄代办。午往刘去非家食喜酒。去非今日续弦。菜多，但均是猪肉，余食不惯，反受饿一餐。下午欲到办公处，因雨不果。晚接王绍曾科长代领回学佴汇款万元。阅德菱〔龄〕公主《清宫二年记》。小说，间有满清宫廷掌故可采。

十月十七日 晨雨。上午仍小雨。午雨止。下午三时日出。六时表六十三度。夜月甚明。是日为旧九月十二日。

上午在寓续阅《清宫二年记》。下午四时到总纂办公处，补阅昨（十六）日《大公报》。又阅本日《大公报》。

十月十八日 晴。微阴。近午放晴。午表六十九度。下午五时表六十四度。夜月甚明。

晨往会事务科，托派花竿未得。因小工已出门挑煤矣。返寓，杨氏带兆先、抗曾往会，请欧医诊脉。兆先自上月以来常患咳嗽，余疑其肺有疾，拟往歌乐山医院检查。抗曾身上发痒，且生疙瘩，似前十馀年余在南京承厚里寓中所患"风疹"之疾，均得就欧医诊治也。上午十时到总纂办公处，分配四月份新征史料。下午在寓阅《清宫二年记》。四时馀到会，约雇花竿明日午刻往上海医学院。返处阅本日《大公报》。

十月十九日 晴。午表六十九度。下午五时半表六十四度。夜月极明。

晨早起打拳毕，看《清宫二年记》一章半。早点后往总纂办公处。旋到会，托王海涵打电话询上海医学院今下午开诊否。据复每天上午九点挂号，下午不开诊。昨约雇花竿辞以明日再往，并请欧医生午到寓复诊。昨兆先服该医方药似颇效。返办公处，阅昨（十八）日《新民报》。下午在寓续阅《清宫二年记》两章半。四时到办公处，接权超十四日来函又肇凤十六日来函。附邮票一百十七元。前托带往山洞邮局寄学曾侄信所馀，乃该局后托符学琳原信退还，加贴邮费180元。阅本日《中央日报》。夜阅《清宫二年记》一章。

十月廿日　　　晴。午表六十八度。下午五时半表六十五度。夜月明如昼。阴历九月望。

晨早起，到总纂办公处签到，即往会，找得花竿二名。返寓，兆先、抗曾姊弟共乘，杨氏随行，往山洞卫生站就诊。原拟往上海医学院，兆先临时改议，以卫生站有看护士蔡小姐熟识，上海医生看护皆无熟人，殊不方便也。抗儿无疾，见花竿欲坐，只得听之。上午八时到总纂办公处，分配五月份新征史料。回寓午饭甫毕，亮媳到，云是十七日由筑乘飞机到城，在省银行沈珊小姐处宿三日，亮儿交伊带呈万元，及商起锦英遗骸事。余以目前纵能起，亦不能带返梅县。惟起后改葬在吴家大洞距殇女兆元墓较近处，将来再起较易，且免如歌乐山龙神坳与他人丛葬不易辨别之苦。俟房东吴太太返寓时再商。下午四时半到办公处，阅昨（十九）日《大公报》。又阅本日《大公报》。杨氏、兆先、抗曾本午由山洞返寓，据医生查验，兆先为气管炎疾，非肺疾，令人一慰。

十月廿一日　　　星期　　晴。微阴。下午畅阳。夜月仍极明。不似雾季迷濛之状。

上午在寓阅《清宫二年记》。完。此书可采者为第十七章。一九〇三年十一月十四日，西太后在颐和园语宫眷等曰："日本和俄国要开仗了。"次日，李莲英报告，宫中太监逃走五十人。第三日又报逃一百人。由此日日皆有太监逃走。西太后曰："他们听见我说日俄要开仗，怕又像庚子年的事，所以都先逃了。不必追谁。"决意回宫，以示镇静。一日召集全宫之人，语之曰:"我们不必害怕,就是日俄开仗,也不关我们的事。我们中国不至于牵在里头,列祖列宗都保护的。"十一月底,直隶总督袁世凯奏请入觐,奉谕允之。即问袁对日俄开战之意见如何。袁奏曰:"日俄即开战,中国不至牵入其中。但战端已开,满洲必蒙其害。"太后曰:"中国顶好是严守中立,应该下一通谕,宣布中立,以免纠葛。"袁退,又召见军机议国防。于是接连数日召见将军提督等多人。湖广总督张之洞亦来京请觐。太后谓之曰:"你是老臣,我想听你的意见。日俄开仗与中国有无关系,只管说你的老主意,不要顾忌,我好准备。"张答,不论战事结果如何,满洲商务,必须开放,除此之外,中国不至有所牵涉。按阅此,知日俄开战时,清廷宣布中立,乃袁世凯所建议。两国既宣战,而清廷忽有开放安东商务之谕旨,即张之洞所请。又总谱内之国内大事栏,所编日俄开战之月日,亦应采此为断也。原书于记前事后,即记腊八宫中食粥事。按以次章新年将近择于十二日清理各物事(即大扫除),知十一月为旧历之十一月。

下午四时到总纂办公处,阅本日《大公报》。

十月廿二日　　晴。微阴。午表七十一度。下午五时半表六十九度。有雨意。夜犹有月。

上午八时到总纂办公处,旋往会参加纪念周。因徐孙逾时不到,余到时为逾时十五分。各人签名即去。余亦即返处。写复亮儿信一,复李仁群信一。中一路四德里一号二楼中央电厂重庆办事处。复权超信一。成都桂王桥西街五十六号海关支关。接陈恺廿日来信一,照弟十九日来信一。附可超家信一。下午四时到办公处,阅本日《时事新报》,旋《大公报》到,又改阅之,天已暗矣。日暮甚短,以后宜早到。切记。是日又接经济十月十二日来信。

十月廿三日　　阴。晨小雨一阵,旋止。午表六十二度。下午四五时间小雨一阵。夜仍有月。

晨偕亮媳、兆先往会,打电话致省银行沈小姐。适沈他出未达。上午九时到总纂办公处,写复照弟信一,致可超信一。附照弟转来之钟聚和信。

日前录《武昌首义之缘起》一文,顷见原报纸,人既弃不用,乃取而剪贴于左,藉省抄录之工作。(从略)

十月廿四日　　　阴。晨小雨一次旋止。午表六十度。下午二三时间小雨一阵旋止。五时半表五十八度。夜雨有声。

上午九时到总纂办公处,复修总谱增修本稿第二本毕。补阅昨(廿三)日《中央》、《大公》报。下午四时到办公处、将已复修毕之总谱(二)交许师慎再查。先在寓自查一过并加修毕。阅本日《中央报》、《新民报》。向冯绍苏调《总理全书》艺文一本。

十月廿五日　　　阴。晨小雨一次。上午转阴,下午浓阴。五时半表五十六度。

上午在寓抄录总理《农功》文二页。未完。下午三时到总纂办公处,接万里弟廿三日函一,柳亚子、尹瘦石诗画联合展览会廿四日预展请柬一。阅史料一件。未完。又接陈恺廿三日来信,代收照弟家信。阅本日《中央报》。

十月廿六日　　　阴。午表五十四度。午洒雨一阵旋止。下午重阴。五时半表五十六度。

晨早起,杨氏兆先送亮媳出山洞,搭车进城、候车返贵阳。余早点后,挑行李之杜姓回寓言,适到车站即有车将开,买票上车后,彼先返。至杨氏兆先二人,进街买物,不久当回。余即于九时到总纂办公处。先在寓时抄录总理所作《农功》一页半。完。到处,嘱冯绍苏向档案处调总理十二三年致蒋总裁等之手札遗墨三种。(一)题为中山书札墨迹。(二)题孙中山先生墨迹。(三)题为总理遗墨。拟与昨下午秘书室送来之史料校对。下午三时到办公处,将中山书札墨迹与昨日送来之总理遗墨校对。未完。阅本日《大公报》、《新民报》。绥远省主席傅作义十月廿日致毛泽东电。中共似有开战之状。

十月廿七日　　　　阴。晨雾雨。午表五十六度。下午五时半表五十七度。

上午九时到总纂办公处，阅昨(十六)日《中央报》。傅作义电亦有登载。写复陈恺信一。十一时往会，顺送信。下午二时半到办公处，续核阅总理遗墨。查此次总裁送存之总理遗墨，内列总理遗像、遗嘱之外，第一件①。民国十一年双十节孙文序于上海。一篇。第二件。十三年八月廿三日第157号密令。第三件。十三年九月八日密令。第四件。十三年九月十二日第779号密令。第五件。十三年十月十一日密令。(日记眉注：二至五件均用大元帅令笺书，未收入《总理全书》内。六。十一年十一月廿一日。(日记眉注：六件直行八行纸九页。)七。十一年八月卅日致蒋○○函。(日记眉注：七件无行格纸二页。)八。十三年十月十日函。(日记眉注：八件无行格纸四页。)九。十一年九月十二日笺函。(日记眉注：九件无行格纸二页。)十。十三年十月笺函，未押日。(日记眉注：十件笺函四页，署总理名。第五页，再署总理名。共五页。)十一。十三年十月函，未押日。四页(日记眉注：笺函。内有"今早收到专人带来之信，匆匆作答，赶车寄回，尚有未尽之话"等语，似与第十件同日发者。)十二。十三年八月九日晚笺函。一页。十三。十三年九月六日笺函。一页。十四。十三年九月八日笺函。二页。十五。笺函，年月日同上。一页。十六。十三年九月十二日笺函。一页。十七。十三年十月三日笺函。二页。十八。十三年十月七日笺函。一页。十九。十三年十月九日笺函。一页。廿。

---

①　按，日记所记第一页至第五页，页字均系件字。第六件以后，仅标六。今一至五页之页字，均按日记眉注改为件。——整理者

十三年十月十日笺函。一页。廿一。十三年十月十一日笺函。四页。廿二。十三年十月十一日笺函。一页。廿三。十三年十月十六日笺函。四页。廿四。十三年十月廿四日笺函。一页。廿五。十三年十月廿六日笺函。二页。廿六。十三年十月十二日笺函。三页。廿七。十三年十月笺函。七页。第五页署名,第六页表。廿八。十三年九月四日函。三页。阅本日《世界日报》。其馀各报未到。正欲返寓时报到,匆匆略阅。与冯绍苏约,明日上午来,续阅总理遗墨。

十月廿八日　　　　星期　阴。下午六时表五十七度。

上午十时到总纂办公处,冯绍苏不来,史料在伊桌中抽屉锁住。补阅昨(廿七)日《中央》、《大公》报。下午四时到办公处,阅本日《中央报》。天色甚暗,未详阅。接经济八月卅日来信。

十月廿九日　　　　　阴。午表五十九度。下午五时天阴如晦,表五十六度。

上午八时馀到总纂办公处,询许师慎以《农功》篇内似有遗漏之句,因前所见有《盛世危言》作者郑观应匋斋所云"余同乡孙君……",今何以无有?许谓《盛世危言》一书曾出数版,一有"余友孙翠溪君研究植物之理"句,后出版时删去,想以"九九"起义之后,恐受嫌疑故也。并俟将原书交阅。开区分部党员大会。冯绍苏录总理遗墨内密令四篇、函一篇,为本会所编《总理全书》所无之件如左:

大元帅令　密第157号　十三年八月廿三日

着蒋校长将扣留之械内交李縻将军驳壳枪壹佰柒拾伍枝,手机关枪十八枝及两项足用之子弹,为甲车队之用。此令。孙文

大元帅令　第　号密令　十三年九月八日

着蒋介石先发给朱培德步枪壹仟枝。此令。孙文(不用印)

大元帅令　第979号　十三年九月十二日

　　前令交范军长长枪壹仟枝,今因商团已就范围,当先发还商团。故当取消前令。此令

　　长洲要塞司令蒋　　孙文

　　大元帅令　第　　密号　十三年十月十一日

　　着蒋介石将商团各种子弹悉运到韶关,听候发落。此令。孙文

　　(函)介石兄鉴:兹着陈兴汉来帮手,将黄埔械弹运韶,以速为妙。

　　　　　　　　　　孙文　十三年十月九日

　　接权超廿五日来函一。再阅孙中山先生手札墨迹。此系十五年张静江先生题于封面之字。今移内第一页,下署"张人杰书峕"五字。封面改为"中山书札墨迹"。末页有谭记一篇,文如左:

　　右先总理手札二十三通,皆与吾介石同志者。第一第二两通,乃十一年先生居上海时书。第三至第二十二,凡二十通,前六通十三年广州大本营书。后十六通,则督师韶关时书。第二十三通,亦十一年书。时我军方下福州也。先生伟大之人格,高远之识解,谋虑周密,断制果毅,胥可于此二十三书中窥见之。至其期望介石之深与待之之厚,谆谆如家人父子,尤令人三复感激,不能自已。介石谨装成卷,朝夕讽诵,当无异于耳提面命,其自力以则(日记眉注:则字似应为副,然原如此。)先生之所言也必矣。延闿从先生日浅,而此书中事,则皆耳熟能详,展卷敬观,追维畴昔侍坐款语,如在目前,不禁涕泗之横集矣。荀息有言,使死者复生,生者不愧。虽甚驽下,请事斯语,以从介石之后,其可乎! 十五年四月延闿谨记。

　　此与现在所送总理遗墨丛(日记眉注:丛字不完,未知何字。龙毓峻谓第字,余谓未确,然不能推测。)谭延闿敬题本内之末页谭记不同。再抄如下:

　　右手札二十三通,皆总理与蒋介石同志者。书非一时,言非一事,而总理之精神志事,皆可于书中见之。盖其时局促一隅,艰难困阻,旁观皆以为无成,而总理志气弥厉,迈往无前。其坚忍不挠,战胜环境,尤后人所当师法。诵此书,无不感奋兴起也。十九年一月谭延闿记

下午四时到办公处,许师慎借来《盛世危言》三本、《中国报学史》一册。阅《盛世危言》。为成都所印小版。《农功》篇在第二本。查前日所抄《总理全书》内之稿,漏二句,即照添入。写一签交冯绍苏检原书添入之。略阅《中国报学史》,内多可用之材料。即将《盛世危言》先还师慎。阅本日《大公报》。天暗略阅。

十月卅日　　阴。晨小雨。上午九时又小雨。下午三时又小雨似雾。五时半表五十八度。

上午在寓阅《中国报学史》,补入汉口《昭文〈新〉报》、香港《循环报》创刊日期,补于总理年谱修稿国内大事栏,惟未加注释,拟详查《报学史》后再注。下午阅《报学史》。未完。四时到总纂办公处,代收汝照弟信一。查邮戳九月十五自丙村来者即转。阅本日《中央报》。

十月卅一日　　阴雨。上午檐溜出。下午雨小雾重。颇冷。夜雨有声。

上下午在寓作汉口《昭文新报》创刊日期注说。未完。

十一月一日　　阴雨。晨雨一阵檐溜出。上午小雨,至午渐止。

上午在寓改昨稿,觉有未妥处。续阅《中国报学史》,求将此史全部明了,再下笔,为简括之叙述。未完。下午杨嘉猷科长来,谓得一篇同盟会之成立记,奉张委员批谕,须查是否《太平杂志》上抄出,与余接洽。余阅其稿一页未半,即觉其全是《太平杂志》上田桐所撰,不知何人乃欲抄出冒充史料也。语杨君自往档案处调《太平杂志》原本一查。下午四时到办公处,接陈恺十月廿九日来函一,照弟廿七日函、万里弟廿八日函各一。

十一月二日　　雨。上午小雨檐溜出。午天略朗。下午五时表五十四度。

上午在寓续阅《中国报学史》。仍未完。下午再阅，又发现光绪十七年(一八九一年)李鸿章创办伦章造纸厂于上海杨树浦，是为新式机器造纸之创始，事应加入总谱国内大事栏中。仍未完。四时到总纂办公处，阅本日《大公》、《新民》报。

十一月三日 晴。微阴。晨日甚丽。八时忽转阴。十时日复出。午表五十八度。下午五时半表五十七度。

上午九时到总纂办公处，写复陈恺信一，又照弟信一。阅总理手札墨迹。全本完。此件觉与新得史料似多不同。下午三时半到办公处，接可超侄信一。阅本日《大公》、《新民》报。补阅昨(二)日《中央报》。

十一月四日 星期 晴。晨日甚好。近午转阴，下午更阴。

肇凤由山洞来谈。上午在寓阅《中国报学史》，见"旧金山华侨于同治十三年六月初二日发行周报，石印，是为华侨报纸之最早者。惜不知其名(见同治十三年七月廿五日《申报》)云云。是亦应采入总谱国内人事栏。或国外大事栏。候酌。又有云："外人之经商我国者，凡聚居之处，莫不有报纸，浅言之，可以互通声气，研究商情，法至善，利至溥也。"俟酌采入总谱。下午阅《中国报学史》数十页。将完。四时到总纂办公处，阅本日《大公》、《新民》报。

十一月五日 阴。午表五十八度。下午五时表五十度。

晨到总纂办公处，旋往会，参加纪念周，返处剪发三星期始剪。后，查总理手札墨迹，三民公司所印本。并作成题目。接陈恺二日来信、附淦甥十月三日广州信。照弟二日来信。附致振宽信。下午三时到办公处，阅本日《中央报》。又补阅一日《中央报》，又阅本日《新民报》。

十一月六日 阴。午表六十度。下午五时表六十二度。

上午九时到总纂办公处，复查昨阅之总理手札。上海三民公司本。另阅总理遗墨锦匣精装。五十六页。接沈沛霖四日来信。附邱海珊十月十五日自西安来信，兼致翼中。(山洞左家湾陆军大学政治部)下午二时半到办公处，阅本日《大公报》。再查总理遗墨二十馀页。欲以与新得史料校对。未完。

十一月七日　　　晴。

晨早起，八时与王绍曾科长同行，出山洞。九时许到。约候车一小时，本会雇卡车一辆载史料，近日城展览。十时开车。到临江路杨沧白纪念堂，各同事正在展览会布置。下车小览后，余转往中一路。经过四德里，到中央电厂办事处访万里弟之友李仁群，年约廿馀，中山县人。询万里弟寓所，未能详答。旋往广东食品公司晤谢笃材兄，谈至午饭毕。公司内夥友陈某兄妹，为陈恩成兄之子女。往中央党部访侯标庆，以时早未到办公处。人事室。在会客室坐候良久，作贺谢士宁新婚诗如左：昨夜先作，未成。最佳天气小阳春，婚结金刚钻石新。黉舍读书同笔砚，海槎为党展经纶。烽传桂管缘初缔，萍聚渝都意倍亲。来岁梅开应又贺，振振公子喜麒麟。侯标庆到后，同至人事处谈各事。询得楚伦先生寓城未返山洞，而陈恺知余到，已寄口信托笃材来请，往正和银行储蓄部晚餐。旋返食品公司，至储蓄部，晤古元祥、古耦成、温苹达等诸乡友，酒叙甚欢。夜宿部内四楼，〈有〉谢叔伟、谢叔润、谢俊英、谢文灏等。询知谢颢粦已往上海就汤恩伯司令部之外事处长职。

十一月八日　　　阴。雨。

晨与谢俊英往国民酒家吃早点。此酒家吃客殷阗，竟有外国人入座者，似美国人。旋偕往访谢作民。未起床，留片而出。英他往。转访林云谷。甫坐定，天大雨。与云谷及廖捷祥谈。前闻廖日本留学

（化学毕业），与柳亚子有交情，因向询柳寓，乃云不识。午间雨略歇，偕云谷往正和总行打电话，询楚伧约见〈事〉。管家巷十八号有洪某复电，谓已出门，请下午三时再来电，可约定。曾剑鸣、林菊如、林某在总行。菊如为禄如之弟，某为梅县金盘围人。即由剑鸣请往小食馆吃毛肚。巴蜀人之食品也，即牛肚用火焖煮食。后又大雨。返至云谷店中。同德化学工业社。谈至四时许，托剑鸣代电管家巷，即偕云谷径往临江路，中法比瑞同学会（似为万里弟前工作处）士宁结婚行礼所。入则宾客盈堂，男女熙熙，并奏鼓乐。谢作民为男家主婚人，陈庆云中央海外部长、戴愧生海外部副部长、海外部主任秘书李朴生为介绍人，杜某为新娘之胞兄为女家主婚人。在渝梅同乡到者数十人。余所识陈精仪、罗浮仙、李希穆俱到。宴用洋菜，不设酒。席散又大雨。返至正和储蓄部四楼，江东号惠明，为秋英妹、江梦非之子也。来，现充白市驿机场五十三工程处会计员。亦借住此处，与谈颇欢。知梦非去年跌伤，已愈，行步如恒，尤喜。询渠明或后日坐吉普车返白市驿，余叵搭乘到山洞云。剑鸣复言，管家巷电话称，楚伧顷离寓，明日不来云。

十一月九日 晴。

晨与江东、陈恺、谢叔伟、叔润、林菊如等往冠生园食早点。余特加鱼生粥一碗，价六百元。江东言，今日不返白市驿，约明日下午可成行，未定。旋他往。下午，余邀谢俊英偕往牛角沱。国民大会代表选举事务所。原拟访金葆光，乃临行陈恺携汝照弟六日来信，谓楚伧先生即寓此。管家巷原为其子所居，标庆误也。到果获晤，并晤金君。谭甚久。俊英谓到时二点，出为四点矣。谓夫人吴孟芺患胃病移居，不返山洞双河桥寓址矣。余昨闻侯标庆言，国民〈大会〉代表或可设法加入。又闻林云谷言，新农民银行总经理李淑明为楚伧之婿，一可为王维崧峻生。前托事一询，否则自谋；二可为亮儿谋转入农行。乃询悉国代须原选出之候补挨次升补，并以省为单位，不以县为单位。至李淑明非伊女婿，或者叶琢堂之婿，外间以琢堂音近楚伧，遂误起讹言耳。后请为照弟谋转职事，承欣诺，立即援笔记于笺内，云当函致严慎予。后又介绍谢俊英为谢肇坚遗子，只此一人，现在正和银行储蓄部充庶务员，然非其志，倘有机会，请为提拔，介入政界。此事余不赞成，但彼本志，勉强一言。后杂言他事。及询沈君匄赴沪复开《民国日报》，胡朴安任社长，信否？其病愈否？答未愈，聊用他名义而已。余欲辞现职往为总编辑，则〈彼〉力言现在办报之难，与前十年情形迥异，并劝年老人须静默，勿与少年争；朴安患瘫痪之疾，大半由练拳技所致。余讶甚。询何据？答此为朴安自说。余谓拳术运动，有益卫生，何反致病，或有他故。因不复论。彼询余尚饮酒吸烟否？余具告。彼微摇头。余谓此二事有节制，勿逾量则无害也。彼又摇头一哂。承询淦甥森伫在何处及近况。余具告。葆光亦询淦甥。楚末言，前苏民厅科长陆长淦已逝世。四时馀返至正和储蓄部。夜在正和四楼就寝，睡欠酣。

　　　　十一月十日　　　阴。

　　晨往展览会，询已开幕。入而在楼上下陈列史料室四座浏览一周。见说明有误。一、办苏报之陈范原是湖南人，误作江苏人。二为胡衍鸿之鸿字脱了，误作胡衍。后至展览会办事处，见张主任委员适与狄君武在寒暄，毕，欲将所见陈明，张主委乃有客来，张偕狄他往，余即乘空出至正和四楼。陈恺到，嘱人买点心。余以肉丝面油条较便宜，谓此最好。食毕，登楼欲睡。恺又来，谓黄金折合国币存单既领妥，即交捐献四成，所馀之金块一方及零数国币八千四百廿元，余收成。并谈报载时事，遂下三层楼食饭。毕，谢士宁偕其妻杜瑞庆来见。询以士宁奉办南洋党务，是否同行？据答，欲同行，但闻交通工具欠缺，尚须海外部筹办，刻未能自决。旋由陈恺及士宁夫妇预请今晚在国民酒家叙餐。余谢之，士宁谓已在酒家订定席面，固请勿辞，乃诺之，又登楼小睡，醒已四时。江东未来，颇失望。偕谢叔润往国民酒家。途遇陈恺及谢海发，入门见冯绍苏与一妇人，未知是否党史会人员。同桌食饭，伊似讶余亦来此饮酒。旋谢士宁夫妇到，即开席。菜甚丰，惟酒少饮。散后返正和，江东竟不到。夜初大风，十时后大雷雨。

十一月十一日　　星期　晨大雨，至上午十时馀稍小。十二时又雨一阵。下午阴。寓门前小沟水极大，至乾穿洞办公处门外与大洞沟会流处，水势尤猛，沟旁草俱淹尽。

晨六时馀即起，雨犹未止。正和总行及储蓄部职员廿馀人，乘行中自备大汽车，往北碚游览。陈恺、谢叔伟、叔润俱邀余趁此车返山洞。因明日为总理诞辰各机关放假，各职员不易得二日假期，并有汽车特作此游也。询此游每人自备旅费约七千元。行中须垫汽油廿万元，系职员公请。初余恐昨日雷雨，败兴改期。恺等谓，决不改。原拟七时开车，候至九时车由总行开至储蓄部。恺来接，余即与叔伟叔润登车。未几，到山洞车站。余到茶社小坐，雇得花竿，冒雨返寓，将抵寓时，雨忽转大，约十二时平安抵寓。下午洗足后，酣睡一觉，天已晚矣。雨已停。想彼等车至北碚，亦正好游览。默思凡人作事，冒险返得好结果；若不冒险，则无结果，即此类也。倘因昨夜雷雨及今晨之雨不往，则北碚名胜，不得入目矣，在各职员，岂非大损失乎！夜睡甚美。将存金垫枕底。

十一月十二日　　总理诞辰　阴。午转朗。下午日见，旋阴。晚月出，但仍多云。

上午到总纂办公处,接照弟之友曲江来信一。欲往会,询会内行礼已过,未果。下午略检阅各书,小睡。心尚未能如恒平静,总因一行浮躁,贫子得金,另有一种状态。自己说不出。将原块交杨收存。夜睡亦佳。

十一月十三日　　　晴。午表六十五度。下午五时半表六十二度。夜月颇明。

上午九时到总纂办公处,龙毓峻、姜伯彰、许师慎俱到,张元群、汤增璧续来。询龙君以寓对门山上发现龙骨事。据答,未往看,闻山上之洞古名龙骨洞,地质学校因往探察,连日探得兽牙数种,尚未得骨,所得究为何种兽牙,亦未验明云。写致照弟信。附昨代收之曲江来信。接权超侄八日来信。附邮汇票一纸,计肉资二千元。封发兆先复经济弟信一。下午洗身后约为四时,到办公处,阅本日《中央报》。又上午十二时将返寓,瞥见桌上有昨(十二)日《中央》、《大公》报,取阅,始恍然昨未阅报,因补阅之。见十二日国民政府予以胜利勋章令一大幅,本党史会职员共有卅六名获此种勋章者,余亦其一。至梅县同乡在渝各机关工作人员获之者尚有多名。以时间匆匆,未及细阅。下午拟再复阅,乃报不见矣。取昨(十二)日《新民报》补阅,此报因篇幅小,未载全令,仅载"宣传工作人员八十七八受勋"。学曾侄亦在其列。贵阳《中央日报》社长王亚明亦在内,惟汝淦弟无名,想因任经济部职员,非主笔故也。

(以上七日,至本日午止,均由昨下午至本午写记,时隔五日,所记各事,或有遗漏。)

十一月十四日　　　晴。微阴。午未看表。夜月明。

上午九时到总纂办公处,写复陈恺信一。午往邹永成家饮寿酒,微醉。下午一睡至晚。

十一月十五日　　晴。微阴。雾。午表六十四度。下午五时表如午。

上午九时到总纂办公处,因昨日许师慎询前借《报学史》看完否,有索还意。余固已看完,但未摘录,今急摘录如左:

海禁既开,外人纷至,清嘉庆中,英人马施曼在印度学华语,在槟榔屿译印新旧约,因造中文铅字,其书尚有存于我国者。后有台约尔,继续研究中文,乃造字模大小二种,建屋曰华英书院。鸦片战后,迁于香港,开局印书。台死,美人谷玄继之,广印书籍,台所作字模未成者,谷竟其业,更作小学[字?]及数目字等共四种,他处印书购字者,悉于此取给,所谓"香港字"是也。(摘第六节印刷)

北京亚细亚报总理薛子奇,于民国四年秋至上海,创办亚细亚报。事先已接有匿名信,或称"君主之敌",或称"中国公民一分子",谓如果出版鼓吹君主问题,必以激烈手段对付。九月十二日,为该报出版之第二日,下午七时许,该报望平街十一号门首,即有人往掷炸弹,当死华捕一及路人二,伤者十馀。该报并不停刊,且挟政府之力,要求从严根究。乃十二月十七日下午九时,又有炸弹从二层楼窗口掷入,炸毁桌椅器具,及对街之玻璃窗,主任刘竺佛氏几被殃及。该馆附近商店,以两次发生炸弹案,非但危险,且营业大受损失,因由房主禀请会审公堂,限三礼拜迁移。该报因他处不能得屋,始停刊。(摘第五章第一节两度帝制之倏现)

前清光绪元年,政府以中外交涉日繁,允总理衙门之请,特派使臣出驻各国,此为中国派遣钦差驻洋之始。(摘自第四章第九节清末报纸之厄运)

各省大吏,准军机处函查禁悖逆书报之告示(约在壬寅癸卯甲辰乙巳间、光绪廿六年十二月初十日举行新政之上谕后):准军机处函开,近闻南中各省书坊报馆,有寄售悖逆各书,如《支那革命运动》、《革命军》、《新广东》、《新湖南》、《浙江潮》、《并吞中国策》、《自由书》、《中国魂》、《黄帝魂》、《野蛮之精神》、《二十世纪之怪物》、《帝国主义》、《瓜分惨祸预言》、《新民丛报》、《热血谭》、《荡虏丛书》、《浏阳二杰论》、《新小说》、《支那化成论》、《广长舌》、《最近之满洲》、《新中国》、《支那活历史》等，种种名目，骇人听闻，丧心病狂，殊堪痛恨。若任其肆行流布，不独坏我世道人心，且恐环球太平之局，亦将隐受其害，此固中法所不容，亦抑各国公法所不许。务希密饬各属，体察情形，严行查禁，但使内地无售销之路，士林无购阅之人，此等狂言，不难日就澌灭，等因。仰书坊报馆，及诸色人等知悉，自示之后，倘敢再售前项悖逆各书，一经查出，定即饬提严办。其各学堂诸生及士民人等，务各束身自爱，不得购阅，致干咎戾。（摘第四章第七节）

接照弟九日来信。附启鹏十月六日自美国爱渥华州立大学来信。下午三时到办公处，阅本日《大公报》、《中央报》。

十一月十六日　　阴。雾。午表六十一度，下午五时表如午。夜月明。

上午九时到总纂办公处。阅《中国报学史》。续摘如左：

我国现代报纸之产生，均来自外人之手。最初为月刊，次为周刊，又次日刊。

（一）《察世俗每月统记传》　民国前九十七年（嘉庆廿年，西一八一五年八月五日）出版于马六甲。创办者英人马礼逊。先是，一八〇七年（嘉庆十二年）伦敦基督教新教布道会，派遣马礼逊来华传教。马在伦敦，尝从粤人杨善达游，通华语，自澳门至广州，继续练习，遂精通华语，时为欧洲人在华精通华文华语三人之一。旧教徒忌之，不许其居留澳门，惟马兼任东印度公司翻译，得免被驱逐，致力于编辑华英文法及辞典，又翻译新约为中文。嘉庆十八年，伦敦布道会加派米怜东来，为之助。次年，马收得粤人蔡高为教徒。蔡素业刻字工，其友梁阿发，家距广州约二百里，亦在广州习刻字。二十年，马以新教既见忌于旧教，而中国官厅又不协助，乃遣米怜、蔡高往马六甲，设印刷所，刻印书报。梁阿发亦随往。印刷所名华英书院，兼招华人，教以英文，添聘英人麦都思，为《察世俗》主笔，首期印五百册，内载宗教事居大半，馀为新闻及新智识。每逢粤省乡试，各州府县试士子云集，梁阿发辄回国，携带以往各考棚，与教会书籍，一同分送，馀则销售于南洋群岛、暹罗、安南各地，华侨荟萃

之区。后每期增印至千册,其第二期有米怜自述办报之旨趣文一篇如左。（未完）

接亮儿十二日来禀。内押九日。下午三时到办公处,阅本日《大公报》。续录上午未完之稿如左:

"第一期本报文字印刷,皆不免简陋之讥,惟绩学之士,当能以知其意而曲为之谅。记者深望此后假以时日,俾得于中国文字研究益深,而逐渐加以改善。至本报宗旨,首在灌输知识,阐扬宗教,砥砺道德;而国家大事之足以唤醒吾人之迷惘,激发吾人之志气者,亦兼收而并蓄焉。本报虽以阐发基督教义为唯一急务,然其各端,亦未敢视为缓图,而掉以轻心。智识科学之与宗教,本相辅而行,足以促进人类之道德,又安可忽视之哉! 中国人民之智力,受政治之束缚,而呻吟憔悴无以自拔者,相沿迄今二千馀载,一旦欲唤起其潜伏之本能而使之发扬踔厉,夫岂易事? 惟有抉择适当之方法,奋其全力,竭其热忱,始终不懈,庶几能挽回于万一耳。作始虽简,将毕必巨;若干人创之于前,若夫发挥光大,则后之学者,责无旁贷矣。是故不揣谫陋,而率尔为之,非冒昧也,不过树之风声,为后人之先驱云尔。

本报篇幅有限,种种资料,自不能网罗无遗,然非割弃或停止也,将循序而为之耳。前此所载论说,多属宗教道德问题,天文、轶事、传记、政治各端,采择甚寡,此则限于地位,致较预计为少,非本意也。"此报至道光元年一八二一年止。

(二)《特选撮要》 道光三年(西一八二三年),发刊于巴达维亚,所载为宗教时事、历史杂俎等。至道光六年即一八二六年止。

(三)《天下新闻》 仍为麦都思等所办,在马六甲〈出版〉。所载为中国新闻、欧洲新闻、科学、历史、宗教等类。自道光八年即一八二八年至次年止。惟二报皆木刻印成书本,此报系铅铸活字排版,以报纸两面印成,在当时为创见也。

十一月十七日　　晴。上午九时日出,雾散云消,豁然如岭南秋天。午表六十四度。下午五时表六十三度。夜初月甚明,夜半阵雨有声。

上午九时到总纂办公处,写复亮儿信一。补阅昨(十六)日《中央报》。下午三时到办公处,续录《报学史》。

(四)《东西洋考每月统纪传》　道光十三年(一八三三年)发刊于广州。所载为宗教、政治、科学、商业、杂俎等。后迁于新加坡,至道光十七年(一八三七年)让与在华传播实用知识会。未几遂停版,或称中国文之报纸以此为第一,因前三种在南洋出版,此乃在广州也。

△道光二十二年(一八四二年),香港以鸦片战争之结果割于英,英华书院即由马六甲迁至香港。斯时,教士之从欧美来华者日众,所制中国〈文〉铅字亦日完备,于是报纸出版者益多,其重要者:

(一)《遐迩贯珍》　咸丰三年(一八五三年)出版于香港。每月一册,由麦都思(即《察世俗每月统记传》主笔)为主笔。次年由奚礼尔为主持,至咸丰六年一八五六年改由理雅各为主笔,旋即停刊。

(二)《中外新报》　咸丰四年(一八五四年)出版于宁波,为半月刊。所载为新闻、宗教、科学、文学等。咸丰六年(一八五六年)改为月刊,由玛高温为主笔。彼后赴日本,由应思理主持,至一八六〇年停刊。

(三)《六合丛谈》　咸丰七年(一八五七年)发刊于上海,每月一册,所载为宗教、科学、文学、新闻等,大半出自伟烈亚力之手,馀系投稿。次年迁至日本。印刷较精美。但关于宗教事,皆被删削,且加日本文之符号,旋即停刊。

(四)《香港新闻》　为孖剌报之副刊,咸丰十一年(一八六一年)发刊。所载皆船期、货价,纯系商业性质。

(五)《中外杂志》　同治元年(一八六二年)发刊于上海,每月一册。所载为新闻、宗教、科学、文学。麦嘉湖为主笔。同治七年(一八六八年)停刊。

(六)《中外新闻七日录》　同治四年(一八六五年)发刊于广州。所载为新闻、科学、宗教、杂俎等,查美司为主笔。

(七)《教会新闻》　同治七年(一八六八年)发刊于上海。每周一册。所载皆宗教事。林乐知(英人)为主笔。慕维廉、艾约瑟助之。销数不多,出至三百期,改为《万国公报》。宗教外,兼载政教诸事,月出一册,销路稍畅。至光绪二年(一八七六年),增出益智新录。光绪十七年(一八九一年)又增出中西教会报,专言宗教。(此增刊旋废,因销路不佳。)至《万国公报》,所载屡有变更,因出资本者多教士,主张多载宗教,而普通阅者则注重新闻。至光绪卅年(一九〇四年)停刊。其中所载以《中东战纪》为最有价值,足以唤醒中国人士。林乐知支持此报,先后卅七年之久,不能不令人钦佩也。

　　阅本日《新民报》、《大公报》。

　　(八)《中西闻见录》　同治十年(一八七二年)七月发刊于北京,杂录各国近事及天文、地理、格致之学。时北方多雨,河决屡见,该报关于预防水灾之法,言之綦详,颇为学者称道。光绪二年(一八七六年)改为格致汇编,迁至上海,由英人傅兰雅主持。后由月刊改为季刊,至光绪十六年(一八九〇年)终止。

　　(九)《小孩日报》　光绪元年(一八七五年)出版于上海,为范约翰所编辑,连史纸印。文字极浅近,有诗歌、故事、名人传记、博物、科学等,插图均雕刻、铜版,尤精美。至民国四年改名为《开风报》,出五期终止。

　　(十)《益闻报》　光绪四年(一八七八年)发行于上海。初为半月刊,旋改为周刊,由南汇人李林主编。光绪廿四年(一八九八年)与《格致新闻》合并,易名为《格致新闻汇报》,每周发行两次。光绪卅四年(一九〇八年)又易名《汇报》而分二版,一曰时事汇编,每星期出两次;一曰科学汇编,为每星期出一次,内载科学问答,由比利时人赫师慎任之。次年赫师慎回国,科学汇编遂停。至民国元年,又改为《圣教杂志》,改为每月发行。此报为基督教旧教之言论机关,继续出版四十馀年,在外人所创办之杂志中,乃为最久者。民国十五年尚存者也。

　　(十一)《图画新报》　光绪六年(一八八〇年)起,至民国二年止,为上海圣教书会出版,每月发行。连史纸,雕刻铜版精印,有地图、风景、天文、地理、科学、风俗、时事、名人像等。

　　(十二)《益文月报》　光绪十三年(一八八七年)六月创办于汉口。每月发行。木板印,首论天文、地理、格致之学,次载一切新机新法及略选录各省近事,末录诗词歌赋医学。

(十三)《亚东时报》　光绪廿四年五月创刊于上海,至廿六年三月停版。此为日本人组织之乙未会编辑。连史纸印。始为旬刊,后改为半月刊。所载论说汇译、杂录、诗赋等,以中日携手相标榜。

(十四)《大同报》　光绪卅二年(一九〇六年)创刊于上海。广学会主办。周刊。至民国六年停止。内分论说、译著、新闻三部。译著材料最丰富,包括哲学、教育、历史、宗教、农业、动植物等。

此外,据伦敦中国报载,西历一八九五年,德国勃立门地方,曾出一中文报纸,名曰《日国》(日耳曼)为柏林大学掌教东方语言文字者所编辑。印刷极精美,专言中德商务,其创刊号凡一百五十二页。

又据圣彼德堡威得莫斯地报载,同年(一八九五年)俄京曾出一中俄文合璧之报纸,为圣彼德大学东方学科清语学系所编辑。专记中俄交涉事宜。外人在其本国创办中文报纸,当以此为仅见。

十一月十八日　　　　星期　　阴。夜月甚明。

晨见路湿,未能出门。上午在寓摘录《中国报学史》如上页。改订此日记本成。末数纸日前粘好,今始装订入内也①。下午四时馀,正拟往总纂办公处阅报,李振宽来言,报已阅,无要事,惟共产党已占辽宁沿海岸,团结商谈之局,似将破裂,云云。闻之一叹。遂不出门。夜初有风,雾散月出,心绪不佳,早睡。

十一月十九日　　　　阴。

天明即起,欲往会参加纪念周,觉太早,复上床倚枕而卧,乃又入睡,再起,则庭前小学生已至开课矣。上午九时半到总纂办公处,写致嘉弟信一,又复照弟信一。下午一时馀,偕同杨氏送兆先

---

① 按,该项剪报为《蒋主席正告世人阐述战争胜利之含义　期望实现全世界永久和平》、《麦克阿瑟元帅公布占领日本详细计划》、《中苏友好同盟条约　政府公布全文内容　本约有效期间为三十年》。文长,依例未录。——整理者

女儿赴振济学校上课(兆先自九月十二日患疟疾后复又患咳嗽,愈后瘦弱,今始全愈,竟旷课二月馀矣)。雇一小工为负行李,乃行至马家小沟左近,连跌二次,即雇花竿抬回寓。右手腕左膝盖受伤,面部鼻唇皮均擦损见血,神思不宁。此补记。

摘录《中国报学史》、《中文日报》。

我国现代日报之产生,亦发端于外人。盖斯时商务交涉日繁,其材料非杂志所能尽载也。香港之《孖剌报》,于民国前五十四年(咸丰八年)即西历一八五八年,由伍廷芳提议,增出中文晚报,名曰《中外新闻》,始为两日刊,旋改日刊,为我国日报最先之一种。继之而起者,为西洋人罗郎也之《近事编录》、德臣报(Daily Press)之《华字日报》。上海则有字林洋行之《上海新报》与《沪报》。英人美查(F. Major)之《申报》,丹福士之《新闻报》。天津则有德人德催琳(S. Detring)之时报及汉纳根之《直报》。北京有德人毕连士之《北京日报》。惟岁月既久,人事变更,今巍然尚存者,只上海之《申报》与《新闻报》、香港之《华字日报》三种耳。

《中外新报》为《孖剌报》之中文版。初,该报因印刷中英合璧字典,曾购中义活字一副。旋从伍廷芳之建议,附设中文报纸,即延伍氏主其事。西人对于中文报纸之经营,当然非其所长,且在斯时,华人之有报纸,实为创见,办理尤非易易,故名为《孖剌报》只每年享有若干权利,以为报酬而已。闻其互惠条件,大约《孖剌报》之店面及机器,供《中外新报》之用,不取租值,只取印刷工价。《中外新报》则登载《孖剌报》所报来之西人广告,亦不取费。此为清末时事,创始时是否如此,则不得而知之矣。民国初年,该报攻击龙济光颇力,为粤人所欢迎,销数逾万,为该报之最盛时期。然经理无方,财政非常竭蹶,乃加入新股若干。欧战时,段祺瑞力主参战,该报持论反对,为港政府所控,从轻罚锾百零一元。该报新股东多系稳健商人,经此波折,不欲再办。其时龙济光已退守琼崖,而图粤之心未死,乃收买该报以为言论机关。然该报之机器非己所有,龙氏之所谓收买者,不过每月拨款若干,充该报经费,而派人管理收支,主持编辑而已。于是,该报言论,遂由反龙而变为拥龙,前后若出两报,诚该报历史上之一大缺憾也。迨龙氏再败,琼崖不守,该报经济告绝,惟有停版。资格最老之《中外新报》,至此遂废。

中文日报之现存者,当以《华字日报》为最早。该报创刊于同治三四年间,为德臣报之中文版。动议者为该报主笔陈蔼亭,而其戚伍廷芳、何启实助成之。陈氏邃于国学,因鉴香港割让于英以后,华人以得为买办、通事为乐,不特西学仅得皮毛。且将祖国文化视若陈腐,思藉报纸以开通民智,乃辗转向教会西人,购得旧铅字一副。编辑陈氏自任之,印刷发行由德臣报任之。初创时,篇幅甚小,仅乃今日该报四分之一。其取材亦不外翻译西报及转载京报而已。未几,陈氏奉命为驻美使馆参赞及古巴总领事,乃由其子斗垣继任。筚路蓝缕,渐臻发达。后报馆失慎,旧报尽付一炬。从此中西两报乃各立门户,华字日报不复为德臣报之附庸也。

《上海新报》发刊于同治元年正月(一八六二年),为《字林报》(North China Daily News)之中文版,洋纸两面印,大小约抵普通报纸四分之一。每二日出一纸,星期日亦停刊。由伍德(Wood)、林乐知等编辑。其新闻大半译自《字林报》及香港报纸。时洪秀全已奠都金陵,该报以外人及教会之关系,能探得官军及太平军双方消息而并载之。故凡注意战事者,靡不人手一纸。迨《申报》出版,该报亦改为日刊,且核减报价,刷新内容,以与之竞争。报首画黄浦江风景,颇足代表一地方之特色。后申报挽人游说,以同系英商,何苦相煎。字林洋行亦以经营西人报纸,事务已繁,何必再劳精疲神于毫无利益之中文报纸?于是上海最早之《上海新报》,遂自动停刊。

《申报》发刊于同治十一年(一八七二年)二月二十三日,为英人美查所有。美查初与其兄贩茶于中国,精通中国语言文字。某岁折阅,思改其业。其买办赣人陈莘庚鉴于《上海新报》之畅销,乃以办报之说进,并介其同乡吴子让为主笔。美查赞同其议,乃延钱昕伯赴香港,调查报业情形,以次仿效。时日报初兴,竞争者少。其兄所营茶业亦大转机,故美查得以历年所获之利,先后添设点石斋石印书局、图书集成铅印书局、燧昌火柴厂与江苏药水厂等。光绪十四年,美查忽动故国之思,乃添招外股,改为美查有限公司,而收回其原本,托其友阿拍拿及芬林代为主持。光绪三十二年,公司以《申报》营业不振,及江苏药水厂待款扩充,由申报馆买办席裕福子佩借款续办,名义则犹属之外人。民国元年,席将申报馆售于史家修(量才)。于是,申馆遂完全归于华人。史氏延陈冷景寒为主笔,张竹平为经理,采取新法,引用新人,营业蒸蒸日上矣。

美查虽为英人,而一以营业为前提,谓"此报乃与华人阅看",故于言论不加束缚。且自撰社论,无所偏倚,是其特色也。光绪二年,以《申报》文字高深,非妇孺工人所能尽读,乃附刊民报,间日出一纸,每月取费六十五文。光绪十年,又附刊画报,每十日出一纸,一纸八图,所绘多时事,每纸取费八文。此为我国日报有增刊之始。同治十三年,台湾生番戕杀琉球人,日本兴问罪之师。美查四出探访,务得真相。光绪十年,法越搆兵,美查雇俄人至法营探报,既详且确。次年,法舰侵宁波,又遣人前往观战,且附图以说明之。此为我国报纸有军事通讯员之始。光绪七年,津沪电线初通,美查即用以传递谕旨。迨京津电线续成,朝野大事,亦间有以电报传递者。由是社会知阅报之有益。凡此荦荦大端,均当时深为诧怪,而至今报纸尚有未能踵行者。至于增加材料,推广销路,免除误会,亦颇煞费苦心,逐渐前进。虽其间有效有不效,然美查开路之功,不可没也。

《沪报》亦为《字林报》之中文版,创刊于光绪八年(一八八三年)四月二日;其所以不于初一日出版者,以是日为日蚀之期,旧俗以为不吉也。先是,该报主笔巴尔福氏(Frederic Henry BalFour)见馆中存有全副中文铅字,置而不用,以为可惜,乃商得该行同意,延戴谱笙、蔡尔康(紫黻)等为主笔,重振旗鼓,续出《沪报》。其材料大半译自《字林报》,杂著有野叟曝言,花团锦簇楼诗等。据蔡氏语予,当时报界有一种迷信,谓报名纵书者,俱不能长存,以《汇报》为殷鉴。故《沪报》后改名字《林沪报》而横书之。但营业仍不振,乃售于日人之东亚同文会,改名《同文沪报》。

《时报》于光绪十二年一月(一八八六年)十一月六日出版于天津,为津海关税务司德璀琳与怡和洋行总理箟臣集股所创办,延李提摩太为主笔。每日著论一篇，每七日登一图，均希望中国仿行新法，以跻富强者。时事新论一书，即集报中论说成之。是报封面画初出之日，上书"在明明德"四篆文，盖隐寓时字之义也。

《新闻报》发刊于光绪十九年（一八九三年）之元旦。初为中外商人所合组，推英人丹福士为总董，延蔡尔康为主笔。嗣以经济竭蹶，遂为美国Buchesster公司所有。丹福士于光绪二十五年以个人所办浦东砖瓦厂折阅，由美公堂宣告破产。该报遂由美人福开森（John C. Fergu son）出资购得。光绪三十二年，改组英国公司，照香港法律注册。民国五年，又改组美国公司，照特来福省法律注册。福开森任汪龙标（汉溪）为总理。汪事必躬亲，二十馀年未尝稍懈。故中国报纸之能经济独立者，以《新闻报》为最早。汪氏逝世，由其子伯奇继任。

最近二十年中，外人在华所刊之中文报纸，属于日人者为多。英德人次之。兹举其知名者如下：

《闽报》于光绪二十三年十二月发刊于福州，为日人在华报纸之第一种。

《顺天时报》于光绪二十七年发刊于北京。民国四年以反对袁世凯为帝，销数颇畅，其言多关系中国内政，与该国外交相吻合。

《盛京时报》于光绪三十二年十月发刊于奉天。以张作霖取缔中国报纸颇严，而该报独肆言中国内政，无所顾忌，故华人多读之。东三省日人报纸之领袖也。

《泰东日报》于光绪三十四年十月发刊于大连。大连者，日人在东三省之商业根据地也。后此又有民国八年十一月发刊之《关东报》与民国十年七月发刊之《满洲报》。

《铁岭每日新闻》于民国六年十一月发刊于铁岭。《大北日报》于民国十一年十月发刊于哈尔滨。

《胶东新报》于民国十三年七月发刊于青岛。后此又有民国十四年发刊之《大青岛报》。

其已废刊者，有上海之华报《亚洲日报》；汉口之《湖广新报》；济南之《济南日报》等。

英人于欧战时,曾于上海发刊《诚报》,所附战事,画报印刷甚精美。后此又于北京发刊华文《东方时报》,但现已入华人之手。

德人曾于上海发刊《协和报》,今废。

十一月廿七日　　晴。微阴。下午日出。

自跌伤,停止日记一周,今始接续十九日工作。昨托王伯勋向会领到此册。手仍无力,欲写信,未能。阅昨(廿六日)《大公报》。往邹永成家,面交二千元,托进城时代购云南白药。欲往乾穿洞办公处,适公役钱汉沈送薪津来,谓路尚湿,不敢行。欧克明医师到寓诊脉,谓"跌扑受损,今已渐愈。惟气虚脉息缓滑,以补中益气治之"。下午服药。接南曾侄九月十二日江西宁都长胜镇来信,谓"接开曾弟自丙村信云,森曾兄已于今年七月卅一日在家因病颈瘰不治去世。"闻之骇痛泪下。忆今年三月,余入城,在曾剑鸣处阅森致曾函,知其患颈瘰病,不料遽死也。未知他今年有四十岁否。

十一月廿八日　　雨。竟日雨不止,但不甚大。夜仍雨。

上午在寓写复陈恺信一。下午手无力,不能写信。看昨(廿七)日《大公报》。最高经济委员会廿六日首次会议。蒋主席〈致〉训词。

十一月廿九日　　雨。昨夜至今晨,雨渐小。上午雨有止势。午复阴雨。下午雨止犹阴。

上午在寓阅廿七日《大公报》,宋子文廿六日在最高经济委员会开会时致词。下午写复权超侄信一。接照弟廿六日来信、又梅县钟致照弟信、亮儿廿四日、嘉弟廿七日来信各一。

十一月卅日　　雨。雨虽非大,竟日不止。夜又雨,檐溜至天明不断。

晨复照弟信一。附转梅县钟缄。前日嘱兆先女儿代抄《中国报学史》，本下午抄好，候校阅。

十二月一日　　　雨。

上午杨氏往总纂办公处，将前日借得廿八九日《大公报》换得卅日《中央》、《大公》报各一份，即详阅。

十二月二日　　　星期　阴。自晨至午阴，无雨。

上午在寓校阅兆先所抄《中国报学史》。完。再阅十一月卅日《中央》、《大公》报。李振宽、安怀音先后来，谈昨日中央党部会议决定，国府各机关本年内概行还都，中央党部各单位则至明年三月陆续还都。

十二月三日　　　阴。昨夜未知何时下雨，晨地面极湿滑。下午又小雨。夜风起，云开星见。

上午在寓阅十二月一日《大公报》。午饭后工友王汝伦来，代向会买平价菜油，顺交《中国报学史》一册嘱还许师慎。向邹永成家借得二日《大公报》。下午阅毕。

十二月四日　　　晴。晨日出但雾重。近午雾开。下午日佳。夜星灿耀。

晨写复亮儿信一。上午写复嘉弟信，连亮儿信交兆先送办公处付邮。接汝照弟一日晚来信。知余卅日去信已到，可谓快极。阅昨（三）日《大公报》。初出门外小立。

十二月五日　　　晴。晨日即光亮。是日为旧历十一月朔。下午日尤妍好。

上午偕兆先女儿、抗曾儿子到总纂办公处一坐，欲往会，未果。写一短启交冯绍苏转孙主任秘书，告以跌伤情形及现况。接陈恺三日来信，即返寓。路旁小沟水痕甚深，想前数日下雨，门外及大洞二沟均流水。

十二月六日　　阴雾。

昨夜失眠,至天黎明始睡。今晨坐起后,复寐至约八时再起。闻杨氏言,孙铁人秘书来访,询病状甚详,谓不必服十全大补药方,可以安神之剂治之。俟与欧克明医生商量。前日余请欧医生来诊脉,告以伤损已愈,惟精神不振,欲服玉桂,当茶饮之。欧君谓玉桂不宜,乃开方,用桂尖。昨再依原方,往欧家配药。昨午已煎服一剂。拟今日再煎服。杨氏曾以此经过告孙,孙乃有此言也。杨氏昨遇徐忍茹夫人谈及浙俗跌伤喊魂之说。余闻觉可笑。今晨转告孙君。孙谓鄂俗亦有之,彼少年时乘轿挫跌,轿夫滑跌,彼在轿中。身未受伤而每日值轿夫跌挫之时,即精神颓败,甚至发谵。人谓受惊所致,须往跌处喊魂,试之果验云云。杨氏益信此说。余觉近日精神亦适每逢扑跌之时即颓败,其前后较佳,闻之瞿然,似不必以俗说鄙之矣。至安神之剂,究为何药,殆如茯神远志之类乎?欧君晤时,当与面商。

十二月七日　　晴。下午阴。晚又转晴。夜星满天。

晨起较昨稍早。龙铁元兄来,不致如昨之失礼。欲出门,龙君谓昨雾重石板路尚湿滑,谓宜俟午后。乃止。龙去后,阅昨向邹永成家借得五日《中央报》,有马歇尔(美国新派定驻华特使)所撰《盟军对日作战获得胜利之经过》一文并各要闻,均尽阅。自跌至今,阅报无此详尽。后鼓勇独往总纂办公处。将至为田边之浮动石板一摇动,心极惊怯,适钟孝先之令郎来前,又见工友钱汉沈在办公处门外,即将手携前日由处带回之《中央》、《大公》报交钟君,叫钱另借六日《大公报》。并得谢森中四日来信一封。即折还寓。午饭后铁兄又来,并以三七见赠,原包面批云"生食治肺,炖鸡肉治筋骨",其意殷挚,至为感荷。

十二月八日　　　晴。

晨早起，与王绍曾科长谈，始悉会内同事往报名甄选收复区县长者六人，获取四名。杨嘉猷、王绍曾、苏奎炳、俞月秋，而李振宽、冯绍苏二人不取。日间彼四人往中央训练团受训云。上午刘尊权兄来访，谈跌后无痰即是好的，否则将成中风之病。写复陈恺信，附致一谔弟托恺汇款二万至丙，由一谔代收分交各家，计开如左：

子靖叔年敬一千元　　大兄一千元　　三兄一千元　　康弟妇一千元　　二舅父年敬一千元　　一谔弟年用一千元　　大嫂一千元　　三大嫂一千元　　湘弟一千元　　岳母谢一千元　　淦甥媳王瞻云二千元　　曾六妹一千元　　何翠南一千元　　留芳嫂一千元　　谢氏五千元　　合计二万元，由一谔弟分别收交。

午饭间，曾介木处长来。饭后柳聘农兄来，俱为问疾，甚感。但余今日精神较振，觉病除矣。下午往杜姓、周姓两佃户家看房间，因房东之子媳将由滇返乡。余照前租约须退租，另赁房屋。此时还都期近，不便向别村另觅，只就本村随便觅房迁住。俱不当意。杨氏又往下屋吴锡之家看看，结果不谐。三时许，欲往办公处，未果。兆先代往，换得八日《大公报》。接嘉弟五日来信。晚间王扶生来访。是日精神稍振。

十二月九日　　　星期　　阴。

晨闵孝吉来访。上午自往总纂办公处，阅八日《新民报》。并将昨借《大公报》交还。徐忍茹、安怀音旋来。李树藩亦来。余告安君以前日下午试喊魂俗法，果有效。举座一笑。后徐交阅近作集古梅花诗二绝，阅之无味，想我精神未复原之故也。李君言，凡人扑跌心脏必移原位，而向上或左右偏移，须休养数日，方能恢复原位，并服硃砂、茯神二药。徐同路返寓。杨氏告知，徐先来寓一过。此次小跌，蒙诸君见存，衷心永感。

十二月十日　　　晴。下午转阴。

上午九时到总纂办公处，略阅九日报。冯绍苏送前审过新征史料二件，一为林故主席在北京植树影片，原标题为民国二年。余以为可疑，退还再查。经编辑处科长秦凤翔考订为元年，签复前来者。一为林百克著《孙逸仙先生传》，余前觉其与别本不同，特向档案处调集别本，签请发还考订。经秦科长详改复送者。均为审定批签。此为跌后办公之第一次，微觉神疲，欲往会托孙主任秘书商嘉弟事。冯绍苏言，张委员既到会，恰好往见，因即往。兆先女儿与抗曾适从小店子来，随行至会秘书办公室。安怀音秘书引见。张委员谓，正拟到寓探看，病体好乎？宜多休养。何必来此？以后戒行路，多睡觉，暂勿到处工作，免生中风血压高之疾；并食生菜，少食肉，绝对止酒，亦少运动，打拳只打太极拳。余具告以此次行路失跌，尚非中风，亦非血压高所致。即告以所任工作情形，因无助手，未能按预定进度完成。彼谓此事我已晓得，孙铁人已说过，不要紧，现更以休息保重身体为要。余询何日北上宣慰？答在本月十五日以内动程，乘飞机前往。余乃辞出。复至秘书室，即将嘉弟昨寄来履历表一纸托孙往向张商请。孙即往，不数分钟，携张公手条见示："派林锋同志为佐理员。"余谢之，并询待遇如何？承交一表，阅之，佐理员薪俸最低六十元，高至一百一十元。余问是否从最低级起支？彼谓照章如此。余觉坐久精神不济，乃兴辞返寓。经办公处，问工友，无邮信到。下午闻张委员已离会。

十二月十一日　　　阴。雾。

晨补写昨日记。昨夜未及写。上午在寓写致嘉弟信一。下午睡一觉，起颇惫困。复睡，起，询杨氏与兆先女儿，出门矣。抗儿谓，已往杜家寨。余谓曰：又去喊魂耶？彼颔以示，余悔前日不宜许之往,以成迷信之俗。今下午余之迭睡,实因昨夜睡未足。上半夜不能睡,今晨又早起。且天阴,精神不振,非惊魂魄未收也。

十二月十二日　　　阴。晨雾。上午日出旋阴。下午日稍大,卒亦阴。夜有月。

晨起稍迟。昨晨早点后小学生始齐集行升旗礼,今则穿衣甫毕已升旗矣。上午写致汝照弟、陈恺信各一。接照弟十日早来信、经良弟八日南京来信、权超侄六日成都来信。下午头微痛。

十二月十三日　　　晴。晨雾大。日出旋阴。近午雾散。夜月甚明。

上午写复南曾侄信一。欲往总纂办公处寄信及换报纸,忽雾甚大,日隐,不敢行。嘱兆先携往。旋又自往。是晨杨氏送房东至歌乐山上海医学院诊病。房东坐轿,杨氏步行。在旁人观之,几疑为庸妇,杨氏怡然,不以为辱,是一善也。房东病十馀日,初请刘家槽某医师,继请欧克明医师,屡治罔效,昨夜呻吟声惊满院。其侄吴受禄等始决今就医上海医学院。房东自怯不能对医生问话,乃邀杨氏同往,至下午三时始返。医生诊察气管微发炎,且治疟疾,给予药丸,谓食后倘不愈,再复诊云。下午头痛。

十二月十四日　　　晴。晨日甚丽。但旋转阴。夜月甚明。

上午写复十弟、权超侄信各一。昨夜头痛颇剧,午请欧医诊察,谓外冒风邪,以致气虚不卫,头皮隐痛,用黄芪、当归、川芎、白芷、防风、蔓荆子、蒺藜、杭菊、桑叶、甘草等药治之,补气祛风也。

十二月十五日　　　阴。夜月色尚明。

头痛稍减,但未全愈。午请欧医来复诊,仅将原方内之蒺藜加重一钱,再服一剂。

十二月十六日　　　星期　阴。

头痛已愈十之八九。上午往总纂办公处,换阅昨(十五)日《中央》、《大公》报。接振济学校十二日公函,谓兆先缺席过多,照学校定章,应予退学处分。返寓后赴闵孝吉家午饭,同席者孙、安二秘书、姜伯彰、明少华、罗本初与闵之兄等。

十二月十七日　　　阴。午表四十九度。夜月甚明。

晨写致肇凤又侄信一。附电报一封。上午杨氏与兆先往振济中学说明缺席原因,并拟要求〈退回〉原缴学费。十时到总纂办公处,阅十七日《新民报》。接嘉弟十日来信一、又十三日来信、附林汝嘉党证一。陈恺十四日来信、附汇款回条。淦甥七日广州来信,一谔弟十一月十日丙村家乡来信。下午杨氏回寓,学校学费允退回一部,但未见校长候领。

十二月十八日　　　晴。午表四十八度。竟日日光晶耀。夜月明如昼。是日为旧历十一月十四日。

上午九时半到总纂办公处,阅昨(十七)日《大公报》。写复嘉弟快信一。接照弟十六日来信一。头痛昨半夜顿愈。今晨风大,出门时觉畏风,强行至办公处。午返寓时亦恶风,身觉不适。下午头痛复作。默念此次跌伤,筋骨虽未大损,而精神乃难复元,岂真老之将至乎?百感茫茫,悔恨少壮不努力。

十二月十九日　　　晴。晨日色精光如昨。午表五十二度。夜又月明如昼。旧十一月望。

昨夜将寝服头痛粉一包。胡氏制。头痛又愈。杨氏与兆先母女往函谷场,拟买鸡,为余补身食品。上午九时半到总纂办公处,阅昨(十八)日《中央》、《大公》报。写复陈恺信一。接嘉弟十五日来信一。

十二月廿日　　　阴雾。午表四十九度。夜不见月,但有光影。

上午十时到总纂办公处,阅昨(十九)日《中央报》。嘉弟来,又阅本日《中央报》。偕嘉弟往会,见孙安两秘书,询悉会内员额已满,须俟王杨苏俞四人考选县长受训离会,会内已开缺,方能补入云云。结果候他发通知再报到。接十一月廿二日龙侄自家乡来信。(日记眉注:龙侄为湘弟之长子。)嘉弟偕回寓午饭。谈商办法,拟写信请陈果夫先生救济,荐农民银行,或函请余觉民(即现在南泉留办侍三处结束工作之会计股长)向陈进言,该侍三处九月结束,至今已阅三月,余(似苏州人,曩在镇江江苏省政府为科长)督率股员数人办理结束事务。余氏既预定农民银行专员,其馀之人自不应恝然弃置,为谋出路,方合人情。余允之。下午三时,嘉弟出山洞,返南泉,以时间计,恐须在城留宿一晚。余嘱往正和银行见陈恺,看看有无可谋之路。至南泉侍三处,尚可住至一月五日云。余嘱届时倘尚无工作,可来此再商。

十二月廿一日　　　阴。昨夜半雨有声。今晨瓦面雨痕犹甚重。上下午均雾重。

上午写复一谔弟信一。

十二月廿二日　　　晴。是日为旧十一月十八日,冬至节。夜月色又明。

上午在寓遥祀考妣及先大姊、亡媳李氏、亡女兆元。毕,到总纂办公处。午请李振宽及房东并其侄女食饭。下午往总纂办公处,嘱工友王汝纶送条往会,托庶务王海涵饬小工明日以花竿来寓,备杨氏抱小孩出山洞卫生站就医。因抗儿自前夜发热,今晨未起床,热度颇高,且小便短赤,大便不通。往日大便日必二次。上午曾请欧医来诊,候至下午二三时未来,乃由余亲往办公处嘱工友送字条至庶务室,改用西医也。遇许师慎,言服鹧鸪菜甚好。适本日《中央报》到,即携返寓,夜给鹧鸪菜二包予抗儿服食。半夜后抗儿大便畅通一次,烧退,惟疲困甚。

十二月廿三日 星期 阴,雨。上午小雨一阵,下午沉阴。

晨,会内派花竿来寓,杨氏抗儿母子乘坐至总纂办公处旁,雨至,即返寓,儿病亦渐痊愈。给小工四百元,遣回会。旋再给鹧鸪菜二包与抗儿服食。下午阅昨(廿二)日《中央报》。夜抗儿已全愈,睡甚酣。余因前日吴受禄托做春联四副,居亭数载,未便固辞,拟分数次应之。即于枕上想得外大门联一对如下:家风传至德,元日庆升平。前想前厅长联,未成。自跌后至今脑力太损,今略构思,即几不能成寐。约二三点钟始睡。

十二月廿四日 阴雨。晨小雨。上下午均小雨。

上午欧克明医士送参芪膏一罐来寓,为廿日余偕嘉弟到会时请其特制者,计党参四两、黄芪四两、当归二两为一服。询据称另需加蜜,方熬成膏,询价几何,答制成再议。余请加倍拣料精制。今据称共制成二十四两,价六千元。欧君去后,余嘱杨氏启罐视之,不及半罐,且甚稀。忆从前在南京同仁堂购此膏,每罐二元(一斤),膏极结,不似此之稀也。此次一跌,合计购服药物及鸡肉,用费不少。噫!下午抗曾小儿又觉不适,或因今晨起床后出前厅看各学生玩耍又受风之故。接陈恺廿二日来信。兆先到总纂办公处换得本日《中央报》一纸,阅悉马歇尔已由南京到渝,惟蒋主席未来,想政治协商会议未能定期开会。夜将昨拟吴家厅门长联拟定录左:古月令犹岁寒,四山松柏矜持节;新国历已孟春,一室芝兰竞发荣。此专就新历元旦而发,未能写到他事。

十二月廿五日 晴。午表四十三度。

抗儿昨夜睡甚好,但今晨不肯起床,小便俱无,似内热闭结,托王科长绍曾往会,代叫花竿往山洞或上海医院就医。上午工友王汝纶来取款买菜油，再嘱返会庶务室催叫花竿。嗣钱汉沈来谓，庶务说今日派花竿不出，俟明日。适肇凤侄孙偕其同学凌乔文来谈，已考毕业试完竣，各科合格，定于一月一日派往重庆关实习，不久即派往上海海关服务云。并交来权超寄款二千元。下午在本屋叫得花竿，由杨氏抱抗儿乘坐往上海医院，兆先女儿步随而行。肇凤等返山洞。沈裕民之夫人来谈，其女五岁，日前即患病，大小便不通者二日，服鹧鸪菜五包始愈，所说似与抗儿此次病无异，若早来谈，则杨氏必不肯赴医院矣。写复陈恺信一。三时半到总纂办公处，阅本日《中央》、《大公》报。五时馀返寓，杨氏、兆先、抗曾均已返。询到上海医院，经医诊视，已无病。体温卅七度。取得药水一罐，心为大慰。

十二月廿六日　　　晴。下午五时表四十七度。

上午十时馀到办公处，写复亮儿信一。附一谓原信。下午四时到办公处，阅本日《中央报》。

十二月廿七日　　　阴。午表四十七度（有火炉）。

上午十时到总纂办公处，旋往会秘书室，与孙铁人秘书谈春联事。日昨徐副主委函嘱余拟。余托龙铁元，以病辞，未知曾说过否，特往谈也。室内只孙一人，询徐安俱入城公干，春联事，龙已说妥，大门联采钱海岳旧作，楹联姜伯彰拟就，由孙修改用之。交六千元与欧克明医生，完清参芪膏价。由会返处，过小桥时几乎又跌一跤，幸未跌下。写复照弟信一。接访秋叔十二日来信，附中山报半张，言米贵了。下午房东之子申仲忽挈妻子等回家。前传说行至昆明折回下关。余又须为迁寓之计。夜杨氏与房东之媳及杜周二佃户在吴受禄家谈商房间问题，未决。枕上拟吴受禄家侧大门联：大启东门，满挹函关紫气；漫嗤下里，高歌白雪阳春。

十二月廿八日　　阴雾。下午二三时间日出。

晨起与杨氏兆先女等先往周姓家察看房间，次往杜家，俱破漏不堪，姑决租杜房，较宽大自然。十时到总纂办公处，写复淦甥信。下午开始搬迁房间。夜阿婶及兆先女儿即往新寓宿。

十二月廿九日　　晴。上下午日色均佳。

上午迁至新房间，布置一切，至下午完毕，觉虽小而雅。夜睡甚安。枕上拟吴氏祖屋堂联：祖德宗功，长垂福荫；年丰人寿，共沐春华。

十二月卅日　　星期　晴。午表四十六度。下午转阴。

上午到总纂办公处，接照弟廿七日来信。附邮汇票二千元乙纸。阅廿八九日《中央》、《大公》报。写致亮儿信一。附淦甥七日信。午，李振宽科长请午饭陪马立山。参政员、潮阳人。由办公处登山至档案处，脚虽勉强步行，而目视在磴，胆怯殊甚，几欲跌倒，入席不思食。马君亦未到。草草停箸，乘花竿返寓。

十二月卅一日　　阴雨。晨至午小雨。檐溜出。下午雨止，犹阴。

兆先女儿代往办公处，取得本日《中央报》，阅之。但天暗，仅见大标题，未能看全文。

中华民国卅五年(1946)

一月一日 　　晨雨。上午阴。十时许日出,下午晴。夜满天星斗。是日为旧十一月廿八日。

晨起到对门王科长绍曾房补阅十二月卅日《大公报》。上午在本房阅昨(卅一)日报。午李科长振宽由会来谈,会内元旦庆祝宴会,到者踊跃,每人席赏二百元,公家贴出每席一万元。汤公介亦到,且纵饮白酒七八杯,似痛醉云。在王科长处见上海《大公报》,印刷纸张精良,为渝所未见,询系许师慎托人在沪逐日由航邮寄来者。

一月二日 　　阴。晨小雨。雾重。上午雨止犹阴。下午天转朗。略见日。五时馀又小雨。

上午杨氏往小店子,顺途将前日(卅一)《大公报》在总纂办公处换得昨(一)日《大公报》阅之。政治协商会议定于一月十日召集,并定十日至廿三日为开会期。

一月三日 　　阴雨,寒。晨雨檐溜出。上午雨止犹阴。下午无雨,但未见日影。晚天始稍朗(旧腊朔)。

上午阅二日《大公报》。办公处工友王汝伦来取款买菜油。因将昨所借报交他带回处。及送油来,又带此报来也。

下午复阅之。询许师慎在沪购报纸价值每日一份二百元航邮费二十元。渝城亦有《申报》可购,每日三百元。

一月四日 　　阴寒。

晨在床上见天色颇朗，意以为晴矣。起而开窗一望，殊失所冀。路犹湿滑，不敢出门。上午闵孝吉来言，见李晚周撰陈辅仁文友传云嘉应人，而他种史内云兴宁人，孰是？余答以兴宁人也。彼谓嘉应者，以兴宁县前为嘉应州属邑耳，然州制已废，则自以称其本县为宜。下午四时到总纂办公处，阅昨（三）日《大公报》。接嘉弟卅一日来信、陈恺廿九日来信各一。恺信面未贴邮票，何以能到，须查。自星期日往档案处山上，心生惊怯，又逢阴雨连天，精神不佳，今始复行，觉腿部微软，移步费力。五时将返寓，适本日《中央报》到，即带返，夜就灯下阅其大标题，未阅全文。

一月五日 晴，晨犹阴。上午十时许日出。下午晴好。

上午在寓阅昨（四）日《中央日报》。写复权超侄信一。下午三时到总纂办公处。复访秋叔信一。

一月六日 星期 晴。久未阅寒暑表，下午四时阅之为四十度。

上午丁六阶兄来谈，渠在山中亦曾跌过二次，幸均未受伤损。谈及莫纪彭本日赴城，乘飞机往卜海。旋至王科长房询彼未闻之。丁君去后，余往总纂办公处询工友钱汉沈，询莫须下午始入城。因即写一条，嘱钱送去，询日前由城返山时，陈恺是否托带药物咸鱼，请交下。盖陈恺信系廿九日所发，言代购药物托莫带入山，而该信未贴邮票，余遂以为莫携来者，仅交信而忘交物也。午李振宽来寓，询以莫君是否已行？彼不知。下午三时许往办公处，钱云到莫公馆，门已锁，人去早去，原条退还。至陈恺信确系传达处收转，非莫君带交。本下午二时，沈处长裕民来寓，谈会内已请款五十万，预备油印余所增修总理年谱，张主委曾嘱由余交出之稿即可油印，不必经过审查云云。余答以稿已略具，可陆续付印。语未毕，因彼挈一女孩啼哭要返家，遂未终席，抱女而去。余即往办公处。

一月七日　　　晴。晨雾大。上午九时后日出,但仍薄。午表四十三度。

原拟赴丁六阶家寿宴,以路长胆怯不果。只由杨氏偕女儿兆先小儿抗曾代表前往。上午十时到总纂办公处,阅昨(六)日《大公报》。下午四时馀到总纂办公处,剪发后即暮矣。接肇凤侄孙信,谓原拟年内奉派重庆关工作即晋城,乃派令迄未接收,闻因总署已迁沪,一切公事须由沪寄渝始发出,须时颇久,故云。又代收马秀文自广州致兆先女儿信一。

一月八日　　　阴。午表四十九度。有火炉。

上午十时到总纂办公处,阅昨(七)日《大公报》。复陈恺信一。下午二时馀凌应樟偕其友钟德玉来访。钟兴宁人,航空委员会编译,曾任陆军第七十一军酒精厂经理、交通部交通银行合办运通炼油厂工程师。现航空会不日还都,因特来访。为其父被龙济光杀害之革命历史事有所陈述。余询是否钟明光烈士?据言其家在兴宁岗背,明光在另一乡,相距不远,亦尝闻明光烈士之名,但未见面。其父名汉屏,惟钟彬言,实名平云云。其言颇长,余因此纸笔,嘱笔录如左。另纸存[①]。

先父钟汉屏(平),辛亥之秋,在粤东北伐队充当营长,驻守江淮。迨帝制议起,赴沪,受夏之骐委任为潮梅筹饷委员,旋任为赣梅军司令,回籍进行,被前粤督龙济光侦悉,密电兴梅等县知事严密查拿。及先父抵兴宁,竟被县知事张骏基拿获,连同行箧任状,一并搜去。物证已确,随即加害。

民国六年三月,曾请恤。旋因黎总统下野,未奉恤。

民国十七年,曾蒙中央政治会议广州分会议决优恤五千元。

民卅一年,玉曾将先父传送呈中央。旋奉奖状乙纸。

---

①　今纸未见。——整理者

同年,陕西第一军分校钟主任彬,将先父传略送上中央,复受嘉奖。惟今党史书上尚无先父之传列入,玉念忧之至,特来调查先父之各传,拟搜集后再修成一完善之传,希能早日蒙中央编入书中。

又交来民六钟平之父母请恤原呈稿如左:

民国六年三月请恤呈文

为呈请转详抚恤事:伏读督军布告内开,民国五年十二月十日,准陆军部咨开,本年十月九日,奉大总统(黎)令,自民国肇兴,患难相乘,义□烈士,蹈死不悔,糜躯断胆,前仆后继,再造玄黄,力回阳九。值兹国庆,宣慰忠魂。着陆军部查明五年以来死难将士各职及其后裔,各议所以抚恤之等因。(未完)

自跌以来,今日精神为较好。

旋偕凌钟二人往总纂办公处。许师慎言,明日入城,就政治协商会议记录事。匆写一信,托带交陈恺。嘱将药物咸鱼交许君带来山。凌钟告别。候本日报纸不到,天已欲黑,即返寓。是日午饭稍早。饭毕,杨氏与兆先女儿往歌乐山振济学校领退学费。余返抵寓后二人亦回。

一月九日 阴。雾重。晨门外对面不见人。上午乍开乍合。下午雾犹重。

上午精神略好,写昨下午日记。至午后精神又不振,欲续录钟君请恤呈未能。亦半因窗暗故也。四时馀着兆先女儿往总纂办公处借报纸,乃昨今两日之报均不到。徐忍茹来函,欲将卅四年上半年份审查新征史料未完之件交龙铁元兄代理。余口允之,但未能往办公处交代,雾重路滑也。拟明日往交代清楚。

一月十日 阴。东北风大。雾渐开。各山头已显露,树木亦清晰。

上午因路尚湿滑,不能出门,在寓续录兴宁钟氏请恤呈文。(续前日未完稿)

奉此。窃民男钟平,辛亥之秋,在粤东北伐队充当营长,驻守江淮。暨共和告成,南北统一,慨然解甲回里。迨帝制议起,民男激于义愤,投笔赴沪,遂受沪上党人机关部夏之骐委任为赣梅军司令,回籍进行。被前张知事派探侦获,惨遭枪毙,县署有案可查。现在共和告成,民国重光。民男钟平确系拥护共和为国捐躯,遗一妻刘氏,一子名德玉,现一岁。民夫妻年已七十,家道贫穷,一室老幼,生养无资,萧条情形,令人悲悯。缘奉前因,理合谨具领绅保结,连同表格,备文谨呈兴宁县知事王(此呈上后,适黎总统下野,未果)。此呈录完。

钟烈士汉屏事略(日记眉注:原题有先父二字冠首,今未录)

钟烈士汉屏,广东兴宁人。自幼聪慧,与群儿戏,好作结队对敌之戏,每戏必冲锋取胜而后快,群儿多避之。年六岁,出就外傅,十二岁时已通文理。喜习诗古文词,而不屑屑于科举课艺。年十六,肄业兴民学校。兴民者,该县首先之新学,董其事者皆同盟会中之革命份子也。烈士已入校,于革命之演讲,即极表同情而热烈工作。辛亥八月,武昌起义,四方响应,兴宁方面,亦由兴民职教员密谋光复,烈士年虽少而奔走最力。起义之日,烈士力任先锋,几罹于难,乃猛力攻击,绝不退却,卒攻入县署,邑遂光复。翌年,奉父命就学于梅县东山师范,甫半年,烈士之素忘不在此,去而之汕头,充吴祥达督办署书记。傭笔生活,犹不足以餍其素志,更辞职而往南京。由友介绍,遂充南京陆军第十七营第一连连长,骁勇果敢,大为上官所赏识,不数月,更补升为第十七营营长。嗣因癸丑之役,党军失败,烈士遂返家。迨民国四年,袁氏僭窃,谋复帝制,烈士发怒眦裂,急装走沪上,拟联合同志,力图反对。其同志前江西督军署参谋长夏之骐,方在沪密讨袁,邂逅相值,遂委烈士为赣梅军司令筹饷募兵,以资响应。烈士已奉命,即入赣梅诸地,秘密运动,间往来于汕港之间,因为龙济光侦悉,密电兴梅等县知事,严密查拿。及烈士抵兴宁,意被该县知事张骏基拿获,连同行箧委任状搜去。物证已确,随即加害,时民国四年十月廿八日也。临刑之日,其弟震往见。伊嘱曰:寄语诸兄,当善事父母,尔当继余志,参加革命,推倒帝制,使中国实现真正共和,余死亦瞑目矣。馀不及其他云。语时神色自若。烈士殉义时年仅廿,遗妻一刘氏,子一名德玉。

其父拔琮先生,暨母陈氏,尚存。嗟夫! 自革命以来,吾党同志,不惜牺牲性命与祸国恶魔相搏战,虽所遭时势,所经事迹亦有不同,其牺牲奋斗、护党救国之精神则一。幽光潜德,不有纪载,湮没不彰,将无以慰先烈士之英灵,亦无以尽后死之责任,故以烈士殉难之惨,泚笔为文,以志其略。(完)

下午二时到办公处,开党员大会,改选区分部委员。将徐函交王伯勋照交六月新征史料及三四五等月已分配而未总查之件。并交代理。徐本日另有正式条谕。阅九日《大公报》,本日《中央报》、《新民报》。

一月十一日　　阴。夜起风甚大。

上午在寓检查各种信札,应存应废,略为预备,将还都时之行装,计连年积在壁间纸袋内,搬家日,曾检查一次,兹再检一次。未完。下午三时到总纂办公处续录钟德玉所交来有关其父钟平烈士受恤之件如左:

中央政治会议广州分会月刊(第十三期,民国十七年十二月卅一日,商务印书馆发行)十二月七日第一百六十三次会议录

乙讨论事项(议决照准)

4. 革命纪念会函复,准兴宁县廖县长暨该县党部临时登记处李主任召思查复钟烈士汉屏殉义事实,应如何抚恤,请卓裁核示案。

议决照准

说明"当经本会交革命纪念会查复在案。纪念会既查复,只应如何抚恤。"此一次曾领恤金伍仟圆。

广州香港各报均有登载此文。

按此件似不明了,余问月刊原本尚存否。德玉云已无存。

一月十二日　　晴。夜月明。夜半多风。

照弟昨下午来寓,晚饭后与李振宽同往档案处借宿。今晨再来寓,早点后同在檐前曝日谈话,至午饭后辞去,明日由新店子农

林部迁往化龙桥新部址云。下午三时馀到总纂办公处，接陈恺十日来信。附江惠民七日信一。阅本日《中央报》。昨借十一日《大公报》，上午阅毕，即交还本处矣。本日上下午阅报两次，精神甚好。

一月十三日　　星期　晨。旋转阴。午后复晴，日色颇佳。夜月明。

上午微困倦，先往邹永成家谈闲事，返，小睡，午在吴受禄家饮喜酒。受禄生子弥月，酒席共十桌。下午三时到总纂办公处，阅本日《大公报》，觉精神稍短，不及十日，或因报载邵力子、周恩来长篇报告国共两党历年商谈经过事。头绪纷繁，阅之大费神故。夜精神又振。写致江东信一。

一月十四日　　晴。微阴，下午更阴。夜初月色濛濛，九十时后月出甚明。

上午十时到总纂办公处，审查闵孝吉签呈。分条批毕，尚待作总批。下午三时到办公处，阅本日《新民报》、《中央报》。自上午审查闵稿，精神颇触动，脑部觉不宁。近日易发怒，多愁虑，足见尚宜休养，方得复元。

一月十五日　　晴。雾薄日现。夜月甚明。

晨在寓预写致江东信，明日由买菜工人带交。上午九时到总纂办公处，阅六月份新征史料内卢仲琳自述革命经历一篇。龙铁元代理分配，钟孝先复核。查所述镇南关河口二役颇详，并及在暹罗与胡毅生同任购办军火事。以后修丁未镇南关之役、戊申云南河口之役及辛亥三月二十九广州之役时，均可采用。阅《文史通义》史德篇。下午三时到办公处，接亮儿九日来信。附一潏十二月七日致亮儿信及畅曾五日信。青年军报告。阅本日《中央报》。

一月十六日　　阴。夜月朦朦，潜形露影。

昨夜睡不宁，或因阅《文史通义》伤神之故。上午未能到办公处。下午接江东惠明复信及药物，惟咸鱼据称已借用，俟另购还。另赠腊鸭二只。三时馀到办公处，阅本日《大公报》。

一月十七日　　阴。夜月甚明。全形毕见（是为腊月望）

上午十时到总纂办公处，写致照弟信一。化龙桥农林部统计室。接子靖叔十二月十九日信一。又写复陈恺信一。下午三时到办公处，阅本日《中央》、《大公》报。大局渐坏，协商会议亦露破绽矣，可愤。写复江东信一。夜写复亮儿信一。自跌伤至今已二月，精神将复原，夜中作书，以此为第一次，书共二页，只写错三字。

一月十八日　　阴。下午略见日影，旋复阴。夜月色甚亮，但不见形。

上午十时到总纂办公处，各同事已下班，仅见王伯勋一人，旋亦即去。处无时钟，只发寄昨夜所写信并取得会内所发布而返寓。下午三时到办公处，接照弟十六日来信。附启鹏侄自美国十二月廿日来信。阅本日《大公报》。又接汕头寄肇凤信。即转税专校。

一月十九日　　阴。是日为旧十二月十七日。夜月明。

是日为余生日，具面菜拜祀先父母及先姊。午在新寓请李振宽同饮。下午四时馀到总纂办公处。接江东十七日快信，嘉弟十日来信。已在财务会工作。阅本日《大公报》。

一月廿日　　星期　晴。夜月仍明，照我饭桌上。

下午到总纂办公处，阅本日《大公报》。写复嘉弟信一。附党证。

一月廿一日　　晴。夜深月明照我壁上。

上午九时到总纂办公处，写复照弟信、江东甥信各一。下午三时偕杨氏抗儿到办公处，接陈恺十八日来信。附农民银行汇款解条一（一月五日），内有亮儿附言一段。元龙来二万元，恺代存。龙曾侄一月五日由丙来信一，可超侄十五日由长寿来信。即复可超侄信一。阅本日《中央日报》。抗曾剪发后即偕杨氏先返寓。

一月廿二日　　　晴。午间雾起。下午日矇矇不清。

晨写至江东信，由党史会买菜工人明日白市驿场期带往，领取咸鱼。是晨天甫明即起床，早点后返睡一觉，再到总纂办公处，阅昨（廿一）日《大公报》。下午三时到办公处，写复陈恺信一。阅本日《中央》、《大公》报。

一月廿三日　　　阴。午转晴。下午日色颇佳。

上午九时到总纂办公处阅报，未作何事，白坐白谈数小时。各同志正领到生活费。下午三时到办公处，开区分部党员大会。接权超侄十八日来函。附邮汇票一纸四千元，内须转交肇凤二千元。亮儿十六日来禀一、靖叔一月三日来函一。知余前托陈恺汇家用款已到。本日（下午）四时买菜工人向惠明领回咸鱼二尾。

一月廿四日　　　阴。夜半下雨一阵，有声。

上午十时半到总纂办公处，写致陈恺信一。下午三时到办公处，接十弟十二月廿一日来信一。此航快信，逾月始到。照弟廿二夜来信一。写复江东信。

一月廿五日　　　晨至午阴。下午二时日出。旋复阴。

下午三时到总纂办公处，阅本日《大公报》。

一月廿六日　　　阴。晨小雨一阵。下午略朗。复阴。夜有雨声一阵，旋止。

上午在寓写致胡朴安信一。附杨英明履历一纸。下午二时到总纂办公处，阅本日《大公报》，内载张主任委员有预定本月卅日回渝消息。写复十弟信连致胡公信并封寄十弟转交。写致嘉弟信一。

附十弟来信。

一月廿七日 星期 阴。夜有雨声。檐溜出。

上午到总纂办公处,遇封德三,忽见示本日《世界日报》,询为其子从山洞带来。阅之,各处战事已息,惟渝城有宪警搜查协商会议会员住宅事。而该报纸张极坏,字粒而糊模,看不清楚。下午四时许再往办公处,阅本日《大公报》,载宪警搜查事甚或详。第十八集团军驻渝办事处亦被搜出枪卅馀枝,嘱照章注册了事。周恩来返延安,谓报告会议经过及请示,约日内再来渝。协商会议原定廿三闭会,延长至廿六日,现又展延至廿九日。

一月廿八日 晨小雨,午略朗,下午复阴。旧历腊月廿六。夜雨有声。

上午在寓阅总谱增修本(一),欲交秘书办公室发写油印。前与沈裕民兼代总务处长商定而未实行也。惟查尚有中国始设报纸事之注文未抄入,而前于未跌伤时所作之注文及摘抄《中国报学史》并于搬移房间时不知夹于何处,待检出补抄方能交付。是日为杨氏生日,丁太太送猪蹄膀一只来,留她食面。只炒面自食,未拟请客。至下午二时馀始食毕。下午四时馀嘱兆先往办公处借得本日《中央日报》,阅有关党史史料数件。(一)郭镇华(天津商人)于卅三年十二月在日本别府以二十万日元向日人"元柳"购得总理手迹三民主义原稿(七十馀页)、原序(六页)、孙文学说序(十八页)、告商团书(五页)、致徐季龙书(六页)、致胡汉民、邹鲁先生书(数十通),并段祺瑞、袁世凯上国父函等。卅四年一月十三日携返天津,近由庞镜塘中委由北方视察回渝,带来重庆。(日记眉注:庞为山东人,原组织部秘书,与李翼中同事交好。卅四年五月当选中执委,仍为组织部秘书否,未知。)现决定交党史史料编纂委会。(二)陈铭枢撰文纪念一二八(未见全文)。(三)张治中撰《一二八淞沪战役回忆录》。(四)《中央日报》社论:《历史的正确说明》。

一月廿九日　　　晨小雨，檐溜滴滴。似从昨夜至此。

上午在寓检获《中国报学史》摘抄二页，订入此日记册首。补详阅昨(廿八)日《中央报》。

一月卅日　　　雨。

晨在王绍曾室阅昨(廿九)日《大公报》。

一月卅一日　　　雨止，但仍阴。下午又小雨。

在寓未出门，阅昨(卅)日《大公报》。积雨之馀，人颇疲困。

二月一日　　　雨止。下午日色略现。

是日为大除夕。下午在寓拜祀考妣神位及大姊配享，旁设亡媳锦英李氏位。

二月二日　　　晴。旧历丙戌正月初一日。积阴渐散，人人喜悦。下午日出。

上下午出门，至邹、安、许、明、闵及原房东家贺年。上午又拜祀考妣及姊神位。

二月三日　　　星期　晴。日光颇耀。上下午贺年男女熙来攘往，如太平时。

上午拜祀父母、大姊神位后，请邹器之、安怀音、柳聘农、刘尊权、李振宽、赖树杭午饭。晨曾到会邀刘柳及安邹诸君，李赖则昨日先约也。下午孙主任秘书来贺年。谈半小时，据云郭震〔镇〕华所来史料已到会。余拟明日往观。

二月四日　　　阴。是日为正月初三日。立春节。

上午九时到总纂办公处，补作日记。自卅日至昨日。接嘉弟卅日来信一。孙秘书来函，派花竿来接往会看史料。以天虽阴而无雨，路尚干，却花竿，自步行前往。承交出史料一小皮箱。皮箱新购，价六千元。另交目录一本《郭镇华同志由日本取回总理史料目录》。并先检一件，为 33 总裁致孙夫人函一件。八月十五日，五页。阅毕，余自动在箱内取一件 27，林故主席森致总理函。九月十日，二页，映片。外面已食饭矣。孙欲回其家，余请其收拾，约下午天晴再来阅。余以此知日前报载尚未尽，且目录所称总理史料四字，亦不切合也。将权超邮汇票交杨庶务本章饬人往兑取。下午四时到办公处，与许师慎商谈二人考订郭君所送史料，拟专取照片考订，其原稿仍留秘书室，免负保管之责。旋依此意见往会与孙秘书面商。孙谓甚好，但有无全部照片，待明日查明再办。时亦已晚矣，即返处告知许君而各返寓。并借沪报一大束。

二月五日　　　　阴。下午略见日影。

上午接孙铁人函，谓照片甚少，可否送许师慎保管？余复候与许商定再复。在寓阅上海《正言报》一月一日至卅日。内不齐。各份。又《民国日报》一月廿五日一份，内载楚伧患喉头神经炎病，戚树南医生自渝飞沪主治，谅无碍。下午三时到总纂办公处，接一谔弟信一月十四口来信。照弟　日来信。许君晤及，不允负保管责。阅五日《大公报》。旋往会见孙秘书，报告许君不能负保管责，并约明日若天晴，则余再来借阅史料一次。

二月六日　　　　阴。

上午在寓写致照弟、陈恺、肇凤、权超信各一。下午复一谔信一。

二月七日　　　　晴。夜月清朗纤纤。

上午九时半到总纂办公处，阅昨（六）日《中央报》、《大公报》。（日记眉注：《中央报》云参政会又拟于三月廿日在渝开会。）国民参政会定四月十日在南京开会。政府还都准备在五月以前视交通情形决定。并前发表三月一日开本党二中会议。三者参看，似中央各部会在四月内定可还都矣。发昨写之信五封。一航快，一平快，其馀三封普通。写复亮儿信一。下午四时到办公处，阅本日《中央报》。接可超三日来信，附照片一。代收嘉弟信一。

二月八日　　　晴。是日为旧历人日。夜月明。

上午九时半到总纂办公处，孙秘书嘱工友来请往〈看〉史料，即往。在秘书办公室之内小房间，由征集处长徐文滔携小皮箱来，面开取三民主义原稿一本。余全阅毕，欲作记录，则十一时半，公共食堂摇铃开饭矣。草草作起而返处，寓内兆先、抗儿等已来唤食饭。即返。下午三时到办公处，将阅得各情告许师慎，欲录成所作记而报纸到，不果。

二月九日　　　晴。微阴。

上午十时到总纂办公处，作成昨阅史料记如左：

观郭镇华同志由日本取回总理所著《三民主义》原稿记

三民主义原稿连皮底共卅六页，如普通机关所用米色十行稿心纸，墨笔写成，添注涂改颇多。间有铅笔勾处。皮面有注二行，其背书三民主义四字，底页只写数行，馀为空白，似尚未写完。若除皮底二页，实只卅二页。内为第三第四二部。第三民族主义，第四民权主义。第三已完，共廿馀页。

余按，此所谓三民主义原稿，似据稿皮之背有三民主义四字遂加以此名耳。此四字是否为总理所书，何不书于皮面。尚属疑问。疑此或为国家建设原稿之一部分，不必专名三民主义原稿。

民国十三年三月卅日，总理在广州大本营所作民族主义单行自序云："《国家建设》一书内涵民族主义、民权主义、民生主义、五权宪法、地方政府、中央政府、外交政策、国防计划八册，而民族主义一册已经脱稿，民权主义民生主义二册亦草就大部，其他各册，于思想之线索、研究之门径，亦大略规画就绪，不期十一年六月十六日陈炯明叛变,炮击观音山,悉被毁去。"今以此稿观之,民族主义写完廿馀页,民权主义所写未完,非近似乎?惟十三年总理口讲三民主义六讲,黄昌谷笔录,邹鲁校读,字数甚多,今此稿只廿馀页,何详略相悬太甚若是?疑此或为国家建设原稿之一部份,而为当时之弃稿,嗣经另外草创,乃完成民族主义一册乎?

《国家建设》一书,作于民九民十年间,依民族主义单行本自序云:"自建国方略之心理建设、物质建设、社会建设三书出版之后,予乃从事于草作国家建设。"此可知在八年以后九年之内也。又本会所编《总理全书》内国防计划一函(致胡汉民)为民十秋冬间在广州所书,依此则可知为民十秋冬以前也,可惜竟毁于炮火矣。

致嘉弟信一、附梅林遂信。可超信一。阅本日《大公报》。

二月十日 星期 阴。下午阴甚。夜雨。

上午到总纂办公处,与封雪澄谈会内人情浇薄,可笑可慨。详阅昨日《大公报》。下午四时到办公处,阅木日《中央报》。天色甚暗,不能详阅,但阅各标题而已。

二月十一日 阴。近午略见日影。下午日出一刻旋复阴。夜月明。

上午在寓写复子靖叔信。附启鹏在印度及到美国后来信二。下午到总纂办公处,无报到亦无信到,剪发即返寓,天亦暮矣。

二月十二日 晴,下午日色甚亮。五时馀表五十四度。是日处内停炉。夜初月明,后渐朦胧。

上午九时半到总纂办公处,仍无昨日报到。午赴吴申仲家春宴。下午三时馀到办公处,接收刘穆所抄《总理年谱长编》稿第三册。计抄稿共四本。原册破碎殊多。正开始核阅,而昨日及本日报到,即阅此二日《大公报》。接嘉弟十一日来函,附一月廿日铁曾侄致嘉信,即前附去林遂之信。嘉通信址下曾家岩三号。肇凤十日来函。重庆关税务司公署。

二月十三日　　　阴。午表四十九度。下午五时表五十度。夜月不清。

上午九时到总纂办公处,收刘穆所抄稿四本连同油印总谱稿一本,交许师慎校阅。写复肇凤、汝嘉附铁曾信。各一。下午三时到办公处,阅本日《中央》、《大公》报。《大公报》载本会张委员十二日由太原飞返北平。接杨经良内弟来信一。

二月十四日　　　阴。午表五十度。下午五时表五十一度。夜月不清。

上午九时到总纂办公处,写致立青、经良信各一页,共封。附冯绍苏致其姊冯兰苏条信,南京牵牛巷四十号余寓。嘱转交二万元。下午三时到办公处,交冯绍苏二万元又五百元,冯即转交工友王汝伦送往会计室,旋会计室有收条,即由冯绍芬交余收存。阅本日《中央报》及《大公报》、《新民报》。

二月十五日　　　阴。下午五时表五十二度。夜不见月而光甚大但有雨。

上午未出门,循旧例在寓过上元节。拜祀父母大姊附设亡媳锦英位。毕,请丁六阶夫妇午饭。邹永成夫妇及其女作陪。下午三时到总纂办公处,阅本日《大公报》。补阅昨(十四)日《新民报》,载叶楚伧病重,在上海大西路市立疗养院就治。蒋主席夫妇于十三日下午五时往院探视慰问。

二月十六日　　　阴。下午五时半表五十度。夜亦有光无月。是日为上元佳节,山中无灯景可玩,寂寞之至。

上午在寓阅七月份新征史料,一月十五日龙毓峻批留呈,一厂核阅字样,一八七四四号。内计:(一)总理肄业香港西医书院各科考试分数单。(二)南华邮报专载剪稿之一、二、三(英文,未译)。(三)成绩簿注册簿(?)内有人名,或即当时在西医书院之同学。兹抄录其姓名如左,俟考。(四)注册簿:陈观圣、邝艺良、杜应勖、黄允安、何乃合、李贤仕。何高俊、陈辉光、郑汉淇、刘礼、邓景晖、谢悦隆、许济伦、郭惠昌、黎树贵、梁植芬、王文昭、林贤水、马禄、卢博修、区斯湛、冯耀升、胡尔桂。陈振先、杜应坤、陈有慰、李应猷、黄培根、魏维慈、何乃传、关学鉴、林润曦、钟奕信、陈衍芬、黎叙兰、王宠庆、陈瑞仪、严汝麟、李可祯、陈俊幹、余荻生、黄吉昌、林紫封、陈辉锡、杨枝、王宠益、黄伯符、区斯深、冯润发、邹承勖、李树芬、罗有信、陈王道、聂保亨、黄少芝、林炳荣、翟朝亨、陈芷兰、陈瑶阶、何永贞、佛弼执礼、林景芬。周怀璋、何昭贤、王子传、黄祥芝。张荣棣、林宗阳、黄国权。

又一月十五日龙毓峻批留呈,一厂核阅字样,一八七五〇号。《华侨革命史话》上一册。著作者冯自由。发行者海外出版社。总社重庆九道门。印度分社,加尔各答中央路五十二号。三十四年四月初版。内目次上编,兴中会时期:一、檀香山兴中会。二、香港辅仁文社。三、香港兴中会。四、横滨兴中会。五、南非洲兴中会。六、横滨两俱乐部。七、横滨文经商店。八、台湾兴中会。九、横滨华侨学校。十、横滨中和堂。十一、香港中国日报。十二、横滨开智录。十三、横滨广东独立协会。十四、横滨支那亡国纪念会。十五、香港和记栈。十六、香港世界公益报。十七、越南河内兴中会。十八、檀香山兴中会之复兴与隆记报。十九、美洲洪门致公总堂。廿、旧金山兴中会。廿一旧金山大同日报。廿二南洋中和堂。廿三、香港广东日报。廿四、新加坡图南日报。廿五、香港有所谓报。下编,同盟会时期:(未完,因午饭辍笔)。下午三时到总纂办公处,接嘉弟十四日来信。阅本日《大公报》,惊悉叶楚伧昨在沪逝世。中央社上海十五日电:中常委兼特派员苏浙皖京沪宣慰使叶楚伧氏,自上年十二月十一日奉派莅沪宣慰。因在飞机上略受感冒,下机后即感不适。钱市长大钧力劝入院治疗,叶氏以宣慰任重,不容稍懈,仍力疾完成宣慰市民任务,连日接见上海市民代表,参加集会,自侵晨至深晚,未尝稍息,以致体力益感不支。遂于廿日入虹口市立第四医院治疗,无甚起色。一月六日,移往大西路市立疗养院治疗。当经上海各名医悉心研究,终难见效,饮食日减,精神日衰。蒋主席莅沪后,十三日亲临慰问。叶氏感奋之馀,尚勉力坐起。主席温语安慰,并云即电戚院长再行飞沪主治。讵料十四日午间病情突变,呼吸急促,脉博增速,主治名医束手。延至十五日晨四时四十分溘逝。遗体即行移送海格路中国殡仪馆,定十七日下午大殓。又二公子叶元、三公子叶中、四公子叶容、女公子叶吉益及叶夫人吴孟芙在侧。大公子叶南在法国任中国大使馆武官。

二月十七日   星期 晴。晨即阴霾渐散。上午日出。下午日色尤晶亮和暖。夜月甚明。

上午在寓续抄《华侨革命史话》目次下编,同盟会时期。

廿六、缅甸仰光新报。廿七、香港同盟会。廿八、新加坡南洋总汇报。廿九、暹罗华暹新报及同盟会。卅、新加坡同盟会。卅一、越南西贡堤岸同盟会。卅二、香港东方日报。卅三、檀香山民生日报。卅四、檀香山自由新报。卅五、英属七州府同盟会。卅六、香港少年日报。卅七、云高华华英日报。卅八、新加坡中兴日报。卅九、新加坡三大书报社。四十、越南河内同盟会。四十一、缅甸仰光同盟会。四十二、仰光光华日报、进化报及全缅日报。四十三、南洋荷属同盟会。四十四、香港时事画报。四十五、美国同盟会。四十六、檀香山同盟会。四十七、新加坡星洲晨报。四十八、加拿大致公堂及大汉日报。四十九、加拿大同盟会。五十、香港金利源药材行。五十一、旧金山少年中国晨报。五十二、菲律宾同盟会及公理报。五十三、澳洲警东新报及民国报。五十四、香港支那暗杀团。五十五、秘鲁利马民醒报。五十六、新加坡南侨日报。五十七、美洲洪门筹饷局。五十八、南洋及美洲之归国参政代表[①]。

阅《华侨革命史话》十页。(即上编兴中会时期,自檀香山兴中会至

① 按:原稿标题无编号。每题下注页码。今去页码,加编号。——整理者

香港《中国日报》诸目)下午四时到总纂办公处,阅本日《大公报》。返至明少华寓门口,见明与许师慎在天井中立谈,入与一谈。叶楚伧先生是日大殓事,许言《中央日报》甚多吊唁电,可一看。

二月十八日　　晴。午表六十度。下午五时表五十八度。夜月不清,惟仍有光。

上午九时到总纂办公处,阅昨(十七)日《中央日报》。写致叶吴孟芙夫人唁函一。复嘉弟信一。下午四时到办公处,阅本日《中央报》。接肇凤十六日来信、权超十三日来信各一。报载张委员溥公十六到锦州,即日下午抵热河省府所在之朝阳。

二月十九日　　晴。半阴。午表六十度。下午五时半表五十八度。夜月影尚光。

上午九时半到总纂办公处,阅《华侨革命史话》十页半。上编横滨《开智录》至香港《有所谓报》诸目。上编已完。接陈恺十八日来信。写致冯自由信(民权路都邮街新都招待所)。附邮票百元,请寄《华侨革命史话》一本。下午四时许到办公处。因小儿女往会种牛痘。阅本日《中央》、《大公》报。

二月廿日　　阴。午表六十度。午天转朗。下午日出甚亮。

上午九时到总纂办公处,阅《华侨革命史话》十一页。下编(仰光新报至新加坡中兴日报诸目)。写复陈恺信一。下午三时半到办公处,接学曾侄一月廿九日自墨西哥来信、照弟十六日来信各一。五时许到会,秘书室开第二次中华开国革命博物馆筹备会,即预备为党史史料编纂会之后身也。

二月廿一日　　晴。日色光耀。午表六十四度。下午天甚暖。

上午九时到总纂办公处,写复照弟信一。阅《华侨革命史话》十一页。接权超十七日来信。午赴安怀音家春宴。下午足痛,因前晚以手指自抓趾爪受伤，昨下午起作痛。不能出门。嘱兆先往办公处借阅本日《中央》、《大公》报。报载李烈钧昨（廿）日十时在李子坝新寓原寓歌乐山。逝世。有子七人，五子从军。女二人。

二月廿二日　　　　晴。微阴。午表六十五度。下午五时半表六十三度。

昨用红药水搽脚趾。本晨渐愈。上午十时到总纂办公处，阅《华侨革命史话》十四页（完）。内有檀香山同盟会一篇，载：庚戌年春三月，总理自美抵檀。居二月，旋赴日本。濒行，语曾长福等，应设学校，教育旅檀华侨子弟。后由长福、卢信、杨广达、李烈、黄亮、钟宇、雷官进、谭邃、杨著昆、古伯荃等，联合埠中殷商赵锦、古今福、龙文照、许发、刘佛良、余楫、杨年、林业举等，筹资创办华侨学校。是岁五月，卢信归国，代聘谢英伯为校长。是校续办多年，成绩卓著。至民十七年，改名中山学校（刘佛良为松源桥下人。余在桥下刘氏成达学校时，识其子二人。民廿五年，在南京，黄慕松曾谈及彼游太平洋时，在檀遇佛良，其财产已达数千万，为梅县冠。从前南洋华侨如谢梦池等，财力远不及之。有子甚多，在上海圣约翰大学当教授者一人，或某校者一人，均不能说中国话，与外国人无异。最近其产业亦将有变动，因地近美国设置海军港处，多被划入军港，不能由私人管业云。余疑或即珍珠港，又即总理之两至茂宜岛。今是篇所说云云，即叙于茂宜、香炉两岛之后也。）正写上段毕，许师慎言，见冯自由有由上海致本会信，是冯已赴沪矣，余前日去信相左。下午四时半到办公处，阅本日《大公报》。张溥老二十一日返平，约廿五日飞返渝。

二月廿三日　　　　晴。晨日好，旋转阴。午表六十六度。下午日又出。五时馀表六十四度。

上午十时到总纂办公处，写致权超侄信、肇凤又侄信各一。交还史料二件，龙所留交，余核阅者。冯绍苏收。总查七月份新征史料二件。未完。接邮退回数月前寄南曾侄信。下午四时到办公处，阅本日《中央报》，各人员均走了。

二月廿四日　　　　星期　晴。午表七十度。夜甚暖。

上午十时到总纂办公处,续阅七月份新征史料。湘省党部卅三年工作总报告　粤卅三年工作总报告　滇省党部卅四年四月工作报告　桂省卅三年工作总结报告　甘肃卅四年一月工作　甘省党会议政令宣传联络谈话录　川滇滇越特党部卅四年五月工作　陇海特党卅四年春工作　赣省党部第八、九次会议录　平汉特党工作　西北公路特党部工作　第六次全代大会中央组织工作报告　桂省党部卅四年工作　以上报告纪录等十七件。又追悼王伯群特刊一件。王伯群,贵州兴义人。日本中央大学毕业。(第三届中央候补、第四、五届中执委)其弟王文华电轮。又冯自由编中央历次会议有关海外党、侨务重要决议案一件。内有附件,甲总理文告,乙总裁文告。于总谱有可参考处。《西北革命史征》第三册。此书可与陕西革命史参看,编陕西革命志时宜参用。下午在寓洗身。许师慎来,出示所作"总理三民主义稿本考订",主张为"孙文学说原稿之一",与余前疑为"国家建设原稿之一"不符。然余尚未详加考证,只得唯唯以许说为定。

二月廿五日　　　　阴晴半。午表七十四度。下午日光较强。五时半表七十度。

上午九时到总纂办公处,总查八月份新征史料七件。内有:吴超征自述革命事略,居觉生梅川日记,均佳。补阅昨(廿四)日《中央日报》、《新民报》。下午三时半到办公处,开区分部党员大会。阅本日《中央日报》。蒋主席昨日由沪返渝。接亮儿十八日来禀。附淦甥及瞻云致亮儿信各一。

二月廿六日　　　　晴。上午转阴。午表六十二度。下午五时半六十度。下雨如丝。夜雨渐大,檐溜出。

晨杨氏与兆先女儿往山洞卫生事务所就诊,因兆先每冬常发冷,病名风疹。今又复发。前日欧克明开方服药无效,故就西医诊治也。九时到总纂办公处，询许师慎言，张主委昨已由北平飞返重庆。写致南曾侄信一。附邮局前退还之信。总查八月份新征史料六件。内有监察委员刘三事略传。杨氏兆女二人午返寓，午饭较迟。下午四时到办公处，阅本日《新民报》。接陈恺廿三晚来信。

二月廿七日　　　阴。午表五十二度。中间日出，旋复明。

晨早起，吃粥后又目涩欲睡，复登床睡一觉。十一时始到总纂办公处。总查八月份新征史料四件。下午三时到办公处，阅今日《中央报》。总查八月份新征史料，卢仲琳(伯琅)革命经历记及各省工作报告会议记录等。共十九件。夜写复陈恺信一。明日由杨氏兆先二人带交。

二月廿八日　　　阴。午日出。午表五十度。下午日甚亮。

晨杨氏与兆先女儿以许师慎兄进城之便，同出山洞，搭车入城见陈恺，托代卖厂条一小块，并托收存款项，俟余等还都时支用。上午十时到总纂办公处，总查九月份新征史料，第六次全国代表大会宣言及重要决议案；五十年来的中国；先烈徐龙骧事迹，及蒋主席相片；青海、江西、湖南等工作报告会议记录。共七件。下午在寓看顾小孩。四时余到办公处，阅本日《中央报》。五时馀，杨氏与兆女返抵寓，所托陈恺事均已妥，心为一慰。接可超侄廿四日来函一。夜在寓阅贵阳《中央报》载叶楚伧略历，剪贴存之。间有错误，而遗漏尤多。俟为改正。闻会内接匿名恐吓信。谣言渐起，余往安怀音家询问办法。

三月一日　　　阴。晨小雨一阵旋止。下午天寒。室中复起火炉。五时半表五十二度。

上午目涩思睡，欲写信未果，此殆所谓春季人多睡又所谓春困矣①。下午二时到总纂办公处。接照弟廿七日来信、吴文晖廿七

---

①　按，日记于此处贴有《叶楚伧逝世》之讣告，从略。——整理者

日来信各一。总查龙毓峻核九月份新征史料,各省市公路等党务工作报告及会议记录。共廿二件。阅本日《中央》、《大公》报。

三月二日　　阴。晨路湿,未知昨夜何时下雨。午表(停炉)五十一度。日出。下午日色清。六时表五十二度。

上午九时半到总纂办公处,写复照弟附学侄来信抄稿。信,又复可超信各一。下午三时到办公处,接嘉弟廿八日信。分配十月份新征史料卅八号。五十八件。

三月三日　　星期　晴。

上午到总纂办公处,访姜伯彰。因他今晨往安秘书家,去后,邹永成之夫人传说,他向安太太言,前日所传陆军大学被匪抢劫伤人之谣言,实非虚传,不过陆大中人以有辱体面,不肯承认;劝先使子女晋城,以求安全等语。余恐邹夫人言不足信,径先向姜询是否有此语,果何根据而云,然后再向安夫人询问。乃姜谓并无此语。旋返寓,途寓德超侄,云自白市驿来,昨由成都偕同学百余人于廿八日乘汽车二辆离空军机械学校来至白市驿机场,候空军第一司令决定,或乘轮船,或乘飞机,赴汉口转学,特告假来见。余喜,即返寓,谈叙甚欢。下午三时馀到办公处,阅本日《中央报》,并借得王绍曾科长住房之锁钥,归开王君之房为德超侄歇宿。夜与德超畅谈,询明日返白市驿,倘校方决定赴汉日期尚远,先往长寿见渠胞兄可超,再来一叙。

三月四日　　阴,半晴。午表五十八度。

早粥后送德超侄出门。上午九时到总纂办公处,写致陈恺信,附致一谔信一。嘱恺支存款二万八千元交省行,电汇二万五千元回家,由一谔代收分交。靖叔一万元,大兄或泉新侄孙五千元,南、龙、铁、平四侄各一千,谢氏五千元,宝田舅一千。馀为汇费百分之八。及电费一千,合共三千。接陈恺二日来信。附淦甥二月十九日由粤来信及像片一张。晚吴受禄请邹永成夫妇酒宴,余与安怀音作陪。邹君明日迁往江北。下午四时到办公处,阅本日《大公报》。

三月五日 阴。午表五十六度。下午六时表同上。

晨送邹永成出门。同居一屋五年矣,各家均有惜别之意。上午十时到总纂办公处,写复陈恺信一。附淦甥原信。下午三时半到办公处,接经济弟二月廿七日来函。阅本日《中央日报》。写复嘉弟信一。

三月六日 晨阴。上午小雨。午日出片刻复阴。下午六时表五十二度。

下午三时到总纂办公处,接照弟四日来信二封,上下午各一。商迁寓化龙桥事。肇凤侄孙函一。复核特种考订十件。俱为卅三年五月以前所复核之件,经批取消者。今被将原件内容更换而对我前批妄加驳语,阅之可恨,拟日间斥还。

三月七日 晨阴。上午九时许日出片刻,复阴。午表五十八度。下午复晴。日色颇好。六时表同上。

上午九时到总纂办公处,写复照弟信一,肇凤信一。下午四时到办公处,阅本日《中央报》。昨下午因复核特种考订之件,秦凤翔、谢宗元均取巧舞弊,致触起愤怒,昨夜睡不安,今日精神甚疲。此病后身体未完全健康之故也。又阅本日《大公报》。

三月八日 阴。午表五十七度。日出。下午三时复阴。六时表同上。

上午九时往总纂办公处,阅《新蜀夜报》,三月六日版。内有《兴中会革命史别录》,摘录陈少白先生遗著。(五)史坚如之略史。(六)邓荫南之略史。(七)杨鹤龄之略史。(八)尤少纨之略史。(九)孙先生助菲购械经过略史,等节。四以上当载在其前一日报。事甚确,未知系确从陈少白遗著节录否？欲剪贴存以备校对，但嫌多错字及未全耳。写致亮儿信一。下午四时到办公处，闻本日《大公报》、七日《新蜀夜报》。

三月九日　　阴。午表五十七度。下午六时表同上。

上午九时到总纂办公处，阅《革命先烈传记初稿》第二辑。邹容传、吴樾传、陈天华传，摘录如左：

邹容，民国纪元前十年、光绪二十八年春，赴日留学。

吴樾，民国纪元前十年，夏，入保定高等学堂。

陈天华，民国纪元前九年，光绪廿九年春，赴日本留学。夏，与黄兴、刘揆一讨论组织华兴会事。至次年秋，闻黄刘与马福益等准备起义成熟，归国参加。事败，间道从江西到上海。馀庆里机关被破，复往日本。又次年乙巳夏，总理到日本组同盟会，天华即加入。旋任民报主笔。于是年（一九〇五年，清光绪卅一年）十月十二日投大森海湾自杀。

下午三时半到办公处，接陈恺、嘉弟七日来信各一。又代收汕头电信局李致嘉弟信一。

三月十日　　星期　阴。午略明朗。

德超侄由长寿来，可超寄豚肉一方，似金华火腿，询为长寿产品，价六百馀元一斤，比猪肉价多一倍。现肉价每斤三百廿元。蒸食，味颇清，惟不如金华腿，仅差胜寓中自制之腊肉。德超在寓长话乡中事，至午饭后，去白市驿驻地。彼原随空军机校学生往汉口受射击训练，在白市驿机场暂驻候轮。今因长江水涸，停使轮船，故行期未能定。同行学生共百七十馀人。下午到总纂办公处，阅本日《中央报》。马歇尔特使定于十二日返美国。报上载东北苏联军事甚多，风云日见险恶，大局有将变之势。

三月十一日　　阴。午表五十度。下午六时表四十八度。

上午九时到总纂办公处，写复陈恺信、嘉弟信、附汕头来信。可超信各一。剪发后欲写致照弟信，未完，即接照弟十日上午来信。外甥李桂端旧历十二月廿一日。来信，访秋叔二月十九日信一。下午四时半到办公处，阅本日《大公报》。

三月十二日　　　　晨日出，旋变阴。午日又出。表五十六度。下午日色颇佳。六时表五十四度。

上午在寓督饬女儿兆先检点书籍，将亮媳前存留书箱整理，并将余自有之书并放箱内，后到总纂办公处，已十一时馀矣，处中仅钟孝先一人。闻卫戍司令部派兵，昨晚到刘家槽驻扎。写寄照弟、权超侄信各一。下午四时馀到办公处，阅《中央》、《大公》报。

三月十三日　　　　晴。下午日色尤好。六时表六十度。

昨夜十二时，忽闻枪声四起，月色颇明，未敢开门出视。今晨李科长振宽来言，约十一时半，有匪到档案处，未知何企图。警卫问何人，不答。问口号，亦不应。因开枪，竟亦还枪两响。会内之警卫闻之，亦开枪。昨由司令部派兵一班到刘家槽原设国史馆图书处驻扎，亦开枪。会内电话向山洞军警机关告急，均派人到山顶，开枪响应，而匪去矣。共约八九人，分三路上山云云。会内及总纂办公处人心均大震。余到办公处与封纂修谈此事如何善后，据言已请再派兵，已共到二班，本日当再来一班，分驻会内及黑天池、刘家槽三处，当可平靖耳。余托凌应樟往化龙桥与照弟商明后日搬入城暂避。上午德超侄偕其学友（长寿人，忘其姓名）来访，留午饭，后返白市驿。德超约后日来助余搬迁。下午督饬兆先女儿将往年编成《总理史迹》三大捆送办公处，置入木箱暂放，俟明日再携总谱增修稿来保存。此后各员谅均停止办公矣。阅本日《大公报》。

三月十四日　　　　晴。

　　晨到总纂办公处,嘱托王伯勋将余置放稿件木箱,遇要紧时叫工人送入洞。彼言当即入洞,不待匪警始送。旋到会,向孙主任秘书、安秘书告知迁寓城。孙未见。午偕照弟至山洞。李振宽、凌应樟先后亦来。未几,杨氏等并行李到齐,即乘汽车入城。在正和银行小停,由陈恺出见,转托谢俊英、邱士钊同到宿舍安顿。正和银行宿舍在林森路五百卅号(巷内)。

　　(**十五、六、七、八日未记。十九日**,阴雨不能出门。甚烦闷。)

　　三月廿日　　　晨阴。上午日出。

　　上午在寓写复亮儿信一。旋江翘扬来,偕往李翼中寓,托转致罗卓英、谢冠生函。为江英志求保事。适洪陆东在座,俄张溥老亦至,与洪谈。似有何事。匆匆问余此两日山中情形如何。余以不知对。未几,张洪俱出。余欲告张以日前受惊及迁城内暂住竟不及矣。江既先去,余遂亦辞翼中,出至门外,望张洪不见,乃返寓。是日为旧历二月十七,兆先女儿生日。寓内毫无设备,小桌一张,尚无凳椅。不能供祀考妣,只草草买面,以豆芽鸡蛋炒食。未买肉。天色转晴。兆先母女携抗儿出门,往党史会通讯处将余图章托人李泳培。带入山中,交李振宽代领三月份薪俸。余午寝一觉起,觉孤寂,独行至惠中旅馆,访许师慎夫妇,至则许往参政会办公,惟其夫人在,与兆先坐谈,抗曾在床睡觉。因抗儿行至此思睡。杨氏留儿女于此而自往通讯处也。余坐有顷,抗曾已醒,乃偕返寓,日已暮矣。未几,杨氏亦返,询得杨会计与罗本初由会来城领款,大约明日或后日会内可发薪云。(日记眉注:余之图章已交李泳培,但未写信托李振宽代领薪,尚须补函。)又闻山中连夜均有匪警,自余迁城后消息并未转佳。新开市双河桥孔祥熙公馆亦遭匪,经卫兵击退。孔曾告张,山中不可居。张电话询会,安怀音秘书答话,谓会本身与档案处有警察，北则杜家寨，南则刘家槽，有卫戍司令部军队，可保无虞云云。又闻闵孝吉已迁至化龙桥，其馀各家，正谋迁避。晚间吴炼才兄来，托录《叶楚伧史迹》。

三月廿一日　　　阴。

上午山中吴泽扬之妻及幼子。偕吴一心原山中天池小学教员，现已解职。来寓，邀往江北访邹永成夫妇，杨氏兆先抗曾偕往。下午四五时间杨氏与抗曾回，兆先与吴一心为邹夫人留宿。邹君已入山中，约明后日始出云。二三时间，许师慎夫人来言，杨会计罗本初二人今晨携款入山，谅明日必可发薪。三四时间，嘉弟来，言中央党部换发新证章。余之旧证章未交李泳培带去代换，可惜。

三月廿二日　　　晴。

上午在寓写致照弟信、附致黄乃鹤信一。李振宽信各一。下午偕杨氏往七星岗通讯处，询得徐忍茹沈裕民李泳培俱于昨晨偕杨罗入山。沈觅屋欲将全会搬入城未得。此系通讯处工友老石之妻所言。此次往返七星岗均由十八梯之路，较凯旋门之路为近。且十八梯之石级较少。今晨杨氏始由林云谷夫人指点而知也。余书住址一条，贴厅中以后，会内同事庶皆知余往处。陈奕勋来访，未见。

三月廿三日　　　晴。

上午偕杨氏抗儿往双巷子十一号访陈奕勋，行至半途当街，忽又扑跌一交，幸仅右手大拇指受伤，惟心颇烦恼。至十一号，奕勋他出来晤，归寓小睡一觉，午饭不能〈多〉食，仅食一碗。下午再睡一觉。前数日十九日。李次温见来访，出示近作诗四律，嘱为修改。曾交李翼中看，谓多不妥。昨夜枕上默略改之，今晨未写。扑跌之后，乃全忘之。原拟今日起草叶楚伧亡友史迹，今亦未成，右拇指伤，写字大碍。恐晚间吴炼才兄来，无以应，殊愧歉。

三月廿四日　　　星期　晴。

上午吴炼才兄来,告以手指受伤不能作字,约明日交卷。陈奕勋来访,云谷邀午饭。吴文晖送加皮酒二瓶来,适在云谷家食饭,未谈即去。下午邹永成夫妇与其女来寓,偕兆先回,吴一心则昨日先返山中云。李振宽、黎光群来谈。黎境甚窘,欲请谢作民向彭秉诚谋正和银行工作,余允试与作民一谈。

三月廿五日　　　阴。

晨,手指渐愈,补写昨日记。下午录《楚伧史迹》。未完。

三月廿六日　　　阴。午小雨,旋止。

下午在寓续《楚伧史迹》。未完。以手指微痛,不能多写字也。晚间吴炼才来,约后日再来取。

三月廿七日　　　阴(旧历二月廿四)

是日为吾父九十三岁冥诞,在寓设拜。房窄诸从简。下午改录《楚伧史迹》稿。未完。晚请陈恺与云谷食饭。夜将稿嘱兆先女儿抄录,备送党史会存作史料。

三月廿八日　　　晴。

上午在寓续作《楚伧史迹》一段。下午续作一段。交兆先女儿清稿。未完。

三月廿九日　　　晴。

上午次温李燮华来访,邀往小饭馆食午饭。次温出资二千馀元。下午在李希穆楼上观画。陈恺来,将刘姓房桌椅交用。

三月卅日　　　下午小雨一阵,旋止。夜雨有声。

上午吴炼才兄来,余告以稿未清出,约明日〈来取〉。旋肇凤又侄偕可超侄及王良梓炮二团二营营附,鹧鸪村人,与可超同事,今日炮营开拔来渝,将开筑经陆路由湘往汉,转水路往南京云。来寓,畅谈,至午始去。下午兆先清稿毕,肇、可、良三位复来,邀往大三元酒店食饭。余偕杨氏、抗儿往。菜甚佳。有鱼及田鸡二味。田鸡,自到渝未得食也。夜返寓。阅兆先已清之稿,又续作一段。成。房中有桌椅可坐,写字较便。

三月卅一日　　　星期　阴。晴。上午略见日。

上午将昨稿校阅一过,毕。改次温诗四首。七律。题为坠机十年述感。偕杨氏抗儿出街剪发,每人四百元。下午吴炼才兄来,取去《楚伧史迹》稿。

四月一日　　　阴。是日为旧历二月廿九日即晦日,月逢小也。

下午偕兆先女儿、抗儿出街散步,至太平门街折返。将次温诗稿托李锡光转致。

四月二日　　　阴。下午日出。是日为旧三月朔。

上午欲游中央公园,不果。在寓自录《楚伧史迹》如左:

叶楚伧先生史迹之片断:原依吴炼才函摘成。楚公在汕头办报及民元离粤参加军队工作概况与其他行谊。

楚伧先生于民国纪元前四年戊申秋到汕头,任中华新报主笔,时年廿二岁。是岁暑假,在苏州高等学堂毕业。满清政府定制,凡各省高等学堂毕业生,准以举人五贡出身,分别给予七品小京官等职。外间谣传,学堂当局,有舞弊事,学生且谓窥见监督某私自移改试卷,已定名次,颠倒高下。将发榜,群向质问,一时纷扰。监督某被拳击,遂指先生为首,煽动风潮,殴辱师长,请苏抚饬吏捕拿,欲坐以革命党,兴大狱。其童子师陶小泚先生,出而护之,邀集诸绅,公函北京苏籍京官吴郁生等争辩。其戚陈去病先生在汕头主《中华新报》笔政,闻之,适患不服水土之病,即辞职,举先生自代,先生乃由沪至汕。

汕头《中华新报》,为革命党谢逸桥、谢良牧倡办,由南洋巴达维亚富商丘燮亭、梁映堂、廖煜光三人,集侨众出资,丁未冬筹备,举梁千仞为社长,陈迪予为经理,林一厂为总编辑,戊申春出版。托上海《竞业旬报》谢肖庄代聘陈去病为主笔,是年夏就职。自陈、叶两先生相继任笔政,报业乃渐发达。初日出版千馀份,是冬增至四千。谢逸桥、谢良牧因丁未潮州黄冈起义案被名捕,秘密往南洋,至民前三年己酉春,秘密返汕。询先生尚未正式加入同盟会,促一厂邀致之。乃以逸桥介绍、良牧主盟,先生亲笔书誓词,依式加入。是冬,先生告假返苏。度岁后,偕夫人周湘兰公子叶南约五六岁。重至汕,僦屋汕头崎碌天主堂街龙东里寓居。

民前二年庚戌,先生全年居汕,与汕头潮州梅县各属革命党人交渐稔。庚戌元旦广州新军起义之役,在事者姚雨平、姚碧楼、张谷山、张立村等过汕,辄至报社相访。新军败后解散,内多梅属青年,过汕出入报社者尤夥。千仞虑祸及,为掩饰耳目计,扩大交游,邀汕头商会长高某、潮人富商陈某林某,梅县富商张某曾某,组设俱乐部,饮酒看花无虚日。更由先生、一厂加入商办商业学堂校长崔百越之诗钟社,骎与各官厅之幕僚相识。丘燮亭、廖煜光由巴达维亚,丘仙根、陈竞存由广州,宫崎寅藏由日本至汕,皆与报社款洽。仙根先生与先生谈诗,成忘年交。宫崎藉良牧函介见,亦深致敬,称真同志。其苏州高等学堂同学李小白、冯馀生,一往梅县,一往澄海,任学堂教员。过汕,晤叙尤欢。《楚伧文存》与南社集所刊先生诗词,多是年作。未完。

四月三日　　　晨阴。午放晴。下午日和暖。

下午续录《楚伧史迹》稿。

民前一年辛亥,报纸益发达,日销万份,而资用匮乏。千仞往南洋筹款,由香港曾伯谔、曾慕尧出资接济,花酒之会渐绝。陈迪予与南洋华侨及会党,素深结纳,为统筹广州起义事,迭往香港,报务多由先生及一厂主办。三月十日,温生才刺广州将军事发,迪予驰返汕。二十九日,攻督署之役失败,迪予戒全社同志,暂敛锋芒,遵养时晦。而广州起义后,四川保路风潮继起,先生作社论,题曰新七杀碑。粤督张鸣岐谓《中华新报》为革命党渊薮,电饬惠潮嘉道即日封禁。汕头警厅得电,以报社社址为南洋侨商、英荷国籍民产业,未便标封,只禁出版。旋迪予与先生、一厂计议,请先生暂避往梅县李小白设教之丙村三堡学堂,一厂往香港,与曾伯谔迅速设法复版。迪予自留汕,维持各职工勿散。六七月间,伯谔商得同志美国籍民梁某女士,偕一厂返汕,在美国领事馆注册,即原址改报名为《新中华报》,复出版如故。

《新中华报》,有千仞家藏书数千册,先生日取读,并作社论及小说,精神益振奋,排满革命锋芒愈露,而报纸发行益盛,南洋各埠,销至八千馀份,汕头一埠二千馀份,潮梅各县共三四千份。岭海间人,莫不仰慕先生矣。潮汕官吏,亟禁邮局寄递。但寄海外有各国邮局,本埠及内地,以领事馆包裹件专足发送,官无如何,恼羞成怒,日图陷害,谣啄繁兴,人咸为先生忧,先生不为动。八月,武昌起义,上海朱少屏、香港梁拓凡,各以《民立报》、《中国报》电讯,转达刊登。先生更日作社论,更加激烈。潮州知府陈兆棠,诋汕警厅无用,派兵镇慑。美领事告报社,所登沪港电讯,与各领事公电不符,若有暴力围社,当予交涉保护,倘剚刃个人,善自卫也,先生亦不惧。

九月中旬,广州光复,汕头亦于次日继之光复。有香港同盟会推定来汕之广东第四军总司令张醁村,在汕头突起附入第四军副司令孙丹崖、汕头突起民军司令梁金鳌，又一司令张玉堂，四人分设三司令部。逾数日，三部联军进攻潮州府城，擒知府陈兆棠戮之。未几，各部不睦，时因争收杂税赌饷，在潮起哄。梁金鳌为报社梁女士之兄，在汕新创美华洋行，一厂之叔林子靖先生为其司令部参谋，报社排字工人，多投充兵士。张玉堂为丁未黄冈起义党员，报社外勤记者李耀初，为其司令部秘书。孙丹崖为留日学生，亦同盟会员。先生连日奔走汕潮，力为调解。未得当。而南洋华侨囊在黄冈起义之陈芸生、许雪秋、方次石等，纷纷回汕。各在原籍县城市乡，树旗起义，称司令。潮汕之间，司令部旗帜相望，凡二十馀许。张醁村见此，愿退让，挈所部赴广州，请都督胡汉民编入北伐军。汕头商会会长高绳之，恐秩序大乱，受众商托，至潮开会，推戴先生为潮州府长，统辖全潮十县，主民政，自代张醁村为总司令，领军政。即日垫发军饷数万，先生坚辞不任府长，只愿赴广州见胡都督，报告地方详情，请示办法。未完。

四月四日　　晴。暖。

上午，许师慎、李振宽、黎光群来谈。李言会内重要史料已运六十箱往李子坝，寄存花布管制局，昨以汽车两辆载往。李押运毕，至张主委公馆见张溥老张夫人，均有喜色。许言其女儿筠岚托刘宪英带往沪。刘宪英购得飞机票，均于今晨乘机离渝矣。黎光群谋事未成，言多愤慨。下午，续录《楚伧史迹》如左：

时已十月下旬矣。及抵广州，都督胡汉民已往香港，随总理赴上海。广东北伐军，编组已定，出发有期。总司令姚雨平，闻先生至，延入幕，任秘书。旋全军乘轮船赴上海。登岸。总理已在南京就临时总统职。中华民国成立，改元一月辛亥十一月十三日。矣。满清败将张勋，自南京退窜徐淮，有顽抗势。全军即开至京拱卫。

雨平奉令渡江击之。固镇、宿州二役，先生皆在军中，亲临战阵，兼任参谋。至民元二月，和议已定，雨平班师回京，先生乃请拨款倡为报馆，雨平商诸浙〔沪〕军都督陈其美协助。先生乃归沪，成立《太平洋报》，解军职，仍为报人，电致汕头陈迪予，遣专人送其夫人公子至沪，仍僦屋寓居。当先生之在军也，夫人周湘兰屡寄书不获答。及抵沪寓，见所寄数封书竟皆原箴未启，此可略征先生行谊公而忘私，国尔忘家，有越寻常人万万者也。（完）

四月五日　　　晴。是日为旧三月初四，清明节。

上午写复亮儿信。午在寓设拜父母、大姊及亡媳李氏亡女兆元之灵。毕，留光群之女食饭。后杨氏偕抗儿随黎伟珍往其家。夫子池附近来龙巷川盐四里二十六号。至夜始返。因天黑路不熟，杨氏背负抗儿以行，在途挫跌，幸未受伤。

四月六日　　　晴。热。

下午往正和银行，原与谢俊英约，往谢作民家，乃至则俊英他出矣。时已四点余之事也。乘车往，乃步行返。至双巷子十一号访陈燮勋，旋同出，彼偕曾剑鸣妻往正和。余独返寓。是日行路，觉脚力稍健。

四月七日　　　星期　晴。下午多风稍凉。

上午谢俊英来，偕访作民，不遇。出至正和储蓄部，遇耦成，谈有顷，独返寓。下午洗身毕，陈燮勋来，谈梅县蕉岭诸旧友事。

四月八日　　　晨微阴。上下午晴。

上午偕杨氏步行至七星岗通讯处。旋乘公共汽车至化龙桥。晤照弟、守杰外侄孙。访黄乃鹤，不遇；在渠家小坐。旋往李子坝五十九号见张主任委员，原欲向请赐一手谕，将余所编《总理史迹》、《总理年谱》二稿概交余手自存，随时修改。乃见面彼即询是否欲先还京,现国府拨有飞机票五张,为党史会应用。余忽闻此语,不知所对。适会中庶务科长杨本章在旁告曰:君欲还京,此为一机会。余以还京固甚所欲,然仅有飞机票,尚多问题,且即机票亦止五张,会内多人,如何分配?因与杨离座,至门边,询之,则会中人皆不欲速行,只有杨会计及李某二人愿用二票,尚存三票。余家人多,实不敷用也。与杨氏商后,返座,对张公言,此时未能急还京,实欲将家眷自城移回山中,惟不知会内诸人果能于近日迁出城否?(杨本章言,现正在城觅屋图迁也)彼未答。张夫人对座代答曰:山中现已平靖,可回原寓,若不乘机,须候长江水涨,再坐轮船。张主委亦即言,候轮船为最好。时其佣人已摆饭,余不多言,即辞出。原所欲请事竟未复提出。叫人力车回至上清寺街美术专校附近下车,顺便往聚兴诚银行分行访吴泽扬之婿傅安常夫妇,在其住室坐谈,食糖煮鸡蛋点心后,吴女送出楼下聚兴村而别。对面即中央党部,因入访侯标庆,正在门房书会客单,而侯至,偕入会客室,又适有女客访侯,正在室坐候,侯即与谈,余则与凌建中坐谈甚久,谈及中央党部地址历史。据谓原为川军阀某之房产花园旅馆也。将来中央党部迁后,必复为旅馆。天欲暮矣,余扳侯查询贵阳《中央日报》拟改组《中兴日报》事,中宣部有何决议,遂辞出,搭公共汽车至都邮街站下车,稍行为凯旋门矣,循马路下返寓。

四月九日　　阴。

欲再往化龙桥与照弟及守杰谈谈,未果。前日托谢俊英与谢作民订会面时间,亦未据报谈,未约定也。晚间与李锡光谈松口事,始知李菘圃先生已由桂返广州。年八十六岁。温奋立现在家甚穷,有温汝良德基之子。在农民银行任职员。可超侄来,数次言明日决行,改由綦江往恩施,不由贵阳往芷江。接经良内弟三月廿四日南京来函,谓已觅得一屋,正在修理中,如需要即可订租等语。嘱兆先回信,询明月租数目及如何办法。闻人言,南京租屋须以金条押租,不知确否。又接汝瑞弟三月廿八日自广州来函。

四月十日　　晨阴小雨。至午犹阴云未散。下午晴。

下午偕杨氏抗儿到正和银行小坐后,往中央公园一游。见新设动物院,以百元购票。每票五十,小孩免票。入观,有骆驼、虎、豹、豹有数种。猿猴、猿与猴似有别,内有数种。绵羊、狗、猩猩、金鸡、娃娃鱼等十馀种,惜无详细说明。出园访丛雅阁,欲买印泥,竟不见。

四月十一日　　　晴。

下午往江北访邹器之。寓江北四方井街四号楼上。坐谈有顷,始返。据言,江北岸边之石,即孔明八阵图遗迹,客邸有书可查,未知信否。

四月十二日　　　晴。

上午李次温、彭伯亮来访。旋黎光群偕其侄志雄来。并留午膳。彭君大埔人,在贵州省党部工作十馀年。谈及温丹铭廷敬先生现尚在汕头,年约已八十以上矣。

四月十三日　　　晴。

上午黎守杰外侄孙来,谈还都及以后行藏。彼欲辞职农行印刷所副所长。另邀股在粤创印务公司,约须集股万万元。余谓此大事业,甚赞许之。下午偕杨氏、抗儿往通讯处,询会内无人来城,亦无匪警矣。余拟星期一入山一看,但询汽车票涨价,每人须千馀元,为踌躇不决。晨陈爕勋来谈云,约二十日返粤,飞机票已购定;中山报事已经中宣部允拨千万元,先交三分之一,馀数再汇。夜,嘉弟来。余昨嘱查贵阳《中央报》改组《中兴报》案,据云财务会无从查,但询经手人谓,案未决议,因还都在即,案卷已暂封存,须六月以后在南京再议云。此言未知否，俟侯标庆信来参考。午间已嘱守杰代催侯标庆矣。

四月十四日　　星期　阴。晨小雨。上午又雨一阵，檐溜出。下午又雨一阵檐溜颇大。

上午陈恺来谈，午饭后始去。带来淦弟八日由贵阳来信，言《中央日报》原拟四月一日改组，近闻因各地党报尚未筹备就绪延期。王亚明社长前日因改组返筑，现亦不日离筑赴渝转京参加国民代表大会云。

四月十五日　　阴。夜月明。是日为旧三月十四夜。

上午写复淦弟信一。午复淦甥信一。下午偕杨氏抗儿往邮局寄信后，至军委会门外小公园，立看江边风景。返寓后嘉弟来，交阅铁曾侄三月廿八信，言乡中米价每石五万馀元。询嘉弟预借还都辅助费十二万元，除代十弟完债七万元外，已汇铁曾一万五千元，拟仍续汇五千元，以资接济。余此时无钱汇寄，为之闷闷不乐。晚，吴炼才来谈，定于廿日乘机还都，同行有八十人，为国防最高委员会人员，共包雇飞机五架，彼任秘书。到京住苏州会馆。其夫人已先往住该馆。南京现租屋极难，一间房如余现住之宿舍，月租须三万元云。临去告别，余无钱买礼物馈遗，为之怅然。询楚伦丧事，约在其逝世百日左右在沪开吊，余亦无力预送挽轴。

四月十六日　　晴。旧三月望日。

自昨夜约十时电灯忽熄灭，至今午无光。房中甚暗。下午西窗得日光照射，始写昨日日记。下午往双巷子访陈燮勋及李希穆。旋嘉弟偕兆先拱曾[①]至，同返。接亮儿九日来信、李振宽十五日来

---

① 按，拱字当系抗字笔误。——整理者

信各一。夜月甚明，照余枕上，卧看良久，虽无电灯觉更佳。

四月十七日　　　晴。夜月仍甚明。

下午写复亮儿函一。附候标庆复函，告知中兴报事，嘱交淦弟。晚赴陈恺、李锡光、杨宜谦、谢俊英、钟国恩、邱士钊六人之宴。席设正和银行二楼。钟君初面，梅县高思乡人。

四月十八日　　　晴。夜月仍明。

晨偕杨氏往七星岗通讯处，原拟略询会中情况即往车站，乃至则丁象谦夫妇在焉。谈颇久始往车站，又候车颇久乃得搭车，车中人满无座位，至牛角沱站过后有军人始让坐，杨氏则至新桥站下车人多始得位而坐。约十二时安抵吴家湾，在乾穿洞总纂办公处下轿，在封雪澄、许师慎处食饭毕，杨氏往吴申仲家，与原寓房东吴太太及杜甲长夫妇商宿处。余则在办公处启阅前余置放稿件之木箱，将各件逐包检视，意欲检出往年民国廿九年秋档案处李治中手送余各件清单一纸，又旋取去年之单。档案处单据，并在包面略加注明稿件名称。多属杂件，惟内有较重要者特标名题杂件。内有某某件字样。至将晚始毕。李振宽来，将李原单二纸交阅，并交冯绍苏手收。旋偕李、冯及王伯勋三人入乾穿洞检查。内置总谱箱三只。始冯谓不见，余指示之，叫工友王汝伦启钥，果然尚存。冯乃谓明日负责查明检阅，依原单收存。托李明日与冯王妥为处理。许师慎在座，眼见冯、王均言必负责处理，余乃与李至吴申仲家。安太太请至安家晚饭，饭后复至申仲家宿。申仲让其内室玻璃床为我寝处，杨氏与吴太太同寝。申仲与其姑丈符翁共床。余因前受惊未忘，夜在枕上如闻枪声，起坐良久。闻人声寂然，不便呼杨氏一询，至天明始安寝。

四月十九日　　　晴。

晨起安家又来请早点，余偕杨氏往，安太太亲作拉面，以牛肉、鸡蛋煮杨氏昨由城购牛肉二斤送之也。食。吴申仲家宰鸡并赶函谷场买肉，请食午饭。李振宽亦请午饭，余有午后返城之言也。余早点后至乾穿洞办公处，见冯绍苏已将洞内存箱搬在洞外屋坪曝日。余往会与孙主任秘书谈后，晤欧克明、闵孝吉、符学琳、贾道曾、杨毓生、刘沪师、王绍曾、刘尊权、眭云章、许广源、杨本章诸人，索得眭君所画红梅一幅，画早成，面书款。余得之甚喜。闻会中决定，约旬日迁入城。惟刘崛、姜伯彰、王绍曾、苏奎炳、倪泽澄五人廿二日乘飞机先还都。旋返乾穿洞办公处，晤张元群、汤增璧，而李振宽已唤工役抬花竿来促往档案处午饭。余今晨曾辞以吴申仲家有约也，至此不能不往。至则杨氏已先在。饭后杨氏先赴吴家代余辞谢。及晚间，余仍回吴宅，始悉申仲亦甫由函谷场回，午间请安秘书安太太。余再至乾穿洞，询冯绍苏已将三箱总谱叠好，并云甚多好材料，面现喜色。余启阅，见各件未用纸包，仅散置而已，谓宜照原式分包，依原单点核。绍苏谓无油纸，拟改用表格逐件书明，另以总纂办公处名义寄存档案处便可；至往年之清单，由伊保存负责云云。余意觉如此办法不妥，但彼谓此时买油布不得，只得如此，决无他虞。余转查另一小皮箱，所放铅印总谱一册、油印二册，及刘穆手抄数册。刘穆在座，看其抄成之本上下文竟不能接合，前曾请许师慎校对亦并未校对，三月整月，许在城未返会之故。甚为失望，又不便斥之，乃将铅印油印总谱三本，用报纸包裹，放在余所存稿件之箱内。刘穆抄本嘱她自清理后再存。出门遇徐副主任委员，立谈片刻。写一条嘱庶务科代雇花竿明早出山洞毕，返吴申仲家，吴受禄请晚饭，后又宿申仲房，为申仲讲唐诗五言绝句十数首就寝。床虽佳而多虱，仍不能安睡。但两日来询得盗匪曾被军队击破巢穴，心亦较定。

四月廿日　　　晴。热。

晨在申仲家早点，天池小学校长教员三人同食。毕，至乾穿洞办公处，叫工人请李振宽来商存总谱稿办法，以昨冯绍苏所言为余所疑虑告之。彼谓冯绍苏已力称负责，尽可由他，不必多虑。忽闻张溥公主任委员本日来会，已有电话告会。询其期，为上午或下午则未知。时花竿在洞旁，欲辞去，惟时间尚早。许师慎谓，张委员每先到歌乐山一宿，次日始来会。余不能待，乃偕杨氏乘花竿，行至山洞，第二班汽车将开矣。搭客拥挤。坐看其开，始购第三班车票，为第一、二号。比登车，客亦甚挤，但有坐位耳。刘尊权同车。十一时馀到城站。旋返寓，知小女孩兆晚发热，渐愈。抗儿亦小咳嗽，似伤风之疾。

四月廿一日　　　晴。热。

上午丁象谦夫妇来访，留午饭。嘉弟由小温泉来，亦留午饭。嘉弟到南泉二日，为十弟留存行李，检付杨吟秋代收。余觉疲困，下午睡甚久，醒乃疲倦，补写十八日日记半篇，即停笔。今日始足成之。

四月廿二日　　　晴。热。黎明天空闪电，并有雷声。

上午杨氏兆先同送抗儿兆晚往宽仁医院诊治，取药而返。下午余饮甘和茶数杯，至将晚，喷嚏大作，且吐痰涎颇多，人顿清醒。夜写致经济弟信，内托陈定青衿兄代在南京觅租住屋。抗儿晚女服药后半夜亦愈。

四月廿三日　　　晨小雨一阵，旋止。上下午微阴。

上午偕杨氏携抗儿出街寄信及余与抗儿剪发。下午往云谷家阅报。云谷大嫂出诗稿请改。略阅，未毕，黎光群来谈，言已得蒋总裁给资十万元，又李宗黄许其全家搭坐党政考核委员会所定还都轮船，到京后发表工作。前余拟托谢作民向正和银行谋一席位；

谢作民已于赴京前见面,自请谢到京后必自向彭秉诚面商云云。此事算作一结束矣,心为一块。夜陈恺表又侄来谈,闻淦甥长梅事仍未定,闻丘誉未就广东省政府秘书长职云。

四月廿四日　　晴。多风,热稍减。

上午补写十八日记,至本日此节止。杨氏往七星岗通讯处,询得山洞本会工人有挑孙秘书行李至者,言会内正钉封史料箱,约数日间迁到枣子岚垭新址。张主委定明日乘机返京。安秘书全家当迁至张公馆原址居住。适丁象谦夫妇及邹永成在通讯处,由丁请往河北馆子食午饭。饭毕始回。途中买得竹席一张,价四千元。晚间李锡光自正和返,交来亮儿电汇一万五千元,陈恺转到,未有信。夜在云谷处谈甚久。杨氏言,本日为旧历三月廿三日,乃吾母夫人逝世忌日,往年均设拜,今竟忘却。闻之愧甚。

四月廿五日　　晴。热。

上午写致李振宽信及吴申仲信共一封,托振宽代向吴太太取旧竹席二张。下午嘱兆先出街寄信并买邮票。

四月廿六日　　上午十时许飘雨一阵,旋止。午间风作,下午四时风息。夜仍热。

上午补具祀品在寓设位拜祀吾母,适嘉弟来,同拜,毕,留饭。下午杨氏偕兆先、嘉弟、抗儿、晚女等往正和银行三楼打防疫针。行员家属数十人,医生二人,闻为南纪门卫生站之医生也。嘉弟买皮鞋一双给抗儿,晚饭后余欲交回三千元,是日嘉弟出车费一千,又皮鞋三千二百元。未出口,乃抗儿忽自向嘉弟言谢谢你给我买皮鞋。余闻之大笑,遂不果。计月馀以来嘉弟带小孩看戏二次,连此并约花钱六七千元矣,可惜也。

四月廿七日　　上午阴,稍凉。十时馀下雨颇大。至十二时止。下午日出。三时又雨一阵,旋复见日。

上下午俱阅报。所寓室甚狭,西窗后为邻屋院子,吾床正靠窗下,床前以电灯取光,往日不能多阅报,迫窄故也。今上午复阅昨下午嘉弟买来之《新民晚报》,下午借云谷之《新民日刊》,长春已为共军占夺。哈尔滨苏联军撤退,又为共军占去。接亮儿廿四日禀。附畅儿信三封。

四月廿八日 星期 晨至午阴。下午日出。

上午本拟出街,因见天阴似将雨,不果。复阅昨接之亮儿畅儿信。天凉不觉倒卧入睡,杨氏前来关窗,即被风袭。起而微感不适。照弟、陈恺又侄来,邱士钊、邱健章先后来谈。照弟与恺表又侄留饭。照弟有后日乘机飞南京之拟议,饭后谈家事甚久。濒行,余书一纸,嘱到南京访陈立青、杨经良即经济。询代觅租房屋事,并在孝陵卫也。邱健章为此届中央党部职员考选县长被选之一,明早乘飞机赴粤。询晤陈淦外甥有何交带。余托二事,(一)告知我身体已日见康复;(二)所购高丽参希有妥人寄来。晚饭间大喷嚏,吐痰涎颇多。今晨受风,至此发现疾也。以甘和茶浓煎一大杯饮之而止。

四月廿九日 晨及上午阴。十时日出。下午日多阴少。

上午丁六阶夫妇来言,曾于廿七日谒张主委于李子坝公馆,尚未飞京,其飞机票六张已退还航空公司;党史会亦尚未搬迁,且于廿日又接土匪函索三百万元,限五日送至白市驿或山洞,如逾限不送,则彼辈来取,并侈言若辈有百馀人、机关枪三杆、步枪三十枝、盒子炮数十枝云云。六阶旋往国大代表招待所购飞机票,如有票即夫妇同飞京。昨国府命令,国大开会展期,但代表谓必依期不展云。向云谷家借得本日《新民报》,载蒋主席往成都三日,已于昨下午返渝，未载国大是否依期召开说。写致淦弟函、复亮儿信各一。

四月卅日　　晨及上午大雨二阵，小雨一阵。下午日出犹微阴。夜初见星。半夜后闪电。

下午写致畅儿信一。雨后颇凉快。阅报载蒋主席偕马歇尔今日俱往南京。

五月一日　　旧历四月朔。晨大雨一阵。上午小雨二阵。下午雨止犹阴。四时馀又雨。

下午阅《新民报》，国府下还都令云："政府决定于本年五月五日凯旋南京。"蒋主席昨(卅)日下午三时与夫人乘机离渝往西安，五时半安抵西安。蒋主席告别四川省同胞书。军事委员会委员长重庆行营今(一)日在军委会正式成立，四川省主席张群兼主任。定明(二)日下午三时宣誓就职。写复权超侄信。

五月二日　　晨及上午小雨。下午雨止犹阴。晚间天始开朗，有晴意。

阴雨连日，不能出门，甚闷。上午阅《新民报》，载周恩来原拟今日乘马歇尔飞机往南京，昨下午忽接延安电，谓中国国民党将发动中原大战，有消灭中原共产党军之势，即夜访三人军事小组邵力子、徐永昌二人。邵外出未遇，徐允转达委员长。周行因不果。又载近十馀日马歇尔对共党提议，先将长春交还国府，将共军撤退，方议其他问题，迄未得复。按此项消息均甚可骇。四时余特嘱兆先出街购晚报。新民晚刊。阅悉周恩来未行之故，乃因所约飞机昨由南京飞来，重庆上空气候恶劣，未能降落，遂折回去，明日或再来渝接周。至中原紧张之说，系由中共代表团所发出者，有某记者《新民报》记者某君。询邵力子，邵言绝对不相信，目前政府立场至为明显，只须中共军不打政府军队，断无政府军先动手打人之理。

五月三日　　　晴。晨即见日。下午日色尤佳。

上午独自出门，至军委会前之濒江小公园散步，见江水稍涨，两岸沙坝缩减甚多。还寓，嘉弟携《益世报》来，阅悉蒋主席偕夫人昨（二）日下午六时由西安抵汉口，所谓中原战事消息并未登载。想此谣言可消灭矣。邵力子今日飞京，行前曾对记者谈，中共并无指摘政府以大军攻击共军之说，仅云有对共军范围紧缩之意。又中央社讯，五月份还都人员，空运计划，除一部分重要人员可以直飞南京外，其馀各部院会工作人员六千人，将经飞汉口，转船赴京。故汉口成为水空转运枢纽，社会部已筹备汉口社会服务处成立事宜。丁六阶太太来寓，留午饭，言定于五月六日偕六阶飞南京，闻山中会内日前因再接匪恐吓函，已增加军队保护，所有原住刘家槽各家之眷属，均搬至乾穿洞总纂办公处，该处已全停办公，改作住宅。现已雇定卡车，约日内全会可迁入城。张主任委员闻已往昆明，不知何事。饭后杨氏偕六阶太太往江北访邹器之夫妇。

五月四日　　　晴。

杨氏昨夜未归。适闻江水颇涨，往来横流渡船甚小，深为危险。晨起候至九时，不能坐候，携兆先抗曾儿女往七星岗通讯处。甫出门，嘉弟来，嘱兆先退还寓，改由嘉弟偕往。至则张子英在。询丁六阶已出觅其妇，乃与张谈会中一切准备，明日或后日迁来城。并雇就汽车运史料，经湘境转由汉还都。职员则在城候轮船。住枣子岚垭新会址，有屋卅馀间。现罗本初与季昌奎二家已先进住。张溥公与夫人已于廿九日往昆明，约二星期方返渝，未知何事。国史馆何日还都，亦迄未知。云云。旋游七星岗江苏同乡会前之巴蔓子古墓，以为东周古迹。民国十一年但懋辛题墓碑，前月徐忍茹指点遥望，今始得往谒。惜巴蔓子历史未详查阅。据忍茹言,春秋传有载之。及返抵寓未几,杨氏与邹器之夫人及女至,言九时已由江北返城,因买物,延至此时返寓。丁六阶夫人已往南岸,昨先与丁约,是日下午在南岸其侄家,集同族男妇聚餐照像,为丁夫妇留影。饭后邹太太在寓长谈至夜饭,后留宿。黎光群之女伟珍亦来,寓室顿觉人满,增设帆布榻乃安宿。闻陈燮勋到广州二日病逝。

五月五日　　星期　晨阴,午晴。

报载蒋主席昨由汉还都,今日南京举行主席凯旋大会。中原紧张谣言已破。下午为云谷买得飞机票,明早乘机赴沪。写致伯沅信一封,托渠面交。洗身后与云谷一谈。是日《益世报》载,英伦举行葛伦旅店为总理纪念碑总理生前在伦敦蒙难时曾居此旅店。揭幕典礼。有关史料欲剪存,晚间为杨慎予借去,不果。

五月六日　　晴。

上午欲往七星岗通讯处,乃李振宽来。据说会中史料昨搬出数十箱在山洞之川鄂茶社,原拟即装上后方勤务部所拨借汽车五辆,驶往湘西常德,再由轮船载往汉口,转搭大轮赴南京。彼与韦鸿声、沈裕民等被派押运。共十五人,惟名单未见。乃昨下午汽车迄未到山洞,闻汽油尚未购妥,已由会派人再与该部交涉。彼遂乘隙来城汇款回家济急。借去四万五千元。午间复来言,款由广东省银行汇妥。饭后即回山洞。大约汽油可购妥,明日当开车,过渝城不多停。约停二小时为押运人买物。至馀山洞本会史料尚多,曾介木、凌应樟、赖树杭、李泳培诸人仍在档案处,俟会内全部迁移时,约亦不久留矣。再随人员迁来枣子岚垭新会址。又前存李子坝之最要史料如何处置,则彼未知之。云云。又言五月份生活费及还都辅助费均可发。余之印章即托他带去,转交凌应樟代领。又言本日丁六阶夫妇尚未〈去〉七星岗,未乘机飞京。抗儿上午偕嘉弟往财委会,晚始返寓。

五月七日　　　晴。

上午玉新侄女偕其女同学陈志坚番禺人,客属。来,前日由白沙坪到城,昨宿磐溪曾繁崧家。照弟偕行。余初以为照弟已于卅日乘机还京,乃竟未果。据云该部雇木船东下者六百人,船本拟载二百,后增四百。今日开行。至乘飞机者现未决定。农林部全体职员尚有三十人未走,均在部守候命令。玉侄女忽感有病,午饭不能起食,睡至下午四时许,往首都医院诊视,谓非喉症,似疟疾。明日复诊始能断之。至白沙女师学院,已实行解散,现改组,职教员均改。迁设九龙坡,离渝城约五十六里。伊二人欲转学广州中山大学云。

五月八日　　　晴。

晨陈志坚先往九龙坡,玉新病似已愈,早食粥后杨氏与抗儿偕她往宽仁医院诊视,医云非喉病亦非疟疾乃伤风耳。昨云喉痛今不痛矣。给退烧药片回。曾桓崧舅与照弟先后来,伊已霍然顿愈。午饭后,桓崧与伊商不转学中山大学,仍回九龙坡新校读至毕业,约一年半后即可毕业。余赞成。旋即与桓崧照弟往复兴关搭车往九龙坡。余力嘱暂缓一日去,伊不肯,乃敦嘱抵校后来信而别。德超由白市驿来,言住大木船。全队将赴汉习空射。

五月九日　　　晴。热。

晨德超来,言昨下午返船,闻在京航空委员会忽有电阻该班学员赴汉,令仍留渝。当即由第一大队司令部发表,拟仍返驻白市驿。全队不服,以大队司令官非直属官长,司令部即调飞机一架往成都迎接教育长来办,约今上午可到。渠即返船听候解决,云云。下午嘉弟来,德超昨今两日未与嘉弟面,今又相左。

五月十日　　初晴。上午多阴。至午风颇大，有雨意。晚风尤大。

上午八时偕杨氏兆先抗曾往枣子岚垭党史会新址。昨先约嘉弟在观音岩之枣子岚垭巷口等候。行至储奇门街与林森路交叉点遇豪富家大出丧，途为之塞。适吕根昌夫妇亦至，立谈有顷，吕仍在组织部为总干事，明日乘木船返京。该部此次为第二批还都，以后尚有三分之一未行。始到凯旋门前，遇钟孝先父子，又立谈半响，询甫抵枣子岚垭新会址。上至凯旋门顶磁器街口，又遇杨嘉猷，言由新会址来，将往林森路觅友寄住，其行李仍在山洞，拟在城买飞机票后回山洞，再来城乘机还都，不随会行，因会内尚无人办理雇船之事，不知候至何时，惟有自行先走。旋乘公共汽车至观音岩站，嘉弟守候，望见招呼下车，又遇潘涵由新会址出街，询会址近矣。即由嘉弟带路。所谓枣子岚垭，乃一高岗，由上逐级而下，至五十三号附近，遇刘弘济，再数步即五十三号会址矣。凌应樟立于门口，引以入。此仍在巷门。巷内有二家，五十三号乃其一耳。原有牌，书"世界反侵略大会重庆分会"。入门转弯登楼，晤曾介木处长，言昨夜三时到，今晨始在地板摊铺就寝，所有档案处保管之史料，于前夜昨夜两次运出，现已运完。余上月在山中看过之史料交冯绍苏叠好寄存档案处者，亦即在此两次运者之内。所以夜间运者，系因借用中央党部之车，夜间方有馀暇到山洞也。介木于昨晨在山洞候至夜十二时车始到，督率工役搬物上车，开行至枣子岚垭乃三时矣，又搬入屋，遂既天明，亦诚劳苦之至。时杨氏与兆先抗曾则往楼下各同事眷属寓处晤谈。旋杨毓生会计来，一见匆匆即出。赖树杭及档案处某同志与介木处长谈稍久，潘涵亦回来与介木谈，余不知所谈何事也。应樟交回李振宽借款四万五千元及竹席，余乃招杨氏等聚齐辞出下楼。遇姚梓材。出至巷门口外，又循来路下坡转弯，欲访黎光群,仍由嘉弟带路,旁有花竿夫招徕生意,谓往大溪沟人和街走错了,请坐花竿,我送去。问其价则三百元,余遂坐以往,果不远也。嘉弟、杨氏、抗儿随亦至,惟兆先别走一路反先至。光群在家,谈后始辞出,不走原路,乃走国府路颇久,足软,唤人力车,坐至上清寺公共汽车站。适汽车来,即转乘至民权路下车,回抵寓已十二时矣。余疲困,小睡一觉,起而食午饭已二时许。食毕复睡,起近五时。借阅《新民晚报》即就寝。嘉弟与杨氏在邻室打牌,抗曾旁观,若无行路困倦。兆先为黎伟珍留宿,并往党史会安和家一谈。李锡光转交到刘士祯请帖。一为刘玉阶请代表主婚,一为请食喜酒。

五月十一日　　　晨大雨一阵。上午多风。下午晴。

上午兆先女儿回寓,言昨下午先与黎伟珍往党史会见安和,初议宿安家。因安太太昨上午往其外家,初约兆先往作伴。回来,新寓床榻无多,乃复返黎寓,今晨与伟珍回至林森路。伟珍往南岸,未来谈,故独回寓,遇同学糜女士,顺便邀同来云。

五月十二日　　　星期　　晴。

晨写复亮儿信,致淦弟信共一封。上午陈恺、邱士钊二人来,偕往临江路戴家巷礼拜堂美以美会教堂也。刘士祯与诚心慈女士结婚处观礼。据来帖订十二时举行典礼。余等到时为十一时十五分钟,而教堂正在做礼拜,未空出。旋来宾陆续到,只得在教士会客室坐候。正和储蓄部职员谢淑伟、谢淑润、江翘扬及总行之杨宜谦等,为刘士祯代理款客、收礼诸事。旋李希穆亦到。又有顷,做礼拜之教友始散。约十二时,众客约百馀人移坐教堂广厅。此为说教之地。下午一时馀,新郎新妇二人始至。堂中间设礼座,教士陈铁生正中立,为证婚人。余立其左旁。介绍人王敬忠立余之左旁。诚某及其妻为主家之主婚人。介绍人立教士之右旁。二新人入堂后,缓步行至礼堂前,教士先分送说教书每人一册。书名普天颂赞,内皆诗歌。即择诗歌一首念唱。凡非教友俱不能唱。毕,教士问新人结婚意愿。新人各出其笔写之手条,自念一过。教士照分送书中所具词句宣读一过,并询众。答以笑,即无异议之表示。教士乃请新人交换金戒指,又将结婚证书宣读众听。戒指及证书先陈列座上。毕,新人盖章于证书名下,主婚人、介绍人以次亦盖章。余先询恺又侄,代表主婚人,是否具名盖章。据云原证书已写刘玉阶姓名,应盖其本人之章。当场恺为赞礼人将刘章交余,余即嘱他代盖。盖章毕,教士仍将教书词句宣读一过,即告礼成。众出而往中法比瑞文协会饮喜酒。陈铁生牧师坐正主任。余坐其右旁第三位。新郎坐第二位。其左旁则新娘与女主婚人也。余始与牧师谈话,互送名片。是时已二时,腹饿,所食西餐觉颇佳。不用酒。食毕,余偕邱士钊坐车返寓。李希穆见告,去年谢作民借此教堂结婚,彼曾参加。余则谓生平参加教堂婚礼,此为第一次,似觉在酒楼旅馆结婚者为庄严肃穆也。

五月十三日　　　晴。夜月明。半夜后忽阴云遮月。

晨早点毕,偕杨氏抗曾往枣子岚垭党史会新址,询山中各同事大半已搬出。因晤柳聘农、封德三、张元群、孙铁人、杨本章、秦凤翔、贾道曾、罗本初、刘沪诗诸人。邹永成亦由江北来。楼上已觉熙熙攘攘。询会中公用器具尚待搬运,庶务科人员仍留山中,惟史料已搬齐耳。十二时馀,向杨本章科长手领得五月份薪津至还都辅助费。因出纳员段女士病假,俟其到职再发。余当书一条交会计员,及图章交凌应樟代领。返至寓已三时矣。

五月十四日　　　晨雨一阵。上下午阴。〈旁〉晚微见日。

下午偕杨氏抗曾及黎光群黎伟珍出街散步,至正和银行而返。

在军委会门前小公园立望,江水颇涨。光群言已涨丈馀,大约二千吨以上轮船可行驶无碍矣。

五月十五日　　　晴。夜月甚明。是为旧四月望。

晨欲往党史会领辅助费,杨氏不允,未果。上午连睡二觉,遂午饭矣。下午又睡一觉。自入城以来,每日多睡眠,无工作,计于二个月于兹。归期未定,奈何。夜不成寐。

五月十六日　　　晨晴。旋转阴。上下午均小雨。但檐溜未出。

原拟上午往党史会,因雨不能出门,补睡至午。陈恺接其友函知,淦甥长梅,已经广东省府会议通过,拟本月廿日左右由香港、汕头回梅履任。晚饭间,凌应樟、符学琳来访,并由凌送来在会代收还都补助费。有感,得一绝:岂是黎民赋式微,奇肱车日向东飞;三春已过夏将五,曰归曰归犹未归。

五月十七日　　　晨阴。

晨写复玉新函一。陈恺送点心来,即将昨晚收到凌君送来辅助费交他代存。上午写致亮曾信一,淦弟信一,附玉新来函。共一封。下午写致淦甥信一。

五月十八日　　　晨小雨一阵。上下午阴。

今晨因始觉凉,脱夹袄换穿棉袄。旋又觉温。如此更换数次,遂感伤风,大发喷嚏。上午困睡。下午本拟往正和储蓄部与各乡友往留法比瑞同学会江翘扬结婚处观礼,不果。仅送贺仪四千元。肇凤来言,渠送一万元,因与江为三堡学堂同学。

五月十九日　　　星期　阴雨。晨见阶下甚湿,似昨夜曾下雨。上下午阴。入夜大雨。

是日疾较轻,但未全愈。上下午多睡眠。邱剑侯来谈甚久。闻旧友黄舞韶已于抗战前于家病逝。又在汕友人叶淑芬、熊应晖,现在渝军事委员会工程委员会工作（邱本人在工程委员会，叶熊在兵工署所属第卅厂即兵工厂）。工程委员会在枣子岚垭。

五月廿日　　晨阴。上下午晴，但日薄。

晨精神颇爽，欲出外散步，但路湿未果。上午山洞吴家湾小童吴家邦（吴泽扬之第三子）、吴家禄自云南牟定来信致兆先，索写字留念，送信及宣纸一小幅来。询近日山中自党史会搬移后，仍平安。家邦家禄均前与兆先在天池小学同学也。嘱兆先允写小字一幅予之。据言家禄信谓另函请安怀音之女和绘画，俟安和绘就再写同寄。陈恺转来淦甥五月十八日、四月卅日航快信各一封。又接照弟五月十八日、立青十八日来航快信各一，俱言南京租屋事。立青信谓，新街口汉中路得新屋一座，洋房式，内有楼房三小间，自来水、电灯、厨房俱全。每月行租廿万元，按三个月先付后租，免押租等语。较其前信所云月租八万，押租八十万一房一箱者较近可商。照弟系于十六早由白市驿乘飞机飞行四时馀平安抵京，暂住蓝家庄廿二号农林部农业推广委员会。原拟住孝陵卫农业实验所，现该所房屋正在修理。淦甥长梅令已发表。因患鼻痈之疾，赴任期当在月底。其疾初来势颇恶，经注射盘尼西林，抽出脓头四处。写信时仍在流脓，约四五天方可收口云云。其四月卅日信内附瞻云致恺信，言淦长梅事，俟丘誉见面后再定。由此推知，与言并未留淦甥在省府帮忙。下午因觉小疾虽愈而大便未通，试服泻盐一次。晚饭间凌应樟偕一友来言，张委员已由滇返，闻廿六飞京。夜。再服一次。

五月廿一日　　晨阴。上午略见日，而夹雨并下。下午日色较佳。夜雨。

上午大便始通，但人颇疲困。午睡一觉后乃渐精神。

五月廿二日　　　　晨雨颇大。上午犹雨。下午晴。晚复阴。

上午见卖报者到门,买《中央报》一份。下午为陈恺相攸。恺近托云谷之妻介绍,识一浙人潘姓女,有求婚之意。本日此女适来云谷家,余因一见。询彼女之父名益民,浙绍兴人,住杭州,未他言。观其貌端庄可取。晚间询李锡光,知李希穆已于前日乘机离渝返都。彼前夜来言,闻南京人心不定,尚未还都之各机关人员,有恢复办公之说。余不信,惟报载蒋主席手令川江各轮船停运还都人员及公物二月,专运粮往各灾区,又颇疑虑。不料忽闻彼竟先行也。

五月廿三日　　　　晨雨。上下午犹阴,并见雨点。夜雨有声。

下午四时馀驱车往三牌坊双巷子对过巷口鑫金记饭馆,与张国藻、李锡光、谢俊英、古藕成、邱士钊、陈恺等合宴李次温,为饯行并祝寿。是日为李六十六寿辰。所用川菜,由国藻主办。极丰美。饭毕结单,每人出资四千四百元,亦便宜至极。次兄准本月廿七日乘机飞京也。余自廿八年来渝,与友酒宴,均食粤菜,未见川菜。此次乃始食真川菜,甚慰。惟道泥泞可怕。

五月廿四日　　　　晴。晨见日。上下午晴好。

上午见报,四平街附近国共两军曾大战,共军被击溃,国军已入长春。报上不铺张战绩,但大局似可转圜,共军或再言和。本晨欲买《中央报》,小贩言,已卖完,想因该报卖风好。吾人归期有望矣。下午复可超侄信一。武昌水利工程处陈康寿先生转交。复权超信一。均航空寄。

五月廿五日　　　　晨小雨。上午开朗。下午晴。

晨恺表又侄来言,江梦飞(非?)由粤乘机到渝,寓正和储蓄部,交来淦甥所寄高丽参一枝,布包缝扎甚好,当为瞻云所缝,淦甥亲笔写字,阅之慰感良久,不忍启视。早粥后杨氏与兆先女儿始启之。参亦甚佳,渝市所见迥不能及。前阅淦甥致恺函,谓参重八钱馀,价三万馀元,诚可宝也。询淦甥病全愈,梦非动身时言一二日内即赴香港,转汕头至梅接县印云。下午李次温兄在鑫金记设宴留别,请客十馀人。余往则梦非及叶淑芬均在。梦非淑芬貌俱苍老,几乎不复认识矣,谈次慨然!询梦非知家中一切平安,靖叔有信到粤,彼动身时甫接到。汝瑞在粤中山大学读书,月须三万元以上。淦甥患鼻痈后鼻准平复如恒,并无疤痕,一慰。约明日来余寓畅谈。余以欲往李子坝谒张溥老辞。

五月廿六日　　雨。

晨欲偕杨氏往李子坝谒张主任委员,遇雨不果。上下午阅《中央报》,心忧闷。

五月廿七—卅一日　　忽晴忽雨。(卅一即旧五月朔)

连日因感冒未出门。(廿八日梦非曾来谈。卅日下午余偕陈恺到正和储蓄部访梦非,适恺等宴他,余亦陪作客。廿九日嘉弟乘大木船还都。)亦无事可记,心甚茫然。接权超侄信,谓卅一日可到渝,但候至夜未到。

六月一日　　雨。(旧五月初二日)

下午写致陈立青信一。

六月二日　　晨雨旋转晴。下午日色甚好。

下午设宴请潘大雄女士。由云谷大嫂及张国藻、李锡光、谢俊英、陈恺等作陪。因兆先女儿从之读英文,应有尊师之举也。共用一万六千馀元,自行治膳,颇丰。

六月三日　　晴。

上午偕杨氏、兆先、抗曾、晚女及李锡光夫妇并其二子,往军委会门外江边公园照像。昨陈恺携照像机来,欲代照,以时晚未果。

留机托锡光今日补照也。又与李一妻二子同照一张而散。下午欲往党史会领款,未果。晚饭后六七时间,权超偕妻一子一忽到寓,询由成都五时馀乘机起飞来者。即搬行李入门,买白粥、点心及打开铺盖睡觉,拟明日搬往正和银行另一宿舍。

六月四日　　　　晴。端阳节。旧五月初五日。

权超往晤陈恺,商往处,未谐。与肇凤同返寓。余拜祀先考妣及先大姊等神位后共食。午后用菖蒲水洗身。下午权超再往谢叔伟处商借正和储蓄部宿舍,亦不谐。

六月五日　　　　晴。

上午偕杨氏抗曾往枣子岚垭党史会领薪水,未发。转往小饭馆吃面点心,又至茶馆饮茶后回寓,已下午三点馀矣。是日行路多,脚臂疲似跛。抵寓急睡眠,脚愈乃起食粥。权超无寓处,即决将妻子寄余处,自偕肇凤往南岸海关宿舍借宿。

六月六日　　　　晴。热。夜半大风,雷电交作,继复大雨。

下午与权超、肇凤、陈恺应古藻舜兄之约,往其家食饭。寓在通远门归元寺街。此街为旧式街道,狭窄污秽,所谓归元寺,仅存其名,皆为小店铺所占,剩一小巷,入则小山古寓,即山上旁为工商住家,古寓高踞其中,有屋三间,古寓居中。其左一间为卖烟者,右一间为制酱油者。从左侧下亦为小山,有工人之屋四五间如环列。工人儿女甚多,围长方桌制糖食品以应市售卖。古君门正向南有槐树一株,杂树不知名一株,地势独高,长江横流,凉风习习。黄耿即寓山后,呼来同食。古妻为丙村黄田圳人,余询为吾母程江炭谢姓外家,闻而甚喜。所制"家乡菜"甚佳。但余登山时觉山路崎岖甚险,食不敢尽量。饮酒后食饭一碗即急下山。归寓再食粥二碗而寝。因天气闷热,不能成寐,至大风雷雨后始得入睡。然古寓之风景则历历如绘也。(询此小山曾为古君买得,价一万元。今已卖与人,得价十三万元。)

六月七日　　　阴。昨夜大雨后,今晨尚曀曀其阴,至午不开。下午渐开并转凉。

权超午后始来言,昨夜在海关宿舍失眠,且沾伤风疾。余以甘和茶冲水饮之,睡一觉。至夜,陈恺来邀往正和银行借床铺一宿。接淦甥五月廿三日来信。

六月八日　　　阴。

上午欲往军委会门前小公园一望,携抗儿出至庭前,见板湿滑,折回。据兆先言,外面街道已干,惟此屋内天井尚湿耳。下午写致亮儿信一。附淦甥昨来信。又致淦弟信一。附致亮儿信共封。权超有明早乘飞机返粤之说,余近得其助用费一万五千元,一次五千,一次一万。势须馈赆。即于晚间偕杨氏到利丰隆买当归头二斤价八千元送之。

六月九日　　　星期　　　雨。昨半夜后(即今晨)大雨一阵。晨又雨一阵,颇大。夜半又闻雨声。

晨五时天未明起床。余在舍之外房独宿一床。权超与肇凤宿地板上。杨氏、兆先、抗儿、晚女、阿婶及权超之妻子大小共六(七)人分住内房之二床。原约今晨六时到珊瑚坝飞机场,搭乘返粤飞机,谓权超、妻、子三人倘遇机上有位即可搭乘。故拟试往,肇凤来送行。余先醒颇久,意天将明,乃呼众起,视钟为五时。检点行李,洗脸点心,即天明矣。六时肇凤叫黄包车来。权超动身,率妻子往珊瑚坝,肇凤与兆先二人随车步送。余与杨氏初欲往送,临行天忽大雨,中止。至八时许,行者送者凡五人均折回,行李亦车返。谓飞机场人言,今晨原拟飞粤之机忽奉令必飞西安,不飞粤矣。彼等立见该机果起飞隆隆向北而去。时雨少止，权超询场中人，飞粤机何日开行？则云未定。徒呼负负。此因权超前在成都海关任职，派驻飞机站数月，与机场人员多熟识。故此次购票较易，且昨晚间有允通融到站试看机上客位有空即搭之拟议，而不料反有改飞西安之事也。但其他乘机之客，遇此事又不知如何耳。五人回寓，各复打开铺盖，余亦解衣上床，睡至天午始起，雨亦渐停。午饭后，权超携其妻、子并杂物，由肇凤偕行迁往南岸海关宿舍居住，谓择定一房已由海关借得，可住至下次有飞机往粤时为止，以免扰余云。昨先据权超说及。余以为飞机站人员已敢招客先到站试看有空位即搭乘，自无移寓之必要。姑妄听之，余亦不挽留。余此数日固不觉被扰之苦，惟觉正和行员不能多借一间房与他居住为不甚近情。然细思之亦殊难为情，不足怪他。权超亦颇能谅之，不怪怨也。凌应樟来谈，会中已接公文有船还都，本会可搭卅人。余允明日到会登记，并领六月份生活费。

六月十日　　　晨七时又雨一阵。下午小雨数阵。

上午欲往枣子岚垭，因路湿滑不果。下午亦不能行，见报载民生公司广告，停止运输还都人员及客商货物两个月。想昨日凌应樟所言亦受阻不实行矣。但不知另有招商局轮船否耳。总以到会商谈为定，惜雨阻不果往，心为生闷。

六月十一日　　　晴。

下午往枣子岚垭，领得六月份生活费，并在某电机修理店修理熨斗。返时由观音岩步行抵寓，脚不软，身亦不太困。权超来言，接到成都濒行托邮局寄行李已到，但飞机赴粤无期，拟趁汽车，未定。是夜其妻子仍住余处，彼自返海关，明日再来打叠行李。

六月十二日　　　阴。夜下雨竟夕，天明始止。

上午权超来,点检行李毕,挈同其妻子往海关宿舍,谓明后天再来。下午写致照弟信一。附陈新龙(国大代表,墨西哥华侨代表,台山人。来函谓学侄托他带物一件,在周启刚先生处候交。)信一。名片一。又余致敬启刚片一。

六月十三日 晨至午阴。下午晴日出(旧五月十四矣)。夜又闻雨声。

上午在寓洗身及修脚。下午阅李锡光借来之广州小报。名《原子能》。未作他事。

六月十四日 晨至午阴。下午晴,日出。

下午写致一谔弟信。补列五月廿八日托陈恺表又侄代交广东省银行汇四万元,请一谔分别转交如左:子靖叔五千元　大兄三千元康弟妇二千元　一谔弟二千元　宝田舅四千元　三兄三千元　翼弟妇二千元　荷妹二千元　谢婆三千元　凤弟妇二千元　湘弟二千元　谢氏一万合四万元

六月十五日 晴。热。

下午剪发。在山中常二三星期剪发一次不觉太苦。入城以来每星期剪一次,比因雨多,未能出门,至二星期,觉头皮极痒,苦不能堪,剪后始爽快。此可见城中天气湿热也。写复十弟信一。

六月十六日 晴。热。

下午写致李振宽函一。

六月十七日 晴。热。

寓房钉窗格,未作事。接振宽十三日信。

六月十八日 晨小雨。上午大雨二阵。下午亦然。

晨复玉新信一。上午权超来言,已购西南公路车票,不候飞机,即由柳州转梧入粤,明日开车。经贵阳,余托如遇亮儿,为寄

语,催回信。下午三时,彼先往海关宿舍取齐行李。其妻子五时往望龙门码头,候他同伴渡江,在旅馆宿一宵,明晨上车。各大件行李,午先过磅付司机矣。客中送客,心绪为之惘然。

六月十九日　　　晴。日色太薄,但清凉天气,夏季可爱。

下午往枣子岚垭,询孙、安两秘书。询得南京张主委信,本会缩编办法待解决。召徐副主任委员与孙主任秘书往商议。正觅飞机票,未定行期。安不走。闻李树藩自新桥迁出,寓党史会附近。即偕李太太往见。在庶务室补领五月份加成薪津一万零陆佰元。未盖章。李振宽致曾介木信交阅。

六月廿日　　　上午大雷雨。下午晴,日出。

黎光群来,即将李振宽致他信面交,午饭后雨止始去。昨接嘉弟十七日南京信,知其所乘大木船于十六日下午二时平安抵京。计自五月廿九日下午开船,至是共十七日为由渝到京行程之期。据函称,船中膳食极劣,每遇巨轮经过,则船必簸荡极甚。当到获港时,值大风雨,船几倾覆,幸彼已登岸游览,及返船时,船已被浪推移一座码头地位,因木船轻不堪受江面波浪之力也。

六月廿一日　　　晴,热。夜尤热,不能寐。

上下午因睡有时起坐,巷内当风,但北风亦热也。夜不能寐,余舍各家皆然。

六月廿二日　　　晴。热。

六月廿三日　　　星期　晴,热。夜尤热,且无风。是日旧历夏至节。

六月廿四日　　　略阴,犹热。下午始有小飓风。晚间骤雨一阵。后又一阵,略大。

昨夜失眠。今晨始睡。上午又睡一觉。报载"南京中央气象局廿三夜十时半报告,重要飓风正进至我国东南方。今晨七时重心在福州,现在向北方推进中。每小时之速率十五公里。如速率及风向不变,则廿四日晨可达浙江境内,并将到达上海及扬子江一带。届时速率或将增强。"

六月廿五日　　阴。下午见日。俄顷又转阴。

上午写致凌应樟信,附图章一枚。交兆先往黎光群家之便带交。下午写致淦弟信、亮儿信共一封。交黎光群代投邮筒。

六月廿六日　　晴,微阴。夜十时馀雨一阵,旋闪电震雷大雨。

林云谷之妻挈子一名大年、女三宁宁、妙妙、姗姗。前夜廿四,欲乘船东下。船票由民生公司送至,乃为木船,乃即于十时许动身下船。适宿舍电灯熄灭,殊觉难过。同舍之人欲送不能,母子五人分二班,其子女随行李,林云谷妻与正和银行工役步行往朝天门民生公司交涉舱位,再与行李会齐。雨渐大,雷电交作。十二时始至朝天门码头,二时始下船,打叠舱位,明晨开船云。次早工役所说。

六月廿七日　　雨自昨夜连今早至晚,大雨淋漓不止。入夜后雨始止。

六月廿八日　　阴。下午转晴。

报载江水涨。上午因偕德超、抗儿往军委会门前小公园观水。德超言,江岸水表志水为六十尺高。水表石刻,谅是海关经办。接可超侄信,已到苏州,升任连长。

六月廿九日　　晴。是旧六月朔。

陈恺来,面写余交之款结帐,计三月初共交五十万元,五月间交卅五万又一宗。至六月底止,一得息十七万馀元,一得二万馀元。余嘱明日先将前者交来买物应用。

六月卅日　　昨夜雨。晨及上午阴。下午转晴日出。

下午偕杨氏、抗儿原欲往枣子岚垭党史会一看,改到"唯一电影院"看电影。余久不看戏矣。此为有声电影,且美国运来之新影片也。

七月一日　　晴。热。

上午欲往枣子岚垭,未果。肇凤来,午饭后又请看电影。余谢之。杨氏、兆先、抗曾偕往,至新川戏院,亦演美国影片。院宇稍小,但有电风扇之装设。

七月二日　　上午阴。午后晴。热。夜无风,热甚。

上午欲移房舍。因余现住正和银行宿舍之邻房,原为李锡光居住,李移至林云谷房已二日,初邀余接住其房。余以陈恺先言,张国藻将移住,辞谢之。殊张不移住,反邀余住,昨今迭催余速搬,故今晨即打扫清洁并洗地板。至午间,李忽言须候二日后无他人移来方可。余以告张国藻。张言渠为舍长,应有分配之权,李不应阻挠。李言,在他未移林房之时,先已有某行员登记;彼当设法使该行员移住他所,故俟二日后安置妥帖,余始可移入。余谓,我非行员,以不与人争为宜也。姑嘱停止移徙。下午欲往枣子岚垭,以天热不果。夜天气更热,睡不宁。

七月三日　　晨阴。上下午略见日影。夜大雷雨并风。

上午偕杨氏往枣子岚垭党史会,晤孙铁人,言飞机票已买就,明日与徐同赴京,询余对党史会有何意见? 可写出与张主委商议。余即面书二条:(一)以后增修总谱工作,不按月由党政军工作考核委员会查考;(二)总纂办公处应择能撰拟稿件之人为干事或助理干事。他事只口谈未笔写。后出街买物。

七月四日　　晴。夜又雷雨。

李锡光着人送来正和银行秘书处致陈恺通知单,准移宿舍号数,原为九号,改移八号。移居房舍事即了结。是日上下午实行迁移。

七月五日　　晴,略阴。

下午凌应樟送来代领七月份生活费,又补六月份费,自六月份照南京发。共四十四万馀元,留之晚饭。言已食过。谈颇久始去。并约明天来吃午饭及看戏。

七月六日　　晴。

凌应樟偕赖树杭来谈,留午饭。赖为特才兄之弟,到会工作约半年馀,在山中曾与李振宽到余寓数次。今询特才在京,房屋尚完好,拟回里一行云。夜饭后,应樟再来言,树杭在一川戏院相候。因即偕杨氏、兆先、抗儿坐车往,时已八时。入院未几遂开演。为全本《西游记》之第一幕,名为京戏,实则夹歌舞之新戏也。以电影古装歌唱合糅而成之新法演古剧本,亦一趣味。惜时间太久,天热,戏院小,虽有电风扇,犹嫌人气多。自八时至十二时散场,余苦之。应樟、树杭说极好,在渝京戏以此片为翘楚云。

七月七日　　晴。

闻自前日起,江水盛涨,军委会门外小公园之滨,水已溢岸。旧有岸旁棚屋居民,昨纷纷搬至马路两旁,即在公园内之草地卧眠或搭盖临时棚屋以居,宪兵巡警不能干涉。下午因偕杨氏抗儿出门一看。报载去年大水此地水表为八十八尺馀,今为八十四尺馀。

七月八日　　晴。夜月颇明。

下午杨氏出街,买香云纱衣料一件。余因往年未能买新绸衣,今在城住,见各妇女均穿香云纱,而伊仍穿浅蓝衣,前日又得薪较多,乃力嘱剪香云纱一件,价二万馀元。伊谓余所穿夏布衫裤均破烂不堪,亦代余买府绸褂料二件,杭纺裤料二件,共亦三四万元。江水渐落。上午看宋宫历史小说。

七月九日　　晴。夜月明。

晨写致德超信一。长寿傅何乡朱兴奎收转。又复可超侄信一。苏州大马路炮十六团一营一连林辉连长。下午看《宋宫历史演义》小说。

七月十日　　晴。热。

上午写致汝淦弟信一。下午及夜阅《宋宫历史演义》。

七月十一日　　晴。

自是以后至廿七日共缺十六日，因暑气迫人，日坐寓内小竹靠榻之上，头脑昏昏，懒执笔，竟未写日记。间惟看《宋宫历史演义》小说及日记耳。廿七日上午。（日记眉注：七月十二日雨。十三至廿七日均晴热。廿三日为旧历六月廿五日大暑节。）

十二月三日[①]　　晴。

余自卅五年七月中下旬间在重庆林森路五百卅号正和银行职员宿舍患半身麻痹病不能写字，因停止日记，至今已四月馀矣。还都以来，病虽渐痊，而身体迄未复元。欲辞职回家养疴，未能遽决。今晨在办公室徘徊间，忽接秘书室函奉主任委员手谕：陈果夫委员口头提议，拟将党史分段编制摄成影片，以便宜传，且资保存。派沈裕民、曾介木、李泳培三同志设计，由林一厂纂修指导等因。自应遵办。即往编辑处访沈处长，不遇。转往典藏处晤曾介木，约俟彼等假期届满，再召集会议。

下午续作日记。

陆郎桥镇大府庄保长胡承福来见，带方坤如同来。胡保长为民廿六年余在陆郎之居停，方则当时雇用担夫也。留之食饭。询

---

① 由此日始至民国卅六年三月底，均未押月份，兹补上。——整理者

以余前在陆弃置书箱,据答不清楚。询该地前所识之人,已死者七八人,馀或家境变迁,原贫今富,原富今贫。如前镇长倪让之、副镇长李寿山,均已死矣。旧绅士倪公,原江宁县党委,余居陆镇赁其市房。夏尚质亦已死云,余欲寻书益难探问,盖胡等不识字也。

十二月四日　　晴。

上午致可超函一封。胡承福、胡宣仁叔侄带方坤如来家午饭,以酒肉鱼饷〔飨〕之,颇丰,兼赠以蓝布一方,彼甚喜。余本欲赠万元,酬其往日居停之情,他反给小孩万元。留俟给还伊孙。

十二月五日　　晴。

上午致淦甥航快挂信一封。下午接畅儿二日来信(通信处:上海江湾场中路西兵营青年军 202 师第三团二营四连)原充上士班长,现升任上士代理准尉副排长职。

十二月六日　　晴。

上午致十弟函一封。下午致毛旭东函一。

十二月七日　　晴。

上午在会议室开四人会议,商讨分段编制党史影片事。结果,俟陈委员所派段天育到会意见如何,再决办法。到者沈裕民、曾介木、林一厂、李泳培四人也。

十二月九日　　晴。

上午在会议室开总理纪念周,张主任委员出席,演讲近日国民大会代表提议迁都北平提案,签名者已达六百馀。此事关系重大,如各位老同志有亲闻总理明训建都问题者,不妨撰述意见发表,云云。自十一时至十二时一刻散会。余苦饥寒甚,回至办公室,询各友亦疲倦不堪。张主任身体强健,乃非我辈所能及,此次初见之也。见其发似尚未白。下午陈立青来谈,晚餐后始去。

十二月十日　　　晴。

上午开阅重庆运回之小黑箱三只,俱刘穆手办者。查有一箱为破墨砚,一箱为废纸,一箱为刘穆抄总谱共七本。但底本油印本三本不见(下午再查一箱已获)。下午与沈裕民、曾介木、李泳培三人共会段天煜天育。于会议室,商编党史影片办法。段氏为陈果夫先生派来,谓有农业教育影片不日在国民大会场放映,供众观览。余等拟俟看此影片再开始制党史影片也。此即决定。

十二月十一日　　　阴,雪。上午微雪一次,旋止。

欲将刘穆抄稿校对,以便工作,未果。

十二月十二日　　　晴。

昨夜天忽转晴,月明甚。今上午日色尤佳。下午更暖,脱丝棉袍一件。

十二月十三日　　　阴。

上午致照弟信一。

十二月十四日　　　风雨。

上午在会议室用电光拍影(即幻灯)历史图片。南京亡国史实。未知是否即段天煜所说,观之似无意味。下午接李礼锋潜来信一、毛旭东信一。

十二月十六日[①]　　　阴。

上午纪念周,曾处长介木报告。续开党员大会,封德三为主席。市党部派代表某君为指导,梅乔林、姚荐楠、安怀音三人均起讲话,但均听不见。余病后耳更坏矣。下午复李潜信一。

---

① 按缺记十五日。——整理者

十二月十七日　　　晴。

晨八时馀畅儿由上海来见。上午欲与谈别后详情，乃往中央党部见嘉弟去矣。下午写致光群函。畅儿夜宿总纂办公室公事台上。

十二月十八日　　　晴。

晨介绍畅儿与封德三、姚荐楠、钟孝先、李振宽、赖树杭、刘梦云相见。毛旭东兄之哲嗣"诗训"来访①，询渠在国防部工作，即在黄埔路，与此间甚近也。接可超侄十七日来信。

十二月十九日　　　晴。

畅儿昨今两晨俱迟起，今晨已至八时馀。余思寻常人非极懒惰，亦少八时始起床者，何以青年军士乃若此！颇怒，至办公室欲痛斥之。幸至时其已起而卷被，因未加斥责。复可超侄信一。下午沈裕民送来《中国革命史迹》幻灯片稿。摘记宜更易处如左：(一)十八岁在香港读书，开始接受新思想。(二)惜不为李氏所纳。惜字有病。(三)伦敦蒙难囚室。囚字不对。(四)民国前六年萍浏之役。似应改萍浏醴之役。接赖用光现名蓉舫。十二月三日来函。畅儿晚饭后辞行，乘夜车返江湾营房。给以二万元。

十二月廿日　　　阴。下午三时馀飘雪。

上午与沈裕民、曾介木、李泳培四人在会议室商谈沈裕民所编革命史摄影片事。决将各人意见写出再议。

十二月廿一日　　　晴。晨霜甚白。

上午更改沈处长起草《中国革命史迹》幻灯片稿，用签写粘。即亲送往并面商。

---

①　原文如此。——整理者

十二月廿三日　　晴。晨霜亦白。

昨星期日李丁陇画展假本会二三楼举行。下午观者颇多。余于下午四时往观。因地面用蜡，太滑，不能久立而返。丁陇名片称野人中州，未知是否号野人而中州为籍贯，即河南人欤？左行署衔为伉俪艺术专科学校校长，亦未知学校何在。今晨闻展览画品尚在楼上未撤，再往观一次。接亮儿十四日来禀。十一时在会议室做纪念周，徐文珊处长报告。余略闻其声，但亦未明何语。安秘书读党员守则，众循声朗诵。往时壁上贴守则全文，今废；又诵读者须举手，今亦废。下午接可超侄来信。

十二月廿四日　　晨晴，旋阴。下午三时后转晴。

下午赖树杭请食狗肉，询系南京土人食法。取五六斤之狗宰之，用陈皮草果伴姜炒后炆熟，不用糖水，只用黄酒再炆，食之毫无腥味。晨拔提书局送来新出版之《六十年来的中国与蒋主席》，即购之。

十二月廿五日　　雨。自晨至晚细雨霏霏。

阴雨天，精神愈不振。上午出办公室阅报，即回宿舍。下午欲出，见路滑，遂罢。

十二月廿六日　　雨。

上下午阅《六十年来的中国与蒋主席》。六四页。

十二月廿七日　　晴。

上午接畅曾廿四日来禀。即复。下午阅《中央日报》。

十二月廿八日　　晴。晚霜重。

上午阅《六十年来的中国与蒋主席》。六十五至七十一页，共七页。

吴稚晖先生为《武进道南中学募捐序》。（昨封德三交募捐册来，余题助万元。今日再〈阅〉募捐册，觉吴先生序颇简洁，因录存之。）道南中学设于武进雪堰桥镇，地濒太湖西岸，东距无锡，北距武进，南距宜兴，均在四十里外。人烟稠密。环境优美。敬恒生长是乡,五十年来,追随诸同志后,奔走革命,不遑宁处,有愧敬恭桑梓之义。此次复员旋里,欣悉同乡创办道南中学,已有三年,负笈学子,数逾三百。咸以敬恒忝居一日之长,推举校董,义无可辞。惟经费不易筹措,校舍不能容纳。因念道南中学系由昔日道南书院蜕变,所以纪念宋儒杨龟山氏过化之德,而前贤坐风立雪之诚,可暂而不可久。敬恒幸受当世巨人长德,立愿亲为将伯之呼,冀能募款亿元,建屋百间,聊尽微恫,藉赎前愆。尚望党国先进,社会硕德,慷慨解囊,共襄盛举。一旦集腋成裘,宏开黉舍,万间广厦,寒士欢腾,百年树人,英才蔚起,则我乐捐诸君子之有造于国家社会者,实无涯涘,非特一人一隅感戴大德已也。敬贡蚁忱,伫候鸿施。是为启。武进私立道南中学募建校舍启。道南中学校董事长吴敬恒。

接淦弟十二月十九日函一,李锡光十二月廿三日函一。下午复亮儿信一。

十二月廿九日　　星期

上午偕杨氏抗儿行至大行宫中央饭店,复行返会。此为抵京后第一次行步最近者。试练脚力,渐佳,一慰。下午嘉弟由沪返京,带来十弟寄我年敬四万元及潮州雪柑﹑山东雪梨苹果﹑杭州蜜枣等物,甚喜。

十二月卅日　　阴。

晨杨正谊由当涂县宋庄来访,留早点后再留午饭,谈前宋庄事甚欢。上午在会议室做纪念周,贾道曾轮值做报告。余似闻声稍多,但不辨为何语。虚弱已甚,连日服北芪炖羊肉亦无补也。下午阅报载国府明年卅六年。预算已停列党费。

十二月卅一日　　阴。

上午接陈恺十月廿五日信。并转来汝瑞弟十二月廿五日广州信,肇凤侄十一月七日昆明信,访秋叔十月廿五日香港来信,权超十一月十九日汕头信。下午复陈恺信一。

中华民国卅六年(1947)

一月一日　　晴。自一日至四日放假三日。

上午十一时在会议室举行庆祝元旦典礼。团拜后,主任委员致辞。未闻何语。旋散会。众同赴夫子庙市府街新华园京津菜馆饮宴,共五席。张主任委员请周佩箴与宴,一堂济济,为往年所未见。

一月四日　　雨。

自一日饮宴归寓,颇觉不适。今晨早起食粥后,复睡一觉,午饭后再睡。三时起,始至办公室。接可超侄十一月廿六日信。不知何故迟延乃尔。

一月六日　　雨。昨星期日,晴。多风,不料今日又雨。

上午在会议室做纪念周。杨本章轮作报告。余闻似声略大,仍不辨何语,只迭有"这样"二字。阅本日报外,补阅一日报,并借得元旦增刊一页,内有"卅五年大事记"。

一月七日　　雨,雪。有雪珠及雪花夹雨而下。

是日,纂修室因姚荐楠、李树藩二人被改为采访,各人面色均变,未明何故。

一月八日　　晴犹阴。下午晴,日出。夜初犹星斗高辉,旋转阴。

姚纂修到室检点零物后即去,似无他动作。是日为旧阴历腊月十七日,余六十五岁之生日。寓内略备午膳。先约陈立青夫妇来聚餐,及打电话与嘉弟招之来。乃立青不到,嘉弟处电不通,遂自食炒面。且往年有拜祀父母及大姊之典，今免举行。晚膳亦颇丰，有鸭肉、猪肝二品。兆先女儿自学校回，同食。

一月九日　　阴。

上午杨氏代余往张简斋医师处挂号候诊。询其门房，谓张自己有病，不但不能出诊，即来者亦由学生代诊。杨氏以如此即将陈逊斋所开药丸方，在三山街同仁堂再制一服。约五日取。

一月十日　　雨。

上午会议室再映幻灯国民大会开幕情景及文天祥史迹，张主委与陈果夫来看。余久未见陈果夫，骤见几不识。其面上已全无病容，且比前丰润多。幻灯演完将散，余乃趋陈前与一握手，未多言，陈随即上汽车去也。

一月十一日　　阴。

晨古映藜来访，闻他由东北青年军退伍回会，昨搬入宿舍，但未知派何处科。

一月十二日　　星期　雨。

昨午鲍工友交来沈裕民便条，欲得《总理史迹》稿及《总理年谱长编》稿，作简要内容说明，以为本会书刊统计表之用。约每篇二三十字等语。因于上午特嘱工友，今日勿他去，应来办公处听候，助余开箱检出二稿查查，或将全稿送沈自作。乃本晨来余宿舍，谓有他事请假。余亦怕雨，遂准之。下午接亮儿卅五年十二月卅日贵阳来信，畅儿江湾来信。

一月十三日　　阴。

上午近十一时，会议室做纪念周，徐文珊报告，未能听得一句。安秘书读党员守则，亦无所闻。耳患至此，将成聋矣。接畅儿十二日江湾来信。附致丙市①信一，似其未婚之妻？下午督率鲍工友开箱检阅余所写《总理史迹》，尚存。但阅数本头昏欲倒，即闭，不能续阅。

一月十四日　　　晴。

上午阅报。昨夜酣睡，精神稍好。前昨两夜均半夜醒甚久，致昨精神甚坏。代畅儿寄丙市信。航快，兆先加封。夜半又醒颇久。电灯忽自熄，后乃复睡。

一月十五日　　　晴。

上午条嘱倪志文查检杨嘉猷登记送存总纂办公处之《总理史迹》稿十六本。阅《中央日报》一页。下午续阅《中央日报》二三页。接凌应樟来信，李振宽转。言到广州合作处，委平远县合作室主任，月俸十万元，由县政府发领。

一月十六日　　　雨。

上午杨正谊来言，余存倪五少爷处之书籍，询倪五已被匪全焚。代兆先寄马秀文航平信一封。本日为旧历廿五日，尚不发薪，向会借廿万元，欲酌给杨正谊，不得。

一月十七日　　　雨。

阅报，载吉林、热河共军渐起，鲁省战事亦渐激烈。但报纸记载战事犹在第一张第四版，足征战事未至紧急。此为报纸纪事之旧例，(一)要电、社论；(二)世界要闻；(三)国内要闻。本上午发薪领得□□。接亮儿由黔行汇来八万元。下午补记。今晨始服用同仁堂制陈逊斋所开药丸。复亮儿信一。

一月十八日　　　雨。

---

① 按即丙村，林一厂之家乡。——整理者

上午接陈恺一月十四日复信，以余十二月卅一日去信因飞机停航，延至一月十三日始到渝。现彼已将正和存款提清，交上海商业储蓄银行汇京等语。俟该银行通知到后，再复。京特市党部直属十五区分部送到蒋主席言论辑要一本。下午询倪志文查《总理史迹》稿未获，已函冯绍苏来谈云。上海银行张俊贤来言，陈恺汇款接到，明日可往取。

一月十九日　　星期　雨。

上午偕杨氏往上海银行领得陈恺汇来款，即乘马车回寓。抗儿同行。时雨止，天阴。下午陈立青姨丈来，杨氏即交百万元托他代放殷实商店生息。据言镇江有人要款也。昨上海银行张俊贤言，款欲存可存上海行，活期月自二厘或一厘半。杨嫌太少辞之。

一月廿日　　略晴。

上午在会议室做纪念周。谢宗元报告，声稍人听，但语亦未辨。接畅儿十七日来禀，已于十五日移营至常熟县东塘市，为通昆山之要道。即复。午饭甫毕，杨正谊来，送猪臂一大臂，约值四万馀。余以安安蓝布一端、白糖二包送之，亦值约三万馀。下午人极疲倦，几至病。

一月廿一日　　旧历大除夕。

上午许党史会专门委员兼人事室主任师慎交到省县公职候选人考试及格证书一纸，是民卅五年一月考试院考选委员会印发，今日补送到也。下午嘉弟来，夜饭后始去。

一月廿二日　　雨，至晚夹雪。丁亥元旦。

是日旧历度岁。上午在寓拜祀父母、大姊并附设亡媳位。祀毕食素菜，依原乡向俗也。下午徐处长文珊、谢科长宗元、李科长振宽、眭云章、赖树杭干事均来作贺年礼。其他比邻眷口来贺者尚多，一如往岁。惟余病体不能出门，仅嘱杨氏抗儿兆先代往回礼。下午略有日色，旋复阴。闻街市人犹热闹。中央党部电话致会"自由工作"，似即不放假自放假之意。

　　一月廿三日　　　雨。昨夜雪大，今晨瓦面积雪约寸许。

　　上午请李振宽、赖树杭、古映藜来寓聚餐。下午到档案处（今改名典藏处）询保管科长李振宽，始知余所写之《总理史迹》稿十五本，连目录，共十六本在其处。大约系去年二三月间冯绍苏由总纂办公处移送到档案处也。即往调取一阅，见余原签及张主任委员批"交登记后仍送林纂修"等字条。阅毕仍请李振宽暂存。

　　一月廿四日　　　晴，但仍微阴。

　　上午往征集处回拜徐处长，未晤。询杨本章科长，徐往年征得郭镇华自日本取回史料目录，不得。余拟由该目录采材料补入史迹内。余前阅该目录，似有可取也。下午徐将该目录送至案上。余抵办公室阅后，往李振宽处核对，史料目录稿，确有可取。即先将该目录采取，俟病愈再补入余稿中。现余未能多写字也。

　　一月廿五日　　　阴。下午雪。

　　上午复陈恺信一。接亮儿十六日来禀。黎守杰外侄孙一月八日由桂林汇来二万元汇单一纸。

　　一月廿六日　　　星期　阴。晴。雪。

　　上午丘心荣、熊衡三、彭精一三人同到寓，余接见喜甚。略谈病况后，又据云昨已寄柬约本日到丘家春宴，今日乘精一之汽车来，可否即坐此车往？余答之。即四人同车到斗鸡闸丘居大屋，巍然如旧。屋外前为梁明致与其兄云从同寓之小屋数间，亦依然无恙。昨日所下之雪仍寸积于其屋门口石阶未扫。彼等扶余踏雪入坐，见屋无大坏，邱燮亭伯之遗像高悬。询系新换。尤慰。饭后天晴日出,适精一要到励志社,乃即又与之同乘经励志社返寓。深感此三人真可称良友。

一月廿七日　　晴。

上午会议室做纪念周,轮着李泳培报告,听不见。接丘、熊、彭三君请柬,已成明日黄花矣。又接经良内弟十七日由长春来航快信。

一月廿八日　　放晴。

上午偕杨氏抗儿雇三轮脚踏车往太平路广东省银行领亮曾、淦弟汇来年敬八万元。遇沈珊小姐,谈伊由渝到此,以后银行有款到,可由她代办。旋步往三山街同仁堂,询十全大补丸,即购八两,价八千元。回途经农民银行,适午饭放假〔休息〕,不得其门而入。往返路颇远,车费七千元。回寓已一时馀矣。下午接照弟十五日来函。言前汇二万元,系淦弟与守杰各万。复亮儿信一。

一月廿九日　　晴。夜月甚阴。

上午阅《中央报》。下午〔姚〕雨平兄约往心荣家春酌。初以为素菜,乃竟荤席二桌,客皆梅属同乡。饮至夜八时,始散。王俊生、曾其清同乘精一之汽车送余,返抵寓已九时矣。杨氏与抗儿晚女在门外立候。

一月卅日　　晴。夜月甚明。

上午偕杨氏抗儿往实辉巷鞍辔坊五号,请张简斋诊病,下午一时馀该医师始下楼临诊。出至三山街同仁堂检药,返寓已近四时矣。夜服药后睡甚酣。药方录左:

独活钱二分　陈皮钱半　生耆连皮二钱四　桑寄生钱四　当归一钱秦艽钱半　灵甘四钱　防风钱二　防己钱二　炒赤芍二钱　桂支钱二　茯苓二钱　茯神二钱　煅淮牛七钱半　煅川断续二钱半　另用健步虎潜丸,每日用一二(?),分早晚两次盐汤送下。

一月卅一日　　　晴。夜月仍明。

上午接畅儿一月廿七日常熟东塘来禀一。附相片(即粘壁上)。又接元龙弟信一。即复。下午在寓写复畅儿信,附二万元交立青代邮汇。

二月一日　　　晴。

上午发薪,闻从今始每月朔发薪,至迟为四、五日。往时下旬之三、四日,今提前二十日,职员便利得多矣。下午接刘宪英一月廿六日来信一。复李锡光信一。

二月二日　　　星期　晴。

下午偕杨氏出街购鞋一双,因家制之鞋太窄故也。购价一万九千元,但松窄适宜,立即换穿,殊快。嘉弟来,带抗儿到励志社观篮球。

二月三日　　　阴。

上午缴一月份党员月捐四千元,倪志文收。本日纪念周轮符学琳报告,亦听不得声息。写致十弟全豹快信一。下午李铁军、池中宽来访。铁军为曾勇甫兄之快婿,闻名已久,前晚有雨平兄宴席间初见。复钟德玉快信一。

二月四日　　　晴。夜月明且圆。

上午在寓拜祀考妣及大姊神主旁并附设锦英媳妇位。下午接侯标庆、邹志奋、叶尚志、李继渊、吴文晖、黎立柔六人请柬,约明(五)日下午六时半在中央路傅厚岗三十二号邹宅春酌。致黎伯通信一。请李振宽、赖树杭晚餐。兆先偕其学友史女士返家,饭后到会议室听播音,抗儿亦往。余欲招抗儿归寝,与杨氏续往,闻音乐声甚嘈杂,余颇疑非中原调,或近人所尚之边疆歌曲也。询同听之杨本章科长,谓不然;再询为何处曲调,又答不出,至十时馀始归寝。

二月五日　　晴。旧正月十五日上元节。夜月甚明。

昨夜梦见叶楚伧,不知何处,在电灯下独坐作文。余窥其稿,似续往时报载未完之小说稿也。余心瞿然,曰:文稿未完,死犹须补。遂惊醒。上午与封德三商改工作报告稿。下午往傅厚岗、邹志奋寓,自五点馀候至六点馀,主人始来齐。叶尚志,余初疑为梅城上市人叶汛(沁青)之亲属,询知非也。吴文晖,余误为平远吴文辉,询乃梅县嵩山堡人,前在贵阳浙江大学任农业经济教授者。六七时开席,客皆梅属五县人。有兴宁县人二,名未记清楚。一为空军总司令云①。约八时馀散。余与王俊生坐志奋之汽车返抵寓,将九时矣。加食泡饭后就寝,辗转良久始入睡。

二月六日　　晴。夜月明。

上午封德三又来,商改工作报告表。下午偕杨氏抗儿往张简斋诊所复诊。诊毕约五时馀始返,抵寓已六时馀矣。所丌方如左:

附片钱二　茯苓茯神各钱四厘　石斛二钱四　干地黄四钱　石菖蒲钱麦冬钱半　肉苁蓉二钱　山萸肉钱半　远志钱　五味子五厘　巴戟天二钱　牛七炭钱半　玉桂二钱　另依方二剂合研为末,分八包,日服四包。四点钟服一次。

二月七日　　晴。

上午接一谔弟去岁(丙戌)大除夕来信一封、侯志明请柬。下午接全豹弟昨(六)日来信。六时往励志社西菜食堂,赴志明兄宴。客为雨平、心荣、衡三、伯涵、精一等,与余共六人。外则为伯涵之

---

①　原文如此。——整理者

妻为女客一,志明之妻为主人。合男女主客八人。余初以为雨平之宴及邹志奋等之宴,一堂熙熙,如登春台也。约八时宴毕,志明夫妻、伯涵夫妻均乘汽车送余返寓,意欲顺便看杨氏耳。比邻之近,固无坐汽车之必要也。

二月八日 　　下午阴。

上午精神不振,小睡醒再睡。起午饭,饭后仍睡。杨氏疑余病,用电话请嘉弟来。余精神渐佳,乃知非病。嘉弟在寓饭后,往立信会计学校上夜课。彼自是夜起入该校上夜课,余甚喜,以为凡公务员能乘时自修,不赌牌、不看戏,非特自身受益,驯成风气,则社会国家之福也。

二月九日 　　星期　晴。

上午精神略佳。下午小睡,醒后嘉弟来,夜饭后带兆先抗曾往看电影,实亦戏耳。

二月十日 　　晨日甚丽。上午转阴。下午雨夹雪,旋止。未几雨亦止。

上午余精神又不佳,始服张简斋之药散。水药已服二剂。下午陈立青襟兄来,前托汇畅信款已于二月一日汇妥,邮局收据交到。晚饭后精神稍佳。

二月十一日 　　阴。

上午李振宽由上海返来谈,八日晚车赴沪,昨夜车返京,今晨到。车中搭客甚挤。倘余欲往沪,必须购头等票并卧车。沪上宿处比前时已稍易觅。余服张简斋药散若有效,可勿赴沪,李君与深同意。四日写致黎伯通信,今下午封发。李言昨夜车过无锡、丹阳、镇江等地下雪甚大,各山头皆白,今晨乃知京中无雪。

二月十二日 　　晨晴。近午转阴,将晚雨。夜雨更大。

上午黄植生与李振宽来访。李、黄二人谈颇久，俱说潮语，余听不懂，未能参加，近午始去。下午接元龙弟五日贵阳来信。杨正谊之戚郭某来言，伯纯中学校尚未觅得。此人欲读高中，前由正谊中学托代介绍学校，余嘱兆先查抄《中央日报》所载招考各校广告文示之。计有四校刊登招考广告，昨下午正谊带此人来。余阅广告已有三校考期已过矣。只有伯纯中学在门东箍桶巷，考期未过，报名期亦于十五日始截止。因嘱他今日自往报名，乃竟觅校址不得，而正谊已回去，实属无法。

二月十三日　　晨阴。上午雨小但未晴。下午毛雨丝丝。

上午安秘书来谈，劝安心静养，病自可痊，非必要勿出街，天晴时在花园散步；心中屏除一切杂念，常抱乐观，无忧无虑，此即精神治疗之法，最有益等语。余感之。但虽知乐观之有益，实不能常抱耳。下午杨氏与兆先出街，回言，往钟南中学校请乔校长一帆写准缴半费条子给兆先，持往中南银行缴学费，顺问钟南尚要招考新生否？据答尚要。但未再问考期以便转告郭子。惟俟彼来照此先告亦可耳。

二月十四日　　晴。

上午邹器之兄来，坐谈片刻。郭氏子来，告以昨钟南中学乔校长所言，并出地图，指示箍桶巷伯纯中学所在，彼允下午往报名后再打听钟南招考期。下午阅《女杰麦尼华传》小说完。此小说为文明书局译著、中华书局出版，廿一年十二月六版。久夹于余书堆内，近又现而取阅，全部共九十页，连阅三日(下午)，今始完。

二月十五日　　阴。下午小雨。夜寒。闻寒暑表(华氏百度)冰点下一度。

上午兆先偕其同学史小姐往钟南中学注册，郭子亦同往报名。

欠交像片。下午杨正谊来言,陆郎桥市汪某西医生说,已知余前存倪则炎(埏?)家之书二箱(一阳江皮箱,一樟木箱)并未被焚,现仍放桥市附近约三里。某姓家,可设法找回,但须钱。余即托他出面向汪医生商办,因此事恐他索钱太多致闹反也。

二月十六日　　星期　　晴。

上午李敬五来访,言张溥老派他为本会服务员,昨日搬入本会宿舍居住,即余寓室之后二间也。下午邀彼到余寓晚饭。嘉弟与李振宽在座,但李已先食饱,不下箸。

二月十七日　　晴,微阴。(报纸称昙天,此昙字不知用得确当否,故未照用,只称微阴也。)

上午会议室做纪念周,张主委出席报告颇久。但余亦朱闻所说何话。后询李振宽,谓张公由国府来,所言乃转告在国府纪念周才闻蒋主席演说之词也。余再问大意如何? 谓似说大局情形日佳,北方战事不重要,国府有平定全国之把握,大家宜安心工作,云云。又谓彼(李自称)出席稍迟,见人满未入座,在室外门口立听,未能全述。下午留髭。此髭字照《辞源》解说,在唇上曰髭,颊下曰须。张主委召见,面交审查件一。吴闻稚来访,并嘱余介见张公后,余邀之回寓食饭后始去。彼见张公,面请派工作。张嘱以旧工作成绩交阅。

二月十八日　　晴。

上午始审查《中国国民党简史稿》。接到本会组织规程一纸。查阅简史十四页。得误字三。下午往张简斋处复诊,开方如左:

南北沙参各钱八分　　茯苓、茯神各二钱四分　　生左牡蛎四钱　　法夏三钱
蜜口五味子五分　　生甘草连节五分　　去心麦冬二钱四分　　细川斛三钱
杭白芍三钱　　桑寄生四钱　　金匮肾气炎乙两二钱　　炒黑打碎带包入煎,煎一

句钟,匀分三次服,只煎一次。

二月十九日　　　晴。

上午阅报。下午审查国民党简史十四页,得错字五。

二月廿日　　　晴。

上午审查《中国国民党简史稿》十二页,无错字。又查六页,无错字。下午狄君武来访,与吴闻稚同入门。余认为吴往狄处遂同来。后李敬五言,张上午已来。狄君武言,张因国史馆房屋事约他商谈。吴言,入到寓前花园边,适狄至,乃同来耳。吴以旧在国民大会所拟公事稿一包,欲偕狄入见张公,狄不肯,即先去。李云,张已去矣(坐吉普车)。吴留坐,与杨氏谈甚久。余午睡醒,彼乃去。留交张函件,余允代转交。审查史稿八页,亦无错字。总计本日上下午审查廿六页,均无错字。

二月廿一日　　　晴。

上午陈立青来谈。审查《中国国民党简史稿》八页,无错误。又查十六页,得错漏字三。下午续审查八页,全部完成。即送呈张主任委员手收,并批行面交安秘书。此案即了结。

二月廿二日　　　晴。

上午阅报。今日(二月廿二日)为美国第一任大总统华盛顿二百十五周〈年〉冥诞,上海文化界开纪念会,美国驻华大使司徒雷登昨即赴沪,预备参加演讲。乔治·华盛顿其祖为约翰·华盛顿,原是英国斯图雷特王朝时代之贵族。查理第一上断头台后,乃自英格兰移居美国维吉尼亚州,时在一六五七至一六五八年间。其父奥古斯汀娶妻巴特勒,生四子。乔治·华盛顿为奥古斯汀第二妻子所生。一七七五年七月三日,始任独立革命军总司令。一七七七夏大败英军于波士顿城。是后革命军屡失利,惟华盛顿坚忍不屈,卒在约克唐一役大败英军。一七八一年十月十九日,英军将领康华理投降。一七八三年英美双方订和约于巴黎。美国独立遂完成。

一七八五年美国政府成立,华盛顿遂为大总统。

下午写名片介绍杨经纶往见黎伯通县长,交陈立青带至镇江转寄。闵孝吉、曾介木来访。闵言,闻乃兄说,曾养甫病,近请国大代表施今墨诊治,已稍愈。询施医为何人? 答云北方。余嘱兆先查国民大会纪念册,则为浙江萧山人也。

二月廿三日　　　星期　晴,大风。天甚暖,换穿丝棉袍。

上午欲在花园散步,大风吹人几跌,因只在会内略行即止。下午阅国大纪念册之代表照像片。嘉弟来,带抗儿等在大门外观励志社赛马。

二月廿四日　　　晴。暖如昨,风息。

会议室纪念周,轮安怀音报告,并读党员守则,似略有声。但亦听不到。

二月廿五日　　　晴微阴。天复冷,仍穿皮袍。

昨夜约二三时,本会宿舍之厨房屋一列约七八间忽然起火,至四时馀全列焚毁净尽。余于三时馀被喊醒起床,穿衣裳毕,火势渐杀矣。出房看后回复就寝。七时半后起床,旋往视火场,顺到汤公介处小坐。返房点心后出办公处,将至,罗本初奉张委员命来召。余不入办公室,即先至会议室,见十馀人围坐开会。张委员中坐,安秘书在左第一位。各人发言,余俱不能听清。张问余昨夜火烛情形,余以所见实对。夜张溥老亲到宿舍巡查,时已九时馀,余就寝未睡,闻扣门声,未应。即去。

二月廿六日　　　晴。

上午写复一谔弟信。下午吴闻稚来。余昨允为他写致果夫先生信。今上午未写,殊负负。今拟明日写,不敢订定时日来取。晚间接乡中多人来信,署由香港一月卅一日发,谓前寄有始祖祠元宵会募捐册,现请汇款云云,令人愕然,何来此事?

二月廿七日　　晴。天复暖,换穿丝棉袍。

上午到会议室开火灾善后谈话会,所有住会职员均到。初以为有大问题也。张主任委员未到,总务处长亦不到。安秘书主席,提议职员轮流值夜,以防火防盗,议无结果而散。接子靖叔二月廿日来信,附蕴华一月廿日信及其子鑫良履历片,欲请余见陈果夫为谋农民银行梅县一职。核来信发于一月廿日为确。子靖叔乃误为二月廿日也。接钟德玉廿日信。

二月廿八日　　晴。

上午会议室开党员大会。复钟德玉信一。下午吴闻稚来访谈。余告以病状不能写信之故,幸能得其谅解。夜嘉弟来,余询果夫先生到财务委员会时间及其公馆地址,预备告知闻稚。夜暖被多不能睡,转辗至三时始睡。

三月一日　　晴。暖。丝棉袍亦嫌热,换穿骆驼绒袍。

上午为吴闻稚写致陈果夫先生信,未成。下午续写成稿。俟闻稚来阅过缮发。

三月二日　　星期　晴。

上午吴闻稚来商函稿,拟加一段,甚妥。但办公室已锁门,明日方开。午后陈寄虚来访。询陈嘉秀所在。谓在广州教育界工作。陈旭表又侄来,询系从芜湖回京。(日记附条:南京光华门外中央警官学校甲级班第二队陈旭。)

上午会议室做纪念周。张委员报告毕,安秘书怀音携一纸继登台宣读。余俱不闻。后询沈裕民始悉,说前宿舍火烛善后事,仍须查究起火原因。

三月四日　　晨阴。近午日出。

上午写致陈果夫先生信，未成。接苏州李礼铎来信一。下午吴闻稚来，面写致果夫信一段成，即面交自致。此事了结，心为一慰。三时半偕吴闻稚及杨氏抗儿往成贤街施今墨医寓诊脉，开方似与张简斋看法不同，俟服药后情形再说。夜即服药。此剂价值六万五千元。

（日记附条：施今墨大夫，曩系慈禧太后御医，与上海行医之丁仲英大夫齐名北平。现以出席国大代表驻京行医。上午至十二点在碑亭巷延龄巷东方饭店，电话23065—6。下午四至六点在成贤街教育部对面长康里一号。门诊一万五千元，随到随诊。白下路210号新亚药厂吴闻稚。）

三月五日　　　晴。下午转阴。

晨暖无风。杨氏言，会大门内左侧园中，有梅花数株将开。即偕往看。已开二朵，其馀含蕾未开。旁一树甚，有鸟巢焉。未知何树。施医方录左：

紫石英、布包、贝齿各五钱　桑枝、桑寄生各六钱　酒炒猪筅草四钱　桂支钱　杭白芍同打三钱　酒地龙三钱　怀牛七四钱　连皮打生白果十枚沙、白蒺藜各三钱　酒当归三钱　细辛五钱　生熟地同打各二钱　酒川芎钱半　功劳叶四钱　益督仁钱半　炒白殭蚕钱半　灸草节二钱　新绛钱半白布包旋复花钱半。

三月六日　　　晴。是日阴历二月十四，惊蛰节。

上午精神欠佳，未到办公室。下午李阁珍表妹偕其女及婿、外孙女李小姐三岁来访。阁珍貌虽有老态，尚能认识。其女则初见，约廿馀。其女婿姓李名宗轼，外孙女未问何名。其女亦未问何名。阁珍之夫陈绍侯前在重庆大渡口沪汉公司，曾通信。询今在京资源委员会；兄李仲强则在上海招商局。泰昭姑年八十七岁，尚健康，仍寓沪云。陈绍侯在京地址为阁珍之女所开，如另纸。（日记附条：陈绍侯（麟堂）武夷路十八号，资源委员会宿舍。电话三二三六一。）阁珍之姊南珍已死数年矣。

三月七日　　　晴。

上午未到办公室。精神较昨稍佳。下午三服施大夫方药。自四日服一剂后,五日照原方再购二剂,昨今两日连服之,试看其效如何也。

三月八日　　　晴。

晨起欲往东方饭店就施大夫复诊,因风大未果。上午吴闻稚来,陈果夫尚未见到,函则已交其用人托送进。俟批后方知要见否。闻稚代余电询施医,星期照诊。

三月九日　　　星期　晴。

上午偕杨氏抗曾往延龄巷东方饭店施大夫寓楼下132号诊室,病者不多,随到随诊,不须久候,此较张简斋处为方便。诊脉时据言脉象已较好,不至太硬矣。开方如左:

桂支不用炒　杭白芍三钱　细辛五分　砂仁钱半　同打生、熟地各二钱　桑枝、寄生各五钱　人节菖蒲钱半　益智仁钱半　连皮打生白果十枚　紫石英、贝齿同布包各四钱　酒炒猪签草四钱　白蒺藜五钱　怀牛膝钱　酒当归二钱　酒地龙二钱　炒远志三钱　酒川芎钱半　灸草节钱半　同打五倍子、五叶子一钱　绵黄芪五钱

三月十日　　　晴。

李敬五请我写保证书,谓既将原书放余桌上已三日。余固不愿为人作保,但彼已由张委员派充服务员,且已到会,若拒不书,则必怀恨不释。且该书云"在服务期间,倘有任何不法行为,归保证人完全负责",似在服务期前及后之事,则不须人保证期间有限,只得询人事室主任许师慎后即签名盖章给他了事。此十时到办公室初见桌上保证书之思想也。旋阅报及到会议室做纪念周,轮着郑

瀚吾报告,似略闻声。旋已十二时,抗儿来请食饭。即返宿舍,则李敬吾在焉。余告以保证书带回家,俟写毕面交,乃彼谓可不用矣。适张委员到会,彼已面承允派国史馆一席,不久即搬出本会云云。下午吴闻稚来谈,上午已见张主委,面交文件已收阅,只问各文是自起稿否,馀无他言。张昨到会,不出席纪念周也。

三月十一日　　　晴。

上午到办公室阅报,吴任沧被派中央信托局局长,与前日十弟信述所闻同。下午吴闻稚来访,谓伊事已向吴稚晖先生进行,稚老嘱调查党史会有无员缺开出,再为函荐。国史馆员缺亦如是。彼自当尽力,但党史会较稳固。并嘱另向张夫人求助,更有希望,等语。杨氏本下午往嘉弟处,邀同往看余与淦甥廿五年合买之地皮。回来据说已看过前所竖界石四块,尚存一块,原地主叶春荣之子出见,所说之话与前次往看时叶春荣所说相同,惟应向地政局登记及函陈淦甥寄出契件,方能办妥。

三月十二日　　　晴。本日为总理逝世忌辰,会内不举行典礼。

上午人颇精神,正出办公室假坐丁象谦位阅报间,忽有人至侧。余骤见以为是畅儿,谛视,非也。彼忽写字曰"以前在江西○○某县○○部队○○"。余问你何姓来寻何人?始又写姜伯彰三字。适姜入上,余即指谓此姜先生也。彼转面姜,姜亦至前与彼偕进纂修室谈话。余此次错愕良久,心大惊动,遂返宿舍,转往理发室。理发毕始返舍午饭。下午精神顿减,小睡起近四时,服药,乃写日记记此。

接亮儿三月七日贵阳来禀。又接畅儿三月七日东阳〈塘〉复兆先信。

三月十三日　　　晴。

上午在宿舍写复十弟信一。手指颤动,仍有馀悸。下午偕杨氏往长康里施今墨诊所,诊得脉象尚佳,未被惊变。开方如左:

　　生龙齿、牡蛎、同布包各三钱　　五倍子、五味子同打各一钱　　酒炒猪签草四钱　　砂仁半　　细辛五分　　生、熟地各三钱同打　　桂支钱　　同炒杭白芍三钱　　制首乌四钱　　绵黄芪五钱　　怀牛膝四钱　　鹿角胶二钱　　虎骨胶钱半　　酒当归三钱　　白蒺藜五钱

夜借会内小汽车偕嘉弟同往建康路台湾省银行访李翼中,询台湾民变大略,并托介绍十弟事。台变据答确有共党加入;十弟事据说困难。十一时返寓。

三月十四日　　　　晴。入夜天雨。

上下午均在宿舍静坐养神,未出办公处。闻本日党史展览,来人不多。

三月十五日　　　　阴雨。下午日出。

上午接十弟十四日复信,欲复,未果。

二月十六日　　　　星期　　晴。

晨未起床,在枕上见下弦月相照,以为邻室之电光也。起而谛视,乃知为月。查时钟为五点半,天将明矣。不能复睡,六时馀即早起。杨氏亦起。七时馀,伊出街买菜,余出花园散步。是日阴历二月廿四,为吾父九十四岁诞辰。午在寓设拜,有三牲、寿面、纸锭诸祀品,较在渝丰备。拜后并请李敬五、李振宽同食。昨夜曾请赖树杭,今彼出门未来。下午嘉弟来照像,余又至花园,巡行梅花树下。是日观梅二次矣。计有绿萼梅三株,珍品也,闻南京不多觏。余于民十六年初来京时,过苏州,曾在盛宣怀花园见盆种一株,他处未见。

三月十七日　　　　晴。

晨,畅儿由常熟东塘镇来,系军中自昨日起放春假四天,因清乡工作告一段落云。上午会议室纪念周,轮着张荫报告,孙镜读党员守则。午饭间,询据畅儿开出现该管长官姓名如左:

二〇二师师长罗泽闿　二旅旅长顾蓉君、副旅长涂澄清　三团团长萧兆庚、副团长李叔阳　二营营长邢祖援、副营长张树鹏　四连连长曹汝驹、副连长文万宜　一排排长吕桂芳、副排长未定,畅以上士暂代此职。各长官籍贯未详,惟涂副旅长澄清别号思白,蕉岭县人。

三月十八日　　晴。

晨询据畅儿言,青年军现只存六师番号,自二〇一起至二〇二、二〇三、二〇四、二〇七、二〇八止。柳聘农来访。上午办公室复十弟信一。下午静坐及小睡。夜饭后畅儿出城返营,给予一万元。本欲给二万,因存家用款已无多。他谓够零用。遂只给一万。

三月十九日　　晴。昨夜有雨声。今晨犹阴。上午日出。

上午出办公室,写复访秋叔信一。昨夜梦到苏州游一宫院,内有方水池,池四周帘幕静谧。柳亚子、叶楚伧均晤及。亚子携一白布织成古文示我,余视之极纤密,曰,看不懂。柳亚子问,何处不懂?余指出最小之字数处。亚子乃读之,似使余听也。醒后又记不得何语。梦中所见,叶、柳二人仍有隙。

三月廿日　　阴。昨夜甚暖,只用一被一毯。

昨夜余已上床就寝,李振宽自街上回会,扣余门告曰,延安克复,有捷报到,要看否?余答明日看报。今早起,报仍未到。上午出办公室,至十时半后始得《中央报》阅之。尚未见详讯。与某老同志谈延安收复之可庆。殊反不以为然。扫兴之至。

三月廿一日　　晴。

上午欲出办公室续阅捷报,乃精神忽不振,坐床尚半晌,忽思睡。睡觉,向曾处长家借本日《中央报》。阅毕即午饭矣。下午小睡(例)后,四时半偕杨氏往长康里就施今墨诊脉。原约是日可开药丸方,乃脉象忽变,舌尖亦现红点,谓有浮火,不宜遽用补丸,仍开水药方,谓须清除浮火后再改药丸方。余亦自觉近日确有虚火,日夜俱喜睡卧,即有火之征也。又觉气弱,食饭时每作噎,且食量虽不减而进口极缓。在施诊室遇邹永成夫妇,亦有病求诊。

三月廿二日　　晴。

上午出办公室,写复钟德玉信一。下午在寓服药,抄方如左:

(转用清浮热、助消化、增长气血法后改丸方)

同打五倍、味子各钱　砂仁钱半同打生、熟地各二　桂支五分同炒杭白芍三钱　盐黄柏二钱　盐元参四钱　未炒沙参二钱　冬桔术钱半　虎骨胶钱半　桑支、寄生各四钱　连皮打生白果十枚　原寸冬二钱　怀牛膝四钱焦内金三钱　益智仁钱半　灸草节钱半

全会职员及眷属同游总理陵园,余不能往,而抗儿力请参加。赖树杭挈之往。余加托李振宽、古映藜关照。四点半钟赖君送抗儿返。询无跌伤诸事。曾登陵前及游灵谷寺云。陈立青来谈。丁六阶夫妇、邹永成夫妇及其女游陵园后来访。

三月廿三日　　星期　阴。

上午散步会园中甚久,并在办公处欲写信,惟办公室被工友锁住不得入,乃返寓。安太太来访。下午接十弟昨来信,言伯沅兄患病重,欲请施今墨往沪治疗。又接邱士钊渝信。四时偕杨氏往长康里访施大夫,商赴沪治伯沅病。云先电询病况再决。五时馀返寓,杨氏与兆先母女用长途电话致沪询商,旋电达沪九三五一一号,得复谓伯沅已于四时逝世,正在其家办理后事,店中人均往,刻在店看守及接电话者为廖姓云云。哀哉!伯沅之父为耀卿,待我

甚好，前数年回梅原籍病故。余在渝寄联语挽之，载梅县《中山日报》。不料伯沅未中寿，今遽殁也。是日为伊事往找施医及打电话费用，车费六千元，电费未见单，约千计。（日记眉注：四月十六日来单，电话各销号费九千八百元，即付。）初，余闻渠自抗战以后在沪商业颇获利，传说已积资数十亿。私意余告退休时，可向借数百万元为还里盘费，今绝望矣。连年除林云谷带函至沪外，未致一书通问，借钱虽有意，尚未启口也。夜心绪不宁，弗安睡，十二时后始入寐。

三月廿四日　　　晴。

会议室纪念周，安怀音报告并读守则。下午，吴闻稚来，并出示国史馆令派任助修状，三月廿日发，张馆长署名，系吴稚晖面荐者，令亦由吴转交。复十弟信一。

三月廿五日　　　晴。

上午接十弟廿四日快信，下午即复。

三月廿六日　　　晴。多云。

上午在宿舍小睡一觉后，始出办公室。近日见小园东角一树高丈馀，着白花蕊，大如鹅蛋，不知其名。因忆民十五年在赣州见一木莲花，欲强名之，未敢必然也。午邀封德三、姜伯彰、钟孝先三君往观。姜钟均不识。封谓此为木兰，非木莲。余询何处看过？曰杭州甚多，且高倍于此。余意松口温氏精庐有白玉兰，花时满树累累，香达里许，但有叶，花朵不大，此则无叶亦无香，何以亦名木兰乎？下午又睡，未出办公室。

三月廿七日　　　阴雨，下午雾。

上午又睡，未出办公室。下午二时欲睡，适广东省银行送通知书来，知亮儿汇来十万元。旋出办公室阅报，至五时返舍始睡，醒已六时半矣。接一谔三月十八夜来函，以得余二月廿六日书，知余病未复原，催速归疗养也。

三月廿八日　　晴。

下午出办公室阅报。杨氏带抗儿往广东省银行领亮儿汇款十万元。至五时返，乃由办公室返宿舍。

三月廿九日　　晴。暖。

上午会议室举行三月廿九日黄花岗革命先烈纪念典礼，沈裕民报告，封德三主席。礼毕，放假一天。是晨枕上作挽伯沅联如左：闻汝病代求医二竖何横不避膏肓偏制命；忆尊公尝爱我九原为说已成老迈且增寒。

三月卅日　　晴。暖。午间不能穿棉。

下午偕杨氏往长康里就施今墨诊病。谓脉象已移，开方用药丸三种，每日分早午晚各服一钱半。早服补中益气丸钱半；午饭后约二时服加味道逍遥丸钱半；夜临卧药服六君子丸钱半。此六君子昨询施大夫为陈半六君子，乃往同仁堂买得香砂六君子。

三月卅一日　　晴。暖。

上午会议室做纪念周，张委员出席报告后，安秘书讲话。旋又由张委员讲话甚久，未闻何事。散会后有工友到宿舍杨本章家，杨妻问张委员说何事？该工友谓，花园内种花被总务处职员砍去一半之事。杨氏从隔壁闻悉，乃知审问此花果也。花案闹了数星期，李敬五往各花盆店问价，竟比总务处报价相差数十万元，张太太怒，欲追究经手职员许广源，逃沪；昨派员往招之，始返云云。夜询赖树杭云，张委员报告，邹鲁在灵谷寺言，党史会无成绩，但嗣向张委员解释，谓彼非有意攻击。

四月一日　　阴雨。冷，下午日出，晴。

连日天暖，知天将变，昨夜果雨，旋止，起风。今晨犹雨，午雨止。上午到办公处,缴党员特别捐十万元,由封德三代会计室扣月份薪给之半五万,馀于五月扣清。即分两次扣云。候至午许未到,会众薪未发,捐亦未缴。

四月二日　　晴暖。上午北风,下午风小。

上午到办公室,发寄亮儿信一。昨下午写,因无邮票,未发,今始封发也。接李礼铎苏州来信,借十万元,不复。封发复一谔弟信一。(上午写)

四月三日　　晴,风。

上午因风大未到办公室,在宿舍睡二次,醒即食午饭。饭后再睡半小时。旋叶汛、沁青。刘振明二人来访。叶为中央委员。刘在国防最高委员会工作。均近从梅县来京。言在梅曾与淦甥见面,闻余病,特来访问者。谈次,叶言刘系梅县名画家刘芷汀先生之孙辈或侄孙。芷汀画兰出名,先伯父在潮州时,收藏甚多,余幼时见过数幅,现提及芷汀画,若余身犹在广聚栈和丰远馆中。不待问芷汀先生名稍凝思即知为"元度",但未询振明确否。是日多谈余病状,未及他事。叶汛去年到渝开会,余托陈恺转托带信致淦甥。据恺言,其父名伯明,曾任丙市警察局长,与余熟识。余未知确否,姑存记在心。去年在渝林森路双巷子十一号李希穆寓曾遇叶二次,亦未询及乃父近况,兹彼忽见访,余极感。惜匆匆辞去,谓有人请他晚饭,后日即离京赴汉口转梅县,为其母治丧事,托余作诔文云。留之不住。留下一函。余谓病中不能作文。彼亦不敢固请,只说写几个字。原件暂存抽屉中。

四月四日　　晴。

晨六时馀起床,七时出园散步,将八时返舍再睡。至九时起盥口洗面食面片。午再将挽伯沅联修改为:闻尔病代求医二竖何横不避膏肓先制命；忆尊公亦善我九原倘见为言老迈且增寒。（十年如昨忽惊乔梓遂俱凋，或九原为告尚存气息所凭天。）下午，阅叶汛之母行述，为乃父子所作。乃父名荫华，昨余所忆"伯明"二字，或其号也。俟问明方决。

四月五日　　阴历闰二月十四，清明节。

晨七时起，出花园散步，八时始返宿舍，盥洗食点心。近九时出办公室，陈旭已来。设祀品拜祀父母神主礼毕，杨氏率兆先抗曾偕陈旭往新街口搭长途汽车往永安公墓大姊墓前拜祀大姊，时约九点半。余不能行，在舍小睡，至十一点一刻醒起，食葡萄糖水。杨氏等三点半后始回寓。询墓无破坏，惟公司停祭，未开业故云。下午嘉弟来，同食晚饭后去，颇起"每逢佳节倍思亲"之感。

四月六日　　星期。

晨如昨。上午昨至十一时始起，始将成习惯矣。午陈旭来，交阅查得故友陈燮勋之妻吴洪寿姊之寓址。下午杨氏偕陈旭往吴洪寿姊家，询王瞻云寄出地契尚在，伊系去年九月到京，因闻余未到，曾见赖特才探问，并欲将契件请特才先生代存，惟不允收，遂保存至今云云。计交出二件（另存）。夜，杨氏又在皮箱内搜得与地契有关之另件一纸，乃与吴洪寿姊交回二件并存，俟再处置。

四月七日　　晴。

晨六时半起，出花园散步，适隔邻驻军早操，马、步二队颇整齐，余为立看许久，颇受风。上午会议室举行纪念周，安秘书主席兼报告。各纂修、采访出席颇多，以上星期张委员曾谓下星期一出席国府纪念周当向众解释邹鲁对本会评语之不当也。殊张委员今天不到会，未知何故。散会后余亦废然遂返（是日开会亦稍迟）。下午睡颇久，似有病，晚餐减饭一碗。

四月八日 晴。

晨七时出花园散步。精神稍佳。知昨下午确有小疾也。昨晨散步时仅戴毛线小帽，未加毡帽，立看军操太久，遂受风耳。午饭复原二碗半。下午出办公室。接照弟四月三日桂林来信，甚慰。即复。

四月九日 晴。

晨七时半起床，停止散步。上午十时到办公室。适莫纪彭购得《评论日报》到，借阅一过，略知大局情形。会内缩购报纸以来，约二旬事，各室均停购，全会仅一份，在会议室公阅。余亦保养精神未阅报矣。今该报所记载，未知是否属实，如消闲一刻耳。十时三刻矣，阅报已半点钟也。小便后出园散步。十一时过即返宿舍，遇许师慎，立谈数语。下午偕杨氏抗儿往施今墨诊所诊病，谓脉象无变化（前日受风已告知），同仁堂所来之香砂六君子丸确属错误，但既未发生他患，姑不他问，另开药如左，谓服此十日后再诊云。接钟德玉复信一。早服大活络丹一丸；下午服指迷茯苓丸钱半；夜服人参再造丸半丸。

四月十日 晴。微阴。

晨七时半起床，洗面点心间，吴闻稚与俞冯熙同来。冯熙今去俞姓，只用名。据莫纪彭云，其夫早逝，且另名冯元赛。因闻樨有事见张溥老，旋转往监察委员会去。九时馀，余出办公室，与莫纪彭谈淦甥之女阿四欲回粤事。据云其子、媳及孙等五人，在粤汉铁路公司工作，家住上海，现有调粤工作消息；约下月全家返粤，或可同行，藉省盘费。俟二三日后其子来会，与余商谈等语。余谓俟商再谈。阿四回粤事，盖据陈燮勋之妻陈洪寿姊对杨氏说，淦甥夫妇并未有函嘱余也。旋由办公室出大门外散步，折回园内再行，临返宿舍,已十一时一刻。杨氏与抗儿晚女均出街。接万里弟四月四日香港来信。下午嘉弟来,交阅铁曾侄复兆先信,言家中各侄情状甚悉。平曾竟在太立仓库任工友,犹不敷自己日用云云,可悯之至。平曾为已故汝凤弟之子也。梅县米价十七万元。近有脑膜炎病流行,丙村一带毙童年人数十之多。因患此病者须以西药盘尼西林治之,而此药价重,乡民无资用之也。夜兆先偕嘉弟看电影,至十一时馀未归,满城电灯适尽熄,余睡未成,心忽大怒,对杨氏痛骂,谓从此不理此女。真所谓三千丈无明业火也。至深夜一时馀始睡。

四月十一日　　　晴。

晨七时半始起床,洗面食奶粉后出门散步,返至办公室签名,乃返舍食粥。毕,小睡点馀钟,起已近十二时矣。抗儿面部左角微肿,按之略硬且热,似俗称猪头皮者,昨夜身亦发热,以测体温体测之为三十九度。下午杨氏带之往中央医院诊治,医生谓发猪头皮未定,无要紧。丯服消炎片、苏打粉,各取一包回。夜,抗儿服药片药粉,热至深夜一点馀始退,思食。杨氏煮粥给之。

四月十二日　　　晴。

晨七时半起床。昨晚杨氏骨节作痛,服甘和茶稍愈,睡至一时抗儿思食又起床煮粥,余怜之亦起坐陪她至二时馀,见窗外月色甚亮,虽残月亦佳,望之良久,复登床,睡至今晨,觉已迟矣。未用奶粉,改食麦片后即出园散步。返至办公室,写寸楷字一页,看报纸一张,不甚困,似身体渐康复。十一时回宿舍服药丸。问抗儿,大便仍未通,但已起床与晚女嬉笑,似亦将好。余乃登床睡一小时。三时馀,抗儿大便一次,想热气可退、明日病除矣。四时,广东省银行送来汇款通知书,知亮儿汇到十万元。该通知书盖章云:"请觅具店保或证明文件以凭付款"等语,殊谬。当托莫纪彭书名片证明余即收款人,无须凭保。但今日时间已晚,后日晨再由杨氏前往领回。接亮儿四月四日来信,言前托沈小姐收转十万元,本日交黔行电汇十万元,余乃明白亮儿固无连汇十万元之能力也。又言淦甥托丘誉秘书长向刘行长请调儿往梅县省行任文书组长,已有电到黔,其接任文书组长者为黄民任,俟黄到黔交代完毕儿即可成行,大约期在本月底,拟请余决意退休还乡疗养,期病速告痊云云。

四月十三日　　星期　上午晴。下午三时骤雨一阵,鸣雷。入春以来闻雷之始。

上午出门散步,李敬五偕行,返宿舍已近十二时。小睡至一时馀。午饭毕即三时矣。

四月十四日　　晴。

晨,畅儿自常熟来,云因营中得暇,特来省视。余嘱速返,从军人以勿离营为原则,省亲虽名义尚合,而非军人之分内事也。食粥点后即去。给二万元买红糯米,下次托人带来,勿自送。上午会议室做纪念周,李治中报告去年接收会情形,有人鼓掌。杨氏往省行领汇款,无支节回,莫纪彭名片亦未用。下午写致亮儿信。未完。

四月十五日　　晴。本日改夏季时间,昨夜一时起拨早时钟一点钟。

晨七时馀出门散步。仍似旧时间。上午十时出办公室,接子靖叔四月一日信。复亮儿信。

四月十六日　　晴。本日寓内亦用新夏季时间(昨夜十时已照拨一点钟)。

晨六时半起床。着衣洗面食粥毕即已十点。上午十一点到办公室,退值。即旧时计已十二点也。下午睡二次,第一次二至三点,第二次五至七点。近七点始醒,解去棉袄棉裤,仅穿夹衣。

四月十七日　　晴。

晨七时半出门散步。新时间也。返至宿舍已九时，食麦片后小坐，至下一时出办公室。念现在身体既未可用脑力，不能办事，只可写字。昨写七律一首，五十六字。今拟依此为课，每日照写，写六句，合四十二字。神已甚疲，小便甚急，便后即搁笔，似亦由笔太硬，用腕力不得也。接亮儿八日来信。

四月十八日　　晴。

晨六时半起床，至七时半出门散步。九时食粥。十一时出办公室，写五十六字。笔太坏，不能再写。阅《评论日报》，国府增设副主席，以孙科任之。

四月十九日　　晴。

晨八时半始起床，因昨夜失眠，十时登床，至二时未成寐，由杨氏煮藕粉食后始睡，至今晨八时馀乃醒，又睡半点乃起也。杨氏出街买面煮汤，食毕已十时半后矣。不散步，不出办公室，在舍内改挽伯沅联：上联如前，下联"叹我疾亦几殆三春（九关）已过（或一占勿药或三生有幸）尚存气息所凭天"。接淦甥十日来函，为我筹养病计，令人欲泣，自恨德薄，不敢受也。拟缓复。

四月廿日　　星期　晴。欲洗身，未果。

下午偕杨氏抗儿往施今墨诊所，诊得脉象稍佳，但行步无力，仍应静养。开方如左。每日早服人参养荣丸钱半　午服加味道丸二钱　夜服人参再造丸半丸。另买同仁堂虎骨木瓜酒，饭后饮半小杯。报药店伙计说，人参养荣丸五粒即一钱半也。

四月廿一日　　晴，略有雨意。

上午九时起床，早粥后已十时馀矣。邹永成来访。去后已十一时。食粥太多，不出办公室。下午一时食饭，减少一碗半。胡承

福大嫂偕其用人方坤如来访。用人辞返大府庄。胡嫂留住。夜饭
时精神始佳，食饭二碗，仍比常减半小碗。

四月廿二日　　阴。夜半有小雨。

天甫明起床大便，旋复登床，睡至九时起而洗脸食麦片毕，即
十时矣。杨氏带胡承福大嫂出街买菜返，余坐窗前补作前昨两日
日记，觉颇凉，询杨氏是否天起风？据答风颇大，乃为余加驼绒袍。
旋不能再坐，又登床小睡至一小时馀，起食午饭。因请承福大嫂，
有鱼有肉。余俱不想食，仅以炒毛苋一碟送饭一碗，急煎甘和茶服
一碗，鼻嚏始通，身上发汗，二时半后又小睡，至四时半醒。嘱杨氏
询承福大嫂，从前寄存大府庄地下埋甏十一只之书，究竟被何人挖
去。据说先被匪挖起多少，在六郎桥市发卖，匪徒遂连番到大府庄
搜查，承福恐受害，乃将馀甏悉行挖起焚尽。前次承福言，尚有银
盾及小图章，余问此次何不带来？则云该物她固曾见过，但现仍存
否，未查明，来时仓猝，承福未交出代带云云。

四月廿三日　　晨阴小雨。上午雨止犹阴。下午略有日色。

晨八时馀起床，上午避风未出门。下午精神稍佳。近日门牙
摇动，似欲脱落。因查阅字典，齿字部，古以黄发儿齿为寿征，齿落
更生曰儿齿，则牙脱为年老人必之事，不足异也。

四月廿四日　　阴寒。上午十时馀小雨。午少霁，天犹阴。下午四
五时间似有日色。

晨八时半后起床，杨氏送胡承福嫂至新街口，并给车资。至中
华门，见她单衣，本欲买衣料送之，但适无钱矣。洗脸食粥后已十
时半，杨氏返寓。因李振宽托买肉一斤漏却，再出代买，回已十一
时半。因连日报载公务员薪俸自三月份再加至一千七百倍，城中
百物价又暴涨。肉价前日每斤三千八百元，今涨至四千四百元。

米价由十一万四千涨至十三万(去年十一月余初抵京,米价每石仅四万)。牙摇动愈甚,再查阅字典,牙部东部与齿字部参看,并用镜自看。余患在牙床肉。(即龈)亦连左下边,正当门处有腐蚀,故此牙摇动,未知何病也。静候数日,倘不脱落,再往中央医院检查。

四月廿五日　　阴。上午略见晴色。

晨八时后起床,洗脸食粥后已近十一时,因夜来中间醒太久(自十一时三刻醒,至二时后始复睡,故至八时馀始能起床),而起床后穿衣裳又不快故也。疑夜睡不酣或因昨下午阅书太多所致,今日决停阅书矣。萧吉珊为其母寿送征言文来,披阅一过。接经良弟长春来函。下午安怀音秘书来访,谓余面色好,劝乐观静养,其言曰:"先生气面色泽润,较前次见面好多。希乐观静养,不必过虑。所谓君子安贫,达人知命。此命字意义深远,故不必作杞人之忧也……"接十弟四月廿四日来函。郭金华之子钟南学生士魁送小狗一只来。曾因杨氏托代为觅购,今由其家抱出来,(经当涂县濮塘乡而江宁县六郎桥,江宁镇,至南京中华门,约近百里。六郎桥江宁镇间天旱河涸,舟楫停止,概须走路,抱一小狗而行,不辛苦乎!)意殊可感。夜与赖树杭商宰烹之法,明日代药食。想古人食狗肉固为常事,故燕赵市有屠狗之流。梅县西门亦有狗肉店,每日在碡在锅,陈列出售,城内外人家有客来,即就近购food。余少年在梅盐厂小住,时遇黄护农伯到厂午饭,厂中添菜为敬,即狗肉一盘也。惟余终不好此物,今已云疗病要药,拟勉强多食,赖君善治烹,因其伯特才先生向嗜食此云。

四月廿六日　　阴。晨日出旋暗。下午四五时日色大好。

上午十一时馀,邹器之来访,言彼向亦嗜狗肉,湘各县市亦有狗肉店,多宰大狗。午饭间,赖君来,即将昨晚之小狗牵至大厨房宰治,用陈皮草果生姜绍兴酒合水入锅煮〔烹〕之。下午四时半食狗肉一碗,迥非以前食者可比。烹法不同,的确佳也。接黄传朴侄媳四月五日自梅县来信。五时出办公室,即回舍。郭金华来访,录《昭明文选》、《杜甫诗集》、《李白诗集》、《黄山谷诗集》、《欧阳文忠全集》,以上木版书;《苏东坡诗集》石印书等书名,抄本会用笺,交他在濮塘代访或代买,即前杨正谊说在六郎桥医生汪某家发现者也。正谊久无办法取回,郭说可以收买旧书形式出钱收买,姑试之。

四月廿七日　　　星期　阴。晨小雨一阵,旋止。下午日出。

晨九时起床。昨夜睡较酣畅。前数夜均于十二时醒后即不复睡,辗转反侧,须至二三时后始再入寐。昨夜十二时醒而小便毕未几即复睡,或狗肉有滋阴之效欤?上午十一时出门散步,返宿舍已近十二时,小睡一觉,至一时许午饭。右脚大腿与膝部转弯处忽软,坐起无力。饭中仍饮狗肉汤,未遽疑及此药之异。夜饭停食狗肉汤,脚亦忽好。

四月廿八日　　　晴。

晨八时起床,洗面后食代乳粉,毕,出门散步。返宿舍已九点钟,食粥毕为十时。昨夜睡亦安。傅相实来访,与古映藜同来,未多谈,古即邀之去。原在渝任天池小学教员,今充青年军二〇九师某营连上士代理副排长,驻常州,告假来京,为映藜之妻舅,其父即前天池小学校长也。十一时出办公室,参加纪念周,轮沈裕民报告。词长,听者多睡。说者仍娓娓不倦。盖报告彼编辑史料数年之工作成绩也。十二时散会。余回家欲睡未成。一时午饭。工友送区分部通告书来,谓下午二时开全体党员大会,乃签知字去。旋工友又来请出席,余以病告之。□下午二时睡至四时起,李振宽来,询得党员大会开过,无结果而散,改期卅日再开。前日食剩狗肉尚多,再炖与共食,完。

四月廿九日　　阴。

昨放晴一日,今晨即浓阴。昨夜睡又酣,谅狗肉确有补益。晨八时起,洗脸吃麦片毕为九时半,欲散步,因多风而止。在舍枯坐至十一时,小睡至十二时起。接淦弟廿二日信,言亮儿因接办人未到,滞筑未动身返梅。下午二时小睡至三时馀起,四时食奶粉。五时偕杨氏出大门外花园东南隅长石凳上闷坐,时风已息,呼吸空气,将六时返宿舍。嘉弟接玉新侄女自渝九龙坡廿五日来信,交阅之馀,顿晤去年十月将来京时在渝情景,惜到京后竟未致信,惟彼信中言,曾接兆先女儿信也。明日拟复邱士钊信时并致玉新一信。

四月卅日　　阴。午日出。

上午十时起床。昨夜十时就寝,不知何故竟睡不着,辗转反侧,到十二时半后适杨氏睡醒,乃呼之冲藕粉食之,更不能睡,至四时半后始睡。回忆昨日食猪蹄墨鱼汤送饭味极美,物性亦属补阴,应不令人反躁,且一汤费款六千馀元,真不解其何故也。十时半后洗脸毕出办公室。写复邱士钊信。午饭后忽有自称李建先公侠持片来访。片印辛亥光复粤军总司令部秘书,出具自作呈国民政府主席,呈请褒扬文,末用姚雨平、刘子芬、李次温及余名,谓先求意见后当誊正再来请盖章等语。又谓雨平同意,子芬亦可同意,次温则由李法西代表同意。余答俟姚刘签章之后余再决主意。询姚寓址,曰古林寺。刘住址,曰上海静安寺愚园路新华园廿五号。次温则已回粤接眷,未定期来京。又称廿四年曾来京,在承厚里见余一次。又称彼住广东连县,现由连乘车到汉口转京云云。

五月一日　　雨。旧历三月十一日。上午雨并风颇大。下午风渐小而息。

晨天明即起,坐床上默念佛经,候杨氏醒起为余洗脚修趾甲毕,假寐片晌,再起。洗面食粥后为九时。因风雨不能出门。午十二时,睡约半小时起,食午餐。下午二时小睡,四时食代乳粉。六时接亮儿自贵阳四月六日来信。附致兆先信一纸。

五月二日　　　阴雨。晨细雨霏霏,九时已止。午日出。下午朗。四时馀又浓阴。晚朗。

晨八时起床,洗脸食麦片毕,雨虽止,天犹阴,檐下园边路甚湿。毛旭东来片已改号曙东。来访。相见至喜。询其病,全愈。未用西医。留食午饭后,请登楼观史料。五时始去。

五月三日　　　晴。

昨日上午秘书室来函(放在玻璃板下):"奉主任委员手谕:兹派林一厂、钟孝先、刘崛、莫纪彭、姜伯彰、柳聘农六同志负责审核史稿史料等因,除分函外,相应函达,即希查照办理为荷。此致林纂修一厂。秘书室。卅六年五月一日。"余阅毕,毛旭东来,因即返宿舍接见。只请钟孝先分配各件,俟余下星期一开始审核。封德三说,自卅五年一月到现在,收存史稿史料共一千五百六十一件。余意六人分办,每人二百五十一件,另一件再分。有难有易,平均每月看十件,总不足畏也。若余未病时,则毫不介意,今或略苦耳。今催钟君勉速分配。昨下午毛旭东去后,余偕杨氏往施今墨医寓,施已赴沪行医,去已五日云。余乃携黄传朴信往教育部访晤黄竞白,谈颇久。卖地皮事,彼不主张,谓彼现亦不要钱用,传朴另有函致他,许他卖得钱即助他用,云云。

五月四日　　　星期　晴。

晨八时起,洗面食粥毕,出门散步,返舍为九时。昨日京市物价突然狂涨，猪肉四千四百元者，一涨为五千六百，再涨为六千二百或五百不等。人心太乱，屠商自恐，不敢开门公卖，只卖黑市。余家原拟昨日炒面请李振宽、赖树杭二人，因买肉不到，停止。改至今日补请。乃杨氏晨往市，至九时未回。余又恐慌，未知开市否也。出门散步，在大门旁遇杨氏回来，言屠店已开，问价，斤或六千或七千不等。拟不炒面，改为炆猪肉（蹄?）、煲牛腩、煎桂（鳜?）鱼。本晚请振宽、树杭二人，现物已买齐，用款三万馀元云云。余乃喜慰，步遍内外园地，即返舍小睡，至十二时起，服药丸。一时午饭。二时再睡半小时，起坐，不敢阅书。四时食代奶粉。六时晚餐，赖树杭与嘉弟来聚餐，小饮，颇有兴趣。惟李振宽不来；至夜十时由市归，始来。谈遇某友在市楼小酌，二人共饮四两黄酒，竟大醉，约明日午来。

五月五日　　晴。旧三月十五日。

上午出会议室做纪念周，轮着曾介木报告。见秘书室通告，本会已故职员，有请恤之典。所列名内漏钟公任，因询安秘书，何故？据答，钟似早已遣散。余于散会后再往秘书室，询孙秘书，此案如何规定？钟公任究合请恤与否？乃条问人事室，查明钟于何时解职，俟日间查复，再由赖树杭转知其妻呈报本会核办可也。午请李振宽同餐，菜尚甚丰，以同仁堂虎骨木瓜酒佐饮，彼饮一小杯又大醉。下午四时电询施今墨大夫，仍未回京。遂出办公室，适徐副主任委员在，出所作诗稿同阅。余头欲痛，不敢详阅，急入己室避之。欲写信，不果。

五月六日　　旧三月十六日，立夏节。阴雨。晨雨一阵。上午十时半又雨。

上午至办公室开始审查史料，二件。（一）甘肃省党部卅二至卅四年工作计划(三本共一束)。类别:革命史料;编号,总二〇二五六。数量:三册。复核存备查考。(二)浙江省党部第六届执委会第九、十两次会议记录。类别同上。编号总二〇二五八。数量二件,复核存查。午,邹永成来访,留共午餐,猪蹄、牛腩及鲫鱼,送虎骨酒,仍甚丰美。谈及虎骨胶,谓其戚某患腰痛廿馀年不能屈伸,以二指大之虎骨胶炖酒服之顿愈。现市售虎骨胶极贵如黄金,尚未能辨真伪云。忆廿六年秋余寓芦席营黎光群家屋,有真虎骨胶数块,汕头与李宴澄等合制带来京者,储于玻璃罐,西迁时猝未带走,想为倭人食去。下午四时服藕粉后出办公室,写致元龙弟信一。

五月七日　　　阴。

晨七时起床,洗面食粥毕已九时馀。上午十时半到办公室,继审宁夏省党部卅四年九月份工作报告。类别:革命史料。编号:总二〇二六〇。数量:一册。又浙江省党部卅四年四至六月份工作报告。类别:革命史料。编号:总二〇二九。数量一册。共二件,均复核,存备查考。下午四时到办公室,又审核广西省党部卅四年九、十月份工作报告。类别:革命史料。编号:总二〇二六一号。数量二册。复核存备查考。又贵州省党部卅四年一至六月工作报告。类别:革命史料。编号:总二〇六二号。数量一册。复核,存备查考。复亮曾信一。附畅儿一纸。晚饭后天尚早,出门散步。

五月八日　　　晴。

日丽风和,仍有春令之象。早七时起床,洗面食药丸毕甫八时,即出门散步。又在铁丝网边立看马队早操良久。返寓乃九时。抗儿未起床,呼之起坐,视其食麦片,因打盹。为女孩呼醒。九时半复登床小睡,至十时馀起,出办公室。续审史料:总理任命管鹏为总统府咨议简任状。类别:总理史料。编号:二〇二八五号。数量一件。(民国十年六月十三日大总统印)复核为珍品,可陈列。又贵州省党部第六至十九次执行委员会议记录。类别:革命史料。编号:总二〇二六三号。数量一件。复核,为存备查考。下午理发。因候甚久,未出办公室。殊烦闷。会中设理发室,似亦一问题也。二时至六时,被误久矣。工友送来刘汉华请帖一份。未识其人。据称暹罗政府赠送中国政府米粮,运送回国呈献特派员也。请客地址,华侨招待所;时间,九日下午七时。

五月九日　　阴。午日出。

晨七时起床,八时半出门散步。九时欲睡,已登床,不成寐,复起。十时半出办公室,续审史料。(一)《申报图画特刊》第八号,二十三年四月九日随报奉赠,内有总理史料。革命史料。孙总理遗墨。(照录)

同志公鉴:弟于七月十一号从日本到星坡。自离此地,一年有二月,适绕地球一周,到过五六国,而所图之件,尚未达最终之目的,惟进步则较前多矣,他日必大有希望也。弟至美洲,颇蒙华侨欢迎。该地之保党,已多归化革命。弟本欲久留该地一年半载,以经营团体之事,无如祖国情势日急,又遇精卫兄等失事于北京,故亟于东返,就近亲筹一切。到日本惟有两礼拜,后遇清政府与日政府大开交涉,谅难久居,遂来此地。然殊非初意所及料也。今既到此,则欲从新顿整吾党之团体,务使坚固有力,乃能补助于革命前途。贵埠同志热诚素著,想有良策以匡不逮。望于赐教,有信寄广忆昌客栈邓子瑜君转交,或寄张永福君转交俱可。相隔不远,会面可期。馀事容俟面罄。此致,即候义安不一。弟孙文谨启。七月十四日。(原注:民国纪元前二年三月,汪精卫在北京谋刺摄政王失事。中山先生在美国闻讯,匆促东归,以便就近筹划一切。此信系是年七月自日本至星加坡时致南洋同志者。)俟调《总理全书》函札校对后,再作复核。

(二)总裁事迹《申报图画特刊》第六号,二十三年四月二日。内有张委员在北平市新生活运动促进会成立时照像。(附于二十三年南昌新生活运

动照像下。）二件均候作复核批语。下午四时到办公室,写致刘汉华函如左:

越裳献雉,具载周书;海国嘉乐,珍传党史。兹闻暹罗赠我政府米粮,由先生监运返国呈献。逢太平之盛世,出爱国之英才,曷胜羡慕。辱承宠召,本拟趋陪;奈久病初愈,不胜汽车之簸动,只得心领雅惠。谨此奉达,并申谢悃。○○先生大鉴　林百举敬启。

文请孙秘书略易数字,字由自写。

五月十日　　　晴。

晨七时起床,食奶粉后出门散步。八时返抵舍食药丸洗面。九时食面片,鸡汤煮者。前日杀鸡一只,今食完。十时半出办公室。接子靖叔四月卅日来信。续审核史料。(一)总理奉安须知。类别:总理革命史料。编号:总二○二三八。数量:一册。复核为存备参考。(二)《湖北革命知之录》。类别:革命史料。编号:总二○二五七。数量:一册。复核为存备参考。

五月十一日　　　星期　晴。

晨七时起床,出门散步后复睡。闵孝吉来访,适睡着,未接见。上午,孝吉大嫂来谈,九江物价尚宜,米石未详若干。肉斤二千八百元。下午丁太太来访。六时再出门散步。

五月十二日　　　晴。

上午十一时出办公室。接一谔五月三日来信。在会议室参加纪念周,安秘书报告并读党员守则。简肃之至,旋即散会。下午写复一谔信。欲再写致亮儿信,未果。晨事忘记,夜欲补记未果。

五月十三日　　　旧历三月廿三日。

晨早起阅上海佛慈制药厂卖药仿单,内列药丸数十种,所开治症,昨下午略阅,似有为余所合食者,拟再详购一二种,试购服之。

因施今墨大夫往上海已久未返京,恐即长住上海;原约余十日一诊,改换药方,今逾期不来,余以前照张简斋所开方内肾气丸充用,究未知合否,拟从仿单自行选取或对症也。阅久卒疑不敢决。十时半到办公处,封发昨写致一谔信。大便极急,厕所人满,致遗矢满裤,信不及封,回舍换裤毕,再到办公室,草草罢回舍。是日为先妣忌辰,早嘱杨氏办祀品,午在寓设拜,毕,食饭。下午四时又到办公室,收回前交李振宽调取《总理全书》之件,孙尚质交来,云转到编辑处,沈裕民谓可依《申报》上之影(照)片将《总理全书》改正。适许师慎来,余以此商之,许谓影(照)片系另一信,全书上所采又一致南洋同志信。似不欲改。沈谓,前数日委员会已议决,凡《总理全书》辑得之总理函件,若有总理笔迹者,应以笔迹为根据,他种刊物均可更改;今《申报》所刊,正为笔迹,而前本会所采之全书稿,乃许师慎从民智书局所刊之件剪取而来,自当照改。余觉沈言较有理,许言两信并未有确据,因从沈言,沈亦业经先为改正矣。余拟明后日再定作复核于审核书内可也。晚饭问嘉弟来,谓闻党员加薪已经行政院决定,日内可发表。即在家同餐。夜,天气甚热,大家均减衣被。

五月十四日　　　阴雨。晨小雨。上午多风。下午雨止犹阴。

上午未出办公室,在舍再查佛慈制药厂仿单,拟决在施今墨方上加小活络丹一种。下午杨氏往长康里施医生寓,倘仍未回寓,即往同仁堂照买试服。下午四时到办公室,写致亮儿信。附一谔五月三日来信。一谔信内云石如在汕头康乐旅社。旋杨氏返,言在长康里一号施医生寓,询得施约明日返京,未往同仁堂买药。晚饭间吴闻稚来访,言所寓新亚药厂房屋被焚及辞国史馆事,转入合作金库工作等。余托代办观音巷地登记事,即由他写信介绍见地政局某君询办法。信另存俟日间交嘉弟偕杨氏携往一询。

五月十五日　　阴。略有日色。

上午十一时出办公室，封德三言，须填按月工作进度，余以病未愈谢之。审核史料。（一）云南省党部第一至第七、至七三，第廿至卅五次会议记录；又第六八至第七一至七三，第七四至七七次会议记录。下午四时到办公室，续审云南省党部会议录第七八至八四，第九三至一〇〇次会议记录，其他总共五十五件。审订书载，类别：革命史料。编号：总二〇六〇六。数量：五十五件。复核存备查考。接十弟十二日来信，知伯沉偳丧事已于昨（即五月十一日）开吊，讣已发，但未转寄，由十弟代办挽轴一副（绸幛金字），兄弟联名合送，并由十弟亲往祭吊，幛价约十万元。此事遂了。余所拟之挽联不必写矣。

五月十六日　　阴。近午日色渐朗。夜更沉阴，至半夜后震雷霹雳，大雨一次。

上午十时出办公室，接总裁发五月节赏四千五百元。下午杨氏、嘉弟往市政府，将吴闻稚信投交施其□君，转问地政局魏君接洽，谓尚欠共有权证一张，须携来始能登记。回家即找出，并填登记单。时余亟欲往施今墨医寓就医，促杨氏同行。旋偕往长康里，施医诊得脉象已似常人无病者，今只须逐渐加补，使元气恢复较易，否则不食药听其自然，亦能恢复。开方如左：早服猪签丸二钱，午服强心丹十粒，夜服杞菊地黄丸三钱。倘无猪签丸，用健步虎潜丸代亦可，张泰和堂有卖。（余前自拟照肾气丸仿单所印药丸名内选用三丸，询施医谓不可信也。）

五月十七日　　晴。风和。

天明雨止。云开气朗。上午日出，"首夏犹清和"之诗景是也。十时出办公室，往编辑处，与沈处长详细谈申报画刊内影印总理致南洋同志书事。结果余看本会采用民智书局稿时，注明总著某号字样，今可查总著则足断定其有二书可并用，不可强为删去其一也。致丘心荣、彭精一、熊衡三函共一封，外书汉口路廿八号，未知可到否。

五月十八日　　　星期　晴。

晨清和如昨，上下午俱多风。余御羊毛裤俱嫌热，下午解去。

五月十九日　　　晴。

晨七时起床，洗面食麦片毕为九时，旋出办公室，再往编辑处，与沈处长谈申报画刊影印总理致南洋同志书事。彼亦悟前涂改删去胡编之一篇不合，已嘱人补抄，仍入本会所编之全书内矣。取全书稿阅，确无讹。此案即全完结，下午可作复核。参加纪念周。杨毓生报告，安怀音读党员守则。散会后，作申报画刊复核书如下：珍贵史料。但本会另有总理手札墨迹既收，此函并抄入总理（全书）内矣，较此影印尤可贵。革命史迹亦影印清朗可贵。又作画报复核书如下：总裁事迹存备参考。北平市新生活运动促进会成立映相内有现本今主任委员张在前列，应与新运人会事汇存。下午四时半到办公室，续作审核史料工作，将往日核定者签章如下：共十三件，内有云南省党部报告五十五件，作一件。送还钟孝先，此案即完结。接丘心荣、彭精一复信，二位日间当来谈。熊衡三已回梅县。

五月廿日　　　晴。旧四月朔。上午转阴，午大风、骤雨一阵。旋复阴。夜十二时馀大雨雷电，为近来初次所有之透雨震雷。

晨七时起床，洗面食奶粉毕为九时半。十时到办公室，复十弟信一。下午闻街市为学生游行请愿扰乱，欲出观，为各友劝止，谓游行队中有女生，行动较迟弱，被后来群众挤倒，而众犹如潮涌，不能自制，竟从倒者身上践踏而过，遂被踏死。若余病躯倘亦被人一挤，岂不危乎。因不果。询学生此次游行，为要求增加副食费事，每学校学生每人每月政府发给四万元副食费。近日物价高涨,彼等(南京金陵大学等男女大学生共约五千人,联队游行请愿,拟请增至十万元云)乃欲增发而受人指使,藉此反对政府当局,颇多不法标语,揭贴街上云。

五月廿一日　　　阴。

昨夜大雷雨后,晨天气颇凉,睡酣迟起。上午十一时出办公室,往会议室阅报。自改缩购报纸,集中阅报办法以来,此为余第一次参加阅报也。适人多报少,又有学生请愿游行之新闻。余不得报,乃从徐文珊处长手借得《新民报》一份,阅毕带返宿舍还之。下午四时半到办公处,再往会议室,取《中央日报》一阅。关于昨日学生请愿游行事,并不如人言之甚,不法标语只有"反对内战"一条含有共党色彩。各报主持正论者,多以请增副食费尽可由各校联呈行政院办理,无需联队游行请愿、揭贴标语,显有效法"尾巴"之举。试思"反对内战"四字,何不向共党请愿,乃向国民政府请愿乎?

五月廿二日　　　阴。寒。

昨上下午看报纸,觉精神颇佳,不比上月每一看报即小溲急至,竟能看完全张报纸,从容起身而后赴厕所小便矣。夜就寝甚佳,以为病已离体。殊不料今晨骤寒,所盖被太单薄,遂受冷,自晨至晚,恹恹思睡。工友送消费合作社召集新任理监事开会通知单至,胡乱签名去。下午又睡,晚饭后又睡。杨氏疑为病,欲进甘和茶,余却之。

五月廿三日　　　阴雨。

晨雨,似由昨夜相连而来者。上午风雨交加,至午风渐小雨亦止。自前(廿一)日至今无大便。昨嘱杨氏出街买香蕉,食四枚,今午始大便一次，尚未甚畅。近日牙齿浮动，似有风火致疾。下午四时半睡至六时半，疾转愈。接钟德玉北平十九日来函。晚饭后嘉弟来，询有接家信否，并送白糖来。九时始去。

五月廿四日　　阴雨。近午略朗。下午雨止。仍阴。晚又阴。

晨接子靖叔十一日来信，欲复未果。夜睡不宁，三时大便一次，后仍睡。

五月廿五日　　星期　晨及上午阴。下午渐转晴。〈傍〉晚日出。

下午三时，雨平先生、心荣兄同乘汽车来，邀往鸡鸣寺，谓彭精一、黄旭南、钟介民在寺坐候。余欲应之，藉畅谈。杨氏虑车停不能步登山，且下山尤难，劝止。余送工友出至门外，欲并上车，又未果。返宿舍犹意惘然，甚惜失一机会。李振宽来，杨氏告之。李谓寺前坡势陡，虽不甚高，断不能走也。天晚，风习习其凉，余始悟病体虚弱不禁风，未往为幸。否则，又翻病矣。黄旭南久未见，固一可取之友也。晚间张公略来访，云由福建调京，前日初到，暂仅单身，住审计部内，俟另赁房屋再接眷。

五月廿六日　　阴。略有晴色。

上午十一时出办公室，旋至会议室，参加联合纪念周，初不解何谓联合纪念周，后乃知监察委员会与本会联合举行总理纪念周也。骤见多人，莫识谁何。散会后问封德三，知联合纪念周之称。归宿舍，李振宽来，询知其详，并谓自今日始，每二星期举行一次云。张委员主席，报告好久，惜不闻何语。李言，邹鲁在中央报告，人见其口已歪了。此语又何来，殊费解。岂与要举行联合纪念周之故有何关系乎？俟再问之。

五月廿七日　　阴。

上午十一时出办公室，为汝瑞与致丘与言信，未成。接邱士钊廿日来信。下午六时出门散步。杨氏、兆先往市府办理地皮登记事,完成。

五月廿八日　　　晴。微阴。

上午接照弟及黎守杰外侄孙由桂林汇来三万元肉资。下午理发毕,始睡午觉,起已近六时馀。昨杨氏办地皮登记,地政局发回收据如左:

南京市地政局,兹收到声请人缴来声请书一纸(□字第五一二四号),书据三件。俟本局审查完竣,确定通知后,即持此据来局领取土地权利书状。此据。计开所有权状(一件)、分段图(一件)、共有权保持状(一件)。发给声请人林百举等。

中华民国三十六年五月廿七日　　收件员魏钟毓　印文不明

五月廿九日　　　晴。微阴。

上午十一时出办公室,旋至会议室参加合作社监理事全体会议并阅报,得《和平日报》一张,阅悉日前游行请愿之学生已举行全国学生大运动,定六月二日各地罢课游行。各地有反对与赞成之电报登在报端,未知届期果如何也。陈立青与娥姨夫妇携一子自镇江来,在寓午饭。下午会内提前发六月份薪款。晚饭后出园散步,遇一人颇似陈旭,谛视之乃知非也。陈旭前来访余,送出园并散步。今恰同此在园遇一似者。略与立谈,据称姓张。娥姨夫妇晚由下关车站付运铁床毕,返至寓,再食饭,仍往其原住之米行住宿,明日再返镇江。

五月卅日　　　晴。

上午十一时出办公室,复邱士钊函一。下午六时出门散步。晚饭后嘉弟来,交阅翰侄女来信。翰侄女为三兄之女,高中毕业,商入大学之事云。

五月卅一日 阴。满天幂幂有雨意。午雨,后又续雨二次,但不大。

下午会内又提前补发五六两月份增加薪款,计余已增至月薪津百四十九万矣。询李振宽、赖树杭,俱云应有百六十万元。尚有特别办公费加成数未发,大约二三日间亦可补发云。

六月一日 星期 晴。

雨后颇凉。上午出园散步。李敬五久已不入余室,偶在途相遇,亦不交谈。今晨忽送来猪蹄膀一个约重二斤,以现价七千元一斤计算,约值一万四千元。无端而至,殊不可解。亟应退还,而彼坚不收款,交大厨房又不收。俟明日再说。夜嘉弟来谈,至九时回去。接邮局递到伯沅讣告一份。

六月二日 晴。

上午十一时到办公室,旋至会议室做纪念周。杨本章轮作报告,安秘书读党员守则,遂散会。接香港殿姆五月廿八日来信一。钟德玉来访,系由北平昨到京,暂住珠江路,日间与骆女士结婚,仍回北平。现骆女士亦已由兴宁来京。郭金华来访,言其乡间尚旱,田禾仅栽下六成之则(该乡为十八村,属太平府当涂县,与六郎桥相连)。余前开书单托他代寻六郎桥之汪某医生,即彼之亲戚,曾自称见过余之书箱者,访问现藏该书人,须钱多少买出,今只摇首,谓不能再说。余谓缓之再向询问。总之勿过迫他就是。今晨刘竹岩来电话,谓现在广东省政府驻京办事处,欲来访。下午候久不来。夜交十万元与嘉弟,嘱寄铁弟。学生宣传六二大游行,至夜未发动,想即打消矣,大局之幸也。

六月三日 晴。

上午十一时到办公室,写致照弟、守杰侄孙信共一封。下午四时馀偕杨氏携儿抗曾出街买物,在大行宫各店买得鞋一双价三万三千元;小孩用白纸扇一枝二千元;葡萄糖一盒八万元;帕勒托一罐八万元及香蕉等等,共费几廿万。时颇大风,来往车资共五千。自二三月间出该市街买物,光明鞋室买鞋。距今已三个月矣,行步脚仍无力,惟筋骨较活也。

六月四日　　　阴。上午十时馀小雨一次。下午日出,但天凉似秋。

上午十一时到办公室,与封德三谈后,即摇午饭铃矣。接邱士钊六月二日来信一。下午交鲍工友秀章转给何大林丧女求助费四万元。致陈恺信一。

六月五日　　　晴。

上午十一时到办公室,复邱士钊信一。午在宿舍请刘宪英、刘竹岩、李振宽、郑○○振宽外甥,商人,适来京者。四人午膳。鲫鱼一大盘,炒猪肝猪腰各一大盘,另配青菜三碗,共用五万五千元。此余到京半年来第一次请客也。闻张主委近患病入医院,似病非轻,但未详确。

六月六日　　　晴。

下午五时到办公室,接沈君匋之妻赵梅夫人讣告。钟德玉来访。询其喜事,期仍未定。

六月七日　　　晴。

上午九时到办公室。旋出街,偕杨氏到东方饭店,访施今墨大夫诊病,开方如左:每日服强心丸十粒,每饭后服胃病百效片五片,夜临卧服健步虎潜二钱约廿丸,以上前二药为施医生自制,由北平国药改进社出品,在京初发售也。另向买得鹿茸一两,拟稍缓再服。旋往合作金库访吴闻稚,托便催市政府地政局速办土地登记案。下午分配得新建厨房一间。到会议室阅新征展览史料。收倪志文交来待审查史料

□件,钟未书明件数,暂由鲍工友放入箱中,下星期再办理。下午四时食点心。今日因收倪交审查件,迫至六时始食绿豆〈粥〉一碗。夜睡不宁。昨夜睡极酣。十时就寝。一睡至天明。今晨(七日)六时始醒,向所未有。今夜竟与相反,十时就寝至今(八)日一时后始睡也。

六月八日　　　星期　　阴且多风。

晨八时一刻始馀起床,因昨夜恶睡,起床犹恹恹不振,上午又睡一觉。下午又睡至五时始起。右大牙忽脱一枚(上曰齿,下曰牙,今所脱为在右下,昨日略浮动者。)

六月九日　　　阴雨。下午至夜大风。

下午接广东省银行通知,亮儿汇来五万元,并附言:儿江日赴穗往梅。

六月十日　　　阴。

晨八时三十分到办公室,旋参加会议室新厨房管理事宜会议。下午偕杨氏乘三轮车往广东省银行,托沈珊小姐代收亮儿汇款,加托以五万元,凑成十万元,代汇梅县政府陈淡霜(即陈县长淦)收。三轮车行至大行宫附近,与马车并行,被马车轧坏车轮。余二人乃下车,付价二千。原议至省行价三千五百,为减一千五百元。另雇一车,仍为二千元,是车价多出五百,亦小损失也。

六月十一日　　　阴。微晴。

上午十时到办公室。托倪志文写条轴送沈君匋妻赵夫人,文为"壶范犹存"四字。接照弟六月五日来函。附相片一。下午倪泽出来,谓兆先所开余家物损失表内书籍费太大。余嘱酌改。彼乃改为五千元。余额之而去。

六月十二日　　　晴。

上午十一时到办公室。写致淦甥信一。杨氏往东方饭店取回施今墨大夫所开治耳聋方并药如左：

生、熟地各二钱，细辛五分同打　节菖蒲钱半　芜蔚子酒炒二钱　白蒺藜五钱　路路通钱半　蝉退衣钱半　酒川芎钱半　苦桔梗钱半　香白芷钱　辛夷花钱　鹿角胶二钱　米党参二钱　打碎灵磁石一两　炙甘草　酒牛膝三钱　张泰和购一万七千元（六月廿日再报）存心泰购一万八千元。七日曾与言，试治久病之聋。彼说四日后来取方，不必诊脉。依此说，昨应往取者。今拟明日试服。

六月十三日　　　阴。上午略见日。

昨夜杨氏未食晚饭即眠，旋食胡文虎头痛粉。睡至一时许乃醒，自弄饭菜食。已持灯照蚊，幸未成病。余先嘱兆先女儿代照蚊一次，并点蚊香就寝，但睡不着。杨氏食毕，余乃入寐。今晨杨氏出街买菜后，余乃起床，已十时矣。不出办公室。下午服施大夫治耳方药，停药丸一日。

六月十四日　　　阴雨。

上午十时馀到办公室，闻张溥老到会。前数日闻因病入医院，昨出院，小便见血之症已好云。

六月十五日　　　星期　晴。微阴。

会中大楼前之花园两旁大树，余往以为槐。惟其叶每晚能合，如吾乡之"羞目"草，人对它以指抹腮曰羞羞羞，久之则草叶皆合。又开花，或红或白，与槐亦异。"槐花黄，举子忙"之语自满清科举时代流传至今未已，固无红白二色也。余每日散步园中，颇以为疑。十三〈日〉下午散步时值徐文珊处长坐花下，因询此花何名。答曰樱，即日本之国花。余知其误也，谓樱花不是此物，乃如桃李之花，惟较艳丽，今后湖五洲公园有之，余往年曾看，君未看乎？旋返宿舍，途遇曾介木。问之，答曰：夜合花。余又谓误也，夜合是灌木类之花，花虽能合而叶则不合，且花瓣大而香甚浓淘醉人，闻之能解醒，唐诗有"夜合花开香满庭，夜深微雨醉初醒"之句，确切此香之能解酒，岂未见乎？余在渝所寓吴家湾，屋后有夜合花树一株，高逾其屋，询房东吴姓，已种数十年，每年三四月，开花极多，与茉莉同置盘中，渝市卖花人结花球，即以此二朵为之，旁围茉莉。其香更冽。因问栽花匠，会中雇栽花工人二名适在旁。则言此为"乌农"。树叶亭亭如车盖，可遮阴；每年田中栽秧时候，此树开花，虽不甚香，静闻之确有香味。工友金品朝乃摘花一撮送余鼻孔前，余嗅之曰，无香味。曰，久嗅之则香也。介木谓，确有香味。遂各散。余归宿舍，更大疑。从未听"乌农"二字之名词，或与"乌柏"、"乌栋"二树同类乎。十四（日）晨，意孙秘书镜或识之，往问焉。先晤袁德耿同志，答谓马樱花。因录元揭斯奚水仙花诗见示。适彼案有《辞海》一部，请代查马樱花典。乃注称：即合欢花，详合欢条。细阅仍有可疑。及孙铁人至，问之，直答为马樱花。似"乌农"之名可弃矣。彼匠言栽秧时过无花，亦不足信云云。袁德耿语。下午余往理发室，理发毕，又问理发匠，曰"洋槐"树也。余疑仍未释。

六月十六日　　晴。

上午十一时到办公室，即到会议室门口，欲入，见已开纪念周，谢宗元立报告。遂不入，仅签名，在室补上二段记事，又向袁德炯借《辞海》摘录合欢条如左：合欢，植物名，豆科落叶乔木，高丈馀，叶为羽状，复叶，自数多小叶而成，小叶入夜即合。夏月梢头开小花，雄蕊多而长，带红色，花后结实为大荚。木材可制器。有合昏、夜合、马樱花等异名。下午开始第二次审核史料工作。（一）《我们的领袖蒋主席》。未完。

六月十七日 晴。

上午十一时到办公室。接十弟汇来节敬十万元。又接邱士钊六月十五日来信，附剪三十二年五月廿三日上海《正言报》纸一角，为杨宜谦自沪寄邱者。阅为《味灯漫笔》一则，郑逸桥〔梅〕所作，题为《禁楚伧之唯一酒友林一厂》，述余与楚伧旧事，并有余简楚伧诗云："君犹橐笔我回车，倦听高谈扪虱馀。为问庾山枯树好，韩陵片石又何如？"此为民国元年秋楚伧随姚雨平北上，余则由沪折还汕头，抵汕所作。又题楚伧《汾湖吊梦图》①云："青山来（绿？）水总依稀，何幸分湖柳自围。小谪仙人原是梦，奇才异代有遗徽。霜锋椽笔参军后，冷阁疏香吊古归。我展斯图为君感，骚心莫使壮心违。"此亦元年在汕作。来字有误。复十弟信一。下午接钟德玉结婚请帖。钟彬出名。廿二日在励志社大礼堂。会内发三十四万元，似为差额款，但无字条，不知何月份起。接沈珊、谭传懿两小姐送来亮儿致广东省银行寒电，知儿媳孙等于十二日到省城，并知前托沈小姐汇十万元已办妥，退减汇费一千二百元。询古映藜，知三十四万元系借薪款。

六月十八日 晴。

上午十时正始出办公室。因内急，即在会坐马桶，久不出而欲起不能，困难几病。至十一时后，以麻油调糖服之始出。后登床睡至十二时，遂未到办公室矣。下午四时半到办公室，续阅《我们的领袖蒋主席》。未完。

六月十九日 晴。

---

① 据郑逸梅《南社丛谈》，作汾堤；中华书局，2006年，第223页。——整理者

上午十时半至办公室，往庶务处，托古映藜买喜幛。途中遇张溥公，即往其办公室一谈。彼注意余旧时诗稿。余谓在柳亚子手，但不知柳现何在。彼言在上海。余谓俟到沪时晤他一商。旋偕杨氏往东方饭店施今墨处诊脉。据说脉动象更佳，前开治耳之方可再服，每星期一次。今又开一方备用。均三日服一次，其他药丸暂停，俟四星期后再诊脉。兹方录左：

炒焦皂角子三钱　布包　晚蚕沙三钱　金毛脊去毛五钱　米炒党参三钱　佩兰叶三钱　绵黄芪四钱　宣木瓜三钱　当归身二钱　酒炒松生、熟地各二钱　酒条芩二钱　野於术钱半　炒枳壳钱半　炒山栀二钱　半夏釉布包三钱　旋覆花二钱　广寄生八钱

下午四时到办公室，安怀音请往会议室，与封德三、许师慎商，将报损失表，再酌减。书籍一万元、字画一万元，拟各减五千。余允之，但未写未盖章，即匆匆散会，无结果。回办公室。复核阅前日审核史料之《我们的领袖蒋主席》一件，内《蒋主席传》因前阅觉得其文有遗漏、错简，或为人删节，或排印工人错误，未及批注。兹欲再批出，乃竟不得。向来审核史料，俱有此失。以后当随时批出免误，切记切记。

六月廿日　　　晴。

昨闻嘉弟言，定于日内赴沪。因决将前作挽伯沅联写起，顺便由他带出上海送去。联文略改如左：闻尔病代求医二竖何横不避膏肓先制命；想尊公亦念我九泉为告尚存气息所凭天。当三月廿三日余接全豹弟急信，谓侄病重，欲请施今墨大夫往治。既得请，电促专人来接，伴医行。乃复电阻止曰，侄逝世矣。伤哉！（上款伯沅族侄灵几，下款百举病中挥泪挽）下午四时到办公室，续阅《我们的领袖蒋主席》史料，内航空委员会献寿屏谢无量作。一篇。第二次服治耳方药。

六月廿一日　　　阴雨。

上午十时半至办公室,交鲍工友送胜利饭店钟德玉喜仪四万元、喜联一对。阅史料蒋主席寿庆贺件。

六月廿二日　　　阴。晚间雨。

上午十一时偕杨氏率兆先、抗曾往励志社,参加钟德玉结婚礼,并食喜酒。遇姚雨平兄,同席,至下午三时始返。

六月廿三日　　　阴。旧历端午节。

上午十时到办公室。本会不放假。复核《我们的领袖蒋主席》一次,摘录蒋主席所常读书目。《蒋主席传》内云,蒋主席读书的范围很广,然而基本精读之书,也不过三十多种。数年前他自己列的书目如下:《五经》、《四子书》、《孔子家语》、《左传》、《战国策》、《六韬》、《孙子》、《吴子》、《庄子》、《韩非子》、《楚辞》、《史记》、《资治通鉴》、《清史》、《西洋史》、《欧战史》、《普法战史》、《拿氏战史》、《日俄战史》、《巴尔克战术》、《各种军事学》、《战时正义》、《亚洲地理》、《世界地理》、《古文辞类纂》、《诸葛亮全集》、《岳武穆全集》、《文天祥全集》、《戚继光全集》、《曾国藩全集》、《胡林翼全集》、《骆秉章集》、《李鸿章全集》、《中国哲学史》、《心理学》、《统计学》、《社会学》、《经济学》。

蘋香画舫船菜无锡鼋头渚卅五年十月卅一日　蒋主席避嚣偕宋美龄、马歇尔夫妇专车由京至锡游览。鼋渚画舫中开筵畅饮。(无锡迎宾馆菜单)

什锦大拼盘　炒大肉　红烤冬笋　冬菰冬笋豆腐　松鼠(?)桂鱼　宫保鸡丁　鸡油菜心　蟹粉鱼　香酥全鸭　玫瑰寿桃及伊府寿面　火焖(包括四荤四素　鸡　生蛋　生腰片)十一件　老豆腐　白菜　粉丝　菠菜

是午遵例设鸡鸭各菜八大碗,拜祀考妣神位后,在寓食午饭。

六月廿四日 晴。

上午十一时半到办公室,续阅史料《我们的领袖蒋主席》一本。完。中国国民党驻港澳总支部编印。又同样一本,均完。别名《蒋主席六秩寿辰特刊》。审核史料《蒋主席六秩寿辰专刊》。未完。下午五时到办公室,续阅《蒋主席六秩寿辰专刊》。未完。

六月廿五日 晴。

上午十时半到办公室,续阅《蒋主席六秩寿辰专刊》中央日报社庆祝。内有白崇禧所作《六十年来的中国与蒋主席》一篇似最佳。未完。下午四时半到办公室,续阅《蒋主席六秩寿辰专刊》,内吴铁城献辞《伟大在于平凡》、罗家伦《忍天下之所不能忍,决常人之所不敢决》两篇。

六月廿六日 阴。下午至夜雨。

上午十时到办公室,续阅《蒋主席六秩寿辰专刊》内《抗战简史》一篇为全册中最好最有关系之著作,应专抄存自览勿忘。下午三时欲出办公室,因雨未果。

六月廿七日 雨。自昨夜至今晨雨未歇,惟霡霂如丝,似春雨耳。上午雨颇大,下午四时雨又大。六时雨止,风大。月出。

上午十时半到办公室,再续阅《蒋主席六秩寿辰专刊》本刊编辑委员会(按即中央日报社)撰《蒋主席六十年来的奋斗》。蒋主席六十年来的生命史就是一部完整的中国革命史,也就是中华民族复兴过程中转捩历史命运的一节最重要的纪录。(按即张文伯撰述,见篇末注明。)此篇亦应抄存自览。但或有再版之希望。全册已完。

六月廿八日 晴。雨后天青云白,美丽可观。

上午十时到办公室,阅邓文仪编《伟大的蒋主席》。彩色、单色各种图片半本。下午陈旭来,谈甚久。五时始到办公室,阅《伟大的蒋主席》内文三篇：（一）主席蒋公六旬大庆（居正）；（二）主席蒋公六秩寿颂（王宠惠）；（三）蒋主席与世界和平（孙科）。

六月廿九日　　　星期　晴。微阴。

下午四时偕杨氏、抗儿坐三轮车往汉口路廿八号丘心荣宅，与心荣夫妇坐谈。询知彭精一已于昨夜赴台湾，巡视广播事业，即请其夫人下楼，与杨氏谈后始辞返。（车资九千元，去时在励志社门前自谓车资仅五千元，现由丘君门口讲价遂增一倍有馀。）夜饭后杨氏偕兆先生出街买物，至十一时始返抵寓，各物价又狂涨。因七月一日邮电加价，市民讹传各物均将抬价，故云。

六月卅日　　　阴。仍微朗，非全阴。

晨接毛旭东六月廿六日来信，前托代询胡承福家存银盾、石章二件，据云胡承海往承福家查看未见。但承福夫妇现病，俟稍缓再查复云云。上午十一时到办公室，接学侄自美东晓士顿埠六月廿日来信，言于二月底奉命结束墨京中国新闻社社务，返国服务。遵于三月将社务结束完毕，办理返国手续。五月八日，离墨京。十二日抵纽约。六月十一日离纽约，十三日抵晓士顿候船。现定于六月廿五日在嘉尔委士顿（离晓士顿约五十英里）乘亚拉委夷轮船（货船仅搭客十二人），经巴拿马运河，横渡太平洋，直往上海。约一个月（即七月廿五左右）可抵步，云云。下午四时半到办公室，续阅《伟大的蒋主席》内文，（一）《伟大在于平凡》（吴铁城），与《蒋主席六秩寿辰专刊》内所载相同。（二）《主席六旬华诞祝词》（朱家骅）。（三）《六十年来的中国军事与蒋主席》（白崇禧），此亦与《蒋主席六秩寿辰专刊》内所载相同。（四）《服从主席的真谛》（陈诚），与专刊内所载大同小异，专刊题为《服从领袖之真谛》，并在前言一段曰："值此抗战胜利之后，欣逢主席六秩寿辰，人瑞国祥，普天同

庆。惟以主席之伟大,仰弥高,钻弥坚,巍巍乎民无能名。虽祝嘏
不可无言,谀词窃非所取。爰将旧稿《服从领袖之真谛》一文,重予
修正刊布,藉明服从主义,并效封人之祝。"云云。足见彼专刊所载
乃经修正重刊之作,而此则为旧稿,惟题目之领袖二字乃改为主席
耳。共四篇,实二篇。

七月一日　　　晴。

上午十时半到办公室,续阅《伟大的蒋主席》内文,《主席的人
格与修养》(张治中)一篇之三页。未完。接照弟桂林六月廿四日
来信。下午四时半到办公室,续阅《伟大的蒋主席》内文六页。半
"人格与修养"篇。完。

七月二日　　　晴。夜初月明。十时馀忽黑云四起掩至风雷交作,未
几云散,月复明如初。

上午十时半到办公室,续阅《伟大的蒋主席》内文《民国纪元前
之蒋介石先生》一篇,毛思诚撰。毛思诚为蒋主席十六岁(清光绪
廿八年壬寅)时之师。时毛先生授徒岩溪攻庐,主席往往从之,温
习《左传》,圈点纲鉴。且或亲戚,前一年(即光绪廿七年辛丑)冬,
主席与毛氏女结婚,似妻属戚党也。所叙述事甚翔实。自主席之
祖先历世至主席游学日本为止,分为三编。第一编幼年时期,民元
前二十五年至民国十七年[①]即一岁至九岁。第二编少年时期,民
元前十六年至民国〈元前〉七年,即十岁至十九岁。第三编留学时
期,民纪元前六年至民国元年,即二十岁至廿四岁,以主席年谱叙
法成之,翔实无比。抄录备览,至要至要。下午四时半到办公室,
续阅《伟大的蒋主席》内文《蒋主席的生平》(蒋星德撰)第一章主席

①　原文如此。——整理者

的童年。民国纪元前廿五年至前廿一年。第二章初期攻读。民国纪元前廿年至前八年。第三章东渡前后。（漏略）。第四章光芒之初路。民国纪元前一年至民国五年。未完。

七月三日　　　晴。

上午十时半到办公室，续阅《伟大的蒋主席》内蒋星德所作《蒋主席的生平》。廿一节至廿四节，完。以上俱属第四章。略停顿。离坐如厕，出恭后再阅六页。总先后所阅如下：第五章《翊赞国父时代》，民国六年至十二年。（余按此章亦摘录，酌入于总理年谱。可先将此章录出，再谋酌入之法。）下午四时半到办公室，补阅上午所阅未完之一节。即《翊赞国父时代》民国十二年之事迹一部，到苏联去也。续阅第六章，《开始掀天动地的伟业》。民国十三年至十六年。又续阅第七章《创立划时代的功勋》。民国十七年至二十年。未完。下午共阅九页，双页合计十八页。亦多应摘抄，但须俟复阅圈定。

七月四日　　　上午阴。午始雨。下午先霁旋又雨。

下午四时到办公室。上午未到，因在寓偶见卅五年十月卅一日《和平日报》一纸，第十八版及第十九版。满载蒋星德所作祝蒋主席寿文，即余昨日正阅《翊赞国父时代》各节，为余正拟摘录者。喜极，似冥冥中有鬼神助佑余也，兹可免摘录之烦矣。先冒雨往李振宽处告知此事，并商再谋得此全文之法。内《和平日报》只一纸，未载完全文。彼谓另购《伟大的蒋主席》一册不难，日间彼可代办云云。旋即到办公室，续阅第八章《充实国防励精图治》，（漏年代，兹补之。）自民国廿年至廿五年内有西安蒙难事。未完。接沈珊、谭传懿二小姐函，亮儿已于六月廿九日抵梅。

七月五日　　　晴。嫩晴薄阴。上午十时日始出。

上午十时到办公室。续阅《伟大的蒋主席》内蒋星德文第九章

《抗战建国功盖百世》。民国廿六年。八页，实十六页。内有印度之行与开罗会议等①。未完。下午续阅上午未完之第九章之末一节《艰苦奋斗达成胜利》。接阅第十章《主席的生活》。五三节。《主席的家庭》。五四节。《主席的日常生活》。五五节。《一天中生活秩序》。未完。

七月六日　　星期　雨。

未出门。嘉弟上午来，携铁曾侄六月廿九日梅县来信。言亮儿是日抵梅，未及他接省行事，似二人尚未见面，所写惟梅县城郊大雨情况，未详何日。丙市则水甚小，竹桐坝仅淹及公王宫，田禾损失与否亦未言。

七月七日　　晴。天气凉。微阴。

上午九时到办公室。续阅《伟大的蒋主席》内蒋星德文，五六。《战时生活在重庆》、五七。《主席的为学与修养》、五八。《性格和习惯》、五九。《处事和待人》。未完。十一时到会议室参加纪念周。轮得旺云章报告，安怀音读党员守则。下午三时半到办公室，续阅蒋星德文。六○。《教子有义方》，内有家书，应另抄存。六一。《主席的风趣》。六二。《主席事业成功之道》。蒋星德文阅完。全本未完。此件较其他各种寿辰专刊为佳。

七月八日　　晴。是日为旧历五月廿日，小暑节。但凉风习习，尚觉宜人。下午日出，渐热。

上午十时到办公室，续阅《伟大的蒋主席》内邓文仪所作《主席的生活》文一篇第一章《革命的人生观》。第一节生活的目的在增进人类全体的生活。第二节生命的意义在创造宇宙继起的生命。第三节革命的

---

　　①　原文如此。——整理者

实践。第二章《重视生活》。第一节生活即劳动。第二节劳动创造一切。第三章《励志》。第一节立人立己。第二节革命革心。第四章《党员守则》。第一节伦理基础。第二节十二守则。第五章《军人读训》。第一节革命军人。第二节军人行为。第六章《新生活》。第一节新生活运动。第二节实践新生活。第七章《士兵生活》。第一节刻苦自励。第二节勤劳俭朴。第三节践履笃实。第八章《日常生活》。第一节衣食住行。第二节一日生活。第三节待人接物。第九章《生活秩序》。第一节有恒有毅。第二精益求精。此篇已完，全本未完。下午四时到办公室，续阅邓文仪所作《主席思想述要》六页。未完。

上午十时到办公室。续阅邓文仪所作《主席思想述要》二页。本篇完。全本未完。阅《民国十三年三月二日蒋中正复上总理书》一篇，为主席五十寿辰自作《报国与思亲》文旁题《五十生日感言》一篇，《刻苦耐劳，努力奋斗》演说一篇，民国廿三年六月十六日在中央军校举行十周年纪念讲话。各篇均完。全本未完。下午五时到办公室，续阅邓文仪所作二十八年五月七日《蒋主席在庐山训练团讲三民主义之体系及其实行程序》一篇，十页。本篇完。全本未完。

七月十日　　晴。热。

上午十时到办公室，续阅邓文仪所作《主席思想述要》内《革命的教育》一篇（廿七年八月廿八日中央训练团在汉口举行第一期毕业典礼蒋团长演说）。时团员多为湖北各中学校长教职员。又阅《新生活活动之要义》一篇（廿三年二月十九日蒋委员长在南昌行营扩大纪念周所讲。共五页。本篇完。全本未完。又《为组织三民主义青年团告青年书》（廿七年六月十六日）一篇。完。下午睡醒正三时，欲出门，仍复思睡，旋竟睡。至五时，接秘书室送到主委条令,将《总理史迹》稿交许师慎校勘付印等因,签收,拟明日再办。

七月十一日　　晴。下午三时馀震雷数次,黑云满空,大雨一阵。至四时馀又雨,亦颇大。后犹小雨,至夜未全停,但均不及下午之大耳。自春至夏,是日得雨最多。

上午十时一刻到办公室,阅邓文仪的《主席嘉言选录》一篇:(一)关于总理遗教;(二)关于哲学;(三)关于教育;(四)关于党务;(五)关于政治;(六)关于军事;(七)关于新生活运动;(八)关于抗战建国。本篇完。全本未完。

七月十二日　　阴雨。

上午十时冒雨到办公室,阅邓文仪所作《伟大的蒋主席》内最末文一篇,题为《主席的伟大》附《蒋主席年表》完。全本已完。开始阅《六十年来的中国与蒋主席》,拔提书局印行本。一引言,二照片,三墨宝。寿文邹鲁一篇,寿颂梁寒操一篇。《蒋主席传略》,邓文仪作。未完。下午四时到办公室,续阅邓作 篇。完。全本末完。《主席生平之为人及其思想行为要点》,戴传贤作。完。《伟大在于平凡》,吴铁城作,与专刊所阅同。《忍天下之所不能忍,决常人之所不敢决》,罗家伦作,与专刊已阅者同。

七月十三日　　星期　晴。

昨夜十时就寝,辗转不寐。至二时后叫杨氏冲葡萄糖水一大杯,服后始睡,至今上午十一时馀起床。嘉弟来谈。

七月十四日　　晴。

上午十一时到办公室,监察委员函邀本会往该会大礼堂开联合纪念周,请秦德纯演说军事等语。各单位酌留一二人照料外,馀尽量前往。余因以留守总纂室照料不往,馀皆去。续阅《六十年来

的中国与蒋主席》文如左：一、《从庐山到庐山》(易君左)二、《伟大
的蒋主席》(高叔康)三、《蒋主席与世界和平》(孙科)四、《服从领袖
的真谛》(陈诚)五、《建军与建国》(刘斐)。未完。下午四时半到办
公室，续阅《建军与建国》。完。又阅《蒋主席的建国理想与中国经
济建设》(蒋君章)，此篇最佳。又阅《中国工业化与蒋主席》(胡庶
华)，此篇亦佳。又阅《蒋主席的教育思想》(李燕)等篇。各篇完，全
本未完。

七月十五日　晴

上午十时到办公室，即往许师慎处，询接奉张委员谕校勘《总
理史迹》事，有无意见及计划。答顷正鉴呈请加派数人帮同办理，
否则要五年方能校毕。旋返阅《六十年来中国与蒋主席》内文，一、
《蒋主席的读书生活》(蒋星德)。二、《蒋主席"行"的哲学体系之研
究》(李旭)。二篇，李作最长，自一四五页至一七五页。全本未完。下
午四时半到办公室，续阅《六十年来的中国与蒋主席》内文，《蒋主
席在历史上之成就》(郑鹤声)一篇。自一七六页至一九八页。亦长篇
巨制也。

七月十六日　　　晴。微阴，至午雨。

上午十一时到办公室，阅《六十年来的中国与蒋主席》内文，
《六十年来中国国民党奋斗史的回顾》(张继)一篇。此篇叙数十年
来事，简当精繁。昨据许师慎言，是他代笔。未知确否。余未敢
信，许已进步至此，所谓士别三日也。后当详察之。又阅《六十年
来的中国军事与蒋主席》(白崇禧)，自二一〇至二三〇页。共廿页。
未完。下午四时到办公室，续阅上午未完卷。完。又阅《六十年来
的中国教育与蒋主席》(朱家骅)、《中国国民党与蒋主席》(陈立夫)。
二篇俱完。全本未完。

七月十七日　　阴。

上午十一时到办公室。阅郑彦棻撰《抗战期间的中国国民党与蒋主席》。一篇。二四三至二六〇页。又阅柳克述撰《蒋主席与三民主义青年团》。一篇。未完。下午四时到办公室，续上，完。又阅《蒋主席与东北》(杜聿明)。又阅《蒋主席与中国社会》(周策纵)。未完。

七月十八日　　旧阴历六月朔。阴。小雨。

上午十一时到办公室，许师慎来言，张委员看他签呈后，谓暂不加派人，只由许先校阅一次再议。余允饬倪志文将余所编全稿逐一检齐交许。续阅《六十年来的中国与蒋主席》内文昨日未完之件。完。又阅《蒋主席对于中国国民党之指示》(叶青)。未完。下午四时到办公室，续阅叶作，完。又《阅蒋主席对于侨务的指示》(陈树人)。又阅《蒋主席对于社会行政的指示》(谷正纲)。

七月十九日　　阴。

今晨七时起床，九时到办公室，欲监视倪志文调整余编《总理史迹》稿，交许师慎。又阅《总裁事迹》(贾景德所作)《主席对于诠叙之训示与诠叙工作今后之途径》一篇。完。全本未完。上午及下午监同倪志文调出旧编《总理史迹》稿。第一章至第四章第十节。

七月廿日　　星期　晴。热。

今日开始大热，上下午俱睡，不出门。兆先女儿往中央医院考高等护士学校。

七月廿一日　　晴。热。

上午十一时到办公室，竟无茶水，殊闷。旋到会议室做纪念周。轮得姚渔湘报告，安怀音读党员守则。阅寿勉成作《蒋主席对于合作运动之指示》文一篇。又曾资生作《蒋主席对于政治制度之指示》一篇。又萧忠国作《蒋主席论体育之重要》一篇。接市政府通知,土地登记已竣,请即领取原缴图状函一件。下午四时到办公室,杨氏与兆先则往地政局领取五月廿八日缴去之所有权状一件,分段图一件,共有权保持状一件。阅吴挹峰作《蒋主席对工作竞赛运动的指示》文一篇。又阅陈树华、田一鸣合作《蒋主席领导八年抗战史略》一篇。

七月廿三日　　　　晴,热。下午七时东南方里云密布,电闪雷鸣。旋此间亦雨一阵。

上午十时馀到办公室,整理前编《总理史迹》稿第五章共八节。即第一节至第八节为此。

七月廿四日　　　　晴。

上午十一时到办公室,阅《六十年来的中国与蒋主席》内之《六十年来的蒋主席与中国大事年表》一篇。完。全本并完。

七月廿五日　　　　晴。

上午十一时到办公室,与倪志文查检《总理史迹》稿第六章。第一至第十节,完。馀未完。下午四时到办公室,阅邓文仪作蒋主席传略,全本完。接子靖叔七月十八日来信一。

七月廿六日　　　　晴。

上午十一时到办公室,与倪志文合整《总理史迹》稿第六章,第十一节到十三节。未完。末句为总理时年五十七岁。下午四时到办公室,审核史料三件:(一)《总裁六秩寿辰纪念邮票》三件。(二)《万民上寿》曲本一帧。(三)《西安事变之前因后果》。再阅蒋星德所作《蒋主席的生平》一文数段。

七月廿七日　　　　星期　晴。

是日未出门。昨拟本日往中山门外看某池所畜大龟。闻由西沙群岛网得,重三百馀斤,送京后渐轻,现仅二百馀斤等语,又名玳瑁云。

七月廿八日　　晴。

晨七时馀起床,十时到办公室。精神欠佳,未办事。见张主委公布,因事北行,约一个月回会。在此期间,由副主委代理会务等语。因往办公室时未穿长衣,故做纪念周时不出席参加。心念学侄不置。前函十弟又未见复,乃致林公佐一函,询问公佐(即伯沆之弟。前十弟函称云天。)今余于函内称公佐,函外则书公佐云天均启,谅可投到无误。下午吃当归炖仔鸡。夜,杨氏谓,或有外感,以甘和茶试服。允之。饮一杯,颇效。

七月廿九日　　晴。下午五时雨,雷。风。

晨七时起床,九时到办公室。整理《总理史迹》稿第六章十三节至十七节。六本。第十七第一本是草稿未抄者。第十六节之六字,不知经何人改为七字。十七节尚未有节目。观其事实是十二年总理亲征陈炯明,在石龙败退等事。似未校对完毕。下午接中央高级护士职业学校通知,兆先女儿考试新生已取,订八月七日上午九时检查体格。四时半到办公室。查应审核史料尚有二束,因雨天暗不能阅。

七月卅日　　晴。微阴。下午二时馀大雨一阵。

上午十时到办公室,审查史料一件。可疑待查,国民社照片。刘杨革命经历一件。向调中华革命党册。中国国民党四川支部影〔照〕片一件,中国国民党空白誓约一件,孟宗舆传略一件。共五件,未用印。接十弟廿九日来信,知学侄于廿八上午抵沪,住国际饭店。

下午四时到办公室,续审史料:(一)庞晶如传略;(二)王维三传略;(三)周景文奖凭;(四)陈本吾自传;(五)许崇灏奖证;(六)辽宁台安县党史略;(七)叶夏声自述;(八)赵琴堂传略;(九)余荣革命事略;(十)凌铁庵抢救四条铁路。俱未加章。

七月卅一日　　晨大雨一阵,旋晴,又转阴。下午日出未久亦阴,且略热。

上午十时到办公室,审核冀鲁豫边区抗战期间本党史料一件。陈海鲲烈士一件。共二件。下午四时到办公室,因久未阅报,由封德三手得本日《和平日报》一份借阅,甚快,遂未办公事。接林云天复信,谓公佐、云天均系渠名。

八月一日　　旧历六月十五日。晴。热。

上午十一时到办公室,审核史料,前昨两日已阅之十五件,补加详核及盖章五件,馀未完。

八月二日　　晴。夜,月如昼。

上午十一时到办公室,如昨补详、盖章共十七件。完。

八月三日　　晴。晚天色一变,闪电雷震,雨一阵颇大,后犹小雨。

星期日,未出门。闻会内昨始暑假半日。

八月四日　　阴雨。

上午八时馀到办公室,接十弟信,即复。参加会议室纪念周。轮得张荫报告,安怀音读党员守则。阅宣付案一大束。未完。夜十时馀,将就寝,学侄来。似由车站到,未食晚饭,即煮面给食。喜。穿衣坐谈至十一时馀始去。询住上海路某友家,决就中宣部事。他事俟后再商去就。夜凉须盖被。

八月五日　　阴。夜仍凉盖被。

上午十时馀到办公室,接畅儿三日来信,即复。下午五时学侄来言,明日迁寓新街口,系新闻局代赁屋,其工作尚未确定,自到上海,均由新闻局派人招待。中央宣传部任之为部秘书。昨午教育部长朱家骅则邀他任联合国教育行政会议部干事,均口头允许,未实行到职云。

八月六日　　微阴。早凉穿袷衣。自前日起食艾罗补脑汁，似有益。

上午十一时到办公室，审核史料，凌子黄、吴公释、冷旭初等事略及抚恤调查表等，一为六十九人，一为卅二人。作一束。完。仍俟详阅再送钟孝先。下午学侄未来。嘉弟来言，昨夜送学侄返寓，据言今日有友请宴，或不能来。

八月七日　　晴。仍有云，未尽散。昨夜尚凉，夜渐热。

上午十时到办公室，将审核完毕各件及说明签条交钟孝先手收。询彼历年对宣付案每月作传二篇，实亦未成二篇。其原件尚存在库等语。殊属不成办法。余今拟有传二篇及简传二则交他，签呈张溥老，规定宣付案编辑办法，以后方有所循守，不致将原案存库。报载天文台报告，是日始转热。

八月八日　　晨小雨一阵，后阴云濛濛，近午多风转凉。立秋。下午风大，夜凉。

上午十一时到办公室，整理《总理史迹》稿，将已交倪志文收之第六章第十七节，即民十二年十一月以前之事（总理亲征惠州，在石龙、石滩大败诸事）查阅一过。再查看以后之事能否接续。以后之事未用章节者共十五本，似应补作章节。往人事室与许师慎专员谈商，彼无赞同应补作章节。俟病体较健再议。闻中山门外有玳瑁，拟往观。转借抄《辞海》一条：玳瑁，动物名。龟类。背甲黄褐，心脏形。由中央甲五枚、中央侧甲八枚、缘甲二十五枚而成。腹甲黄黑。头部上面被甲，色黑褐，下面黄色。四肢叶状。前肢较大，有二爪。后肢一爪。性强暴。肉有剧臭。甲光滑可制装饰品。（因风未果往）。夜与学侄谈至十时一刻。别后就寝，又未能睡。时钟适坏了，约二时乃睡。

八月九日　　晨小雨，上午云濛濛。穿夹衣，戴小帽。

上午十一时到办公室。接畅儿七日来信，欲复，适纸笔不具，未果。夜，学侄来谈，拟作一条陈救济时局之法，意收回市面金条，曾面商陈果夫先生。陈云，此不能做到。学仍不馁，欲托李惟果中宣部长，转达主席。自草一呈稿，附救时意见书，希蒋主席阅而采纳，召见详细。余谓求陈果夫介见为妥，李惟果虽系部长直属长官，然李对蒋未必能引见属员，况若为果夫先生所闻，将生误会。谈至十时馀别去，余乃就寝。

八月十日　　　星期　阴晴半。

下午学侄来，看展览史料。旋下楼，余与在园中石凳上坐谈颇久。决请李转交呈主席件，陈朱分呈各一。呈稿余看过。

八月十一日　　　稍闷热。

上午闷，略热。十一时到办公室，移会议室，参加纪念周。无人报告。安秘书读党员守则即散。接陈汉程外甥孙由山东滋〔淄〕阳来信，谓现任第三兵团兽医处处长，因接淦甥信，知余住址。欲复畅，又无纸，不果。

八月十二日　　　晴。

上午十时半到办公室，写复畅儿信、复陈汉程信各一。嘱兆先女儿抄《总理史迹》稿目录一本。嘉弟亦助抄。夜，学侄来谈颇久，余精神亦佳。

八月十三日　　　晴。

上午学侄借得小汽车，来座片刻，并到余办公室参观。余送他出后返办公室，复十弟信，贺英明生女，并告学侄呈蒋主席文章事。夜，学侄来谈。闻第四次中央全体委员会拟九日开会。日间中常会将开会决定。

八月十四日　　　晴。热。

上午十时馀到办公室。复亮儿信一。

八月十五日　　晴。热。

上午十时馀到办公室。头脑昏沉，不能阅作。欲写致淦甥信亦不果。接畅儿十三日来信。

八月十六日　　晴。旧历七月朔。

晨畅儿由罗店来，系奉被连长派到京武学书局采买书籍，顺便见我也。交阅彼奉到之师部日日命令，升任准尉代排长及在排长任职受训二月期满结合格之训令。至请假回家结婚之事，目前未便说。上午十时到办公室，未工作。下午畅往买书后回寓。学侄亦来，在草坪开饭，听他们欢叙。至十时半散。畅儿亦出城趁火车回沪转罗店去。〈给〉二万元。

八月十七日　　星期　晴。热。

晚，学曾侄来，与户外草坪放几二张，坐谈至十时半后，甚快。余右臂坐沾露怕冷，促他去，始就寝。嘉弟未同来。

八月十八日　　晴。热。

上午十一时到办公室，旋参加纪念周。安怀音读党员守则即散。阅先查抄之《总理史迹》稿十六页，为民国十二年十二月事。欲作章节，未成。须详细再阅，方能补作。夜，学侄来，仍作草坪坐谈。昨沾露，不敢坐久，不至十时即散。彼送我四十万元助医药费，收之，甚感。

八月十九日　　晴。热。

上午十时半到办公室，续阅重抄之《总理史迹》稿廿馀页，略明头绪，明日可作章节。下午晚间学侄再来详谈，邹志奋劝他为墨西哥华侨运动。余谓此事必可行。拟今日即写信到墨京国民党分部，嘱彼等造册寄京。

八月廿日　　　晴。午热甚,人皆感头昏。下午三时馀震雷数次。旋急雨过,仍然热。

晨龙毓峻铁元兄由渝来京,谈半刻(本月十四日到,现住中央大学),言多忘记。上午十时半到办公室,续阅《总理史迹》稿一本,完。拟作章节,未成。下午雷雨后虽仍热,但夜睡眠较安。晚饭后学侄来坐谈,将十时散。言墨京事已发。

八月廿一日　　　晴。下午三四时鸣雷急雨一阵如昨,后稍凉爽。

上午十时半到办公室,向倪志文取回其所抄《总理史迹》稿目录及十一年之史迹稿,欲查阅再作章节,以免先后不合。乃查阅结果,愈觉紊乱,未能下笔。

八月廿二日　　　晴。下午五六时间急雨大风一阵。

上午十一时到办公室,接秘书室通告:中央秘书处函开,中央党团联席会议及第六届中央执行委员会第四次全体会议,定本年九月九日举行。经中央决定,议题为《如何加强本党革命组织革新政治,完成戡乱建国贯彻后期革命之任务》。本会定本月廿三日上午九时,在会议室举行座谈会,召集干事以上人员出席,依照议题讨论,以便届时提供意见。再向倪志文取回《总理史迹》稿第六章第十七、八节原稿,查阅十七节半本。未完。

八月廿三日　　　晴。

晨七时起床,本拟赴九时会议,乃开门风甚大,受感冒。上午即觉头昏,不能出门。下午仍大风未止,复登床静卧。

八月廿四日　　　星期　晴。

上午黄瑶康来,谓陈逊斋医师已由渝返京,俟打听得住址及诊病时间再告。

八月廿五日　　　晴。

上午十时半到办公室，即参加纪念周，轮着安秘书读党员守则即散。连夜与学侄谈家中旧事，甚有味。前昨二夜谈伯父在潮州初开"和丰运馆"事，尤有关于社会商业，此等故事，汇集即地方历史，惜无暇执笔编纂也。接重庆李锡光廿三日邮快函及邱剑侯遗属捐助簿，即复。

八月廿六日　　晴。

上午十时到办公室，阅读《总理史迹》稿抄本原未校毕之部分第十七节。未完。

八月廿七日　　晴。孔圣诞，放假。

牙痛，右脸微肿，欲往中央医院治疗，嘱杨氏先往挂号。据言牙科医生未到，因圣诞放假，各科亦停诊。

八月廿八日　　晴。

牙痛，未到办公室。

八月廿九日　　晴。下午四五时间雨一阵。旋大风，至夜未息，月亦甚明。

上午十一时半到办公室，补写廿六、七、八日记。寓内上中元节，具牲醴之仪拜祀先考妣暨大姊之灵。接到南京市财政局征收地价税通知书。余与淦甥合买观音桥之地，自今始每年征地税二万五千馀元，纵不做屋及种植，亦须纳缴。

八月卅日　　晴。

上午十一时半到办公室，并亲到总务处领本月份薪俸。因鲍工友请假，无人可使。接亮儿八月廿一日来函，尚未接余八月十四日信，可怪。来函亦航平也。

八月卅一日　　星期　晴。下午六时雨一阵。

上午偕杨氏、学侄、抗儿雇三轮车二辆往汉口路廿八号丘心荣

家访谈,食午饭后始辞出。余与杨氏、抗儿先返寓。学侄留谈后再
返。从前奋吾弟曾在丘家教读,(丙村大石背丘姓小学。)心荣大嫂
即其学生云。

九月一日　　　阴。多风。

上午十一时到办公室,即往会议室参加纪念周。李治中报告,
安怀音读党员守则。坐颇久,均无闻。

九月二日　　　晴。

牙似又脱一个,但未见剧痛,又不知牙落于何地。只右边牙龈
微隆起,以手摸之,有大空缺,知或脱去一牙耳。

九月三日　　　多风,晴。

下午五时到办公室,学侄与陈翼平君来,为余看病。陈在墨西
哥京城与学侄同居(先亦在新闻社同事),曾习医,现由墨返国,就
广州中山大学医学院院长,住励志社。学侄为言余病,遂邀一看。
未用医疗器具诊察,特谈谈也。余招待在会客室,谈至七时半,请
到宿舍食饭。既至宿舍门外,彼坚辞,偕学侄去。谓在励志社食客
饭。余觉所谈犹未详尽。

九月四日　　　晴。热。

上午欲往办公室未果。牙病未根除也。下午候学侄不到,又
未往办公室。

九月五日　　　晴。

是日为旧七月廿一日,先妣寿诞。午在宿舍设主拜祀。晚间
学侄到,即转往励志社。

九月六日　　　晴,多风。

上午十一时到办公室,自牙病至今未能治事。今渐愈,明日或
可办公矣。

九月七日　　星期　阴雨。

自晨至晚小雨数次，且甚凉，秋意深矣。前日闻学侄言，戴季陶院长九月九日在联合国中国同志会作学术演讲，拟以学曾为笔记。但俟九日方决定通知云。候学侄未到，谅为雨阻亦未定。

九月八日　　晴

上午十一时到办公室。下午陈立青姨丈由镇江来，谈至晚饭毕始去。学侄来，谓因候车，故迟迟。为戴季陶记录演说，今日未得通知，似无效矣。

九月九日　　晴。微阴。

上午十一时到办公室。自八月廿六日搁下未校完之《总理史迹》稿抄本，今始续校阅完毕。下午学侄来，言上午往中央参加党团联席会议开会典礼，总裁致训词约四十分钟始毕。会场中遇李次温先生，闻曾养甫、李翼中均到会，但未晤。彼正托陈翼平为余作诊断书。

九月十日　　阴。下午略有日色。

上午十一时到办公室。天阴，体觉不适。欲写信未能。午间陈汉程由山东来，谈至将晚始出下关，搭车去。下午学侄来，携有戴季陶书"式好堂"三字，甚佳。余久思托人请求而未得者，今得之，殊喜。晚小雨，学侄未来夜饭。

九月十一日　　晴阴半。下午日色较多。

上午十一时到办公室。欲照总裁祝寿专刊内蒋星德文内所叙总裁赴俄及创办黄埔军校等事，摘录入《总理史迹》稿内，以便补作第六章第十七节以下之节目，未果。下午日色较多，人体亦较健。兆先女儿本下午缴学费三十八万五千元，邀免五十一万元。若全缴真可怕矣。

九月十二日　　　晴。

天色晴朗，人亦较健。上午十一时到办公室。下午体又疲软，小便甚急。夜饭七时即开。学侄未同食。闻张主任委员自青岛回京，今日曾往中央开会。余拟明日往见。夜小便尤急，换裤二次。睡亦欠佳。九时上床，至二时食葡萄糖后，三时馀睡至四时馀，复睡，又至六时醒。

九月十三日　　　晴。

晨，学曾侄来，谓在中央闻悉本上午中央不开会，想张委员或在此办公，特来请谒致敬礼也。余即到办公室，拟陪之晋谒。乃询未来。学侄即去，留下陈翼平为余所作诊断书，此学侄自求陈君作也。

九月十四日　　　星期　　晴。

晨学侄电话，谓雇汽车来，邀陈翼平偕余共游陵园。上午十时馀车来，余与兆先、抗曾二儿即出，同乘出中央门。自去年十一月还都以来，此为第一次出城也。先往明孝陵，石人石马附近看玑珇毕，由陵园到总理陵下，不敢登，仅驱车过，在车中仰瞻而已。至灵谷寺停车，拜佛求签后，坐寺前卖茶处，约十二时矣，食斋面，毕，车来接。行不半响，机械坏了。修理加油，至三时始行。过本会门口，余不下车，兆先入内取二种维他命丸一粒，开水一樽，送至车中，余吞服毕，车复开出玄武门停歇，另雇游艇一只，遂游湖。久不见玄武湖矣。十年重见，百感丛生。舟子亦似有所知，不待客命，即由湖心向西南鸡鸣寺山后而行。旋向东北，穿过桥二次，回湖神庙后，仍至初开船处泊焉。再登岸，坐三轮车返会，已晚八时矣。学侄与陈翼平同在寓食饭。

九月十五日　　　阴。早暮皆雨，但不大。

上午十一时到办公室，闻做纪念周，未出席。

九月十六日　　　晴。微阴。

学侄电告，中央各部首长合请宴，下午不能来寓，并拟明日赴沪，当于明上（?）午来寓再谈。

九月十七日　　　晴。

上午十时半到办公室，未能看史料，钟孝先亦不分配于我，不知其何用意。下午四时半再到办公室，写所忆祖上坟墓地点及祖上名字，预筹寄秋祀费款。旋学侄言，今晚赴沪，日间赴港转汕。拟即将款托他带往，免汇费。旋嘉弟送学侄出门。

九月十八日　　　晴。

上午十时半到办公室。昨夜学侄在寓饭后动身往伊住所上海路取行李，再往励志社邀陈医生同伴出下关车站，搭车赴沪。杨氏手交他卅万元，嘱带至家，分交各人如左：秋祀费十三万元，计折洋、深坑、丹竹坑、药潭坑等处共有祖墓十三穴。秋祀费（各）一万元。应交何人办理，由学侄酌办，余未写信指定。宝田二舅寿敬十万元。子靖叔四万元。泉新侄孙二万元。去年在重庆，接泉新来函，以做米贩生意需款。余即复允助二万元。一搁再搁，迄未实行。心殊不安。今币值日落，二万元实不及去年之半数矣。以上廿九万元尚馀一万元，当时如何说法，余已忘却，或即作秋祀费。因伯父墓前之附墓坟究为几穴，余实未知，实应俟询确再定祀费若干。

九月十九日　　　晴。

上午十一时到办公室，许师慎来询《总理史迹》稿，余以分章节未定复之。下午赖特才兄来，谈约二小时始去。甚畅。闻李次温今日赴港。

九月廿日　　　晴。

上午十一时到办公室。抄"吾家应办秋祀之坟墓"单,拟分寄学侄、亮儿各一。

九月廿一日　　星期　晴。

晨购得金银花,泡水当茶饮一杯,午饭后用。银花再煎汤洗手足。所患之疮似天泡疮者。兆先代抄"吾家应办秋祀之坟墓"二单,拟分寄亮儿、学侄各一。

九月廿二日　　晴。

上午十一时到办公室,写致学侄信一。附秋祀坟墓单。寄汕头权超转交。下午接学侄自沪来信。

九月廿三日　　晴。

上午十一时到办公室,写复学侄信一。上海凤阳路十六号兰集。

九月廿四日　　晴。

上午十一时到办公室,写致亮儿信一。附秋祀坟墓单一。夜,闵孝吉夫妇来谈。彼等迁寓北门桥鱼市街五十一号。孝吉为李翼中招致,不久往台湾省社会处工作。余拟日间请他、饯行。

九月廿五日　　阴。

上午十一时到办公室,写致淦甥航空信一。

九月廿六日　　晴。

上午十一时到办公室,写致子靖叔函一。内由汝瑞面交陈翼平函一。

九月廿七日　　晴。

上午十时半到办公室,接毛旭东廿四来信,云胡家存余之银盾石章均寻不见,似被人窃去。日间胡承福之妻来面陈细事云云。写致十弟信一。下午接十弟信,并汇廿万元。

九月廿八日　　星期　晴。旧历中秋节前一日。

下午请闵孝吉夫妇来寓小宴，自备肴席，约廿万元。因闵将赴台港，特为联欢。倘余不死，则明年亦将赴台，有李翼中、邱念台二人可为东道主也。夜初云多，旋云散月明。

九月廿九日　　晴。微阴。夜无月。

上午十一时到办公室，是日本会职员往监委会做联合纪念周。罗副主委演讲。余未往。莫纪彭亦未往。钟孝先亦不往。未知何故。接陈立青来信一。

九月卅日　　阴。

疮疾作痛，未到办公室。

十月一日　　阴。

疮疾作痛，未到办公室。上午接学曾卅日由沪来信一。已迁寓其友周舜萃家，约本月二日可起程赴汕。

十月二日　　昨夜雨，今晨仍落小雨，旋晴。

上午疮疾犹痛，未出办公室。

十月三日　　阴。

疮疾犹痛，未出办公室。

十月四日　　阴雨。

疮疾仍痛，未出办公室。下午，立青由镇江来寓，欲邀办米店事，尚无店址，暂缓。晚饭后立青往城南。

十月五日　　晴。

疮疾剧甚。晚饭后立青返镇江。

十月六日　　晴。

疮疾出脓血后，稍愈。上午欲参加纪念周，以时过未果。下午接畅儿十月一日由昆山之来信，谓二日将往常熟一带，队伍暂无调动。

十月七日　　　晴。

天气好转，人体亦较佳，疟疾顿愈。上午十时出办公室。先至曾介木、李振宽处谢步，因余患疟疾二人曾临视也。接汝照弟自桂林汇来五万元电。

十月八日　　　阴。晚间小雨一阵，旋止。

晨七时起床，因天阴人亦疲困，不能出门，又不能再睡。照弟汇票由杨氏交总务处派人往取。下午接十弟昨日来信，谓学侄既于四日午乘美邮船赴港转汕。

十月九日　　　晴。

上午十时到办公室。下午周绍武先生来寓化病。因身上穿衣太少受寒。晚上病症突凶，起坐都很困难，实有难过长夜之感。

十月十日　　　晴。

精神较昨天好些。下午周先生仍未来寓化病。是日为双十节，满城热闹。余病不能出门，夜倚房门口，盼望电灯牌楼，不能久立。

十月十一日　　　晴。

早起人觉稍愈。接陈汉程来信。晚嘉弟来寓。兆先下午去文化会堂参观图画展览，带回一张邮票说明书，看看倒也有趣。

十月十二日　　　晴。

精神又较好。周绍武先生仍来寓化病。

十月十三日　　　晴。

精神很好，未出办公室。下午去理发并洗头。吃晚饭时，忽觉身上寒冷难当。饭后即倒床。先冷后又大热（体温 39.4℃），口里说着呓语，看来很难挨过。古映藜、李振宽、曾介木、徐文珊、许广源等来看视，并拟送往中央医院。但后来因热度太高，不能外出，以免重受风，故未去。下半夜人较清醒，热度也退去了。

十月十四日　　　晴。

晨八时嘉弟来寓。精神稍好。周绍武先生来化病。（上午与下午）下午嘉弟又来。

十月十五日　　　晴。

精神更较昨日好些了。下午周绍武仍来化病，并且陈赞豪菊如，来访。相谈很久。四时许又开始发冷，后又发热，且呕出许多饭粒与痰。嘉弟下午来，至晚上九点钟才去。接学侄十月十日在香港得基堡船中来函。

十月十六日　　　上午阴雨，下午晴。

精神又较好，但觉疲倦。下午周绍武又来化病。正在化病间，丘心荣偕钟岳南贯鲁。钟鲁斋来访。钟岳南先生是刚由新加坡回来的，他带来谢大宁的名片一张，并他送的两瓶（大瓶）三星牌白兰地酒。坐未许久，他们就走了。

十月十七日　　　晴。

上午同雪痕、赖树杭去中央医院看病。执陈院长翼平所写之名片去访中央医院院长，经院长介绍胡医师看，但胡医师因病请假了，所以只好随便由院方所派的一位医师姓郑的看。他说不是疟疾，只是受了一些寒。吃了他的药也不见好。下午三时许仍发冷，后又发热。

十月十八日　　　晴。

在会里领了"安的平"数片，按时服下。周绍武先生下午来寓化病。

十月十九日　　　晴。

上午吃了一片"安的平"，中午又吃二片，下午病果断。周先生来寓化病。下午嘉弟来玩。接子靖叔来信。

十月廿日　　　晴。

精神较好。接陈汉程由山东来信。

十月廿一日　　　晴。

嘉弟来寓言,十弟夫妇将于廿三日早七时乘火车来京。今日精神又转好。

十月廿二日　　　昨夜雨。今晨阴。午晴。

上午邹(器之)先生来谈,安(怀音)也来谈了一会。下午接亮儿自梅县十月十六日所写之信。久未做诗。下午立门前观小圃菊花,口占一首,安先生来,即写给他。兹录于左:病中重九即景口占

白日忽露光,微寒犹袭人。满城风雨后,场圃鞠华新。伫看意迷惘,不知秋也春。

十月廿三日　　　晴。

上午精神较好。静坐良久,但脚尚乏力,仅在室中行廿步外即欲倾。下午十弟夫妇自沪来看我,相见感极。弟之地政局科长席,询适被调,既自结束候新任接代,遂藉此得暇来一行也。带有青果一篓,取香蕉二条食之,甚美。尚有柚二个,梨数个,均南京所不易得之物。坐不久,弟手交来一百万元。余不敢当,固辞不获,仅且留下再作区处。渠戚蒋星德同来,旋先去。弟亦旋去,拟往蒋寓食宿,先约好也。旁注:梅县下市张明序,由汕头带到权超侄信并海参、江瑶柱一包,谈甚久,欲留饭,他不允。眉注:张法仲号明予,梅县下市人。以前在北平、天津与绍椿(佛山)弟相识;现任新疆省议员,来京运动参选国大代表,过汕与伟珊见面,权超因托带海味。彼有友巫耀宗在教育部工作,引来余寓,余固未识巫也。

十月廿四日　　　晴。

上午精神益佳,脚亦较健。杨氏扶行出至办公室,写上段日记[①]。以前日记均兆先代写也。查签到簿,余自十月九日未至办公室矣。复陈汉程信一。下午十弟夫妇来辞行。本晚或明日回沪,当由蒋星德处动身,不再来此。嘉弟旋来,谓当送他出车站。

十月廿五日　　　阴。下午雨。

上午天阴人困,未出办公室。

十月廿六日　　　星期　阴。上午十时雨一阵,旋止仍阴。

晨,李振宽来,邀往大行宫广州酒家食点心。余正想食包饺,即应之,并偕杨氏、兆先、抗儿、晚女等往。座有张侠峰先在。食品甚多,先出春卷一碟,嗣有烧卖及大鸡肉包、叉烧包、粉果、鱼生粥等,总共价十四万四千元。闻系按碟计钱,每碟为一件,每件价二千五百元。余初拟与李合请,杨氏带出十万元。但李不允余款。归后余与杨氏商拟下周请李也。

十月廿七日　　　晴。

晨早起。是日为抗儿诞辰,以鸡蛋煮挂面点心。食后为上午十时,忽欲再睡。复登床,睡至十一时再起,补写以上各日日记。下午接黄由甫《六十年之我》一本。改稿重印者,即阅一过。

十月廿八日　　　晴。十一时后转阴。

上午十一时到办公室。复李锡光信一。邮十万元捐助邱剑侯遗孤教育费。

十月廿九日　　　晴。

人甚困倦。上下午均睡一次,约点馀钟始起。上午睡起时,姚雨平兄来,余告以近患疟疾新愈。彼即谓来时本拟购些食物带,偶

---

① 按自十月九日至廿三日,日记由其女儿兆先代笔。——整理者

忘未带,谨赠零用银,请收。余坚辞。仍力不肯收回,不得已收下,计数为十万元。感极。下午本会发十一月份薪水,余领得三百六十万元。

十月卅日　　　晴。

上午又小睡一觉。午饭后大便一次,人渐健。二时许到办公室,接学曾侄廿三、廿五日共封信一缄。自汕头广州街六十六号寄,即五姆(翼南弟妇)与南曾侄等之公馆也。其公馆全家有来,因翼弟妾珊妹,桂芳(南侄媳),小宝(权侄女幼子),凯春侄女(或为南侄之女)。知汕头市有谢通芳为广东省银行经理,谢惠畴为交通银行出纳主任,刘正杰为南华学院总务主任,饶士磐为岭东甲种商业校长。又有李公明现由厦门调长汕航政局办事处。人才济济。南华、甲商二校均请学侄往演讲。汕气候和暖,侄拟住汕一星期再返梅、丙,计即约在今明日方由汕动身也。(眉注:学侄系于香港廿一趁太古公司之海南轮船廿二到汕。权超派电轮掣南曾、瑾曾、渠宗接船。绍椿[伟珊]廿四夜请学侄,菜甚丰,有燕窝、海参等味。伟珊详询余病况,主服中药及药丸。)

十月卅一日　　　晴。

近数日俱早起,天黎明即不能睡,起坐床上至晨八时。杨氏助我穿棉马裤毕,乃洗脸食点心,在房中徐步,有精神则出办公室。今日脚忽更软,不能徐步,点心后坐而不起,且思睡。十一时遂复登床,睡至将午饭始起食。下午在藤椅上困坐,至夜饭就食毕,略健,始起,缓步在房扶杖行约七八十步,近床时几倾跌,乃罢。遂全日未到办公室。幸夜睡颇宁。昨欲往中央医院检查身体,杨氏先往询问,云检查者乃无病之人,若有病者不检查。废然而止。转决意日间改就施今墨诊治。

十一月一日　　　晴。

晨欲往施今墨处，转念不如立冬后再往，以便决食参茸与否，因止。上午十一时至办公室，先见李振宽、赖树杭，约明早往广州酒家食点心。复毛旭东信一。

十一月二日　　　星期　晴。

晨偕眷属全家并约嘉弟、请杨科长、李振宽、赖树杭等，到广州酒家食点心。至十一时始散，共费廿一万元。上星期李振宽请二十四万（十四万）元馀，此次较便宜。余最爱鱼生粥一味，他皆可食可不食也。午饭延至下午二时，因过饱之故。

十一月三日　　　晴。

上午原拟到办公室，因昨日过饱，体犹不适，未克往。下午稍安，睡至三时始起。

十一月四日　　　晴。

上午邹永成至寓坐谈，明后日回湘竞选，备言现航路缺乏船只，沿途匪患披猖，行旅受害，几如前赣省之难走，可慨可叹。写致权超信一。

十一月五日　　　晴。

上午十一时至办公室，复十弟信一，又陈立青信一。

十一月六日　　　晴。

昨日有到办公室，钟孝先送一公事来，我看陆〔孟〕宗舆案，原为前月我审核者。因多不实在，批拟函陕西省党部查核。现陕西省党部复称：（一）李根源任省长时，秘书长及省警局长并非陆〔孟〕宗舆，更不知此人云；其（二）（三）各条无从稽考等语。秘书孙先生、代主任委员批：先送总纂室知后，发交总务处存。余甚赞成，谓此案即应撤销。存者即撤销之别名也。问钟有何意见？他说无意见。余谓既无意见，即了矣。今早来，忽又将案送我阅。余问他是何意思？则谓此应送交征集处、不送总务处。余曰，然则秘书所批误矣。即往见孙秘书。正言间，钟跟来，孙与谈。结果将余昨加批"照交总务处"字样加"将原件交总务处"而散。原欲复亮儿信因此未写。接李锡光信，知前汇十万元已到。

十一月七日　　　晴。

上午十时出办公室。见门外摆菊花多盆（昨报纸先登本会展览名菊之说），因往观赏。近大门外数盆颇佳，但脚乏力不能久立，又不能行遍全院巡观一过，几乎跌下，适赖树杭在，乃呼他扶返处，此为数月来出游花园之第一次也。前约八月上中旬间，学曾在此，余尚每日上下午游园一次，自疮疾发生，加以疟疾，遂止，不复游矣。

十一月八日　　　阴。今日旧历立冬。

上午九时即至办公室，因闻会中菊花有移总理陵园陈列说。余昨日看未足，欲再看。询封德三有无此事？据答，并无所闻。想非实也。接毛旭东十一月六日来信一。复亮儿信一（航平寄）。

十一月九日　　　星期　　晴。

上午偕杨氏及抗曾、兆晚往广东酒家食点心，李振宽则往励志社，邀伴游栖霞山。中途李言，新开大三元酒家点心更好。遂改道往。至则各食品并不见好，惟新布置，食堂较洁耳。余最喜鱼生粥，尤不佳，乃以什景〔锦〕充数，尤令人扫兴而归。接学侄自汕头六日来信，改计不回梅。

十一月十日　　　晴。

上午到办公室一坐，旋往施今墨医室（延龄巷东方饭店）诊病。谓病已除，惟虚弱需补。前购鹿茸正合食矣。开方嘱服五剂。余请改制为丸。即往湖南仁苍药局，嘱依方制之，约期三日再取。价约四十馀万元。接陈恺表又侄结婚请酒帖。是夜起，临卧饮同仁堂制虎骨木瓜酒一小杯。

十一月十一日　　　晴。

晨六时起床，如去岁初到京住办公室时早眠早起之例，拟从今日起行。但晨八时用点心后，复睡至十时馀始醒。十一时到办公室。托李振宽寄贺仪廿万元并函贺陈恺表又侄。

十一月十二日　　　晴。总理诞辰，放假一天。

上午八时到办公室。未先发放假通知单，余到处，见门锁，工人不到，乃知是放假也。意或外院有人在，因出观，乃只插旗多面，无人在也。看菊花尚茂，但脚不能久站，即返宿舍小睡。午饭后又睡，自二时至四时。

十一月十三日　　　晴。

上午九时到办公室。昨日上下午睡二次，夜不能多睡，致十二时后始成寐，但尚酣足。前日施今墨谓病已除，只待补益，其言信矣。由宿舍到办公室，行步不稳，几度欲跌，此犹病状也。复学侄信一。

十一月十四日　　　晴。

上下午精慧思殆，未出办公室。接陈汉程徐州十一月十二日来信。夜起服施今墨所拟方制药丸。

十一月十五日　　　微阴。午晴，晚又阴。

下午到办公室。于右任、居正、李文范、张继、罗家伦、徐忍茹六委员在本会会议室开会，议本会改为"中华民国开国文献馆"问题。通过。（全案未录）

十一月十六日　　　星期　晴。

　　晨原拟率全眷往广东酒家吃包子、鱼生粥，以晚女夜来发热，晨风力难当，遂与抗曾留在家，仅余与杨氏先往，兆先缓一步续来。在酒家所食之鱼生粥比往日更佳，其他杂件减少（初每件定价二千五百，上周起至三千，今日询为五千），只每人吃大包一个，春卷一个，粥一碗，兆先与杨氏共一碗。共费五万五千馀元，车资未计。

　　十一月十七日　　　　晴。微阴。下午至晚更阴。夜大风并有雨。

　　上午九时到办公室，未出席纪念周。写条向秘书借廿万元。初与杨氏议借五十万，乃落笔时忘记，又写廿万。脑筋之力仍不佳至此，奈何！

　　十一月十八日　　　　晴。冷。寒暑表五十三度。苍蝇自毙。

　　上午十一时到办公室，身上甚寒。余初戴手套。见封德三亦用皮手套，乃知非病之故也。始看寒暑衣，天气果已寒在六十度以下，若在重庆已隆冬矣。接平曾侄十一月十日来信、陈立青十七日信。

　　十一月十九日　　　　晨阴。上午九时始见日。四十九度。

　　上午十时半到办公室。复平曾侄信一。接十弟十八日信一。

　　十一月廿日　　　　晴。表四十五度。

　　上午十时到办公室。昨夜甚寒。今晨小儿女俱冷甚啼哭。何天气遽变至此耶！看表，果再降数度矣。似昨年未有是也。昨年十一月六日到京，余举家住办公室，尚和暖。今宿舍却寒得多。复十弟信。

　　十一月廿一日　　　　阴。表仍四十五度。

　　上午十时到办公室。昨接工友交来签到簿，内夹党员登记表三张，未询限何日用。询封德三，说今日即要填送。但余无相片，拟俟日间摄照，再填表。写复陈立青信一。下午接何凯诒自四会县政府来函一。

十一月廿二日　　　晴。表仍四十五度。

上午十时到办公室。在柳聘农位上有《中央日报》一份。取而阅之。见戴季陶院长致陈立夫辞国大代表选举函一件。另有昨日开始妇女职业团体选举记载各新闻。二条巷国民小学校（抗儿读书处）放假，被借作投票所。数月来以今日阅报为最多，脑部觉微晕，小便即急出。知病仍未愈也。

十一月廿三日　　　星期　晴。旧小雪节。未看表。星期日人不到，门被锁。夜雨。表亦四十五度。

下午往逸仙桥对过新开南京照像馆照相。二寸半身，登记表用，共一打，约明日取。初出门，脚不能行，几乎跌在石板上，幸刘梦云同志牵住。晚回寓时，畅儿由常熟南翔来，携有亮儿由梅县来信，阅之。适赖树杭坐谈梅丙一带土匪滋事事，与信所写绝对不符。足证谣言之不足信。是夜起病，至十二月二日止，中间各日事均未记，亦未叫女儿代记存，致全缺。来信并已失却，未记其来日到日。

十二月一日　　　阴。早晴旋阴。

上午十时到办公室。往秘书处与孙秘书谈曾某君算命事，欲托他与张主委商辞职。彼言，余事现颇难言，遂约从缓再说。略阅报，似无要紧事。见安秘书由国府纪念周回，乃辞出，返己室。见莫纪彭、姜伯彰俱往会议室做纪念周，似有所密谋，或将不利于余。余自忖，此时自然应受到不利之待遇，无所谓也，听之而已。将返寓，看寒暑表四十六度。

十二月二日　　　晴。

上午十时到办公室，写致何凯诒信一。表仍四十二度。

十二月三日　　　晴。

报载昨日酷寒，下关有冻死人之事。急看寒暑表，仍四十六度，亦未生热气管。报纸不知是何根据而云然。写复闵孝吉信一。

十二月四日　　　阴。下午及夜雨。

天气阴雨，人体极困，未能出办公室。接温氏媳瑞明〔香〕致兆先女儿信。甚慰。

十二月五日　　　晴。

上午十时到办公室①。

———————————

①　日记至此结束。——整理者

党史史料编纂委员会纪事

龙铁元[*]

一、机构之成立及组织

国民党设置党史会之提议人为胡汉民,事在1929年3月。该机构初名党史编纂委员会,一以网罗旧闻,不使湮没;一以安置老同志,无使失所。经审查后,加史料二字,名称为党史史料编纂委员会,直辖中央党部,于1930年5月1日在南京正式成立。

其组织为常务制,设常务委员五人,委员及名誉委员无定额。下设秘书处,总务、征集、编辑二科及史料档案库,三科一库主管称主任秘书。主任之下有干事、助理、馆事三级,另有编纂十六至二十六人,薪级视同处长,分任编辑审查。1936年1月改常务制为主任制,设主任委员一人、副主任委员二人。秘书处增设主任秘书一人。史料档案库改档案处,主任改处长;增设科长,秘书;主任委员之下增设总干事一级。编纂改称纂修,纂修又分征集、编辑、审查三组,由主任委员指派分任,每组要指定一人为主任。未几,又别组总纂办公处,总纂由主任委员自兼,指派纂修若干人任编撰审

---

* 作者于1905年加入中国同盟会,1930年参加党史史料编纂委员会,历任采访、人事室主任、主任秘书等职。

查。迁豫时又增编审二人,薪级视同处长。迁渝以后,增设人事室主任,薪级视同科长,又增设工作设计考核委员会,分别指派无任务之纂修充之。1945年又增设专门委员,薪级视同处长,不常置。馆事改称佐理员,另增服务员,为雇用职。还都南京后以经费附庸于国史馆,员额缺而不补,识者谓为末日至矣。

二、历届主管者之人选及其作风

常务制期间,常务委员为胡汉民、戴传贤、林森、邵元冲、叶楚伧,直至1936年改制,虽胡汉民被拘禁,其缺额亦未别补。改主任制后,邵元冲任主任委员,罗家伦、梅公任任副主任委员。邵元冲西安遇害后,张继任主任委员,1943年梅公任去职,改任徐忍茹为副主任委员。1947年12月张继卒,两月后,始由戴传贤兼,竟未就职。

史会最初负责者,只胡汉民、邵元冲二人,皆能循名责实,推进业务。胡汉民个性强,终被蒋中正拘禁,旋即返粤,未能尽其设施。邵元冲在职六年,建议设史料陈列馆,亦颇足称,唯陈列馆工程未竟而"玄圃"落成,不免遭物议耳。邵元冲新宅在重庆(当系南京。——整理者)城内童家巷,元冲本号玄字,据说其母梦玄鹤投怀后生邵元冲,故名,以避清帝玄名,改玄为元,私宅故名"玄圃"。

邵元冲去西安本非因公,闻其谋划主皖,故往西安接头。遇事变越窗而逸,为人击毙,当局美其名曰殉难,竟予国葬。然枢归后,其旧人张默君请以陈列馆治丧,又为中央常务委员会否决。

张继1906年在日本时,曾约多人赴保皇党之演讲会,捣其会场,故有"暴徒"之称。北伐以后,优柔取容,人称好好先生。在职十二年,上怵于总裁之权威,下怯于众人之谗言,故于事不敢有所建白,于人则又不辨奸贤,喜怒无常,举措失当。1948年12月张继卒,万一国葬,且要尸入陈列馆殡殓,以大礼堂作灵堂,撤去总理遗像,停止史料参观。果真如此,不知何等荒唐。

梅公任无所长短,仅于迁渝之后代主任委员一职,以后即不到会也。

徐忍茹就职在史会驻宝光寺时,虽移家会址附近,但日高三丈,尚一榻横陈,自称总裁特许吸食鸦片。他有时尚能主持公道,然亦不敢稍逆张继,恐遭打击也。

罗家伦始终未参加会务,唯一次代行主任委员,曾到会一餐耳。

三、史料及会址之迁徙

1937年"八一三"沪战爆发,张继决定史会立即转移,由南京经长沙、武汉转至重庆,一路艰难跋涉,费尽周折,始达目的地。

到重庆后,首须安置者为史料,经川人介绍北碚缙云山之绍隆寺,去温塘峡之温泉公园约二公里半,会中派余与时明苻监护。赁木船二,2月10日溯嘉陵江上驶,3日始入温塘峡,舍舟山行到寺,会址亦就寺中僧寨为之,大雄殿为大办公室兼会场,仍由内政部警察总队请得警士一排驻会守卫。寺中空无一僧,皆迁出也。

8月,璧山有匪警,张继令余与总务处长探嘉陵江北岸有无可迁者,觅得磐溪石姓家祠,直至10月2日始迁。余与总务、档案两处长,为此奔走重庆、北碚间月余。"碚"为川省奇字,谓岸石突出江中者。是日仍赁木船二,余率两科长及员工多人监一船,两处长专率其余员工监一船。到磐溪已黄昏,先已请石姓召集附近农人搬运,幸有月色,仍以优加犒劳鼓励,次晨7时毕运。祠凡两进,前进办公,有厢房二所,左右亦有群房,可居员工。此为第二次之迁徙,驻绍隆寺八阅月也。

1939年,更租得石祠附近之玉带山古庙。玉带山祠秦守李冰,川人尊曰蜀主,兴川中水利有功于民者也。小溪环境,门通石桥,绿杨成荫,故名"玉带"。后以修公路,伐树毁桥,殊煞风景。石祠惧火警,故又迁史料于此,石祠则专作办公之用。于是史会地址分而为二。未几史料又迁老鹰岩之吴家大洞,会址则仍在石祠,至7月始迁老鹰岩之古丛林宝光寺,距吴家大洞不半里,似合而实用也。石祠于1940年间解租,玉带山则直至1941年12月始解租也。

山洞藏史料最安全,而潮湿不能免,于是有警入洞,解除出洞。出入需人搬运,因此增工友多人,仍在常费中挪移。计自1939年7月迁老鹰岩,至1946年5月迁城内,几七年也。

史会迁重庆城内,租得枣子岚垭53号大宅,9月,全部还都,只留几人守护档案年余。盖因史会还都后,改中央党史史料陈列馆为开国文献馆,中央并未通过也。

会址迁乡间后,为与中央取得联系,不得不于重庆城内设通讯处。最初以余所居小梁子51号寓中三楼余室为之,未几,别租得九道门羊子坝一宅,迁去。1939年5月3日,寇机狂炸重庆,门外落弹未爆,即于次日大部迁磐溪石祠,通讯处则迁张继之曾家岩寓。1941年,复租得城内新民街63号作通讯处。1946年史会亦迁城内,始解租。

四、预算决算及收支之怪诞

疆土日蹙，收入锐减，不得不出剜肉医疮之下策，各机关紧缩预算，亦事势之当然。惟其他机关大都预为核减计浮造数字，而史会则以张继之小心翼翼，先已自行紧缩至最小限度，迨经核减，不能应付，于是东挪西移，怪相百出。如：一、1936年安徽水灾，史会奉令按薪级捐款。款已捐齐，以赈会结束，各机关均退还各捐款人，唯史会不照办，永存暂记收款中，款则挪移早罄。1938年，总务处新旧交接，尚有此项暂记请示。二、1937年，月薪折扣，通令自61元起折。直至1940年始原款发还，然而只值十之一矣。三、迁川之际，不向中央请发迁移费，而取用节余及暂记之款，不足则向职员勒索。四、1940年中央曾拨款津贴公共食堂，会中不予发放，而挪作建造职员宿舍之用。

经费之核减，有无问题不可知之，至会中收支流水，余曾一作监视总务处长新旧交接任务，收支两方之暂记，有若干条不能解决，至于请示办理，亦未知其结果如何也。如：一、收入项下一条，暂记收安徽水灾捐3135元，此款并未向中央交出，查各机关均因赈会收结束，退还捐款本人，本会不能独罢，请示办理；二、支出项下五条，其一，主任秘书徐忍茹透支生活费895元，此项透支除将未领之12月生活费扣抵外，不敷尚巨。其二，许师慎经手由京赴湘途中费用及到长沙后八九两月之报销单据1390.29元，还经许师慎造册寄京，徐主任秘书收下，未经交办。现在是项单据册根是否存在，以后造册如何衔接。其三，秘书室备用金600元，系徐主任秘书手条取用，原借1000元，曾还400元，馀600元尚未归还。

其四,陈果夫400元,是项单据计三纸,均系徐主任秘书签署。其五,谢荫民借支270元,系梅副主任委员核准,除由许师慎经手归还154元,尚馀116元。

还都后,史会预算不予独立,而附庸于国史馆,中央亦无明文规定,遂变为不死不活奄奄待毙之机构。姚荐楠、封德三诸人亦皆静坐办公室,不作嚣嚣矣。

五、纂修与采访

史会最初组织即有编纂,原为安插老同志之机构,宣告成立时,各方要人荐书纷至,姚荐楠、封德三等乘机进入。

寿县姚荐楠,自命为同盟会老会员,其来史会在1930年,为中委焦易堂所荐。后闻人云,姚荐楠常于纪念周伺于中委签名簿侧,见有权势之人至则趋前与握手,久之人亦不知真假。旧有同盟会员组织之已并入俱乐部,姚荐楠竟混入其中,后始知其为无赖。绍兴封德三,何时入党不可知,当1915年陈其美袭夺"肇和号"兵舰之际,竟卖党卖友。其来史会在1933年,或许为浙籍之故耳。

而老同志反多以见遗。于是更增采访名额,待遇为聘任,仍不免于滥置。如时明荐本以杀人犯监河南狱,乞怜某要人,为之进言于中央,谓所杀为袁氏之徒,实以忠党故横遭诬陷。某要人竟为电河南释出,到京即被任采访,时为1931年也。

又以待遇薪级之差别,竟有少数纂修歧视采访,时见诸言论行事。如姚荐楠、封德三均视纂修为至高至上,尝谓秘书室应受其指挥,尚有其他纂修亦为熏染。总纂办公处成立时,有采访杨静山参加工作,而处理日常事务之秘书亦为采访习文德兼任。邵元冲在职时,不敢有所论道,后竟谓采访不应入总纂办公处,邹永成常传之。迨邹永成本人改任纂修后,亦竟步诸人之后尘也。

而又以采访作降级之用,如纂修姚荐楠、邹永成、总务处长周曙山均曾以过错改任采访。

1938年5月,史会迁绍隆寺后,余与谢百城、杨静山闲谈,谓余等已得安居,而未及来渝之同人尚有滞留外地者,殊深怀念。于是草拟补救后到同人办法,即以三人名义书达张继。

至3月19日,张继在绍隆寺召集谈话会时,提出讨论姚荐楠谓诸人放弃工作,不能与来川同人有功者比,并与封德三、时明荐、李树藩攻讦徐忍茹、陈紫枫在南京贩卖毒品。

余谓不能并为一谈,我辈避寇来川,何功之有?未来之同人,除两秘书自行放弃职责外,均系梅委员及总务处临行不与通知,非诸人之过。如有自出旅费来川者,本会不能不予安置,诸人仍嚣嚣不已。张继乃令停止辩论,别提编辑处长高良佐窃藏会中史料书籍案,将语锋转向,补救案遂无形搁浅。厥后张继不谋于众,对未至渝者均一律补给月薪,即散居各地同人,凡其所在者,亦仍按地址汇寄半薪。1942年1月15日,在宝光寺开谈话会,姚、封诸人仍以为言。张继谓中央对老同志一本宽大,诸君当知之,未来诸人,只给半薪,且不与公粮,已极公平,不能再事刻薄也。但田桓在上海来书,谓半薪不足敷生活,当投黄浦江耳。

1942年5月,舅氏柳聘农任采访,时纂修、采访均有缺额。

是年,邹永成由采访任纂修,时明荐由采访改编审,旋改纂修。周曙山以总务处长改采访。1945年,邹永成以从军辞去采访,未几复任纂修。6月,余准辞秘书后,由采访改编审。次年,仍改采访。姚荐楠还都后由纂修改采访。

六、工作

史会定名标明史料，自以史料为工作对象。史料征到，先由征集处编号造册，呈秘书室，送总纂办公处，审核真假，指摘错误，分别存作史料，以备参考；发还改正、不予列号之类，经总纂鉴核后，仍送还秘书室特处分别办理。

最初审查会及在玉带山之审查工作，所加批语，虽由签署人负责，然每件均须经多数通过。至总纂办公处之工作，则系指定少数纂修、采访为之，他人不能与闻。在渝时之总纂办公处更由总纂指定一人照工作人数分配史料，众人各有主观，各不相谋，亦有互相换阅者，但不常有。于是以假乱真，甚至自造假史渗入其中者。如姚荐楠自造假史，粘其分配之史料上，张继鉴核时揭去。其馀凡自述经过者，不少夸大过实之处，均杂存库中。如邹鲁所著《中国国民党概史》，自称曾参加兴中会，然据 1932 年中央党部职员录考其年龄，则甲午兴中会成立时彼才 10 岁耳。

张继但以收藏丰富自豪，谓伪史亦可供参考，不必剔出，库存史料竟不能诚信矣。

史会编辑最重要者为《总理年谱长编》，初稿由汤增璧、彭邦栋二人主编。1932 年冬印本发出，征求老同志及各界人士签注异议，补充遗漏，收集后印成签注备编。自 1936 年 3 月 7 日至次年 5 月 22 日，除暑日休息外，每星期二次，集合在会全体纂修、采访开审查会 87 次，根据签注可采者核改初稿，每条均经多数通过，又用油印印存会中。史料到达绍隆寺后，曾指定纂修、采访若干人分组从事清理，为时一月。各组均称未见核改印本及签注备编，后编辑处在高良佐私人行李中查出史料及参考书籍多种,但以后未闻追究。同人年馀劳力不足数,此宝贵之史料化为乌有,实可憾事耳。现存者,仍系未核改之初稿,在重庆用油印版翻印者。

惟《总理全书》已分类编订成册,均系手抄本,未经印出,仍令再加整理审查。余以1943年3月参加,12月结束。次年1月,余又奉派一人作最后审查,其中有增有减,至5月始告竣呈核,闻孙科、陈立夫各借去多册,1945年末尚未归还,徐忍茹告我如是。

《国民党年鉴》之编辑,中央亦交史会,余亦被派为编辑委员之一。第一次谈话会,余即提出,中委中有数人,时而开除党籍,时而恢复党籍,应如何着笔,对方均结舌不能答复。后闻本为宣传部任务,由该部请交史会也。故本会对此项任务,竟搁置未着手。《国民党年鉴》自成立至1927年为第一卷,1928年为第二卷,1929年为第三卷,均已出版。1930年度已编成,系宣传部主编,经中常会审查不合,不允出版,稿选〔存〕本会档案库。1931年至1933年合编一卷,始交史会主编。

张继交史会前总务处长、后任采访周曙山之党史新编稿,余审得稿中错误甚多,文亦幼稚,曾批不予出版。未几,出版如故,审查归于无效。

《阎百川言论集》,亦作为史料存档,余不之顾,然亦有人批存作史料也。

采访一职为流动性,顾名思义,应分赴有关系处就地访问。然以经费无着,主官又不欲多事,乃一如其他职员或伏案执笔,或闲散无所事事。有人谓:"党史会养闲汉,老先生吃党饭。"非无故也。原来张继常称纂修、采访为老先生,于是滑稽者称各处科室职员为少先生,以资笑谑。

在玉带山办公时,张继派一馆事、二工友驻庙,而令居住磐溪之纂修、采访轮班办理日常事务。每班三人,每值二月,自认名次,周而复始。月终开薪时,则令出纳员携款来。姚荐楠居近水滨,百步处即有居民就岩石凿成之防空洞,为安全计,每送史料,张继令直送姚荐楠保管。姚荐楠遂缘此扣留寓中,一人批阅,不予公开。

1941年2月21日小组会议,胡国梁提出质问,史料应逐件公开,不能由保管人一人包办。姚荐楠称,送审史料每日均携来办公外,大家放弃权利,不来批阅,不能怪我包办。言毕奋拳击案,声色俱厉。

于是李树藩发言,谓我为现在值月人,每日必至,绝未闻姚君告我来有史料,即秘书室送史料来文亦未得见。

姚荐楠谓李树藩见过,李树藩力言未见,谓可向总理遗像发誓。姚荐楠直起扑李树藩,拳几及胸,余在其后,极力曳之后退。胡国梁取砚台欲击姚荐楠,为人攫去,乃取藤杖奋击其胫有声,并斥姚荐楠为死人,我今乃与鬼语。原来姚荐楠曾为倪嗣冲经理安徽留日学生经费,侵蚀万金。省中闻之,追索甚急,姚乃托同乡诡报病故,且向倪嗣冲求缓颊,其事竟寝。胡国梁闻龚德柏云。姚荐楠愤然自去。次日,仍会玉带山,姚荐楠谓胡国梁,有话好说,何必打人。

七、考绩

参与考绩委员会,自1941年度始,以后每年度考绩均有余在,计前后五度。1946年度以前未办考绩,1942年度以工作考核委员,1943年度以人事室主任,1944年度委以秘书,1945年度以总纂办公处处理日常事务。总纂办公处处理日常事务,以前本属秘书兼职。1945年6月余卸秘书,张继不与安怀音兼,仍以命余。

考绩分数以60分为及格,70分以上为良,秘书处长传令嘉勉,其馀晋薪一级。80分以上为优,秘书处长晋薪一级,其馀晋薪二级,或升职。不及60分为劣,降薪一级。不及50分为最劣,降职或停职。后又定为百分比,优等不能超过受考人员百分之十,良等不能超过百分之二十,因有机关全体均属优良。大受申斥,故定此百分比。张继在考绩会中,谓每次不能无劣等。余曾力言,减少优良,受者无所谓,至对于仅及格人员寻疵不瑕,良心实有未安,而况计分时未必错误惠称,此则不敢如命。张继亦笑诺。

1942年5月,张继手令总纂办公处及工作设计考核委员会工作同人均应参加考绩,着每月借考核表呈核。姚、时呈请收回成命,邀同人签名。丁象谦反对,余亦不以为然,呈文无第三人签署,遂未上报,张继亦竟不提。迨年终考绩,纂修、采访同人除秘书及有处室职务者外,仍均不予考绩。

1942年度以后考绩,两秘书及人事室主任为当然委员,其本身考绩,则由主任委员评分,与其他考绩委员无关。1944年度考绩,余以1月就职,章则规定各职员在职不满一年者不予考绩,应在不予考绩之列,而亦列考绩。

1944年度考绩册,以不合章则发还重造。此次考绩,为人事室主任邹永成专擅用事,调看文件既不齐全,更不细心查阅,遂至成为笑柄。两秘书评分本应由主任委员自定,亦擅拟呈,其中有五点不容错误而竟错误者:一、主任秘书刘崛与余同在80分以上,刘崛一年加俸,而余则给一次月薪奖金,不但两歧,而且高级职员月薪奖金办法早已明令废止。后经副主任委员徐忍茹改为晋薪一级,刘崛早达最高薪级,而余尚有级可晋也。二、档案处处长曾介木以 79 分而晋一级,徐忍茹加一分,为 80 分,维持原评。三、郑瀚吾距最高等级只一级而晋二级,经改为晋一级。四、许福元考绩后方升总干事,而名单竟列乙等职。五、考绩时,会中总干事只余二缺,考绩案已有两科长降职。又升干事杨本章,后改以调整升职,考绩仍予晋二级。以外无级可晋应改年功加俸者尚多,均予改正。

每次考绩,先由直接主管人拟定分数,历经上级核改,方到考绩委员会。其中不免有不负责任滥注优良考者,亦有因爱憎而评分不公者,需要纵观其平日成绩,才能不刻不滥。余自 1942 年任工作考核委员,又驻会中,除按月评核考绩表外,加以随时体察,对于各职员工作行为知之较审,有评分不公者,常就平日体察所得,提出改定,同人多无异议。1944 年度考绩,余以大病未愈,发表后,多有向余诉告评分不公者。余只能慰以努力工作,主管人自当刮目而已。

八、编辑《五十年大事记》

1944 年,中央为纪念兴中会成立五十周年,交史会编撰《五十年大事记》。张继指定林一厂为总编辑,余为副总编辑。编辑处长严济宽、征集处长许师慎、档案处长曾介木、总务处文书科长沈裕民、编辑处编撰科长张镜影、考订科长秦凤翔、征集处调查科长贾道曾、甄核科长杨嘉猷、档案处整理科长潘锡九为编辑,限期竣事。

余奉命即召集编辑会议,分任动稿,商榷凡例,并启张继所设领用款项及领用公物二册，随时便宜支取应用。即日调取卷宗史料，分交各编辑保存，以利各编辑工作中，款物支取不掣肘。

编辑组在30日内完成初稿，余与林一厂随时核改，交还重缮，备集装订，幸未逾限。不意中央竟将原稿发还，谓未能在宣传上注意，不便应用。只因编中避免丑诋异党之语，此不合用之总因也。

余谓交办时，未指明作宣传之用，一切均照客观修史办法，并无错误。张继无言。至报销册呈会，竟将已经发出每人二十〔千〕元之缮写津贴核销一半。时法币价值下落，只值票面百分之一，物价上涨又超过比例。而会中只有植物油灯，各编辑夜间工作常至午夜，即蜡烛一项，三十馀夜，已非当时千元所能办也。

余请刘崛转圜，其竟谓余不应专决。余乃召集编辑谈话，称其未准核销之一半，由余一人负责偿还。诸人为余言感动，均认只取一半，其馀一半作为借薪，在开薪时扣还，并当场各书借据交余，余唯唯而已。

史会又另发通告，征集国人革命事绩，以备出特刊纪念。余亦应征将所编《鳞爪录》稿录若干事，名《鳞爪录之鳞爪》。迨纪念特刊出，余稿竟未刊登，乃于主任秘书刘崛抽屉中发现，后始知稿中有日后参加共产党林某之名，故遭摒弃也。

《鳞爪录之鳞爪》既遭摒弃，余乃愤将《鳞爪录》全稿交正中书局刊行，并在册尾声明，于己不可造作主张，于人不取道听途说，事实真相，永负全责。除以三册呈史会外，且赠张继以下会中同事多人。呈史会文云："幼闻庭训，长习师承，偶从桴海之游，忝列同盟之友。自十九年滥竽史职，珥笔清班，久典缥缃，历参帷幄。繁霜在鬓，白日忽其不淹；落月屋梁，旧事纷其入梦。感时抚事，走笔成篇，综过去之见闻，作平生之检讨。"

九、合作社

合作社本为员工谋福利之组织,而当时之合作社竟与原则相反,市场如是,机关亦复如是,全权把持于一二人之手,只以少数资金周转,略装门面,而多数资金供其营私之用。余于1943年史会合作社社员大会中,曾与舅氏柳聘农提出扩大日用品购入,以利社员案,无异议通过,然理事会绝未执行。理事会主席历届均为总务处长安怀音连任,经理及营业员亦其处中职员,绝不避嫌,有恃无恐,他人无可奈何也。

公务员公粮为第一福利物品,中央规定直系亲属只有妻子而无父母。张继以同人质问,曾呈请中央解释直系亲属范围,复函声明只有妻及子女,其馀皆无之。后乃增加父母,最后改为无论有无眷属,月给公粮若干。

此本已不在情理之中,而奉行者又多方剥削。如:一、所发多劣米,有人疑其掉换,拨征粮后,米质有改观。二、粮库量米时,置木块于斗底,为人所觉,群起欲殴监粮之事务员。经事务科长李治中排解,减去木块重量,且声明以后当请监事会派人监视。三、公共食费食米,1942年余在食堂用食时,每人月扣公粮二斗,尚可以津贴工友之不足。闻以后员工均扣二斗五升,堂后人之善饭欤?

谁知盘中餐,粒粒皆辛苦,不啻为史会同人道也。至米之来源,不向县署拨乡农征粮,而用卡车从渝市载运,到山洞后仍须用人力肩挑,是以两俱不利耳。厥后张继亦以为言,乃拨征粮财力人力均免损耗,乡农乐于辇输,未尝延迟也。山洞为成渝公路中途站名,与吴家大洞隔一山,各种车辆均不能越过。

　　次则燃料之平价煤,每月皆有定量,所谓定量与配也。史会定约之煤矿近在山洞,相距不过数里,挑运极便。会中大厨房原煤成堆,谓顾全公共食堂,尚有可言。总务处长、事务科长寓中,均绝无缺煤之时,即或超过定量,则与相熟之工人打招呼,亦得及时补充。余等则时有缺乏,且过时不补,非以高价自买,或别找柴薪,不能举火也。

　　次则平价菜油,视进货多少,平均分配为原则,或多或少,月不一致,有无弊窦,无从知之。猪油价昂,多以之充食油,此亦日常决不可少之物。

　　1944年,余被推为监事主席,偶稽账册,见前一月馀油不少。当社务会议开会时,余起质问理事主席安怀音,前月油有馀,何以不尽数分配? 则以略零不便对。再日诘问,油在何所? 始以送主任委员公馆对。余谓此非法也,以机关言,主任委员为最高领导主管人,但以合作社而言,则应与一般员工同为社员,不得多享丝毫福利。至于进货数量、分配数量、剩馀数量,应随时由理事会公布。剩馀之货,加入下项进货分配,方为公平合理。其他日用品如糖、盐及非日用品之布匹,皆系定量分配之物,亦应如是。法律不咎既往,以后当从公道着手,不能有一毫偏向云云。此提议一致通过,请理事会照办。分配货物从此公开矣。

　　此外,纸巾、竹篓、布袜、火柴、酱油,本非定量分配之货,一次买进不多,常为有力者先领一空。乃改为抽签,不论职员、工友,先由需要者登记,然后视买入数量及登记人名,定期照登记项序抽签,由监事会派人监视。

　　第四届合作社改选后,直至5月,营业处尚未开门。副主任委员徐忍茹,严谕继任理事主席安怀音云:"合作社之组织,原为员工福利而设,应自清白勤慎,勉尽我为人人之义务。查本会合作社定章,每届岁末结束,乃竟超过四阅月,以款货交接未清,致社务无形停顿,违背组社原则。合作社上层经理许福先、营业员孙堂信,显系有挪移侵蚀情事,着自即日起,限一星期内,由该员等迅即弥补交出,以资结束。倘再延既,定予严惩。"许福元称无力偿还,请准预借薪俸,按月摊扣。经徐忍茹批准,如期完成交接手续,营业处始由继任者开始工作。至营私舞弊诸人,竟置不问。

第四届合作社改选后,分别推举主席,理事会已推举许师慎主席。不料前任经理许福元抗不移交,许师慎亦不欲任主席,乃函理事会辞职,请开会另推,于是安怀音第四次连任。

十、褒恤案

内战死事之人备辑巨册交史馆作史料,高级军官且交付史馆主传,其褒当不待言。党中要人,虽家产富有,仍蒙抚恤,如邵元冲之类,已得国葬,而子女场养年金,仍给至成年为止。至于出生入死之老同志,身后萧条,妻子无以糊口,即一次之抚恤亦不能得。如寿县方楚囚,参加辛亥广州之役,失败逃出。1930年史会成立,即任编纂。1937年史会迁川,被遗在南京,后乃追踪至重庆,1939年病故于渝。后闻其夫人在原籍衣食不周,1942年为之草事略,备请褒恤。

余曾备集所知数人事迹,联名签呈史会转请中央褒恤,竟永远留中。而史会指定一纂修,一编审,专为中央交来诸人起草传略。抗战结束,对于不受伪职,不作汉奸者,亦视之漠然。如余弟涤英,亦老同盟会员,父女滞沪不得归,均以教学自给。南京伪组织友人招之不顾,竟客死沪寓,余撰事略呈史会转请褒扬,不报。而对各机关荐任以上职员,则当场发给煌煌之胜利勋章,可谓达于倒行逆施之极致矣。

余亦获得一勋章,1945年12月颁布,1947年始发。时余已闻令,请人代领,余思留给小孙作玩物,又恶其不用总理像而用蒋中正像,乃掷诸匣中。

十一、九鼎

1942年,朱家骅纠合多人,以合金铸九鼎为蒋中正寿,经美国报纸揭载,试为推行帝制之舆论。蒋中正不受,面斥家骅:"欲置余于炉火上乎?"后九鼎竟由中央秘书处送史会,存作史料,置于宝光寺入门通道处数月方收库。后又置陈列馆,竟然失踪,是鼎不知何往矣。

鼎仿古式,两耳,三足,腹外凸,容二斗许,色金黄,是否合于商周所铸无可考。一稍大,其馀八者相同,每鼎均有韵语颂辞,四言四句,古奥典雅,不知出自何人手笔,惜当时未记出,今不复忆。鼎置紫榆圆座上,座高二尺许,径约六尺,中更加一小座,置大鼎,馀八鼎围绕之。置鼎足处凿穴三,用以固定。闻鼎及座合需法币一千数百万元。

十二、阻挠知识青年志愿从军案

1944年,中央党部奉总裁手令,动员知识青年志愿从军,于是就各机关分配名额。史会适龄青年四十馀人,而配额只六名。史会办理时，欲使自动签名者超出名额，然后以抽签决定去取，图获取领导有方、党员踊跃之美誉。

不意史会同人不喻其旨，自动签名应募者只得三人，尚虚半数。张继乃于12月1日在办公室召集未签名之适龄青年训话，谓中央希望诸同志全体签名。惟众人答曰，名额只需六人，既由抽签决定，何必签名。张继乃谓对各同志希望是邀求，非强迫，说来说去僵持至夜，仍无结果而散。余与徐忍茹、刘崛枵腹侍坐，张继、刘崛住会，余竟于黑夜摸索还家。

又荏苒旬馀，仍无人自动签名，则定25日纪念周后在大礼堂抽签。余虽任秘书，始终未见通知。盖主任秘书刘崛一切专断，寻常文件由人事室主任邹永成、总务处长安怀音及余四人一道办理。至于重要文件，不但不与见，亦不与闻，联座办公，有同秦越，反不若隔室之人事主任及隔院之总务处长也。此次刘崛、邹永成、安怀音三人商办既不余告，亦不布告周知。迨是日纪念周毕，刘崛急宣布奉中央命令，今日即在礼堂抽签。于是群起发言，编辑处两科长张镜影、秦凤翔竟责主任秘书办理不善，中央秘书处太糊涂，不能仰体总裁之意。副主任委员徐忍茹乃起训话，谓今日不抽签，无庸讨论，遂纷纷出礼堂即去。

史会抽签既不成，中央秘书处又来函，定1945年1月2日令史会适龄同志除已签名三人外，均赴中央秘书处抽签，于是用大卡车载诸人入城。中央来函经通告周知，竟有弃职潜遁者。原来各职员深恐开赴前方，厥后入伍者大都仍返原机关服务，或且调优，始知中央只图一时喧闹，当深悔先时之懵懵矣。

3日，会中借夜餐，为六名从军同志作饯。4日又借旗帜欢送入伍，多人步行送至山洞，亦有送至城中者。

3月20日，余卧病已二阅月，尚在病假中，总纂办公处总干事冯绍苏来探望余，谓昨日纪念周后，总裁召见本会职员姜伯彰、许师慎、秦凤翔、居正修、袁德炯五人，扣押军法总监部。召见时，系徐副主任委员带领，不知何故。余亦茫然。

29日，余出外试步，谒徐忍茹，在城未归。次访邹永成，问此次五人被捕情形，据云：中央函询阻挠青年从军者及事实，奉主任委员手谕，查明呈报。是日总裁召见训话，严加告诫，姜伯彰出头欲申辩，致触总裁之怒，故被扣押。余知内容尚有曲折，亦姑妄听之。后得知此次青年从军运动，纂修姜伯彰最出力负责，乃反蒙不白之冤，气愤填膺，故欲申辩，经总裁制止，乃谓即开除党籍亦当辩明，总裁大怒，遂命将五人扣押。

30日销假，谒徐忍茹。徐忍茹谓此次呈报阻挠青年从军人员，初只四名，有中央人事处科长田绩超致邹永成函可证。函称复文须盖用会印，才合公事手续，于是复文用会印，乃增姜伯彰名而为五人，并改罪名为阻挠。函件来去张委员与余均不之知，余曾面斥邹永成，彼时余在会，何不告余，现在五人已由张委员及余保释，令其返会即日照常工作矣。

原来姜伯彰早有谋取主任秘书之心，曾奔走城内要人公馆，且已有人向张继进言，刘崛侦知之，遂借此案陷以缧绁。姜伯彰几至丧生，保出后，曾致书徐忍茹，谓天已黑矣，此案大白后，当披发入山云云。及返会工作，仍兴致勃勃。舅氏柳聘农借调南乡子嘲之云："山馆月昏黄，独自归来应断肠，况复樊笼曾锻羽，仓皇。濮上桑间是汝乡，尺素太猖狂，披发深山志已凉，恋栈仍然滋味在，荒唐，旧梦重温粪也香。"

4月6日，军法总监部派主任军法官阎授恩来会调查阻挠从军案,出示史会人事室呈报单,在姜伯彰、许师慎名下填注罪名甚夥,大略相同。徐忍茹因书所知此案情节并附以中央来文及人事处科长田绩超致邹永成函与之。阎授恩谓尚须至人事室、总务处一并调查,今夜或在此借宿。

次日阎授恩去后,闻人云,彼在两处询问甚详,并调得刘崛经手字条,是安怀音、邹永成合谋诬陷许师慎。而刘崛增入姜伯彰,显而易见,不然,何以发言之两科长均在编辑处? 公函一往复,四人突变为五人,"规避"竟改"阻挠"。中央人事处亦不复再问,田、邹先有联络亦未可知。厥后阎授恩返城复命,田绩超免职,姜伯彰亦竟无事。许师慎愤辞处长职,改专门委员。秦凤翔降总干事,仍代科长。至居正修、袁德炯二人,虽未签名,中央仍令入伍。

当徐忍茹返会时,令邹永成辞职,不应,乃于3月31日手令解除邹永成人事室主任职务,该职着柳聘农兼代,以4月5日交接。

十三、还都之经过

1945年8月18日,中央党部召集各机关负责人开还都会议。会上决议,职员公物均以最重要者先行为原则,由各机关造册呈报;交通工具,无论飞机船车,均由中央统筹支配。至于同行眷属人数,以每机关职员每家平均三名,工友每家平均二名为限,行李除衣服被褥外,以简便为原则,一切家具不许携带。规定极为明白,而奉行者则本其一贯作风,一切以势利为准绳,有势则鸡犬偕升,无援则妻孥被摈,其他机关不知,即就史会而言,亦足实余篇幅矣。

史会以乡间一切不便,于是租得重庆城内枣子岚垭53号大宅,以 1946 年 5 月 9 日迁入。先宣言不居眷属,此例未几即破,不但居眷属,且可附餐,然而无内援者,仍不能得也。

中央规定职员均发还都费及旅费,余开具妻子女媳孙五名,而人事室只列三名。时人事室主任为封德三,问之,则云中央规定。余谓中央规定为平均三名,会中不乏无眷属、不足三人之职员,何以不予平均?封德三云,张委员谓不许超过三名,今君所开媳孙,本不在直系亲属之内。余笑谓多生子女者将餐西风,寄之桑园乎?工友更不许生两子,尤其当子娶媳妇时应力予反对,免受困顿。

至于无配偶子女者,可以伪造以利亲友,是引人作伪也。如此前分配公粮时,伪造眷属者居多,有未婚女职员不夫而有子,传为笑谈。

数日后,余往取款,则张继批准之领条遍寻不得。问人事室主任,主任不知;问秘书,秘书不知;问会计,会计不知。继仍于秘书抽屉中得之,而名单则易女而媳。余问女何以无,而媳反有?封德三谓,君女已嫁彼自有夫登记眷属,君但领三名可耳,何必计其谁何耶?

7 月 26 日,至枣子岚垭探还都情形,余虽缓行,而欲以书匣衣物交史会代运。史会未迁城时,已派人组织还都人员行李之搬运。余此日到会,正是登记截止日,闻已申请汽车五辆直驶南京,以半月到南京。余鉴于迁川之累,不欲更受无谓之艰苦,且登记已截止,乃商诸还都委员,托运之事,唯唯应诺。余书城乡两通讯处,请其先期通知,是日问及申请单独水运船只仍无消息。8 月 15 日再经探,仍无行期。9 月初以患疟,16 日初入城,城中未得通知,每至史会,则已大部迁京,不但许我托运竟成泡影,即本月薪俸亦须在南京开领。惟以尚有普通档案,留三数人作留守,不然,早已演空城计矣。余乃愤然而出。余以1947年8月出川,留守处尚未撤销也。

其他机关还都,空运有专机,水运有专轮,只史会杂在普通车船中,普通档案之久滞重庆自在意中。所申请之五辆专运汽车,员工只限登记70人,车中体积重量均有剩馀,乃沿途搭载"黄鱼"。即途中私载旅客,谓之"黄鱼",此国难时之新名词也。而凡有内援之职员,除大小家具外,连盆瓮亦无遗下,此有人目击告余者,非谰言也。

轮船座位均别男女,不相杂混,船舱每人阔二尺长五尺,以粉笔画线,小儿无位,无论几人,均与阿母在二五得一十之十方尺中周旋。多有已登船后复上岸愿让他人者。

十四、余任人事主任及秘书时之杂事

余到人事室任职之次日,总务处长安怀音以办理工作证全卷送室。余谓:"今年3月为办理工作证照相期,现已历半年,人事室不敢越权。"乃留相片表册,而将其转文件退还。表册已过时,不合用,职员亦有进退,当从新填造。直至12月17日,督造职员部分表册均竣,送秘书室,以后未闻如何办理。史会各员,除到城中及他处办事者,得有工作证外,其馀直至还都仍为无身份之人也。

委员长侍从室、军事委员会、中央人事处时有索填表册,纷至沓来,应接不暇。而发给诸人填表,竟有伪造履历者,近于无赖。兹略举数人,或则一望而知,或则夸大其词,真令人齿冷也。

如姚荐楠自称在日本获得法律学士学位,辛亥革命曾任北方民军军长。殊不知日本法学士无律字,辛亥各地民军亦无军长之

称,系北方何处,亦不容含混。此其一。封德三自称民初曾任日本
东京造船厂监督,不知日本无监督之称,且决不用中国人作高级职
员。此其二。此皆一望而知者也。李树藩自称清末曾任湖南实业
学校校长,其实清代从未有此职称,通称学堂监督。此其三。汤增
璧自称曾任《民报》总编辑,张继及舅氏柳聘农始终任报社社务,谓
社中无此人,投稿则有之耳。此其四。后经徐忍茹鉴核,李、汤二
表格为之改正,姚、封则扣存不缴。后乃令二人补填,伪造如故,徐
忍茹乃于评语项下直书伪造,不知何以处之。

中央定章,职员试用三月,以成绩分别去留。馆事秦君德试用
已六月,余于11月签呈,谓该员5、6、7三个月工作成绩,其直接主
管人评语,均在水平标准以下,实不称职,未便久任滥竽。张继谓
余,安怀音称该人品行尚佳,可予留用,将余签呈退还。秦君德乃
正式任职,至1945年,忽又无故开除。

1945年春,余以伤寒住歌乐山中央医院,苏克温代余向会借
款不得,彼乃自行借薪济余,以此触忌,在余未销假时予以停职。

5月13日,张继之子在重庆华岩寺举行百日祭,史会职员多
数前往参加,请准作公假。其实张继之子系在成都为恋爱枪杀恋
妇之夫,后仍以恋爱为人殴毙,法院徇情,竟株连多人下狱,狱久
不决。

十五、杂俎

胡国梁在联席会议曾提出10月31日黄兴逝世日应定为纪念
日,以志景仰。姚荐楠反对,谓黄兴有何功,赵声功大,尚无纪念。
胡国梁谓何谓有功无功,论其革命人格,即非后辈所能及。姚荐楠

仍嚣嚣不已,胡国梁奋拳击案,邹永成亦起,势将以议场作战场,于是多人起而排解谓两公均系革命前辈,应请中央均定逝世纪念,随动议散会。散后,姚荐楠在编纂室中,仍大声发论,采访即在邻室,胡国梁取铜痰盂直掷其首,姚荐楠即起,格以手,中其胸,诸人拉胡国梁出,姚荐楠声亦遂寂。

胡国梁本粗豪,在日本时曾与张继捣保皇党会场,老而犹健。此外1934年在南京丁家桥中央党部办公,未几黄兴忌日,胡国梁纠集人众欲通过中央常会。因是日为蒋中正生日,故以前无人敢提。迨1936年蒋中正50岁生日,竟将黄兴逝世改在11月2日,与纪念周合并举行。余常在纂修姚荐楠、汤增璧、封德三、李树藩采访邹永成诸人案头,见有外来致诸人书函,封面常书委员字样,其招摇之处,是诸人之一贯作风。

胡国梁与邹永成争辛亥九月朔长沙举义首先入城之人,两不相下,邹永成竟控胡国梁于中央。中央以交邵元冲,邵元冲交徐忍茹,徐忍茹时任史会主任秘书,举以问余。余笑谓长沙举义时,两人均不在长沙,何以决知谁为首先入城之人。不但彼时,即以今日,亦只知为新军四十九标之一部,而不知当先者为谁,即问之当日入城者,恐亦不自知也。首先入城有何荣,更何劳他人争论? 徐忍茹乃一笑置之。

党史史料陈列馆以1936年10月10日举行落成典礼,四处搜罗征求烈士遗物以供陈列。〈徐〉宗汉云:黄兴先生加入同盟会时,衣物均随手抛掷,家中只有棉背心一件,使当初知遗物可贵,当仆袭藏之,以应中央之征求。然而革命党人如作此想,早已不入革命团体矣。相与大笑。

1940年12月,公务员始给公粮,因妻子有无须举证,大起争论。于是诸人皆出其婚帖，或出其子女来书称谓作证。而无证明之丁象谦、胡国梁乃于1941年元旦在玉带山团拜后，联合举行侧室继正典礼。盖胡国梁在家乡有发妻，邹永成家乡更有二妻。

1941年，恢复总纂办公处决议后，封、姚等主张总务、编辑、征集三处应划总纂办公处管辖，刘崛持之尤力。倒梅时，此议甚嚣尘上，及刘崛得主任秘书，竟寂然矣。

公共食堂列坐而食者50馀人，施食案八，公家只备一大甑，盛饭时之拥挤，有如游戏场之买票。饭碗破损亦不更换，余在食堂会食，见有人注视其碗，同坐者皆笑，盖碗穿小穴，而是人则为近视也。余任膳食组后，第一着即令事务科添饭甑，第二着则换饭碗，此虽小节，不能不谓为员工福利之一。会中挪中央津贴造宿舍，而令员工用破碗。余曾有嘲安怀音联云："进谒有时，倘晏起不妨尽到；兴作任意，得安寝何必加餐。"此实事也。

罗家伦以中央大学校长兼任史会副主任委员，自就职即未到会。中央大学校址在沙坪坝，与磐溪隔江相望，虽一渡之航，亦未肯一至。1942年张继去西安，罗家伦曾以代主任委员于10月7日到定光寺，会中设午餐，集各单位主管人共领，均经主任秘书刘崛一一为之介绍。姚荐楠贸然来，谓罗委员为故交，故未予介绍。及入座，罗家伦指问比君何人？于是姚荐楠自陈履历，称述革命功绩，声激四座。正兴高采烈之际，适二犬以争骨猸猸而斗，姚荐楠取杖逐之。人事主任陆咏黄笑云："君可谓赶狗纂修矣。"

国民党仿共产党组织，各机关均有小组会议，毫无精神，具文而已。又设学术会议，时明荐取《说文解字》，从一字始，谆谆讲解，令人齿冷。张继更令诸人自述革命经过，尤为可笑。1942年10月30日学术会议，姚荐楠发言，谓非老党员，其片断历史无讲述资格。采访黄嘉梁驳之,陆咏黄亦责其失言,谓同人相聚一堂,应无区别。姚荐楠极嚣嚣不已,主席丁象谦不能制止。邹永成起立,谓本会不应容谎报革命事实之人混入,吾当拳杀之,奋拳击案,须发皆张。陆咏黄即提出散会动议,会议遂终止。

(1973 年)

原刊《文史资料存稿选编》卷 12,中国文史出版社 2002 年。

林一厂先生年表

林抗曾撰　李吉奎订

1882 年(清光绪八年壬午)虚岁一岁

阴历十二月十七日,生于广东嘉应州丙村金盘堡竹桐坝(今梅县丙村镇银竹村)。谱名汝镳,又名钟。更名百举,字一厂,名字并行。父镇,字小谷,母谢氏,名真。

1883 年(光绪九年癸未)二岁

长兄汝英四岁殇。

1884 年(光绪十年甲申)三岁

1885 年(光绪十一年乙酉)四岁

1886 年(光绪十二年丙戌)五岁

始入私塾读书。从四叔祖课读《龙文鞭影》(时称"四字经")及《幼学琼林》等,夜晚父亲为其解说。

1887 年(光绪十三年丁亥)六岁

居家课读。

1888 年(光绪十四年戊子)七岁

居家课读。

1889 年(光绪十五年己丑)八岁

居家课读。

1890 年(光绪十六年庚寅)九岁

居家课读。

1891年(光绪十七年辛卯)十岁

居家课读。

1892年(光绪十八年壬辰)十一岁

居家课读。

1893年(光绪十九年癸巳)十二岁

阴历九月初四日,父病逝,年仅四十。父命途乖舛,怀抱奇伟,屡应童子试,州考俱列前茅,而道考总未得中,因而感慨失意,终日饮酒赋诗,加以操家劳顿,渐成痨病而不得治。在潮州经营盐业的大伯父梦芗(讳国桢),由潮驰归奔丧。

1894年(光绪二十年甲午)十三岁

父丧毕,大伯父以全家失所依托,携至潮州延师课读。在潮三年,从黄子瑾及族叔子靖两师读外,兼附韩山书院课,得丘逢甲教诲。

1895年(光绪二十一年乙未)十四岁

居汕课读。

1896年(光绪二十二年丙申)十五岁

居汕课读。

1897年(光绪二十三年丁酉)十六岁

潮寓不复延师,大伯父命往梅城从杨我毅课读,阅三年。

1898年(光绪二十四年戊戌)十七岁

居梅城课读。

1899年(光绪二十五年己亥)十八岁

居梅城课读。

1900年(光绪二十六年庚子)十九岁

大伯父以新屋(名曰"式好居")落成,已命在家设帐,招族子弟数人教读,兼守门户。

1901年(光绪二十七年辛丑)二十岁

居家课徒。与元配谢繁英结婚。谢氏为童养媳,出生四月,即归林家抚养。

1902年(光绪二十八年壬寅)二十一岁

历经甲午、戊戌、庚子之变后,喜阅新书报,厌弃帖括学,且稍知民族革命大义。闻丘逢甲(仙根)、温仲和(慕柳)、何寿朋(士果)诸先生在汕头创办岭东同文学堂,因请愿大伯父离家就学。母聆而甚喜,力促以成。入校后,得丘、温两师悉心导引,学业大进,并兼襄《岭东日报》编辑。

1903年(光绪二十九年癸卯)二十二岁

就读岭东同文学堂。适际癸卯,中国留日学生、上海爱国学社学生鼓吹革命,风气正盛。同文学堂学生争相起应,革命文字见诸国文课卷。是年,回梅应试,以名次第四得列嘉应州学生员(即秀才)。

1904年(光绪三十年甲辰)二十三岁

同文学堂毕业,留校任教。

1905年(光绪三十一年乙巳)二十四岁

居汕任同文学堂教职。清廷废科举。遂请愿大伯父,以年应分得先大高祖尝业内学田租谷约十馀石,拨为家乡合族学校经常费以归公用,并捐资创设林氏正本学堂。丘逢甲在省城(时任广东省学务公所参议)闻之大喜,驰书誉曰:"潮嘉各县、各族姓俱有学田,君伯侄此举影响甚大,若各族姓闻风兴起,则各县学务立可发达,无谓区区十数石为少也。"是年秋,中国同盟会成立于日本,前同文学堂生之留东洋者多加入之,何天炯、何天瀚、刘维焘且居干部要职;谢逸桥、谢良牧入会后,是冬,随孙中山至香港。逸桥返汕任潮梅铁路公司协理,联络各同志谋革命。

1906年(光绪三十二年丙午)二十五岁

应聘赴州境松源公学任教职。

1907年(光绪三十三年丁未)二十六岁

其时革命思潮弥漫,遵丘逢甲之介加入同盟会。辞松源公学教职,到汕头协助谢逸桥、谢良牧筹办《中华新报》,旨在同盟会的旗帜下,积极开展革命宣传和联络工作。

1908年(光绪三十四年戊申)二十七岁

4月17日,汕头《中华新报》出版。推梁千仞、陈迪予及先生分任社长、总经理、总编辑。是报明为岭东新学界喉舌,隐为中国同盟会机关。4、5月间,陈去病受聘来汕任主笔。秋冬间,陈去病因病辞职,举叶楚伧自代。《中华新报》在谢逸桥赴南洋为革命筹款后,由先生主持。是年,迎母亲至汕就养。元配谢氏抱养亮曾为嗣子。

1909年(宣统元年己酉)二十八岁

自陈去病、叶楚伧相继主持《中华新报》笔政,报业乃渐发达,初日出版千馀份,是冬增至四千。11月13日,以陈去病、高天梅和柳亚子为发起人的南社,成立于苏州虎丘。它是清末以同盟会员为主体,提倡民族气节,鼓吹反清革命的文学团体。陈去病、高天梅、柳亚子经常向《中华新报》投寄诗文作品,先生与他们的笔墨交往渐多。未久,即与叶楚伧一起加入南社。

1910年(宣统二年庚戌)二十九岁

庚戌元旦广州新军起义之役,在事者姚雨平、姚碧楼、张谷山、张醁村等过汕,经常来报社相访。新军败后解散,内多梅属青年,过汕出入报社者尤多。社长虑祸及,为掩饰耳目计,先生与叶楚伧加入官办商业学堂校长崔百越所组"诗钟社",渐与各官厅之幕僚相识。丘逢甲在省城,凡作诗文辄寄《中华新报》登载,寒暑假由广州返里过汕,必至报社与千仞、楚伧及先生等谈诗。10月10日,于右任继《民呼报》、《民吁报》被封禁后,再在上海创办《民立报》。汕头《中华新报》致祝电:"贵报出版必为民作气,敬祝前途万岁!"先生赋诗,题《终夜不寐感祝民立日报发行万岁》。

　　1911年(宣统三年辛亥)三十岁

　　《中华新报》日益发达,日销万份,而资用匮乏。社长及总经理迭往香港、南洋筹款,报务多由先生与楚伧主办。《中华新报》以大量篇幅记温生才刺杀孚琦事件和"三二九"黄花岗之役。随后,四川保路风潮高涨,《中华新报》发表社论《新七杀碑》。粤督张鸣岐谓《中华新报》为革命党渊薮,电饬惠潮嘉道于6月18日封禁。先生旋被派往香港,商得美籍华侨梁女士来汕复办,改报名为《新中华报》,于7月26日出版。在港期间,拜谒黄花岗起义总指挥赵伯先烈士墓。10月,武昌起义成功。广州、汕头亦相继光复。12月,先生与楚伧毅然弃笔从戎,赴广州参幕以姚雨平为总司令的广东北伐军,乘轮船至上海,驻吴淞,然后开至南京。是岁子拱曾生。

　　1912年(中华民国元年壬子)三十一岁

　　中华民国成立,孙中山就任临时政府大总统。清将张勋自南京退窜徐淮,有顽抗势。为拱卫中华民国临时政府,广东北伐军奉命渡江北伐,进击徐淮,固镇宿州战役皆大捷。3月,南北和议已定,北伐军由徐州班师回京。北伐军解散后,随姚雨平、叶楚伧来到上海,协助筹办《太平洋报》。4月1日,报纸正式出版。雨平任社长,楚伧任总主笔,先生任主笔,同事者有柳亚子、苏曼殊、李息霜、余天遂、姚鹓雏、夏光宇、胡朴安、胡寄尘、周人菊、陈无我、梁龙（云从）、王锡民、朱少屏。为民国成立后,同盟会创办的全国第一份大型日报。5月,又与高燮、高旭、姚光、蔡守、叶楚伧、姚锡钧、柳亚子、胡朴安、李叔同、余天遂、陈范、周伟、文雪吟等发起组织国学商兑会,以"扶持国故,交换旧闻"为宗旨,出版《国学丛选》。《太平洋报》出版仅半年,终因经费不济而关闭。先生自沪返汕,仍主持《新中华报》。"岭东同盟会"改组为"同盟会汕头机关部"（8月后改为国民党）,先生任政事部干事。又受聘为南京临时政府临时稽勋局名誉审议（由各省议员推举参与革命诸役之同志二百馀人组成）。为推选国会议员事,先生受岭东同志所托,弃梅州独立领导人钟动（天静）,在潮嘉属各县为饶芙裳竞选奔走游说。先生尝记此事,并于《南社丛刻》第十二集发表先生诗作《为党事连日乘肩舆走数邑感赋》,诗云:"栖栖日向万山行,不为饥驱不为名。舆畔无歌飘凤至,篝中有火戒狐鸣。济溉乏策知时政,点石成金欲佛生。辗转三民新主义,何年斯世果同盟。"

1913年（民国二年癸丑）三十二岁

汕头《新中华报》因发表反袁言论,当局派人将报社焚毁。2月,国民党汕头机关部创办《大风日报》,先生与古直（公愚）负责编务。3月,充任参议院秘书（议长为张继）,经上海赴北京出席中华民国第一届国会。3月16日,参加上海愚园南社第八次雅集。20日,南社社友、国民党代理理事长宋教仁被刺,先生痛惋不置,赋诗《海上追悼宋钝初三章》。4月,国会开幕。与南社社友高旭、陈去病等三十一人在北京畿辅先哲祠举行雅集,会上分韵赋诗,抒发对政局的愤懑,兼悼念宋教仁。7月,孙中山发动"二次革命"讨伐袁世凯，历时两月，以失败告终。国会中断，先生离京南返，栖迟沪渎。

1914年（民国三年甲寅）三十三岁

全年居上海。3月29日，与陈去病、叶楚伧等十八人，在上海愚园举行南社第十次雅集，修订《南社条例》，此举对于后来南社的发展具有十分重要的作用。5月24日，出席愚园云起楼举行的南社临时雅集，欢迎柳亚子复社。8月，出席南社于云起楼举行的临时雅集。10月，应邀访柳亚子故乡——吴江黎里。冬，离上海归里。

1915年（民国四年乙卯）三十四岁

受聘任梅县松口公学教职。该校前身为谢逸桥、温靖侯、谢良牧创办的松口体育传习所，为同盟会之革命机关，后由南洋富商谢益卿出巨资扩充常费而建成。先生尝在温氏精庐"悠然见南山斋"（温仲和故居）借阅业师遗书，且读且摘录，所得不少。年底，蔡锷、李烈钧、唐继尧领导的云南起义，护国运动于焉勃发，各省纷纷兵起讨袁。

1916年（民国五年丙辰）三十五岁

在广东，邓仲元、朱执信根据孙中山的指令，策划反袁、讨龙（济光）的军事行动。先生辞去教职，受派赴香港谋划一切。自春至夏，军事无成，乃返汕头暂避。5月18日，前沪军都督、南社社友陈英士在沪遇刺殉难。先生撰挽联，刊于1916年6月13日上海《民国日报》："湖海识元龙，剑胆箫心曾一世；桃源怆渔父，青磷碧血共千秋。"6月6日，袁世凯毙命。8月，第一届国会恢复，先生再次赴北京，与谢良牧、饶芙裳议员同寓北京延寿街三眼井巷东谢公馆。在北京，出席南社社友在中央公园、陶然亭举行的临时雅集,并作诗与社友唱和。

1917 年(民国六年丁巳)三十六岁

6 月,安徽督军张勋以调停为名,率领辫子军入京,解散国会,逼走大总统黎元洪,拥戴废帝溥仪在紫禁城"重登大宝",演出了民国以来的第二次复辟丑剧。北京又为军阀专断,先生愤然南返。6月 30 日,在上海《民国日报》发表诗作《到上海》,诗云:"又是吹箫走入吴,当年市骏愿全孤。而今逼侧知何所,剩有轮囷胆尚粗。成败在天亦在己,计量为衲与为儒。茫茫来日愁难度,拚醉江头酒百壶。"旋即离沪返汕,仍就《大风日报》馆职。不数月,报馆为龙济光下令封禁。此时,南社内部论诗启衅。就"同光体"的评价问题,柳亚子与人展开了一场激烈的论战,因驱逐朱鸳雏、成舍我出社引起轩然大波,南社面临分裂的危机。在这场斗争中,先生站在柳亚子一边。后柳亚子虽得社内同人支持,以高票连任主任,但这场因论诗而引起的内讧,是南社的致命伤,柳亚子从此态度消极,南社一蹶不振。

1918 年(民国七年戊午)三十七岁

自 1916 年袁氏死后,中央政府无力,各省武人乱政。桂系军人取代龙济光控制了广东政局。孙中山开展"护法"运动,但为桂系势力所排斥。孙部陈炯明率粤军援闽。潮汕远离省城,局势稍平缓。先生就汕头商业学校教职,至民国十五年夏,计阅八九年。家室亦随居,僦居汕头商业街新屋。中间曾兼职潮循道尹公署秘书、潮梅镇守使署秘书及粤军潮汕卫戍司令部秘书。闲暇时,与柳亚子等通讯唱和为乐,有五十首叠韵诗,各方传诵,赞不绝口。

1919 年(民国八年己未)三十八岁

全年居汕。

1920年(民国九年庚申)三十九岁

全年居汕。

1921年(民国十年辛酉)四十岁

全年居汕。

1922年(民国十一年壬戌)四十一岁

全年居汕。柳亚子编成《乐国吟》六卷,其中《蓬心和草屑》为先生等撰。由无锡锡成书局印行。

1923年(民国十二年癸亥)四十二岁

全年居汕。5月,柳亚子、叶楚伧、胡朴安、余十眉、邵力子、陈望道、曹聚仁、陈德征等发起组织新南社。10月14日,新南社于上海成立,公举柳亚子为社长,邵力子、陈望道、胡朴安为编辑主任,叶楚伧、吴孟芙为干事。先生即时加入。至次年,新南社社友共二百三十馀人。胡朴安辑《南社丛选》出版,其中简介先生,称:"民国元年,与余同主《太平洋报》笔政,刻烛赋诗,每至夜分不辍。一厂重听,友人皆以聋呼之。"

1924年(民国十三年甲子)四十三岁

全年居汕。

1925年(民国十四年乙丑)四十四岁

3月12日,孙中山在北京逝世,其时粤东为广东革命政府东征军所据,消息传到汕头,各界民众举行隆重悼念活动。3月27日,汕头军、政、学、报界共三万三千馀人举行公祭。先生与顾伯陶、杜宝珊等十馀人作为报界代表参加。是年冬,先生编就《三民主义简本》书稿。

1926年(民国十五年丙寅)四十五岁

夏,辞商校职。往广州就中国国民党中央党部及中央政治会议秘书处干事职。7月,国民党中央通过《北伐宣言》,誓师典礼在广州举行,北伐战争正式开始。是冬,回汕辞母,再往广州,冒风雪逾大庾岭,沿赣江行四十馀日始抵南昌。

1927年(民国十六年丁卯)四十六岁

1月,国民政府迁都武汉。先生在南昌患重病,遂折回至赣州。经三月馀,冒暑复逾大庾,经广州回汕头。8月,《三民主义简本》一书分别由国立第一中山大学政治训育部、国民革命军第一集团军军事政治学校印行(两年后再次重印)。中央宣传部林霖撰引言,内谓:"这部三民主义简本是林百举先生于民国十四年冬编的。百举先生编这个简本的方法,是将孙中山先生三民主义演讲全部中,节录出最精要的说话,未改一字一句,也不添一字一句,依着原来讲授次序缀编成为一气连贯、简赅而流畅的一部书。"(林霖即林学曾,系先生堂侄。)10月12日,子拱曾因患肺病不获救,卒年十六。12月5日,先生强忍丧子之痛,登轮赴上海,至镇江(当时江苏省政府所在),供职江苏省民政厅秘书,迄1934年入党史会任职。是年,柳亚子、柳无忌潜心苏曼殊研究,编《苏曼殊年谱及其他》印行。先生作《题〈苏曼殊年谱及其他〉示亚子》诗,诗跋有云:"屏子(注:即朱少屏)见赠君与公子无忌合著《苏曼殊年谱及其他》一册,连夜披读。民元、民二,余亦屡与曼殊游,得画纨扇一柄,惜已毁于火耳。曼殊画扇,上款署内人繁英名。余曾题一绝句,犹记末二语:'他年倘有相逢日,宿鸟残林认一庵。'画为秋景小山,疏柳荒庵,上有飞鸟。余尚有出家志,其时不觉流露也。"

1928年(民国十七年戊辰)四十七岁

全年居镇江。7月,与柳亚子、朱少屏、唐九如等游南京中山陵、玄武湖、莫愁湖等名胜。年底,柳亚子编《曼殊全集》(共五册)

成,先生作诗,题记云:"十七年八月十二日与亚子诸友游玄武湖时,湖中芙蕖盛开,因有感于曼殊'红莲礼白莲'之句,触景兴怀拉杂有作,即书〈曼殊全集〉后。"是年,妻谢氏抱养畅曾为嗣,居亮曾后。

1929 年(民国十八年己巳)四十八岁

全年居镇江。4 月,陪同柳亚子、陈去病、朱少屏、金葆光、于范亭等十四人同游镇江之焦山,后抵扬州,游瘦西湖、平山堂、小金山诸胜,薄暮还宿松寮(见柳亚子《广陵纪游》诗之小序)。复至无锡,访秦效鲁,唱酬颇乐。8 月,陈去病主编的《江苏革命博物馆月刊》创刊。先生撰诗《七月七日登云台山谒赵伯先烈士祠》,于九月号刊发表。是年,与杨美玉(即杨玉、雪痕)女士结婚。杨氏年二十八,原籍广东潮阳县。其父为镇江一小商贩。

1930 年(民国十九年庚午)四十九岁

全年居镇江。为《江苏革命博物馆月刊》作《莫愁湖建国粤军墓》诗(发表于 2 月号刊),诗后附"墓中阵亡烈士二十人,病亡军士三十六人名单",并写跋语云:"是役,粤军总司令为姚君雨平,以广东新军庚戌元日起义被解散之七百馀人为主干,馀则党人学生、青年农工、南洋华侨。辛亥九月,武汉告急,仓猝出师。克南京,追击张勋,连战固、宿皆大捷。值南北议和,屯戍宿州以南至临淮关,因不服水土,隆冬风雪兼灾后赤地千里,仅得黑麦做团为食,衣来时单衣,比各方运粮服至,病毙数十人。今墓中病亡多于阵亡,然余闻当时军士言,尚有未收骨也。"

1931 年(民国二十年辛未)五十岁

5 月 10 日,母谢太夫人以疾终于汕头寓内,享年七十六岁。先生闻讯由镇江驰归奔丧,作"哀启"四千言,痛述慈母一生之嘉言懿行。又作《哭母诗一百首》,邵元冲称为必传之作,曾代刻专书,惜被毁于抗战兵火。是年初,妻杨氏生长女,名兆先。

1932年(民国二十一年壬申)五十一岁

全年居镇江。

1933年(民国二十二年癸酉)五十二岁

全年居镇江。10月4日,陈巢南殁于吴江同里。

1934年(民国二十三年甲戌)五十三岁

3月4日,赴上海参加陈巢南先生追悼大会,晚宴北四川路新亚酒店,为南社临时雅集,至者自蔡元培先生以下,计共一百〇九人。其后,即离镇江赴南京,任国民党中央党史史料编纂委员会编纂。有诗《将去京口有感》、《留别京口》寄亚子;4月,柳亚子交范烟桥主编之《珊瑚》半月刊(第七期)发表。亚子为加按语云:"林一厂先生为南社老友,久宦京口,屈于下僚,郁郁不得志。顷任中国国民党党史史料编纂委员会编纂,去京口日,有诗若干首,录以实《珊瑚》。"12月25日,大伯父梦芗在家过世,享寿八十有九。先生羁于公事未能归里奔丧,遂以大伯父讣告及遗像,向各亲朋友好广征题咏,汇集成一巨册。封面为于右任先生亲笔题签,册内撰诗文者有林森、汪兆铭、居正、蔡元培、柳亚子、叶楚伧、陈果夫、邵元冲、钮永建、陈陶遗、姚雨平等。

1935年(民国二十四年乙亥)五十四岁

11月10日,赴苏州参加陈巢南葬礼。晚宴城中中央饭店,举行南社临时雅集,到者柳亚子、郑佩宜、朱少屏等十八人。

1936年(民国二十五年丙子)五十五岁

2月7日,出席南社纪念会第二次聚餐会,到者一百五十七人,推蔡元培为名誉会长。是岁,妻杨氏生次女兆元。

1937年(民国二十六年丁丑)五十六岁

7月7日,卢沟桥事变爆发,抗日战争开始。12月,南京沦陷。政府迁都于重庆。因党史会领导未组织、通知内撤,先生举家避难于南京乡下之江宁镇陆郎桥大府庄,辗转山中一年馀。

1938年(民国二十七年戊寅)五十七岁

全年避居江宁镇陆郎桥山中。

1939年(民国二十八年己卯)五十八岁

春,自江宁镇陆郎桥沦陷区逃往上海。秋,只身由上海经香港、越南,再经云南、贵州,抵达陪都重庆,与先期抵达的党史会同仁会合,继续主持总纂办公处工作,并兼秘书职。

1940年(民国二十九年庚辰)五十九岁

夏,眷属自上海辗转来到重庆,全家始团聚,在歌乐山之“山洞”(地名)辑园赁屋而居。不久,次女兆元患病殁,年仅五岁。

1941年(民国三十年辛巳)六十岁

着手编撰《总理史迹》一书。11月,妻杨氏生一子,取名抗曾。

1942年(民国三十一年壬午)六十一岁

编撰《总理第一次起义史料》(又称《九九纪念史稿》)、《广州总理蒙难纪念日史稿》等。8月,老同盟会员杨沧白(庶堪)逝世,为撰挽联曰:“毕生志虑忠纯,卧病申江上,闻寇深急难遄归,方期固拄枢廷,戟指河山终复汉;两史简编繁重,商略巴山中,惧乱亟庋藏慎护,何意遽捐馆舍,惊心风雨正悲秋。”12月,奉党史会主任委员张继谕,专职编撰《总理史迹》及《总理全书》二事。

1943年(民国三十二年癸未)六十二岁

年底,《总理史迹》书稿完竣。

1944年(民国三十三年甲申)六十三岁

1月,奉党史会主任委员张继谕,主持增修会内油印本《总理年谱长编》(计划以三年完成),并首次着笔修改(此书内分三项:1.总理事迹及革命事实;2.国内大事;3.国外大事。定书名为《总理年谱长编增修本》)。9月,党史会编辑《本党五十年大事记》,奉主任委员张继手谕,以先生为总编辑,龙毓峻(铁元)为副总编辑。10月,代曾养甫撰《丘仓海(逢甲)先生之革命事略》一文。是年,妻杨氏生幼女兆晚。

1945年(民国三十四年乙酉)六十四岁

7月,党史会指派先生为《国民党年鉴》编辑之一。8月14日,日本宣布无条件投降。先生喜极,口占七绝一首:"卢沟秋月忽生波,遂使双星不渡河。今夜倭兵闻已去,可能重向鹊桥过?"(自注:是日为旧历七夕也。廿六年抗战开始则为新历之"七七",亦巧合矣。)

1946年(民国三十五年丙戌)六十五岁

2月15日,叶楚伧在沪逝世。3月20日,吴炼才来,托录叶楚伧史迹。30日,撰成《叶楚伧先生史迹之片断——记楚公在汕头办报及民元离粤参加军队概况与其他行谊》交吴,并备送党史会存作史料。7月中下旬,患半身麻痹病,不能写字达四月馀。11月6日,还都南京。病虽渐痊,而身体迄未复原。

1947年(民国三十六年丁亥)六十六岁

延请施今墨大夫医治(施前为慈禧太后御医,与上海行医之丁仲英齐名北京)。5月,因党史会自去年以来收存史稿史料积压太多,张继主任委员指派先生及钟孝先、刘崛、莫纪彭、姜伯彰、柳聘农等六人负责审核史稿史料。虽身体每况愈下,仍勉力于役。10月22日,旧历"重阳节",先生久未作诗,立门前观小圃菊花,口占一首："白日忽露光,微寒犹袭人。满城风雨后,场圃鞠华新。伫看意迷惘,不知秋也春。"为生前留下的最后一首诗。12月初,欲托孙镜(铁人)秘书与张继主任委员商辞职,孙劝从缓再说。而右手渐不能握笔写字,自12月5日后停写《日记》。12月17日,中国国民党党史史料编纂委员会主任委员张继逝世。

1948年(民国三十七年戊子)六十七岁

病情无可逆转,不能随党史会迁台。冬,携家眷离南京经上海乘轮船至汕头,转赴梅县丙村竹桐坝(今银竹村),居家养疴。

1949年(己丑)六十八岁

10月1日,新中国成立。梅县随亦解放。环境变迁,经济来源枯竭,年老力疲,既贫且病,乡间生活难挨,苦度馀生。

1950年(庚寅)六十九岁

12月22日(阴历冬至节)以疾弃养。去世不久,知友柳亚子由京致电梅县人民政府,询先生近况。据复,亚子惊悉先生已故,即函请梅县人民政府向先生遗属转致哀悼之意,并拟为先生撰诔文,后因事迁延未果。

先生生平勤于笔墨,书法尤工。撰诗数百首,抗战前部分,经先生手自裒集,存柳亚子处;经柳氏生前连同其本人手稿一批,捐上海某大图书馆庋藏。所遗日记一部,先由家人保存,后入广东省政协文史委员会,又转中山大学孙中山纪念馆,珍藏至今。《总理史迹》稿,则于1948年移存台北党史会(《国父年谱》撰者曾加征引),迄未整理、刊世。《总理年谱长编》油印增订本似亦收存台北党史会(今党史馆),具体情形不详。其馀公私函札,随手收发,数十年后已片纸难觅。

（2010年6月）